AF559089

Bibliografische Information der Deutschen Nationalbibliothek
Die Deutsche Nationalbibliothek verzeichnet diese Publikation
in der Deutschen Nationalbibliografie; detaillierte
bibliografische Daten sind im Internet über http://dnb.ddb.de abrufbar.

Klaus Sachs-Hombach
Das Bild als kommunikatives Medium.
Elemente einer allgemeinen Bildwissenschaft
Köln: Halem, 2021

4., leicht überarbeitete und ergänzte Auflage 2021

ISBN (Print) 978-3-86962-584-3
ISBN (PDF) 978-3-86962-581-2
ISBN (ePub) 978-3-86962-577-5

Den Herbert von Halem Verlag erreichen Sie auch im
Internet unter http://www.halem-verlag.de
E-Mail: info@halem-verlag.de

SATZ: Herbert von Halem Verlag
DRUCK: docupoint GmbH, Magdeburg
GESTALTUNG: Claudia Ott Grafischer Entwurf, Düsseldorf

Klaus Sachs-Hombach

Das Bild als kommunikatives Medium

Elemente einer allgemeinen Bildwissenschaft

4., leicht überarbeitete und ergänzte Auflage

HERBERT VON HALEM VERLAG

Meiner Familie:
Heike, Rosa und Robert

Danksagung

Die Fertigstellung der vorliegenden Studie wäre nicht möglich gewesen ohne die zahlreichen Helfer, bei denen ich mich an dieser Stelle ganz herzlich bedanke. Namentlich erwähnen möchte ich insbesondere Henning Moritz und Jörg R. J. Schirra, denen ich aus zahlreichen Diskussionen wertvolle Hinweise und Anregungen verdanke und deren freundschaftliche und geduldige Unterstützung mir oft die nötige Seelenruhe sicherte, die in den Anforderungen des akademischen Betriebes zuweilen verloren zu gehen drohte. Bedanken möchte ich mich zudem bei Arno Ros, Michael Pauen und den weiteren Teilnehmern des philosophischen Kolloquiums in Magdeburg, von denen ich bei den wiederholten Gelegenheiten, Teile meiner Arbeit in diesem Kreis zu präsentieren, viel lernen konnte. Schließlich ist mir die vielfältige und stete herzliche Unterstützung des Instituts für Simulation und Graphik eine zuverlässige Hilfe gewesen. Insbesondere hätte meine Arbeit sicherlich keinen Abschluss finden können ohne die immer selbstverständlich gewährte Unterstützung von Thomas Strothotte, dessen Offenheit interdisziplinären Arbeiten gegenüber sich in erfreulicher Weise nicht auf die sonst üblichen Beifallsbekundungen beschränkte.

Inhalt

Vorwort 9
Vorwort zur 3. Auflage 14
Vorwort zur 4. Auflage 16

Einleitung 30

I. PHILOSOPHISCHE GRUNDLAGEN EINER ALLGEMEINEN BILDWISSENSCHAFT 46

1. Kurze Geschichte der philosophischen Bildtheorie 46
   1.1 Zwischen Verkörperung und Verweisung 47
   1.2 Der Aufstieg der mentalen Bilder 52
   1.3 Bilder als Symbolsysteme 57
   1.4 Zusammenfassung und Ausblick: Bild und Repräsentation 64

2. Methodologische Voraussetzungen 67
   2.1 Begriff und Begriffsfeld 68
   2.2 Philosophie als Begriffskartografie 74
   2.3 Theorie und Theorierahmen 78
   2.4 Zusammenfassung und Ausblick: Bildwissenschaften und Bildwissenschaft 81

3. Bilder als wahrnehmungsnahe Zeichen 87
   3.1 Enger Bildbegriff und weiter Bildbegriff 88
   3.2 Bilder als Zeichen 91
   3.3 Bild und Wahrnehmung 100
   3.4 Zusammenfassung und Ausblick: Bild, Kommunikation und Medium 108

II. EBENEN DER BILDANALYSE 113

4. Bildsyntax 113
4.1 Zum Begriff der Syntax 115
4.2 Ein skeptischer Einwand 118
4.3 Bildelemente 125
4.4 Zusammenfassung und Ausblick: Von der Syntax zur Semantik 131

5. Bildsemantik 135
5.1 Zum Begriff der Semantik 137
5.2 Bild und Ähnlichkeit 141
5.2.1 *Grenzen der Ähnlichkeitstheorie* 143
5.2.2 *›Wiedererkennen‹ und ›ins Gedächtnis zurückrufen‹* 147
5.2.3 *Bildbegriff und internalisiertes Ähnlichkeitskriterium* 150
5.2.4 *Eine Kritik des internalisierten Ähnlichkeitskriteriums* 156
5.3 Ähnlichkeit und Fiktionalität 161
5.4 Zusammenfassung und Ausblick: Von der Semantik zur Pragmatik 165

6. Bildpragmatik 169
6.1 Zum Begriff der Pragmatik 171
6.2 Bild und Prädikation 175
6.3 Pragmatische Aspekte der Bildbedeutung 185
6.3.1 *Bildinhalt* 185
6.3.2 *Bildreferenz* 188
6.3.3 *Das Bild als Sinnbild* 192
6.3.4 *Illokutionäre Rolle und kommunikativer Gehalt* 194
6.4 Zusammenfassung und Ausblick: Bildhandeln als implizite Kommunikation 199

III. BILDTYPEN UND BILDMEDIEN 202

7. Kleine Typologie der Bilder 202
7.1 Darstellende Bilder: Vom Trompe-l'œil zum Ideogramm 203
7.2 Strukturbilder: Von der Landkarte zum Diagramm 212
7.3 Reflexive Bilder: Vom abstrakten zum ungegenständlichen Bild 218
7.4 Zusammenfassung und Ausblick: Exemplifikation und Medialisierung 226

8. Bilder als Medien 230
8.1 Das fotografische Bild 231
8.2 Das filmische Bild 236
8.3 Das elektronische Bild 243
8.4 Zusammenfassung und Ausblick: Medialisierung und Virtualisierung 249

9. Zur Medialität mentaler Bilder 253
9.1 Die Imagery Debate 255
9.2 Bild und Determinismus 260
9.3 Bild und kognitive Durchdringung 263
9.4 Zusammenfassung und Ausblick: Mentale Bilder und Künstliche Intelligenz 268

IV. BILDEXTERNE BESTIMMUNGSFAKTOREN 271

10. Bildfunktionen und Bildumgebungen 271
10.1 Die kognitive Funktion von Bildern 273
10.2 Die epistemische Funktion von Bildern 279
10.3 Die normative Funktion von Bildern 285
10.4 Zusammenfassung und Ausblick: Zur Leistungsfähigkeit der Bilder 290

11. Kognitive Aspekte der Bildverwendung 293
11.1 Stufen des Bildverstehens 294
11.2 Zum Begriff des Prototyps 300
11.3 Zum Begriff der kommunikativen Relevanz 305
11.4 Zusammenfassung und Ausblick: Verstehen und Imaginieren 310

12. Bild und Gesellschaft 316
12.1 Bild und Kultur 317
12.2 Bild und Manipulation 322
12.3 Bild und Bildrhetorik 326
12.4 Zusammenfassung und Ausblick: Das Bild zwischen Reflexion und Anwendung 331

Literaturverzeichnis 334
Personen- und Sachverzeichnis 364

Vorwort

Seit einiger Zeit rückt die Bild-Forschung unter den Schlagworten »imagic turn« (FELLMANN 1991a: 26), »pictorial turn« (MITCHELL 1992a: 89) oder »iconic turn« (BOEHM 1994a: 13) in den Blickpunkt des öffentlichen wie des wissenschaftlichen Interesses. Die Anzahl der Publikationen zum Begriff und zu den kulturellen, politischen oder epistemischen Funktionen der Bilder ist weiter im Steigen begriffen und auch die Zahl der Tagungen und der Forschungskollegs zu diesem Themenfeld wächst. Nicht zufällig befassen sich speziell viele der aktuellen Medientheorien von Benjamin über Flusser bis zu Virilio ganz zentral mit der Bildthematik. Als wichtige Komponente innerhalb der sogenannten Neuen Medien ist Bildern damit neben ihrer langen, auf die Höhlenmalereien zurückgehenden Vergangenheit zugleich eine technologisch geprägte Zukunft zugesprochen worden, sodass sich über die Bilder in den Bereichen Fotografie, Film und Fernsehen seit dem Erzeugen- und Verarbeitenkönnen digitaler Bilder die Informatik bzw. die Computervisualistik als eine strategisch wichtige Bilddisziplin etabliert hat.

Bei all dem geht es nicht (nur) um den Einfluss, den Bilder innerhalb der verschiedenen Gesellschaftsbereiche haben; denn darüber, dass Bildern – etwa in politischen Zusammenhängen – wichtige Funktionen zukommen, sind sich die Forscher seit je weitgehend einig gewesen (wenn dieser Sachverhalt auch bei Ikonodulen und Ikonoklasten auffällig entgegengesetzte Bewertungen erfahren hat und erfährt). Vielmehr geht es (ebenfalls) um den Einfluss, den die Implikationen und Konsequenzen einer wissenschaftlich fundierten Bildtheorie für unser Selbstverständnis und für unsere elementaren Begriffe – etwa des sozialen Wissens oder

der gesellschaftlichen Praxis – besitzen. Einen solchen grundlegenden Wandel soll der Ausdruck ›Wende‹, der mit dem *linguistic turn* prominent geworden ist, zumindest andeuten. Wird diese Analogie ernstgenommen, dann müsste allerdings richtiger vom *visualistic turn* die Rede sein, denn der besondere Gegenstand des neues Paradigmas sollte nicht (nur) in der vielbeschworenen Bilderflut gesehen werden, sondern in der Annahme einer (wie auch immer konkret zu formulierenden) Unhintergehbarkeit des Bildhaften (vgl. hierzu ausführlicher SACHS-HOMBACH 2009). Erst aus dieser Annahme ergibt sich eine Bedeutsamkeit der Bildforschung – der Visualistik – auch für die Grundlagen zahlreicher weiterer Wissenschaften. Nach wie vor ist jedoch unklar, in welchem Maße wir in der Lage sein werden, die wesentlichen Eigenschaften und Funktionen der Bildverwendung nach wissenschaftlichen Standards zu erfassen. Es ist, mit anderen Worten gesagt, nach wie vor unklar, ob es eine (evtl. der Sprachwissenschaft vergleichbare) Bildwissenschaft überhaupt geben und in welchem Sinn von Wissenschaft dies der Fall sein kann..

Natürlich gibt es Bildwissenschaften, wie die Kunstgeschichte, die sich berechtigterweise allgemeiner Anerkennung erfreuen. Aber kann es auch *die* Bildwissenschaft geben, die weder nur teilweise mit Bildern noch nur mit Teilbereichen der Bildthematik beschäftigt ist (und sich daher auch nicht auf die Bilder der Kunst als einen speziellen Fall unter vielen beschränkt), sondern ganz ausschließlich und erschöpfend in den verschiedenen Bildphänomenen ihren Gegenstandsbereich findet? Als Beispiel in formaler Hinsicht für eine derartige Wissenschaft, die in jüngster Zeit institutionalisiert worden ist, ließe sich auf die Kognitionswissenschaft hinweisen. Auch hier wird der wissenschaftliche Status zuweilen angezweifelt, zumindest ist aber ein gemeinsamer Gegenstandsbezug, ein intensiver Austausch zwischen den verschiedenen Teildisziplinen sowie ein allgemeiner Theorierahmen deutlich erkennbar, in dem sich die Bemühungen der einzelnen Disziplinen aufeinander beziehen lassen. Meine Ausführungen sind von der Auffassung geleitet, dass zumindest in diesem Sinne auch eine Bildwissenschaft möglich ist, *sofern es gelingt*, einen gemeinsamen Theorierahmen zu entwickeln, der für die unterschiedlichen Disziplinen ein integratives Forschungsprogramm liefert. Im Folgenden soll hierzu ein Vorschlag unterbreitet werden, der davon ausgeht, dass Bilder wahrnehmungsnahe Zeichen sind und ihre Erforschung nur im Verbund von semiotischen und wahrnehmungstheoretischen Überlegungen möglich ist.

Der Titel *Allgemeine Bildwissenschaft*, mit dem ich diese Unternehmung bezeichne, lehnt sich an die sehr erfolgreiche Etablierung einer allgemeinen Sprachwissenschaft an und soll die Überzeugung zum Ausdruck bringen, dass eine ähnlich nachhaltige Entwicklung auch im Bildbereich gelingen kann. Damit ist jedoch auf keinen Fall gesagt, dass Bilder wie sprachliche Zeichen untersucht werden sollen oder können. Ich erachte eine solche Annahme als ein grundsätzliches Missverständnis, das ich insbesondere deshalb ausdrücklich zurückweisen möchte, weil es zuweilen irrtümlich semiotischen Bildtheorien generell zugeschrieben wird. Ganz ohne Zweifel besitzen Bilder eigentümliche Strukturen, die sich in vielfältigen Hinsichten von denen sprachlicher Ausdrücke unterscheiden und die sich von traditionellen semiotischen Theorien strukturalistischer Prägung (vgl. SAUSSURE 1916) nicht befriedigend erfassen lassen. Obschon im Folgenden der Anspruch einer *allgemeinen* Bildwissenschaft erhoben wird, bleibt die Eigenständigkeit des Bildhaften also ganz unstrittig. Folglich wird dem Bild zwar eine (der Sprache vergleichbare) fundamentale Funktion im menschlichem Selbst- und Weltverhältnis zugewiesen, seine wissenschaftliche Erforschung fordert aber eine dezidiert interdisziplinäre Herangehensweise, der es um die Integration von zeichentheoretischen und wahrnehmungstheoretischen Aspekten gehen muss.

Im vorgeschlagenen Theorierahmen wird unterstellt, dass der Zeichenbegriff einen (freilich überaus allgemeinen) Bezugspunkt innerhalb der Erforschung des Bildphänomens bereitstellen kann, wenn er nur weit genug gefasst wird. In dieser weiten Fassung bringt er nur diejenigen Aspekte des Bildphänomens in den Blick, die sich auch bei sprachlichen Zeichenverwendungen einstellen. Die Besonderheiten des Bildes zählen natürlich nicht in diesen Bereich, wohl aber die Tatsache, dass wir in der Regel auch mit Bildern etwas zum Ausdruck bringen bzw. mit Bildern jemandem (oder auch uns selbst) etwas zu verstehen geben wollen. Ganz ohne Zweifel erfolgt dies bei Bildern in sehr spezifischer Weise. Da der vertretenen Auffassung zufolge diese Besonderheit der Bilder mit dem Wahrnehmungsaspekt zusammenhängt, bedarf die Bildwissenschaft – im eklatanten Unterschied zur Sprachwissenschaft – einer starken wahrnehmungspsychologischen Ausrichtung. Damit erhält zudem die Materialität und Medialität des Bildes eine entscheidende Bedeutung. Folglich ist nur in der Kombination der Momente Zeichen, Medium und Wahrnehmung eine allgemeine Bildwissenschaft möglich.

Eine der zentralen Motivationen des vorliegenden Ansatzes zu einer allgemeinen Bildwissenschaft ergibt sich aus dem Bemühen, die im deutschen Sprachraum nach wie vor häufig anzutreffende Polarisierung von Natur- und Technikwissenschaften auf der einen Seite und Geistes- und Sozialwissenschaften auf der anderen Seite zu überwinden. Möglichkeiten, diese Polarisierung aufzuheben, auf die Snow Mitte des letzten Jahrhunderts mit seiner These von den zwei Kulturen nachdrücklich hingewiesen hat (vgl. SNOW 1959), ergeben sich insbesondere im Bereich der Bildwissenschaft, weil dieser Forschungsbereich in sinnfälliger Weise die Notwendigkeit einer Beteiligung sehr unterschiedlicher Disziplinen vor Augen führt. Auch die traditionellen Tafelbilder waren bereits technisch überaus anspruchsvolle Artefakte, deren angemessenes Verständnis zudem immer schon die genaue Berücksichtigung der jeweiligen kommunikativen Funktionen und Kontexte voraussetzte. Wie kaum ein anderer Forschungsbereich reicht die bildwissenschaftliche Forschung daher von reflexiven bis hin zu anwendungsorientierten Disziplinen (vgl. SACHS-HOMBACH 2005c). Die Verschränkung von Reflexion und Anwendung wird insbesondere durch die nicht zu überschätzende gesellschaftliche Bedeutung der Bilder verstärkt, die sich etwa an den vielen Bilderstreiten und Bilderstürmen ablesen lässt und seit je in die tiefsten religiösen wie in die eher prosaischen und machtpolitischen Auseinandersetzungen eingegriffen hat. Daher ist die Einschätzung der Bilder aufs Engste mit dem jeweiligen Selbstverständnis der unterschiedlichen Kulturen verknüpft, sodass sich die vorgeschlagene Rahmenkonzeption einer Bildwissenschaft nicht trotz, sondern gerade auf Grund ihrer kommunikationstheoretischen Ausrichtung in die übergreifenden kulturanthropologischen Bemühungen der Gegenwart einordnet (vgl. BÖHME/MATUSSEK/MÜLLER 2000). Sie versteht sich nicht als Alternative, sondern als wichtiger grundlagentheoretischer Baustein der kulturwissenschaftlichen Reflexion.

Das primäre Ziel der vorliegenden Studie – die in kondensierter Form zentrale Ergebnisse der Überlegungen enthält, die mich seit etlichen Jahren im Zusammenhang mit den Fragen zur philosophischen Bildtheorie und zur Möglichkeit einer allgemeinen, einheitlichen Bildwissenschaft beschäftigen – besteht weniger darin, eine besonders originelle Theorie vorzustellen, sondern darin, möglichst unkontroverse Elemente in systematischer Weise zusammenzuführen, sodass sie in ihrer Verknüpfung zur Grundlegung einer allgemeinen Bildwissenschaft dienen können. Zwar habe ich mich auch darum bemüht, eine solche Rahmenkonzeption mit mir richtig erscheinenden Theoremen zu füllen und diese in Auseinandersetzung mit den jeweiligen Diskussionen plausibel zu machen; da die bildwissenschaftliche Forschungssituation insgesamt aber bisher eher einem vorparadigmatischen Stadium entspricht, erscheint es mir anmaßend, in diesen Punkten Recht behalten zu wollen. Als wertvoller erachte ich, eine Diskussion zur Klärung der allgemeinen begrifflichen Vorgaben überhaupt in Gang gebracht zu haben bzw. zu bringen, von der auch die Lösung der spezielleren bildwissenschaftlichen Probleme wird profitieren können.

Meinen Ansatz verstehe ich dezidiert als interdisziplinäres Bemühen. Die Philosophie, die ich in diesem Rahmen vertrete, halte ich für besonders geeignet, solche Bemühungen (entgegen den fachdisziplinären Idiosynkrasien) zu inaugurieren und zu koordinieren. Eine entsprechende Förderung der interdisziplinären Zusammenarbeit zähle ich sogar zu den wesentlichen Aufgaben der gegenwärtigen Philosophie (womit natürlich nicht bestritten werden soll, dass es – vor allem im methodologischen Bereich – auch rein philosophische Themen und Aufgaben gibt). Im Folgenden stehen die philosophisch-begrifflichen Probleme daher nur insofern im Vordergrund, als mit ihrer Klärung ein konzeptueller Vorschlag zur Organisation der interdisziplinären Zusammenarbeit angestrebt wird. Trotz der gegenteiligen Versicherungen werden solche Anstrengungen bisher leider kaum in institutioneller Weise gefördert. Deshalb ist es wohl auch eher zu bezweifeln, dass die in letzter Zeit verstärkt betriebene Erosion der akademischen Forschung den positiven Effekt einer Auflösung der starren Disziplinengrenzen zur Folge haben wird. Es bleibt nur zu hoffen, dass die zunehmende gesellschaftliche Bedeutungslosigkeit der akademischen Forschung wenigstens die Möglichkeit eröffnet, wissenschaftliche Fragestellungen wieder stärker an den sachlichen Problemen zu orientieren und unabhängig von den wissenschaftspolitischen Zusammenhängen anzugehen.

Magdeburg, September 2003
Klaus Sachs-Hombach

Vorwort zur 3. Auflage

Seit dem Erscheinen der ersten Auflage meiner *Elemente* sind ziemlich genau zehn Jahre vergangen. Entsprechend war es eine eigentümliche Erfahrung, das eigene Werk einer erneuten, intensiven Lektüre zu unterziehen, deren Ausgang mir keineswegs von vornherein klar war. Würde der Text den eigenen Ansprüchen, die sich innerhalb von 10 Jahren vermutlich doch gewandelt haben, genügen können? Würde es eine eher interessante oder eine eher quälende Lektüre werden? Würde ich meine damaligen Überlegungen immer noch für relevant halten? Oder würde ich das Buch stark überarbeiten müssen?

Das Ergebnis dieser Lektüre hat mich selbst erstaunt: Sicherlich enthält die nun vorliegende dritte Auflage zahlreiche Aspekte, die sich differenzierter darstellen lassen und die ich heute auch differenzierter darstellen würde. Fraglos enthält sie zudem einige Thesen, die mir heute erläuterungsbedürftiger erscheinen als damals. Und sicherlich enthält sie schließlich den einen oder anderen Aspekt, den man ganz anders darstellen könnte. Im Großen und Ganzen überzeugt mich mein Entwurf zu einer allgemeinen Bildwissenschaft, den ich als Ausarbeitung meiner Habilitationsschrift 2003 publiziert hatte, aber nach wie vor. Diese Einschätzung findet darin Unterstützung, dass die Ausgangsbedingungen der *Elemente* unverändert zutreffen, dass sich also eine allgemeine Bildwissenschaft bisher nicht etabliert hat. Obwohl in den diversen Kultur-, Kunst-, Literatur- und Medienwissenschaften vom *iconic* oder *visual turn* die Rede ist, steht seine theoretische Verankerung in einer allgemeinen Bildwissenschaft noch immer aus.

Offensichtlich hat es in den vergangenen zehn Jahren eine Flut von bildtheoretischen und bildhistorischen Untersuchungen, insbesondere zahlreiche interdisziplinäre bildwissenschaftliche Unternehmungen gegeben, sodass der Ausdruck ›Bildwissenschaft‹ geläufig geworden ist. Außer in der Kunstgeschichte und in den *Visual Culture Studies*, in denen mittlerweile sogar einige Lehrstühle eine entsprechende Denomination erhalten haben, hat die interdisziplinär orientierte Bildwissenschaft ihre Heimat vor allem in der Medienwissenschaft gefunden. Doch haben diese Entwicklungen wenig zu einer gründlichen methodologischen und konzeptionellen Klärung der interdisziplinären Bezüge der Bildforschung beigetragen. Genau darin aber sehe ich – damals wie heute – die zentrale Aufgabe einer nicht partiellen, sondern allgemeinen Bildwissenschaft, wie ich sie in den *Elementen* entwickelt und begründet habe.

Um den ursprünglichen Charakter dieses Entwurfs zu erhalten, habe ich daher bewusst von größeren Änderungen, die den derzeitigen Diskussionsstand detaillierter abzubilden geeignet wären, abgesehen. Dementsprechend hat die vorliegende Auflage vor allem die üblichen Korrekturen und stilistische Glättungen erfahren, in wenigen Fällen auch eine inhaltliche Klärung. Sofern ich in einzelnen Fragen inzwischen zu einer präziseren Darstellung der Probleme gelangt bin, habe ich ergänzend auf diese Arbeiten verwiesen.

Tübingen, Juni 2013
Klaus Sachs-Hombach

Vorwort zur 4. Auflage

Der Herbert von Halem Verlag hat sich dankenswerter Weise bereit erklärt, meine *Elemente*, die inzwischen in die Jahre gekommen sind, mit einer weiteren Auflage zu ehren. Da ich denke, dass der Entwurf einer allgemeinen Bildwissenschaft, den sie wesentlich enthalten, seine systematische Gültigkeit nicht verloren hat, ist eine groß angelegte Überarbeitung nicht sinnvoll. Neben den für Neuauflagen üblichen Korrekturen des Textes möchte ich mit meinem Vorwort aber einen kurzen Literaturbericht zur aktuellen Lage der bildwissenschaftlichen Forschung geben, um auf diese Weise sehr knapp die veränderten disziplinären, thematischen und teilweise wissenschaftspolitischen Rahmenbedingungen der aktuellen Bildforschung zu umreißen. Hierbei geht es mir weniger um eine Auflistung der kaum noch zu überschauenden Beiträge zur einzeldisziplinären empirischen Forschung, sondern eher um eine sehr grobe Skizze derjenigen eher konzeptuellen Arbeiten, denen an einer transdisziplinären Bildtheorie gelegen scheint.

Zur Erinnerung: Schon im frühen 20. Jahrhundert hatten Bilder zunehmend an Wirkung und Einfluss gewonnen. Doch erst in den 1990er-Jahren ist mit dem *pictorial/iconic/visualistic turn* relativ spät eine korrespondierende bildwissenschaftliche Forschung entstanden (vgl. u.a. GEISE et al. 2016). Um eine angemessene Haltung im Umgang mit der regelrechten Bilderflut zu entwickeln, die seit Ende des 20. Jahrhunderts alle Lebensbereiche überflutet hatte, wurden in zahlreichen Disziplinen eigene Bereiche der Bildforschung auf den Weg gebracht. In der Kommunikationswissenschaft entstand etwa ein empirischer Forschungsbereich zur visuellen Kommunikation (vgl. u.a. LOBINGER 2012; MÜLLER/GEISE 2015), innerhalb der Geschichtswissenschaft war die Bedeutung von Bildquellen verstärkt berücksichtigt und methodisch reflektiert worden (vgl. u.a. KIRSCHENMANN/WAGNER 2006; PAUL 2016) und für die Vermittlung von Bildern gewann eine fächerübergreifende Bilddidaktik zunehmend an Bedeutung (vgl. LIEBER 2013; MAEGER 2013; PLAUM 2016). Die breite Resonanz bildwissenschaftlicher Unternehmungen dokumentiert in den ersten beiden Dekaden des 21. Jahrhunderts das kontinuierliche Erscheinen umfangreicher Publikationen zu oft übergreifenden Fragen der Bildthematik (siehe exemplarisch in chronologischer Reihenfolge: JONGMANNS 2003; HUBER 2004; SACHS-HOMBACH 2005; BELTING 2007; REICHLE/SIEGEL/SPELTEN 2007; HESSLER/MERSCH 2009; SACHS-HOMBACH 2009; BISANZ 2010; ASMUTH 2011; FINKE/HALAWA 2012; ELKINS/NAEF 2011; SCHADE/WENK 2011; STOELLGER/KLIE 2011; ALLOA/FALK/CHOMENTOWSKA 2013; BENEDEK/NYÍRI 2013; KOHLE 2013; WILDGEN 2013; GÜNZEL/MERSCH/KÜMMERLING 2014; GAIGER 2014; PICHLER/UBL 2014; WEIGEL 2015; LEHMANN/URSPRUNG 2016; BÜCHSEL 2018; WILDE 2018; MÜNNIX 2019; PURGAR 2019; HÄNDLER 2020; VEITS/WILDE/SACHS-HOMBACH 2020). Wirkungsgeschichtlich bedeutsam ist im deutschsprachigen Raum insbesondere der Wandel im Selbstverständnis der kunstgeschichtlichen Forschung gewesen hin zu einer historisch orientierten Bildwissenschaft mit Leitfunktion (vgl. u. a. BELTING 1990; BOEHM 1995; BREDEKAMP 2011; HORNUFF 2012). Ein einflussreiches Pendant stellen im angelsächsischen Raum die Visual Culture Studies dar, die sich besonders für Fragen sozialer Machtverhältnisse interessieren (vgl. u.a. MITCHELL 1992, 1994; ELKINS 2003; DIKOVITSKAYA 2005; SMITH 2008; RIMMELE/SACHS-HOMBACH/STIEGLER 2014; GRABBE/RUPERT-KRUSE/SCHMITZ 2019).

Mein eigener bildwissenschaftlicher Beitrag erfolgte seit den 1990er-Jahren innerhalb der Philosophie und bestand zum einen darin, in methodisch-institutioneller Ausrichtung die Möglichkeiten eines Theorierahmens zu eruieren, der im Sinne einer allgemeinen Bildwissenschaft die interdisziplinäre Zusammenarbeit der jeweiligen disziplinspezifischen Perspektiven strukturieren können sollte. Mit dieser Aufgabe ist zum anderen in inhaltlicher Ausrichtung die Ausarbeitung einer kommunikationstheoretisch orientierten Bildtheorie verbunden gewesen, die ich als ›prädikative Bildtheorie‹ bezeichnet und in verkürzter Form in der These zusammengefasst hatte, dass Bilder wahrnehmungsnahe Zeichen sind (vgl. auch SACHS-HOMBACH/SCHIRRA 2011 sowie WILDE 2021). Die ›prädikative Bildtheorie‹ hatte phänomenologische und analytische Perspektiven vermittelt und damit eine Synthese dieser beiden wichtigen Traditionslinien der Bildtheorie geleistet, die zu Unrecht als unvereinbare Ansätze galten.

Während die Bildforschung in der 1990er- und 2000er-Jahren noch durch zahlreiche inter- und teilweise auch transdisziplinäre Unternehmungen begleitet worden war, dominierte nach 2010 erneut eine stärker disziplinär orientierte Ausrichtung der Forschung. Aus meiner Perspektive lassen sich aber drei übergreifende Schwerpunkte ausmachen, die auch gegenwärtig noch zur Konturierung einer disziplinär übergreifenden Bildforschung beitragen. Diese Schwerpunkte, auf die ich etwas genauer eingehen möchte, betreffen die methodologische Konsolidierung, eine Konzentration auf die Verwendungs- und Handlungsaspekte von Bildern sowie schließlich eine vielfältige, oft kritische Ausrichtung auf identitätspolitische Aspekte im Einsatz von Bildern.

Methodologische Reflexionen und multimodale Einbettungen

Reflexionen auf bildanalytische Methoden sind natürlich nicht neu und finden sich prominent in der Tradition der Kunstgeschichte, seit dem frühen 20. Jahrhundert paradigmatisch etwa bei Panofsky (Ikonografie und Ikonologie) oder Imdahl (Ikonik). In jüngerer Zeit wurden auch in der Sozialwissenschaft (BRECKNER 2010; BOHNSACK/MICHEL/PRZYBORSKI 2009 und BOHNSACK/FRITZSCHE/WAGNER-WILLI 2015) in der (Sozial-)Semiotik (KRESS/VAN LEEUWEN 1996; VAN LEEUWEN/JEWITT 2001) und in der Medien- und Kommunikationswissenschaft zahlreiche Methoden zur Analyse von visuellen Zeichen entwickelt (z.B. MÜLLER/GEISE 2015; siehe auch GAMER 2018). Einen guten Überblick geben zwei umfangreiche, handbuchartige Methodenbücher mit jeweils geistes- bzw. sozialwissenschaftlicher Orientierung: Eher geisteswissenschaftlich verfährt *Bild und Methode. Theoretische Hintergründe und methodische Verfahren der Bildwissenschaft* (2014) vom NETZWERK BILDPHILOSOPHIE, eher sozialwissenschaftlich *Die Entschlüsselung der Bilder. Methoden zur Erforschung visueller Kommunikation* (2011) von Petersen und Schwender.

Die methodischen Reflexionen lassen sich in intensiver Form insbesondere auch in der Multimodalitätsforschung finden (GRABBE/RUPERT-KRUSE/SCHMITZ 2017; SACHS-HOMBACH et al. 2018; SACHS-HOMBACH/THON 2019), die ebenfalls entscheidend durch die Sozialsemiotik befruchtet worden war (KRESS/VAN LEEUWEN 2001; JEWITT 2009; KRESS 2010). Relativ früh hatte Charles Forceville bereits zu Bildmetaphern publiziert (FORCEVILLE 1996) und seine Überlegungen dann ins Multimodale erweitert (FORCEVILLE/URIOS-APARISI 2009; TSERONIS/FORCEVILLE 2017; FORCEVILLE 2020). Unter den verschiedenen Anwendungen in der Linguistik und der Medienwissenschaft (STÖCKL 2004; SCHNEIDER/STÖCKL 2011; PINAR SANZ 2015) verdienen die Arbeiten von John Bateman, sicherlich nicht nur für den deutschsprachigen Raum besonders hervorgehoben zu werden (BATEMAN 2008, 2014; BATEMAN/WILDFEUER/HIIPPALA 2017).

Bild, Bildhandeln und (moralische) Verantwortung

Ein zweiter Schwerpunkt in der jüngsten Bildforschung ergibt sich aus der ursprünglich von Wittgenstein inspirierten handlungstheoretischen Umorientierung mentaler Begriffe, die sich in Folge des *linguistic turn* mit Austin, Searle und Habermas für die Kommunikationstheorie allgemein sehr erfolgreich durchgesetzt und entsprechend auch zahlreiche Weiterführungen im Bereich der visuellen Kommunikation (etwa durch Roland Barthes) erfahren hatte. Die Verwendung von Bildern wurde in dieser Tradition als eine Form des kommunikativen Handelns verstanden. Entsprechend entwickelten sich spätestens mit den bildtheoretischen Arbeiten von Oliver Scholz verstärkt Gebrauchstheorien oder Handlungstheorien des Bildes bzw. pragmatische Bildtheorien (vgl. SCHOLZ 2004; SCHÖTTLER 2015; SACHS-HOMBACH 2016). Der Gebrauch von Bildern wird hier bereits im Begriff vom ›Bildsein‹ bestimmt: Ein Gegenstand kann entsprechend nur *als* Bild begriffen werden, wenn er bereits in bestimmte Handlungsvollzüge eingebettet ist, außerhalb dieser Vollzüge verliert er seinen Bildstatus. Dieser Zusammenhang wurde durchaus kontrovers diskutiert (z. B. SCHMITZ 2007). Wiesing und Seja hatten etwa einen ›*Pragmatismus* des Bildes‹ (Handlung mit Bildern) von der ›*Pragmatik* des Bildes‹ (Bildhandeln) unterschieden (WIESING 2004, 2013; SEJA 2009; vgl. u.a. SCHÖTTLER 2015).

Eine Handlung mit Bildern kann als die zweckgerichtete Produktion, Reproduktion, Distribution oder Rezeption von Bildern verstanden werden. Sie wirft als Handlung unmittelbar immer auch Fragen der Verantwortung und der moralischen Beurteilung auf (LEIFERT 2007; SCHWENDER 2019). Gegen diese Auffassung hat sich seit einiger Zeit eine Modifikation der Handlungstheorien etabliert, die – inspiriert von Bruno Latours Akteur-Netzwerk-Theorie – Artefakte als autonome Akteure einführen und ihnen eine eigene Handlungsfähigkeit (*agency*) zusprechen möchte (vgl. etwa die Akteur-Medien-Theorie bei THIELMANN/SCHÜTTPELZ/GENDOLLA 2013 sowie die Darstellungen in JUNG/WILDE/SACHS-HOMBACH 2021). In ähnlicher Weise, mit den Begriff des Bildakts argumentierend, hat etwa

Mitchell vom ›Handeln der Bilder‹ gesprochen (MITCHELL 2005; siehe auch DIDI-HUBERMAN 2011). Da Bilder hier als Akteure oder handlungsstiftende Agenten imaginiert werden sollen, erhalten sie eine etwas eigentümliche Sonderstellung unter den Bildtheorien mit Handlungsbezug. Im deutschsprachigen Raum haben solche animistisch anmutenden Versuche einer Theorie des Bildakts (BREDEKAMP 2010) in der Regel vor allem Kritik erfahren (vgl. etwa LAUSCHKE 2013; TREIBER 2020; TAPPE 2020).

Bild, Bildkritik und kulturelle Identität

In pragmatischen Bildtheorien wird dann der Zusammenhang von Bild und Kontext wichtig (FROMM et al. 2020), der den konkreten Einsatz von Bildern in Form von spezifischen Bildpraktiken bzw. Bildspielen bestimmt (BENEDEK/NYÍRI 2013). Zu den zahlreichen Kontexten und Implikationen eines handlungstheoretischen Bildbegriffs gehören etwa der Wissenschaftskontext (LIEBSCH/MÖSSNER 2012; HARTH/STEINBRENNER 2013; SCHWARTE 2015; HERDER 2017). Ein kulturell besonders wichtiger, seit langem kaum zu überschätzender Handlungskontext nicht nur für Bilder ergibt sich aus identitätskritischen und -politischen Fragestellungen (MICHEL 2006; BALEVA/REICHLE/SCHULTZ 2012; WULF 2014; SCHOBER/HIPFL 2021).

Unstrittig ist sicherlich, dass die Herstellung von kulturellen Identitäten der symbolischen Vermittlung und insbesondere der Veranschaulichung bedarf. In Zeiten zunehmender Mediatisierung erfolgt diese Vermittlung primär über technische Medien (vgl. LOBINGER/GEISE 2015). Entsprechend hebt die Forschung seit einigen Dekaden die Bedeutung der globalisierten visuellen Kommunikation für die kulturellen oder auch politischen Identitäten hervor (vgl. SCHELSKE 1997; SCHINDLER 2005; HOFMANN/LESSKE 2005; GEISE/LOBINGER 2012; GERTH 2018). So wie die Kultur eine wesentliche Bestimmung des Kollektiven liefert, können Bilder als eine wesentliche Konkretisierung des Kulturellen gelten. Das gilt vor allem für die historischen Leitbilder und Bildprogramme, auch für Weltbilder (MARKSCHIES et al. 2011) und visuelle Stereotypen (PETERSEN/SCHWENDER 2009), die traditionell die identitätsstiftenden Narrative mit visuellen Topoi ergänzen und (in mehr oder weniger stereotyper Form) geeignet sind, kollektive Bezugspunkte zu liefern. Das betrifft nicht nur die konkreten Inhalte, sondern oft viel eher die visuellen Stile (siehe MEIER 2014). Zudem haben visuelle Darstellungen eine nicht zu überschätzende Bedeutung innerhalb prekärer Kollektive, etwa in Jugendkulturen oder in Migrationskontexten (vgl. RITTER/ROGGER/MURI 2010; THIES 2015; AUTENRIETH/BIZZARRI/LÜTZEL 2017; GLASER 2017). Aktuell gilt dies dann insbesondere für die sozialen Medien (BRANTNER et al. 2020), die sich zu digitalen Bildmedien (KLINKE/STAMM 2013; GERLING/HOLSCHBACH/LÖFFLER 2018) gewandelt haben. Noch grundsätzlicher ist es sicherlich keine Übertreibung, dass die Prozesse der Digitalisierung in den vergangenen eineinhalb Jahrzehnten gerade auch in bildwissenschaftlichen Forschungsfeldern zahlreiche neue Fragestellungen aufgeworfen haben. Das betrifft etwa die journalistische (vgl. KLEIN-AVRAHAM/REICH 2016) und die politische (vgl. AZOULAY 2015; HARIMAN/LUCAITES 2016) Bedeutung der Digitalfotografie (vgl. auch übergreifender GÓMEZ CRUZ/LEHMUSKALLIO 2016; GUNTHERT/DIEKMANN 2019), aber auch Fragen zur partizipatorischen Bildzirkulation in sozialen Netzwerken (vgl. GUNKEL 2018; LEAVER/HIGHFIELD/ABIDIN 2020).

Es zeigt sich seit dem bewegenden Essay zur Fotografie von Susan Sonntag also, dass Bilder nicht nur mächtig geworden sind und Machtfragen stellen (HALAWA 2012), sondern ihre Ambivalenz auch nicht verleugnen können (SCHAFFER 2008). Sie sind vom visuellen Bericht über den Krieg (KNIEPER/MÜLLER 2005) in einen Bilderkrieg mutiert (BEUTHNER et al. 2003; PAUL 2004, 2005; KNAPE/ULRICH 2012; BEE et al. 2013; PREUSSER 2018). Vielleicht sollte es als beruhigend gelten, dass der Einsatz von Bildern in der politischen Kommunikation (vgl. DRECHSEL 2005; GEISE 2011) und insbesondere im Kontext von Populismus und politischer Propaganda (vgl. u.a. GEISE 2011; SACHS-HOMBACH/ZYWIETZ 2018) andererseits aber zu einem zunehmend wichtigeren Forschungsthema avanciert ist.

Tübingen, Mai 2021
Klaus Sachs-Hombach

Literatur

ALLOA, E.; F. FALK; S. CHOMENTOWSKA: *BildÖkonomie. Haushalten mit Sichtbarkeiten.* Paderborn [Wilhelm Fink Verlag] 2013

ASMUTH, C.: *Bilder über Bilder, Bilder ohne Bilder. Eine neue Theorie der Bildlichkeit.* Darmstadt [WBG – Wissenschaftliche Buchgesellschaft] 2011

AUTENRIETH, U.; S. BIZZARRI; N. LÜTZEL: *Kinderbilder im Social Web. Eine empirische Studie zu internet-basierter Bildpräsenz und Bildnutzung von unter 12-Jährigen.* Baden-Baden [Nomos] 2017

AZOULAY, A.: *Civil Imagination. A Political Ontology of Photography.* London [Verso] 2015

BALEVA, M.; I. REICHLE; O.L. SCHULTZ: *Image match. Visueller Transfer, ›Imagescapes‹ und Intervisualität in globalen Bildkulturen.* München [Wilhelm Fink Verlag] 2012

BATEMAN, J.A.: *Multimodality and Genre. A Foundation for the Systematic Analysis of Multimodal Documents.* London [Palgrave Macmillan] 2008

BATEMAN, J.A.: *Text and image. A critical introduction to the visual/verbal divide.* London [Routledge] 2014

BATEMAN, J.A.; J. WILDFEUER; T. HIIPPALA: *Multimodality. Foundations, Research and Analysis.* Berlin, Boston [De Gruyter] 2017

BEE, J.; R. GÖRLING; J. KRUSE; E. MÜHLLEITNER (Hrsg.): *Folterbilder und -narrationen. Verhältnisse zwischen Fiktion und Wirklichkeit.* Göttingen [V&R Unipress] 2013

BELTING, H.: *Bild und Kult. Eine Geschichte des Bildes vor dem Zeitalter der Kunst.* München [Beck] 1990

BELTING, H. (Hrsg.): *Bilderfragen. Die Bildwissenschaften im Aufbruch.* München [Wilhelm Fink Verlag] 2007

BENEDEK, A.; J.K. NYÍRI (Hrsg.): *How to do Things with Pictures. Skill, Practice, Performance.* Frankfurt/M. [Peter Lang] 2013

BEUTHNER, M.; J. BUTTLER; S. FRÖHLICH; I. NEVERLA; S. WEICHERT (Hrsg.): *Bilder des Terrors – Terror der Bilder? Krisenberichterstattung am und nach dem 11. September.* Köln [Herbert von Halem] 2003

BISANZ, E.: *Die Überwindung des Ikonischen. Kulturwissenschaftliche Perspektiven der Bildwissenschaft.* Bielefeld [transcript] 2010

BOEHM, G. (Hrsg.): *Was ist ein Bild?* München [Wilhelm Fink Verlag] 1995

BOHNSACK, R.; B. FRITZSCHE; M. WAGNER-WILLI (Hrsg.): *Dokumentarische Video- und Filminterpretation. Methodologie und Forschungspraxis.* Opladen, Berlin, Toronto [Verlag Barbara Budrich] 2015

BOHNSACK, R.; B. MICHEL; A. PRZYBORSKI (Hrsg.): *Dokumentarische Bildinterpretation. Methodologie und Forschungspraxis.* Opladen, Berlin, Toronto [Verlag Barbara Budrich] 2009

BRANTNER, C.; G. GÖTZENBRUCKER; K. LOBINGER; M. SCHREIBER: *Vernetzte Bilder. Visuelle Kommunikation in Sozialen Medien.* Köln [Herbert von Halem] 2020

BRECKNER, R.: *Sozialtheorie des Bildes. Zur interpretativen Analyse von Bildern und Fotografien.* Bielefeld [transcript] 2010

BREDEKAMP, H.: *Theorie des Bildakts.* Berlin [Suhrkamp] 2010

BREDEKAMP, H.: Bildwissenschaft. In: PFISTERER, U. (Hrsg.): *Metzler Lexikon Kunstwissenschaft. Ideen, Methoden, Begriffe.* Stuttgart [Metzler] 2011, S. 72-75

BÜCHSEL, M.: *Bildmacht und Deutungsmacht. Bildwissenschaft zwischen Mythologie und Aufklärung.* Paderborn [Wilhelm Fink Verlag] 2018

DIDI-HUBERMAN, G.: *Wenn die Bilder Position beziehen. Das Auge der Geschichte I.* Paderborn [Wilhelm Fink Verlag] 2011

DIKOVITSKAYA, M.: *Visual Culture. The Study of the Visual After the Cultural Turn.* Cambridge, MA [MIT Press] 2005

DRECHSEL, B.: *Politik im Bild. Wie politische Bilder entstehen und wie digitale Bildarchive arbeiten.* Frankfurt/M. [Campus-Verlag] 2005

ELKINS, J.: *Visual studies. A Skeptical Introduction.* New York, NY [Routledge] 2003

ELKINS, J.; M. NAEF: *What is an image?* University Park, PA [Pennsylvania State University Press] 2011

FINKE, M.; M.A. HALAWA: *Materialität und Bildlichkeit. Visuelle Artefakte zwischen Aisthesis und Semiosis.* Berlin [Kulturverlag Kadmos] 2012

FORCEVILLE, C.: *Visual and Multimodal Communication. Applying the Relevance Principle.* New York [Oxford University Press] 2020

FORCEVILLE, C.J.: *Pictorial Metaphor in Advertising.* London [Routledge] 1996

FORCEVILLE, C.J.; E. URIOS-APARISI: *Multimodal metaphor.* Berlin, New York [De Gruyter] 2009

FROMM, K.; S. GREIFF; M. RADTKI; A. STEMMLER: *image/con/text. Dokumentarische Praktiken zwischen Journalismus, Kunst und Aktivismus.* Heidelberg [arthistoricum.net] 2020

GAIGER, J.: The Idea of a Universal Bildwissenschaft. In: *Estetika: The European Journal of Aesthetics*, 51 (2), 2014, S. 208-229

GAMER, E.-C.: *Die Intertextualität der Bilder. Methodendiskussionen zwischen Kunstgeschichte und Literaturtheorie.* Berlin [Reimer] 2018

GEISE, S.: *Vision that matters. Die Funktions- und Wirkungslogik Visueller Politischer Kommunikation am Beispiel des Wahlplakats.* Wiesbaden [VS Verlag für Sozialwissenschaften] 2011

GEISE, S.; T. BIRKNER; K. ARNOLD; M. LÖBLICH; K. LOBINGER: *Historische Perspektiven auf den Iconic Turn. Die Entwicklung der öffentlichen visuellen Kommunikation.* Köln [Herbert von Halem] 2016

GEISE, S.; K. LOBINGER (Hrsg.): *Bilder, Kulturen, Identitäten. Analysen zu einem Spannungsfeld Visueller Kommunikationsforschung.* Köln [Herbert von Halem] 2012

GERLING, W.; S. HOLSCHBACH; P. LÖFFLER: *Bilder verteilen. Fotografische Praktiken in der digitalen Kultur.* Bielefeld [transcript] 2018

GERTH, S.: *Visuelle Kultivierung. Eine empirische Studie am Beispiel der Ägyptischen Revolution 2011.* Wiesbaden [Springer VS] 2018

GLASER, K.: *Street Art und neue Medien. Akteure – Praktiken – Ästhetiken.* Bielefeld [transcript] 2017

GÓMEZ CRUZ, E.; A. LEHMUSKALLIO (Hrsg.): *Digital Photography and Everyday Life. Empirical studies on material visual practices.* London [Routledge] 2016

GRABBE, L.C.; P. RUPERT-KRUSE; N.M. SCHMITZ: *Bildverstehen. Spielarten und Ausprägungen der Verarbeitung multimodaler Bildmedien.* Marburg [Büchner Verlag] 2017

GRABBE, L.C.; P. RUPERT-KRUSE; N.M. SCHMITZ (Hrsg.): *Image Evolution. Technological Transformations of Visual Media Culture.* Marburg [Büchner] 2019

GUNKEL, K.: *Der Instagram-Effekt. Wie ikonische Kommunikation in den Social Media unsere visuelle Kultur prägt.* Bielefeld [transcript] 2018

GUNTHERT, A.; S. DIEKMANN: *Das geteilte Bild. Essays zur digitalen Fotografie.* Konstanz [Konstanz University Press] 2019

GÜNZEL, S.; D. MERSCH; F. KÜMMERLING (Hrsg.): *Bild. Ein interdisziplinäres Handbuch.* Stuttgart, Weimar [Verlag J.B. Metzler] 2014

HALAWA, M.A.: *Die Bilderfrage als Machtfrage. Perspektiven einer Kritik des Bildes.* Berlin [Kadmos] 2012

HÄNDLER, M.: *Zeichen, Erkenntnis, Kommunikation. Entwurf eines semiotischen Konstruktivismus exemplifiziert anhand der Frage »Was ist ein Bild?«.* Würzburg [Königshausen & Neumann] 2020

HARIMAN, R.; J.L. LUCAITES: *The Public Image. Photography and Civic Spectatorship.* Chicago [The University of Chicago Press] 2016

HARTH, M.; J. STEINBRENNER (Hrsg.): *Bilder als Gründe.* Köln [Herbert von Halem] 2013

HERDER, B.: *Bild und Fiktion. Eine Untersuchung über die Funktion von Bildern in der Erkenntnistheorie.* Köln [Herbert von Halem] 2017

HESSLER, M.; D. MERSCH (Hrsg.): *Logik des Bildlichen. Zur Kritik der ikonischen Vernunft.* Bielefeld [transcript] 2009

HOFMANN, W.; F. LESSKE: *Politische Identität – visuell.* Münster [LIT] 2005

HORNUFF, D.: *Bildwissenschaft im Widerstreit. Belting, Boehm, Bredekamp, Burda.* München [Wilhelm Fink Verlag] 2012

HUBER, H.D.: *Bild, Beobachter, Milieu. Entwurf einer allgemeinen Bildwissenschaft.* Ostfildern-Ruit [Hatje Cantz] 2004

JEWITT, C. (Hrsg.): *The Routledge Handbook of Multimodal Analysis.* London, New York [Routledge] 2009

JONGMANNS, G.: *Bildkommunikation. Ansichten der Systemtheorie.* Bielefeld [transcript] 2003

JUNG, B.; L.R.A. WILDE; K. SACHS-HOMBACH (Hrsg.): *Agency postdigital. Verteilte Handlungsmächte in medienwissenschaftlichen Forschungsfeldern.* Köln [Herbert von Halem] 2021

KIRSCHENMANN, J.; E. WAGNER (Hrsg.): *Bilder, die die Welt bedeuten. »Ikonen« des Bildgedächtnisses und ihre Vermittlung über Datenbanken.* München [kopaed] 2006

KLEIN-AVRAHAM, I.; Z. REICH: Out of the Frame: A Longitudinal Perspective on Digitization and Professional Photojournalism. In: *New Media & Society*, 18 (3), 2016, S. 429-446

KLINKE, H.; L. STAMM (Hrsg.): *Bilder der Gegenwart. Aspekte und Perspektiven des digitalen Wandels.* Göttingen [Graphentis Verlag] 2013

KNAPE, J.; A. ULRICH (Hrsg.): *Fernsehbilder im Ausnahmezustand. Zur Rhetorik des Televisuellen in Krieg und Krise.* Berlin [Weidler] 2012

KNIEPER, T.; M.G. MÜLLER (Hrsg.): *War Visions. Bildkommunikation und Krieg.* Köln [Herbert von Halem] 2005

KOHLE, H.: *Digitale Bildwissenschaft.* Glückstadt [Hülsbusch] 2013

KRESS, G.; T. VAN LEEUWEN: *Reading Images. The Grammar of Visual Design.* London [Routledge] 1996

KRESS, G.; T. VAN LEEUWEN: *Multimodal Discourse. The Modes and Media of Contemporary Communication.* London [Hodder Education] 2001

KRESS, G.R.: *Multimodality. A Social Semiotic Approach to Contemporary Communication.* London [Routledge] 2010

LAUSCHKE, M.: Bildakt-Theorie. In: SCHIRRA, J.; M.A. HALAWA; D. LIEBSCH (Hrsg.): *Glossar der Bildphilosophie (2012-2020).* 2013. Online verfügbar unter http://www.gib.uni-tuebingen.de/netzwerk/glossar/index.php?title=Bildakt-Theorie

LEAVER, T.; T. HIGHFIELD; C. ABIDIN: *Instagram. Visual social media cultures.* Cambridge [Polity] 2020

LEHMANN, A.J.; P. URSPRUNG: *Bild und Raum. Klassische Texte zu Spatial Turn und Visual Culture.* Bielefeld [transcript] 2016

LEIFERT, S.: *Bildethik. Theorie und Moral im Bildjournalismus der Massenmedien.* München [Wilhelm Fink Verlag] 2007

LIEBER, G. (Hrsg.): *Lehren und Lernen mit Bildern. Ein Handbuch zur Bilddidaktik.* Baltmannsweiler [Schneider-Verlag Hohengehren] 2013

LIEBSCH, D.; N. MÖSSNER (Hrsg.): *Visualisierung und Erkenntnis. Bildverstehen und Bildverwenden in Natur- und Geisteswissenschaften.* Köln [Herbert von Halem] 2012

LOBINGER, K.: *Visuelle Kommunikationsforschung. Medienbilder als Herausforderung für die Kommunikations- und Medienwissenschaft.* Wiesbaden [Springer VS] 2012

LOBINGER, K.; S. GEISE (Hrsg.): *Visualisierung – Mediatisierung. Bildliche Kommunikation und bildliches Handeln in mediatisierten Gesellschaften.* Köln [Herbert von Halem] 2015

MAEGER, S.: *Umgang mit Bildern. Bilddidaktik in der Philosophie.* Paderborn [Verlag Ferdinand Schöningh] 2013

MARKSCHIES, C.J.; I. REICHLE; J. BRÜNING; P. DEUFLHARD; S. SIEGEL; A. SPELTEN (Hrsg.): *Atlas der Weltbilder.* Berlin [Akademie-Verlag] 2011

MEIER, S.: *Visuelle Stile. Zur Sozialsemiotik visueller Medienkultur und konvergenter Design-Praxis.* Bielefeld [transcript] 2014

MICHEL, B.: *Bild und Habitus. Sinnbildungsprozesse bei der Rezeption von Fotografien.* Wiesbaden [VS Verlag für Sozialwissenschaften] 2006

MITCHELL, W.J.T.: The Pictorial Turn. In: *Art Forum* (March), 1992, S. 89-95

MITCHELL, W.J.T.: *Picture Theory. Essays on Verbal and Visual Representation.* Chicago [University of Chicago Press] 1994

MITCHELL, W.J.T.: *What do pictures want? The lives and loves of images.* Chicago, London [University of Chicago Press] 2005

MÜLLER, M.G.; S. GEISE: *Grundlagen der visuellen Kommunikation.* Konstanz [UVK] 2015

MÜNNIX, G.: *Das Bild vom Bild. Bildsemiotik und Bildphänomenologie in interkultureller Perspektive.* Freiburg [Verlag Karl Alber] 2019

NETZWERK BILDPHILOSOPHIE (Hrsg.): *Bild und Methode. Theoretische Hintergründe und methodische Verfahren der Bildwissenschaft.* Köln [Herbert von Halem] 2014

PAUL, G.: *Bilder des Krieges – Krieg der Bilder. Die Visualisierung des modernen Krieges.* Paderborn [Schöningh] 2004

PAUL, G.: *Der Bilderkrieg. Inszenierungen, Bilder und Perspektiven der »Operation Irakische Freiheit«.* Göttingen [Wallstein Verlag] 2005

PAUL, G.: *Das visuelle Zeitalter. Punkt und Pixel.* Göttingen [Wallstein Verlag] 2016

PETERSEN, T.; C. SCHWENDER (Hrsg.): *Visuelle Stereotype.* Köln [Herbert von Halem] 2009

PETERSEN, T.; C. SCHWENDER (Hrsg.): *Die Entschlüsselung der Bilder. Methoden zur Erforschung visueller Kommunikation.* Köln [Herbert von Halem] 2011

PICHLER, W.; R. UBL: *Bildtheorie zur Einführung.* Hamburg [Junius Verlag] 2014

PINAR SANZ, M.J. (Hrsg.): *Multimodality and Cognitive Linguistics.* Amsterdam, Philadelphia, PA [John Benjamins Publishing Company] 2015

PLAUM, G.: *Bildnerisches Denken. Eine Theorie der Bilderfahrung.* Bielefeld [transcript] 2016

PREUSSER, H.-P. (Hrsg.): *Gewalt im Bild. Ein interdisziplinärer Diskurs.* Marburg [Schüren] 2018

PURGAR, K.: *Pictorial Appearing. Image Theory After Representation.* Bielefeld [transcript] 2019

REICHLE, I.; S. SIEGEL; A. SPELTEN: *Verwandte Bilder. Die Fragen der Bildwissenschaft.* Berlin [Kulturverlag Kadmos] 2007

RIMMELE, M.; K. SACHS-HOMBACH; B. STIEGLER (Hrsg.): *Bildwissenschaft und Visual Culture.* Bielefeld [transcript] 2014

RITTER, C.; B. ROGGER; G. MURI (Hrsg.): *Magische Ambivalenz. Visualität und Identität im transkulturellen Raum.* Zürich, Berlin [Diaphanes] 2010

SACHS-HOMBACH, K. (Hrsg.): *Bildwissenschaft. Disziplinen, Themen, Methoden.* Frankfurt/M. [Suhrkamp] 2005

SACHS-HOMBACH, K. (Hrsg.): *Bildtheorien. Anthropologische und kulturelle Grundlagen des visualistic turn.* Frankfurt/M. [Suhrkamp] 2009

SACHS-HOMBACH, K.: Pictorial Act Theory. Images as Communicative Media. In: PAIĆ, Ž.; K. PURGAR (Hrsg.): *Theorizing images.* Newcastle Upon Tyne [Cambridge Scholars Publishing] 2016, S. 185-214

SACHS-HOMBACH, K.; B. OCHSNER; J. BATEMAN; S. THIES; R. CURTIS: Medienwissenschaftliche Multimodalitätsforschung. In: *MEDIENwissenschaft*, 1, 2018, S. 8-26

SACHS-HOMBACH, K.; J. SCHIRRA: Prädikative und modale Bildtheorie. In: DIEKMANNSHENKE, H.-J.; M. KLEMM; H. STÖCKL (Hrsg.): *Bildlinguistik. Theorien – Methoden – Fallbeispiele.* Berlin [Erich Schmidt Verlag] 2011, S. 97-111

SACHS-HOMBACH, K.; J.-N. THON (Hrsg.): *Multimodal Media. Special Issue der Zeitschrift Poetics Today 40 (2)*, 2019

SACHS-HOMBACH, K.; B. ZYWIETZ (Hrsg.): *Fake News, Hashtags & Social Bots. Neue Methoden populistischer Propaganda.* Wiesbaden [Springer VS] 2018

SCHADE, S.; S. WENK: *Studien zur visuellen Kultur. Einführung in ein transdisziplinäres Forschungsfeld.* Bielefeld [transcript] 2011

SCHAFFER, J.: *Ambivalenzen der Sichtbarkeit.* Über die visuellen Strukturen der Anerkennung. Bielefeld [transcript] 2008

SCHELSKE, A.: *Die kulturelle Bedeutung von Bildern. Soziologische und semiotische Überlegungen zur visuellen Kommunikation.* Wiesbaden [Dt. Univ.-Verl.] 1997

SCHINDLER, R.: *Umgang mit Bildern. Das fotografierte Ich.* Freiburg i. Br. [modo Verlag] 2005

SCHMITZ, U.: Bildakte? How to Do Things With Pictures. In: *Zeitschrift für germanistische Linguistik*, 35 (3), 2007, S. 419-433

SCHNEIDER, J.G.; H. STÖCKL (Hrsg.): *Medientheorien und Multimodalität. Ein TV-Werbespot - sieben methodische Beschreibungsansätze.* Köln [Herbert von Halem] 2011

SCHOBER, A.; B. HIPFL: *Wir und die Anderen. Visuelle Kultur wischen Aneignung und Ausgrenzung.* Köln [Herbert von Halem] 2021

SCHOLZ, O.R.: *Bild, Darstellung, Zeichen. Philosophische Theorien bildlicher Darstellung* (2., vollst. überarb. Aufl.). Frankfurt/M. [Klostermann] 2004

SCHÖTTLER, T.: Bildhandeln. In: IMAGE: *Zeitschrift für interdisziplinäre Bildwissenschaft* (22), 2015, S. 155 - 163

SCHWARTE, L.: *Pikturale Evidenz. Zur Wahrheitsfähigkeit der Bilder.* Paderborn [Wilhelm Fink Verlag] 2015

SCHWENDER, C.: *zeigen | andeuten | verstecken. Bilder zwischen Verantwortung und Provokation.* Köln [Herbert von Halem] 2019

SEJA, S.: *Handlungstheorien des Bildes.* Köln [Herbert von Halem] 2009

SMITH, M.: *Visual Culture Studies. Interviews With Key Thinkers.* Los Angeles, CA [SAGE] 2008

STÖCKL, H.: *Die Sprache im Bild – Das Bild in der Sprache. Zur Verknüpfung von Sprache und Bild im massenmedialen Text.* Berlin [De Gruyter] 2004

STOELLGER, P.; T. KLIE (Hrsg.): *Präsenz im Entzug. Ambivalenzen des Bildes.* Tübingen [Mohr Siebeck] 2011

TAPPE, I.: Warum Bilder keine Täter sind. In: IMAGE: *Zeitschrift für interdisziplinäre Bildwissenschaft*, 32, 2020, S. 39 - 63

THIELMANN, T.; E. SCHÜTTPELZ; P. GENDOLLA: *Akteur-Medien-Theorie.* Bielefeld [transcript] 2013

THIES, S.: *Ethnische Identitätspolitik im Medienwandel.* Göttingen [Wallstein Verlag] 2015

TREIBER, E.C.: Das Bild als Subjekt? Eine Zusammenfassung der Kritik an Horst Bredekamps Theorie des Bildakts. In: IMAGE: *Zeitschrift für interdisziplinäre Bildwissenschaft*, 32, 2020, S. 5-15

TSERONIS, A.; C. FORCEVILLE (Hrsg.): *Multimodal Argumentation and Rhetoric in Media Genres.* Philadelphia, PA [John Benjamins Publishing Company] 2017

VAN LEEUWEN, T.; C. JEWITT (Hrsg.): *Handbook of visual analysis.* Los Angeles, CA [SAGE] 2001

VEITS, A.; L.R.A. WILDE; K. SACHS-HOMBACH: *Einzelbild & Narrativität. Theorien, Zugänge, offene Fragen.* Köln [Herbert von Halem] 2020

WEIGEL, S.: *Grammatologie der Bilder.* Berlin [Suhrkamp] 2015

WIESING, L.: Pragmatismus und Performativität des Bildes. In: KRÄMER, S. (Hrsg.): *Performativität und Medialität.* München [Wilhelm Fink Verlag] 2004, S. 115-128

WIESING, L.: *Sehen lassen. Die Praxis des Zeigens.* Berlin [Suhrkamp] 2013

WILDE, L.R.A.: *Im Reich der Figuren. Meta-narrative Kommunikationsfiguren und die ›Mangaisierung‹ des japanischen Alltags.* Köln [Herbert von Halem] 2018

WILDE, L.R.A.: Klaus Sachs-Hombach. In: PURGAR, K. (Hrsg.): *The Palgrave Handbook of Image Studies.* Cham [Palgrave Macmillan] 2021, in Druck

WILDGEN, W.: *Visuelle Semiotik. Die Entfaltung des Sichtbaren. Vom Höhlenbild bis zur modernen Stadt.* Bielefeld [transcript] 2013

WULF, C.: *Bilder des Menschen. Imaginäre und performative Grundlagen der Kultur.* Bielefeld [transcript] 2014

Die übersichtliche Darstellung vermittelt das Verständnis, welches eben darin besteht, daß wir die ›Zusammenhänge sehen‹.
Wittgenstein PU 122

Einleitung

Bis heute hat sich eine allgemeine Bildwissenschaft nicht etabliert, und die Frage, welche Art von Wissenschaft dies überhaupt wäre bzw. welche konkrete Gestalt sie haben könnte oder haben sollte, ist noch unbeantwortet. Dieses Problem ist aber nicht das Problem fehlender Forschung, denn in zahlreichen Disziplinen gibt es mittlerweile anerkannte Forscher, die zur fachspezifischen Analyse von Bildern Erhebliches geleistet haben. Im Unterschied zu der schon seit langem etablierten Sprachwissenschaft mangelt es vielmehr zum einen nach wie vor an intensiverem Austausch zwischen den Teildisziplinen, zum anderen ist es bisher noch kaum gelungen, eine allgemeine Bildtheorie zu entwerfen, die einen inter-, multi- oder gar transdisziplinären Rahmen für die Bemühungen der einzelnen Disziplinen zur Verfügung stellen könnte. Bevor ein entsprechender Vorschlag für einen solchen theoretischen Rahmen vorgestellt wird, soll zunächst etwas genauer über die sachlichen Probleme nachgedacht werden, die das Entstehen einer allgemeinen Bildwissenschaft wenn auch nicht dauerhaft *ver*-, so doch zumindest anhaltend *be*hindern und sicherlich nur zum Teil aus den unterschiedlichen Auffassungen der einzelnen Forscher zur Natur und Funktion der Bilder resultieren. Diese orientierenden Überlegungen bilden den ersten Teil meiner Einleitung. Der zweite Teil skizziert den weiteren Verlauf der Arbeit sowie die argumentative Struktur der darin entwickelten Gedanken.

Ausgangsthesen

(0.0) Eine allgemeine, interdisziplinär verfasste Bildwissenschaft ist möglich. Sie zu etablieren ist sinnvoll und wünschenswert.

(0.1) Dies ist bisher unterblieben auf Grund der Heterogenität der Bildphänomene, Bilddisziplinen und Bildparadigmen sowie der sachlichen Besonderheiten der Bilder.

(0.2) Diese Probleme lassen sich bewältigen, wenn es zunächst gelingt, einen allgemeinen Theorierahmen zu entwickeln.

1. *Aspekte und Probleme der bildwissenschaftlichen Forschung*

1.1 *Die Bildphänomene*

Von den vielfältigen sachlichen Schwierigkeiten, das Phänomen der Bilder zu einem wissenschaftlich anerkannten Gegenstand zu erheben und entsprechend zu reflektieren, fällt zunächst die Heterogenität des Gegenstandsbereiches auf, die Zweifel aufkommen lässt, ob er überhaupt unter einen gemeinsamen Begriff zu bringen sein wird. Relativ zu den Disziplinen ließe sich ganz grob zwischen speziellen metaphysischen, linguistischen, ethischen, kognitionswissenschaftlichen, informationstechnischen und ästhetischen Bildbegriffen unterscheiden (vgl. MITCHELL 1986a: 19ff. oder STEINBRENNER/WINKO 1997a: 18ff.). Die entsprechenden Phänomene, auf die sich diese Begriffe beziehen, könnten als ontische, sprachliche, ethisch-normative, mentale, informatische und materielle Bilder bezeichnet werden. Der metaphysische Bildbegriff (bzw. der Begriff des ontischen Bildes) ist etwa in der platonischen Ideenlehre als spezielle Teilhabebeziehung entwickelt worden. Für sprachliche Bilder gilt das Phänomen der Metapher als paradigmatisch. Der Begriff mentaler Bilder meint im Wesentlichen anschauliche Vorstellungen und spielt eine zentrale Rolle in kognitionswissenschaftlichen Repräsentationstheorien. Bei ethisch-normativen Bildern ist vor allem an Aspekte gedacht, wie sie in der Rede vom Menschenbild oder vom Vorbild bzw. Leitbild, aber auch im Begriff der Bildung zum Ausdruck kommen. Als informatische Bilder werden Datenstrukturen mit entsprechender Pixelmatrix angesprochen. Materielle oder, wie sie im Folgenden genannt werden, externe Bilder lassen sich schließlich als Bilder im engeren Sinne bezeichnen und nach Bildtypen in darstellende Bilder – etwa illusionistische Bilder, Illustrationen oder Liniengrafiken –, logische Bilder bzw. Strukturbilder – etwa Diagramme oder Graphen – und reflexive Bilder – vor allem ästhetisch anspruchsvolle, insbesondere auch ungegenständliche (etwa monochrome) Bilder oder Bilder der Konkreten Kunst – differenzieren.

Für alle diese Fälle, die sich sicherlich noch ergänzen ließen, verwenden wir zumindest alltagssprachlich den Ausdruck ›Bild‹. Obschon es erstrebenswert sein mag, einen allgemeinen Bildbegriff zu entwickeln, der in den genannten Teilbereichen gleichermaßen verwendbar ist und damit hilft, den Zusammenhang zwischen diesen Bereichen besser zu verstehen, ist es doch pragmatisch aussichtsreicher, von einem der Bereiche auszugehen und zunächst einen speziellen Bildbegriff zu entwickeln. Es liegt nahe, auf den Bereich der externen Bilder zurückzugreifen, da ihre Existenz zum einen unproblematisch ist und wir zum anderen auf eine bereits umfangreiche Beschäftigung mit diesen Bildern (etwa innerhalb der Kunstgeschichte) zurückgreifen können (vgl. SACHS-HOMBACH 2011a: 61ff.). Neben den künstlerischen Bildern sollten zu dieser Klasse bildhafter Darstellungen aber vor allem auch alle Arten von Gebrauchsbildern gezählt werden. Bilder in diesem Sinne lassen sich in erster Annäherung als flächige und zumeist klar begrenzte physische Objekte charakterisieren, die in der Regel innerhalb eines kommunikativen Aktes zur anschaulichen Darstellung realer, fiktiver oder abstrakter Gegenstände bzw. Sachverhalte dienen.

Ein solcher Bildbegriff ist allerdings nur insofern ein spezieller Bildbegriff, als er relativ zu einem bestimmten Gegenstandsbereich entwickelt wird. Über seinen Inhalt und seine Anwendbarkeit ist damit noch gar nicht entschieden. Dem speziellen ontologischen Bildbegriff etwa, wie ihn Platon mit seiner Ideenlehre als Urbild-Abbild-Beziehung eingeführt hat, liegt eine Kausaltheorie des Bildes zugrunde, die auch für den Bereich der externen Bilder vorgeschlagen werden kann bzw. vorgeschlagen wurde. Ein in diesem Sinne spezieller Bildbegriff schließt folglich nicht aus, dass er auf andere Bereiche übertragen wird. Die Geschichte der Bildtheorie ist zu großen Teilen eine Geschichte solcher Übertragungen. Es besteht also durchaus die Möglichkeit, dass eine Explikation des Begriffs der externen Bilder zu einem hinreichend allgemeinen Bildbegriff führen wird, der geeignet ist, auch die übrigen Bildbegriffe verständlich zu machen.

1.2 *Die unterschiedlichen Disziplinen*

Aus der Heterogenität der Bildphänomene ergibt sich unmittelbar als eine weitere, weniger leicht zu behebende Schwierigkeit für das Bemühen um eine allgemeine Bildwissenschaft, dass sich sehr unterschiedliche Disziplinen (und damit auch sehr unterschiedliche, teilweise konkurrierende Methoden) zur Klärung der verschiedenen Bereiche herausgebildet haben (vgl. als Überblick SACHS-HOMBACH/REHKÄMPER 1998b). Fragen zur Bildproblematik werden nach wie vor hauptsächlich in den Einzeldisziplinen verhandelt, traditionell besonders in Kunstwissenschaft (vgl. z.B. THÜRLEMANN 1990 oder BELTING 1990) und Philosophie (z.B. SCHOLZ 1991, LOPES 1996 oder REHKÄMPER 2002), seit einiger Zeit verstärkt in Semiotik (z.B. SEBEOK/UMIKER-SEBEOK 1995 oder SONESSON 1993), Psychologie (z.B. WEIDENMANN 1994b oder SCHNOTZ/KULHAVY 1994), Kognitionswissenschaft (z.B. BLOCK 1981 oder SACHS-HOMBACH 1995c) und Kommunikations- wie Medienwissenschaft (z.B. DOELKER 1997 oder KNIEPER/MÜLLER 2001), neuerdings auch in Erziehungs-, Sozial- und Politikwissenschaft (z. B. EHRENSPECK/SCHÄFFER 2003, SCHELSKE 1997 oder HOFMANN 1998 und 1999) oder sogar in der Rechtswissenschaft (vgl. RÖHL/ULBRICH 2000). Zudem hat sich mit der Computervisualistik innerhalb der Informatik eine angewandte Bilddisziplin etabliert, die auf zahlreiche bildpraktische Bereiche einen nicht zu überschätzenden Einfluss ausübt (z.B. STROTHOTTE/STROTHOTTE 1997, SCHIRRA/SACHS-HOMBACH 1998 oder SACHS-HOMBACH/SCHIRRA 2002b). In den letzten Jahren lassen sich schließlich auch etliche interdisziplinäre Bemühungen ausmachen (vgl. HUBER/LOCKEMANN/SCHEIBEL 2002 oder SACHS-HOMBACH 2003).

Der Philosophie ließe sich hierbei insofern eine zentrale Bedeutung zusprechen, als sie die meisten der unterschiedlichen Bildaspekte (über ihre Teildisziplinen verstreut) thematisiert, vor allem in Ästhetik, Sprachphilosophie, Erkenntnistheorie, Metaphysik und Philosophie des Geistes. Das heißt aber leider auch, dass innerhalb der Philosophie die Bildthematik (noch) keinen eigenen, systematisch verankerten Ort erhalten hat. Auf Kongressen werden die entsprechenden Vorträge oft der Ästhetik-Sektion zugeordnet, obwohl es allgemein-bildwissenschaftlichen Überlegungen doch explizit gerade nicht um die speziellen Probleme des Ästhetischen geht. Immerhin lassen die inzwischen zahlreichen Monografien zum Thema (vgl. z.B. WIESING 1997, HOPKINS 1998, BÖHME 1999, BRANDT 1999 oder MAJETSCHAK 2002) erkennen, dass sich das Bildthema als eigenständiger philosophischer Bereich zu behaupten beginnt.

Auch der Kunstgeschichte bzw. Kunstwissenschaft kommt sicherlich eine besondere Bedeutung und Kompetenz innerhalb der verschiedenen Bildwissenschaften zu, denn sie besitzt neben der Philosophie die älteste und differenzierteste Tradition bildtheoretischen Nachdenkens. Zwar hat sie sich traditionell nur um die künstlerisch anspruchsvollen Bilder gekümmert. Zudem galt ihr das Bild immer nur als einer der herausragenden kunstgeschichtlichen Gegenstände. Sie hat aber mit ihren ikonografischen und ikonologischen Beschreibungskategorien ein umfangreiches Methodenrepertoire sowohl zur Interpretation konkreter Bilder wie zum Verständnis spezifischer Bildfunktionen und Bildverwendungen entwickelt (vgl. z. B. PANOFSKY 1932; 1939), das keineswegs auf geschichtliche Phänomene eingeschränkt ist (vgl. GOMBRICH 1982). Das dokumentiert auch die gegenwärtig in Deutschland angestrebte Erweiterung der Kunstgeschichte auf die alltäglichen Bildphänomene, mit der führende Kunsthistoriker die Kunstgeschichte als Bildwissenschaft zu etablieren versuchen (vgl. z. B. BOEHM 1994b, DIERS 1997 oder BELTING 2001).

Ebenfalls hervorzuheben sind die Psychologie und die ihr verwandten Gebiete der Kognitionswissenschaft sowie der Neurowissenschaft. Für die Bildthematik ist die Psychologie keineswegs nur im Zusammenhang mit der Diskussion um die mentalen Bilder eine unverzichtbare Grundlagendisziplin. Sie hat zudem in der Gedächtnispsychologie und der Wahrnehmungspsychologie durch den Nachweis spezieller Bildeffekte maßgeblich zum Verständnis der Besonderheiten auch externer Bilder beigetragen (vgl. PAIVIO 1971; 1986). Außerdem sind innerhalb der pädagogischen Psychologie etliche Modelle zur Optimierung des Einsatzes bestimmter Bildformen und Bildverwendungen entwickelt worden (vgl. WEIDENMANN 1991). Schließlich hat sich in jüngster Zeit der Bereich der Medienpsychologie (vgl. GROEBEL/WINTERHOFF-SPURK 1989) durch eine Fülle von empirischen Ergebnissen zu neueren Bildmedien einen Namen machen können (z. B. SCHWAN 2001). Naturgemäß geht es der psychologischen Forschung weniger um eine Analyse des Bildbegriffs, wie in der Philosophie üblich, oder um eine Analyse der Bildstrukturen, wie in der Kunstgeschichte üblich, sondern vor allem um die experimentelle Erfassung der kognitiven Prozesse der Bildrezeption.

Eine weitere Bilddisziplin, die auf keinen Fall vernachlässigt werden sollte, ist die Semiotik. Als Wissenschaft von den Zeichen hat sie sich historisch gesehen zwar primär um die Wortsprachen gekümmert; zum einen war sie aber immer schon darum bemüht, Kriterien zur Bestimmung der verschiedenen Zeichenarten zu entwickeln, zum anderen hat sich seit einiger Zeit eine Bildsemiotik als Subdisziplin der allgemeinen Semiotik entwickelt (vgl. BLANKE 1998b). Die Semiotik zeichnet sich dadurch aus, dass sie in besonderer Weise reflexive und empirische Aspekte vereint: Ihr geht es einerseits (nicht anders als der Philosophie) um begriffliche Klärungen, im Fall der Bildsemiotik um eine Bestimmung der Klasse bildhafter Zeichen bzw. des Phänomens der Ikonizität (vgl. SONESSON 1989). Zugleich tritt sie aber als empirische Disziplin auf und beschreibt als solche Formen und Funktionen teilweise sehr konkreter Bildsysteme und Bildverwendungen (z. B. MOSBACH 1999 oder BISANZ 2002). Im Zusammenhang mit der Semiotik ist auch die Linguistik zu nennen, von der die Semiotik in erheblichem Maße beeinflusst ist. Auch mit Blick auf die Besonderheiten, die Bilder auszeichnen, ist es prinzipiell sinnvoll, genauer zu bestimmen, bis zu welchem Grad sich sprachwissenschaftliche Beschreibungskategorien auf Bilder anwenden lassen. Wissenschaftsgeschichtlich kann es sogar als Regelfall gelten, dass eine entstehende Wissenschaft sich zunächst durch Analogien an einem bestehenden Paradigma orientiert.

Als für eine allgemeine Bildwissenschaft wichtig (und mit den genannten Disziplinen bereits in vielfältiger Weise verbunden) können noch die Medienwissenschaft und die Kommunikationswissenschaft angeführt werden. Wie die Semiotik kümmern sie sich ebenfalls teils reflexiv, teils empirisch um ein Verständnis spezifischer Formen der Bildkommunikation. Die Medienwissenschaft hat sich seit längerer Zeit zentral mit der Bildthematik vor allem in Gestalt des Films und der sogenannten Neuen Medien auseinander gesetzt (z. B. FLUSSER 1985), aber auch innerhalb der Kommunikationswissenschaft, der Publizistik und der Werbungsforschung gibt es mittlerweile entsprechende Forschergruppen (z. B. KEPPLINGER 1987 und KROEBER-RIEL 1996). In den Bereich dieser Wissenschaften, die Bildkommunikation in der Regel betont als sozialen Prozess betrachten, lassen sich auch Bereiche der Erziehungswissenschaft, der Politikwissenschaft und der Soziologie einordnen. Inzwischen sind zudem speziellere Disziplinen wie die Film- und Fernsehwissenschaft auf dem Wege der Institutionalisierung.

Abschließend ist auf die Computervisualistik als Subdisziplin der Informatik hinzuweisen, die analog der Computerlinguistik einen festen Platz innerhalb der angewandten Bildwissenschaften errungen hat (vgl. etwa SCHIRRA 1994, SCHLECHTWEG 1999 oder STROTHOTTE/SCHLECHTWEG 2002). Da zum tief greifenden Wandel unserer Gesellschaft hin zu einer Mediengesellschaft maßgeblich die (innerhalb der Informatik optimierten) elektronischen Bildmedien beigetragen haben, werden Fragen zur Bilderzeugung und Bildverarbeitung heute kaum noch unabhängig von den computervisualistischen Verfahren behandelt. Um diese Verfahren gruppieren sich mittlerweile außerdem die verschiedensten Technikwissenschaften, die zunehmend disziplineigene computervisualistische Anwendungen entwickeln. Liegt der Schwerpunkt der Computervisualistik bei der Entwicklung geeigneter informationstechnischer Werkzeuge, mit denen Bilder erzeugt, bearbeitet oder gespeichert werden können, so stehen bei diesen Disziplinen, etwa der Werkstoffwissenschaft, die Lösungen spezifischer Anwendungsprobleme bildgebender Verfahren im Vordergrund.

Bildwissenschaften oder Bildwissenschaft?

In Anbetracht der üblichen Wissenschaftspolitik lässt es diese kaum vollständige, aber auch so schon sehr heterogene Liste unwahrscheinlich erscheinen, dass sich die einzelnen Disziplinen zu einer allgemeinen Bildwissenschaft verbinden könnten. Sollte daher nur im Plural von verschiedenen Bildwissenschaften die Rede sein? Davon abgesehen, dass auch die Rede von den Bildwissenschaften problematisch bleibt, weil für die meisten Disziplinen die Bildthematik nur ein Gegenstand unter vielen ist, sollte vor allem an dem Projekt *der* Bildwissenschaft festgehalten werden – auch wenn ihr (noch) nichts in der Realität entspricht –, weil es prinzipielle Gründe für die Annahme gibt, dass eine befriedigende Analyse bildhafter Darstellungen nur durch die systematische Verknüpfung der Ergebnisse mehrerer Disziplinen gelingen kann.

Eine solche Annahme hängt natürlich eng mit der noch zu begründenden These zusammen, dass Bilder wahrnehmungsnahe Zeichen sind (vgl. SACHS-HOMBACH 1999 sowie das dritte Kapitel im ersten Teil). Gemäß dieser These ist die Verwendung von Bildern zum einen in elementarer Weise mit psychischen Prozessen verknüpft. Das macht eine Beteiligung der kognitiven Psychologie und der Wahrnehmungspsychologie erforderlich. Zum anderen legt diese These nahe, dass Bilder ein Zeichensystem bilden, deren Verständnis von einer Kenntnis der entsprechenden semiotischen Prinzipien abhängt. Das macht eine Beteiligung der Semiotik erforderlich. Hierbei wird sicherlich auch eine vergleichende Zeichentheorie hilfreich sein, die insbesondere bildhafte und sprachliche Zeichen gegenüberstellt oder die kulturellen Unterschiede spezieller Zeichenverwendungen erforscht.

Sind aber diese (und weitere) Aspekte für eine angemessene Analyse des Bildphänomens nicht nur hilfreich, sondern notwendig, dann müssen sie auch in systematischer Weise aufeinander bezogen werden. Dies kann nicht (oder nicht nur) in dem Sinne geschehen, dass jede Disziplin einen speziellen Bildbegriff erarbeitet und diese Begriffe dann einfach zu einem komplexeren Begriff addiert werden. Ein solches Verfahren mag in manchen Fällen und als erste Annäherung berechtigt sein; eine systematische Einheit der unterschiedlichen Bilddisziplinen (und damit eine befriedigende Gesamtsicht des behandelten Phänomens) liegt aber erst vor, wenn es gelungen ist, eine entsprechende Gesamtkonzeption in rationaler (also begründeter) Weise einzuführen.

1.3 *Die unterschiedlichen Paradigmen*

Auch die Einschränkung auf Bilder im engeren Sinne legt, wie erwähnt, noch keinen bestimmten Bildbegriff fest. Faktisch konkurrieren selbst in überschaubaren Teilbereichen der Bildthematik sehr unterschiedliche konzeptuelle Vorstellungen. Dies kann als ein weiteres Problem aufgefasst werden (das die Bildwissenschaft allerdings mit vielen anderen Wissenschaften teilt), insofern die bestehenden Paradigmen, die zuweilen irrtümlich mit einzelnen Denktraditionen identifiziert und einander schroff gegenübergestellt werden, eine Klärung des Bildbegriffs erschweren. Das Problem der unterschiedlichen Paradigmen besteht vor allem innerhalb der Philosophie und strahlt von hier auf die einzelnen Disziplinen aus. In der philosophischen Bilddiskussion haben sich insbesondere zwei konkurrierende theoretische Stränge herausgebildet: Bilder werden entweder mit Blick auf die Semiotik primär als spezielle Zeichen verstanden oder aber mit Blick auf psychologische Theorien sehr eng an spezielle Wahrnehmungsphänomene gebunden. Bei den zeichentheoretischen Ansätzen dominiert teilweise das Bemühen um eine Übertragung der sprachwissenschaftlichen Termini, teilweise stehen Fragen einer kognitivistischen Ästhetik im Vordergrund (vgl. GOODMAN 1968). Die perzeptuellen Theorien koppeln die Bildtheorie dagegen an psychologische Diskussionen. Sie betonen anhand entsprechender Bildeffekte insbesondere die semantischen Besonderheiten des Bildhaften (vgl. GOMBRICH 1960) und weisen oft eine Orientierung an der Phänomenologie auf (vgl. BOEHM 1994b; zum phänomenologischen Bildbegriff vgl. auch WIESING 2000).

Das Problem unterschiedlicher Paradigmen wird dadurch noch verschärft, dass in einzelnen Disziplinen verschiedene Paradigmen bevorzugt werden und so fälschlicherweise der Eindruck entsteht, dass hier ein interdisziplinäres Problem vorliegt. In der Kunstgeschichte dominiert etwa der phänomenologische Ansatz und damit eine kritische Haltung semiotischen Modellen gegenüber. In der kognitiven Psychologie überwiegen dagegen repräsentationalistische Theorien, die wiederum mit einigen Grundannahmen der sprachanalytischen Ansätze im Konflikt stehen. Darüber hinaus wird die Diskussion erschwert, indem die einzelnen konzeptuellen Konflikte mit den unterschiedlichen Bildbereichen, also z. B. mit den Problemen der Begriffe des mentalen oder des normativen Bildes, verknüpft werden. Aus allen Problembereichen lassen sich Beispiele für diese mehr oder (oft) weniger begründeten Verknüpfungen geben. Natürlich ist eine Verbindung der unterschiedlichen Problembereiche unter Umständen sinnvoll oder auch nötig, aber hierzu sollte doch zunächst eine Klärung erfolgt sein, wie und nach welchen Standards dies zu geschehen hat.

Paradigmenstreit als philosophisches Problem

Obschon das Problem der unterschiedlichen Paradigmen in allen beteiligten Disziplinen spürbar wird, ist es doch in besonderer Weise ein philosophisches, weil begriffliches Problem. Das heißt nicht, dass es von den fachwissenschaftlichen Problemen ganz unabhängig wäre. Vielmehr geht es um zwei Seiten desselben Problems, nämlich des Problems, wie ein bestimmter Phänomenbereich angemessen zu strukturieren und zu erforschen ist. Hierbei ist insbesondere die Strukturierungsleistung eine wesentlich begriffsreflexive Aufgabe, die eine Abstimmung mit der empirischen Forschung zwar verlangt, aber nicht auf Empirie reduziert werden kann. Die institutionelle Trennung von Philosophie und Fachwissenschaft trägt der besonderen Natur dieser Aufgabe Rechnung; wie im ersten Teil der vorliegenden Studie noch genauer ausgeführt werden wird, sind der philosophische und der fachwissenschaftliche Beitrag aber systematisch aufeinander bezogen: Auch im Rahmen der fachwissenschaftlichen Forschung ist es geboten, eine begriffliche Klärung der mit dem jeweiligen Paradigma vorgegebenen Grundbegriffe vorzunehmen. Deswegen ist die Philosophie nach meinem Verständnis integraler Bestandteil einer jeden Fachwissenschaft und insofern von ihrem Begriff her interdisziplinär ausgerichtet. Folglich besitzt die Philosophie natürlich auch innerhalb der Fragen zur Ausgestaltung einer allgemeinen Bildwissenschaft eine wichtige orientierende Funktion.

Die beiden genannten Paradigmen, die einerseits den Zeichenaspekt, andererseits den phänomenalen oder Wahrnehmungsaspekt von Bildern betonen, treten faktisch zwar in Konkurrenz zueinander, sie lassen sich aber nach meiner Auffassung vereinbaren. Meine Explikation des Bildbegriffs wird daher um eine übergreifende Theorie bemüht sein, die Aspekte beider Theorietraditionen verbindet. Bilder sind diesem Ansatz gemäß (in vorläufiger Formulierung) Zeichen, die in einem System geordnet und bestimmten kommunikativen Absichten unterstellt sind, deren Verwendung zur Übermittlung einer wie auch immer gearteten Botschaft aber von Wahrnehmungskompetenzen profitiert, die im Kern nicht eigens gelernt zu werden brauchen. Unter der These, dass sich aus dieser Abhängigkeit des Bildverwenders sowohl von Zeichen- als auch von Wahrnehmungskompetenzen die besonderen Stärken und auch Schwächen der Bilder verständlich machen lassen, ergibt sich als Ausgangspunkt und Richtlinie der Forschung, dass Bilder im Rahmen eines zeichentheoretischen Ansatzes, aber in Verbindung insbesondere mit psychologischen und psychologisch relevanten Untersuchungen analysiert werden sollten. Damit ist erneut auf die Notwendigkeit hingewiesen, die unterschiedlichen Bildforschungen im Sinne einer allgemeinen Bildwissenschaft zusammenzuführen.

Eine Begründung der These, dass eine solche Zusammenführung über eine Verknüpfung semiotischer und wahrnehmungstheoretischer Modelle gelingt, wird das wesentliche Thema der vorliegenden Studie sein. Schon jetzt sollte aber auf eine minimale (ebenfalls noch zu begründende) Vorgabe hingewiesen werden, die sich mit diesem Unternehmen einstellt. Wenn es sinnvoll ist, Bilder zumindest auch unter ihrem Zeichenaspekt zu betrachten, dann liegt es nahe, die in der Semiotik übliche Einteilung in Syntax, Semantik und Pragmatik zur methodischen Strukturierung aufzunehmen. Damit ist keineswegs schon ein bestimmter Begriff des Bildes präjudiziert. Das semiotische Schema hat lediglich eine klassifikatorische Funktion, mit deren Hilfe sich nicht nur die unterschiedlichen Probleme der Bildwissenschaft, sondern auch die unterschiedlichen Theorien ordnen lassen, die zur Lösung dieser Probleme antreten. Die traditionelle Ähnlichkeitstheorie unternimmt diesem Schema zufolge etwa den Versuch, Bilder primär durch eine besondere semantische Beziehung zu charakterisieren. Hierin gleicht sie der Kausaltheorie, die das Spezifische des Bildes ebenfalls im Rahmen bildsemantischer Überlegungen zu erfassen versucht, aber diese Beziehung über einen anderen Mechanismus verständlich machen will. Im Unterschied dazu verfolgt etwa die Bildtheorie von Goodman das Ziel,

Bildhaftigkeit primär über syntaktische Merkmale zu bestimmen. Um zu beurteilen, welche dieser Theorien die angemessenere ist, muss natürlich unabhängig von ihrer Klassifikation eine sorgfältige Überprüfung der einzelnen Argumente erfolgen.

1.4 *Die Besonderheiten der Bilder*

Abschließend soll als weitere Schwierigkeit für das Entstehen einer allgemeinen Bildwissenschaft auf die Eigentümlichkeiten bildhafter Darstellungen hingewiesen werden. Unter den vielfältigen Besonderheiten der Bilder, für die eine befriedigende Bildtheorie angemessene Erklärungen bereitstellen können sollte, ist zunächst der unmittelbar sinnliche Eindruck hervorzuheben, den Bilder gewähren und der mitunter ein so hohes Illusionspotenzial besitzt, dass die Differenz zwischen Darstellung und Dargestelltem unsicher werden kann. Das erklärt die Nähe, die Bilder seit je zur Magie aufwiesen und die den Bildern zuweilen den Ruf einbrachte, eine Sache nicht nur zu vertreten, sondern auch zu verkörpern (vgl. SACHS-HOMBACH 1998a). Wie Plinius in seiner *Naturkunde* berichtet, gaben die Formen bildhafter Mimesis Anlass zu zahlreichen Anekdoten, unter denen diejenige vom Wettstreit zwischen Zeuxis und Parrhasios Berühmtheit erlangt hat (vgl. PLINIUS 1977: 59). In der sogenannten Virtuellen Realität findet dieser Aspekt gegenwärtig eine erstaunliche technische Vervollkommnung. Er hat auch dazu geführt, Bilder als unmittelbar verständlich aufzufassen, sodass etwa Curtius in seiner Gegenüberstellung von Bild und Buch ein unterschiedliches Seinsverhältnis ausmachen zu können meinte: »Das Buch ist um vieles realer als das Bild«, schrieb er in platonischer Diktion, da »ein Seinsverhältnis und die reale Teilhabe an einem geistigen Sein« (CURTIUS 1947: 22) vorliege, während »die Bilderwissenschaft [...] mühelos [sei], verglichen mit der Bücherwissenschaft« (CURTIUS 1947: 23).

Der mimetische Aspekt ist vermutlich mit der ebenfalls bemerkenswerten Eigenschaft von Bildern verknüpft, ein hohes Maß an Orientierung zu gewähren. Bilder ermöglichen es, in komprimierter Weise komplexe Sachverhalte zu vermitteln und in strukturierter Form verständlich zu machen. Sie eignen sich ebenso zur anschaulichen Aufbereitung wissenschaftlicher Ergebnisse wie zur didaktischen Umsetzung verschiedenster Lerninhalte. Eine Orientierungsfunktion erfüllen hierbei keineswegs nur die naturalistischen Bilder, sondern in höherem Maße noch die schematischen Darstellungen, die zur Vermittlung von Informationen mitunter sehr spezielle Aspekte hervorheben bzw. von vielen Aspekten absehen (vgl. STROTHOTTE 1998).

An Bildern fällt des Weiteren auf, dass wir mit ihnen innerhalb der begrenzten Bildfläche ganz eigene Welten mit anscheinend unendlichen Ausdrucksmöglichkeiten konstituieren können, die sich zu den mimetischen Aspekten mitunter derart konträr verhalten, dass ihre Interpretation ebenso wenig mühelos wie die der Bücher ist (vgl. BOEHM 2001). Zwar zeigen wir auch auf diese Weise etwas, beschreiben also nicht, aber ein gegenständlicher Bezug muss hierbei keineswegs gegeben sein. Besonders im Zusammenhang mit der modernen Kunst ist auf diesen nicht-mimetischen Aspekt oft hingewiesen worden (vgl. z. B. SCHOLZ 1999a). Bilder sind also keineswegs immer Abbilder, ihr ikonisches Moment kann unter anderem zugunsten der Ausdrucksqualitäten, die sie exemplifizieren, zurücktreten.

Schließlich ist darauf hinzuweisen, dass viele Funktionen, die Bilder übernehmen können, ohne sprachliche Erläuterungen oder einen entsprechenden Kontext oft vieldeutig bleiben. Auch wenn wir unmittelbar erkennen, was ein Bild darstellt, bleibt oft unklar, was mit der Präsentation eines Bildes bezweckt wird. Nach einem bekannten Beispiel von Wittgenstein kann das Bild eines Boxers dazu gebraucht werden, »um jemandem mitzuteilen, wie er stehen soll, sich halten soll; oder, wie er sich nicht halten soll; oder wie ein bestimmter Mann dort gestanden hat; oder etc.« (WITTGENSTEIN 1953: 22; vgl. auch MUCKENHAUPT 1986). Dieser Zusammenhang ist sicherlich nicht zufällig: Die hohe semantische Fülle, die den Eindruck eines intuitiv verfügbaren Informationsgehaltes erzeugt, scheint in der Bildkommunikation auf Kosten der kommunikativen Bestimmtheit verwirklicht zu werden.

Was ist Bildwissenschaft?

Besonderheiten, die ein Forschungsgegenstand aufweist, schließen eine wissenschaftliche Erforschung natürlich nicht aus. Die Besonderheiten bildhafter Darstellungen legen aber nahe, dass die nötigen begrifflichen Instrumente erhebliche Unterschiede im Vergleich zu denjenigen aufweisen müssen, die wir etwa zur Erforschung sprachlicher Darstellungsformen entwickelt haben. Insbesondere ist oft darauf hingewiesen worden, dass Bilder schon aus begrifflichen Gründen keine Syntax besitzen, wie es eine solche im Sinne einer Grammatik für die Sprache gibt. Der Versuch, eine allgemeine Bildwissenschaft zu etablieren, wird daher insofern mit erheblichen Schwierigkeiten rechnen müssen, als die Besonderheiten des Gegenstandes eine Übertragung von Modellen aus schon bewährten systematischen Wissenschaften nur vorläufig erlauben. Damit stellt sich erneut die Frage, in welchem Sinne hier von Wissenschaft dann überhaupt die Rede sein soll. Muss eine allgemeine Bildwissenschaft als Sozialwissenschaft, als spezielle Medienwissenschaft oder eher als eine technische Wissenschaft konzipiert werden? Ist sie eine empirische oder eine reflexive Disziplin? Kann sie, um eine ältere Unterscheidung aufzunehmen, als nomothetische Wissenschaft auftreten, die Gesetze etwa der Bildherstellung oder der Bildverwendung zu formulieren erlaubt, oder ist sie eine idiografische und als solche beschreibende und klassifizierende Wissenschaft?

2. *Zum Aufbau des Buches*

Zur Beantwortung dieser Fragen und zur Lösung der zuvor dargestellten Probleme wird im Folgenden ein Theorierahmen entwickelt werden, der eine systematische Zusammenstellung und Übersicht der verschiedenen Phänomenaspekte und der entsprechenden Theoreme ermöglicht und eine gemeinsame Beschreibungssprache zu ihrer Formulierung und Beurteilung liefert (vgl. auch SACHS-HOMBACH 2001a). Hierzu erläutert *der erste Teil* der Arbeit die philosophischen Grundlagen des entwickelten Vorschlages. Dieser Teil gliedert sich in drei Kapitel, die jeweils historische, methodologische und systematische Aspekte der Bildtheorie behandeln. Da die Geschichte des Bildbegriffs mittlerweile gut dokumentiert ist (vgl. OLIVER SCHOLZ 2000), genügt im historischen Kapitel eine grobe Skizze, die lediglich einen Überblick der verschiedenen Entwicklungslinien gibt und eine Einordnung der unterschiedlichen Bildbegriffe – insbesondere der Begriffe des internen und des externen Bildes – vornimmt. Sie hat die Funktion einer Problemexposition und ist nicht an den zahlreichen philologischen bzw. textexegetischen Problemen interessiert. Das zweite, methodologische Kapitel führt das elementare begriffliche Instrumentarium ein, auf das die sich anschließenden Überlegungen zurückgreifen. Insbesondere wird es um ein Verständnis dessen gehen, was ein Begriff, ein Begriffsfeld, eine Theorie und ein Theorierahmen ist. Da es sich hierbei um ganz grundsätzliche Fragen der Philosophie handelt, zu denen es keine allgemein anerkannten Auffassungen gibt (und eine Klärung der jeweiligen Begründungsversuche in dem vorgegebenen Rahmen nicht geleistet werden kann), hat auch dieses Kapitel eine primär orientierende Funktion. Indem es die eigenen methodischen Voraussetzungen darstellt, will es vor allem zur Transparenz der weiteren Überlegungen beitragen. Das dritte, systematische Kapitel legt schließlich die Grundzüge des vorgeschlagenen Theorierahmens dar, indem es die als zentral erachteten Begriffe – nämlich den Zeichen- und den Wahrnehmungsbegriff sowie ihre Beziehung zueinander – erläutert und ihren Status innerhalb einer allgemeinen Bildtheorie reflektiert.

Der zweite Teil der Arbeit bildet das Herzstück der Überlegungen. Anhand des semiotischen Schemas wird dort die These, dass Bilder wahrnehmungsnahe Zeichen sind, in drei Kapiteln anhand der Probleme einer Bildsyntax, einer Bildsemantik und einer Bildpragmatik erörtert. Hierbei muss jeweils die Frage beantwortet werden, wie auf den verschiedenen Ebenen Zeichen- und Wahrnehmungsaspekte ineinander greifen und welche spezifischen Fragestellungen sich damit für die empirische Forschung ergeben. Im Einzelnen wird (im vierten Kapitel) zunächst auf der syntaktischen Ebene untersucht, ob und in welchem Maße sich Bildelemente identifizieren und im Rahmen einer Grammatik systematisieren lassen. Sicherlich wird es für Bilder keine Grammatik im üblichen Sinne geben. Bedenkenswert ist aber der Versuch, eine Bildsyntax im morphologischen Sinne zu entwickeln. Das fünfte Kapitel setzt sich auf semantischer Ebene zentral mit dem ähnlichkeitstheoretischen Ansatz als der meines Erachtens immer noch aussichtsreichsten Variante einer wahrnehmungstheoretisch orientierten Bedeutungstheorie auseinander. Auf der pragmatischen Ebene wird schließlich (im sechsten Kapitel) ein prädikativer Bildbegriff entwickelt und das Veranschaulichen als primäre illokutionäre Funktion dargestellt. Auch hier steht damit eine Verknüpfung von semiotischen und wahrnehmungstheoretischen bzw. kognitiven Aspekten im Vordergrund.

Aus der im zweiten Teil entwickelten theoretischen Position werden im dritten und vierten Teil weitere Konkretisierungen abgeleitet, die als Ausarbeitung einer Bildpragmatik zu verstehen sind. *Der dritte Teil* konzentriert sich auf die Formen und Mittel der Bildkommunikation. Hierbei geht es einerseits (im siebten Kapitel) um eine Klassifikation unterschiedlicher Bildtypen, andererseits (im achten Kapitel) um die Probleme speziellerer Bildmedien. Bei der Unterscheidung verschiedener Bildtypen ist der jeweilige semiotische und wahrnehmungstheoretische Anteil wichtig, den bildhafte Darstellungen aufweisen. Dagegen werden unter den Begriff des Bildmediums die verschiedenen, vor allem technisch bedingten Realisierungsformen eines Bildtyps angesprochen. Der Ausdruck ›Diagramm‹ bezeichnet etwa einen Bildtyp, der Ausdruck ›Fotografie‹ dagegen ein Bildmedium, das auch zur Darbietung von Diagrammen eingesetzt werden könnte. Der dritte Teil wird ergänzt durch ein als Exkurs angelegtes (neuntes) Kapitel, das die Probleme zum Begriff der mentalen Bilder behandelt. Es verteidigt die These einer eigenständigen Form der piktorialen mentalen Repräsentation, plädiert aber dafür, die beiden Diskursebenen zu den externen und den internen Bildern getrennt zu halten.

Während der dritte Teil am Bild selbst orientiert bleibt, geht es *im vierten Teil* um bildexterne Bestimmungsfaktoren. Hierbei stehen zunächst die Zweckbestimmungen im Vordergrund, die mit den entsprechenden bildhaften Darstellungen verbunden sind. Demgemäß gibt das zehnte Kapitel einen Überblick der verschiedenen kognitiven, epistemischen und normativen Bildfunktionen und versucht hierbei, die Grenzen und Möglichkeiten des jeweiligen Bildeinsatzes zu bestimmen. Das elfte Kapitel behandelt einige Probleme des Bildverstehens und der Bildkompetenz. Dabei wird einerseits ein Überblick der unterschiedlichen Aspekte angestrebt, die zum Bildverstehen nötig sind, andererseits wird auf die insbesondere mit den Begriffen des Prototyps und der Relevanz verbundenen kognitiven Voraussetzungen eingegangen, die im Laufe des zweiten Teiles bereits thematisiert werden, aber erst hier eine systematischere Behandlung erfahren. Das zwölfte (und letzte) Kapitel bietet schließlich einen Ausblick auf einige der gesellschaftlichen Rahmenbedingungen und Probleme des zunehmendes Bildeinsatzes. Hier werden vor allem einige kulturtheoretische Einschätzungen der Bildverwendung referiert und die Möglichkeiten ihrer Manipulation und Instrumentalisierung erörtert. Die entwickelte Position wird erlauben, einen Vorschlag abzuleiten, wie die besonderen Gefahren der Bildverwendung theoretisch zu fassen sind, und eine Empfehlung zu geben, wie diesen Gefahren begegnet werden kann.

Die im Folgenden dargelegten Überlegungen sind als *ein einziger, systematisch zusammenhängender Gedanke* aufzufassen, dessen Kurzform lautet: Bilder sind wahrnehmungsnahe Zeichen. Da sich die hierbei relevanten Begriffe nicht unabhängig voneinander und ebenfalls nicht alle gleichzeitig thematisieren lassen, wird der Gedanke, um den es im Folgenden geht, zunächst sehr allgemein und in einer intuitiven Fassung erläutert und dann sukzessive in seinen unterschiedlichen Teilaspekten präzisiert und begründet. Um die Einheit des vorgeschlagenen Gedankens nicht zu beeinträchtigen, wurden kompliziertere Nebenüberlegungen unterdrückt bzw. für eigenständige Publikationen vorbehalten. Auf Grund des intendierten interdisziplinären Leserkreises ist außerdem (soweit möglich) auf die Verwendung einer zu spezifischen Fachterminologie verzichtet worden. Schließlich gibt es im Interesse besserer Lesbarkeit keine Fußnoten, obschon die Fußnote zu einer besonders geschätzten (zuweilen aber auch sehr ritualisierten) akademischen Institution avanciert ist.[1] Alle Literaturverweise stehen mit dem Ersterscheinungsdatum im laufenden Text. Die vollständigen Angaben der Erstausgabe sowie der verwendeten Buchausgaben finden sich im Literaturverzeichnis.

1 Im Rahmen der mit großer Sorgfalt betriebenen Reflexion der eigenen (auch verfahrenstechnischen) Grundlagen haben ebenfalls die Fragen zu den Formen und Funktionen sowie zur Geschichte der Fußnote Eingang in die akademische Forschung gefunden (vgl. GRAFTON, ANTHONY: *Die tragischen Ursprünge der deutschen Fußnote,* aus dem Amerikanischen von H. Jochen Bußmann, Berlin [Berlin-Verlag] 1995 (neu erschienen im Deutschen Taschenbuchverlag, München 1998). Zwar suggerieren die intensiven Bemühungen um dieses Problem eine baldige Klärung (vgl. beispielsweise RIESS, PETER; STEFAN FISCH; PETER STROHSCHNEIDER: *Prolegomena zu einer Theorie der Fussnote.* Münster u. a. 1995), doch da leider nicht auszuschließen ist, dass sich auch hier – bedingt durch den Einfluss der zahlreichen, eher weltanschaulichen Probleme im Allgemeinen sowie durch die Probleme intersubjektiver Maßstäbe in verfahrenstechnischen Angelegenheiten im Besonderen – eine nach aktuellen wissenschaftlichen Standards erfolgte Lösung vorerst noch verzögern wird (vgl. LÜTKEHAUS, LUDGER: *Unfröhliche Wissenschaft. Die Lage der Geisteswissenschaften aus der Sicht der Fussnote. Eine längere Anmerkung.* Marburg an der Lahn [Basilisken-Presse] 1994; vgl. auch BRUCKNER, DIETMAR: Ironische Fussnote, in: *Theater der Zeit,* Jg. 47 (1), 1992, S. 38 - 39), habe ich mich schweren Herzens entschlossen, auf die Nutzung von Fußnoten zu verzichten.

I. PHILOSOPHISCHE GRUNDLAGEN EINER ALLGEMEINEN BILDWISSENSCHAFT

1. Kurze Geschichte der philosophischen Bildtheorie

Obschon sich eine Bildwissenschaft bisher nicht etabliert hat, besitzt die theoretische Beschäftigung mit Bildern doch eine lange, bis in die Antike zurückgehende Geschichte. Auch die gegenwärtigen bildwissenschaftlichen Bemühungen sind von dieser Geschichte beeinflusst. Im Rahmen einer knappen historischen Skizze sollen daher in systematischer Absicht die verschiedenen Aspekte des Bildbegriffs in ihrem jeweiligen historischen Kontext vorgestellt werden. Der damit verbundene Vorschlag zur Strukturierung der Phänomene läuft darauf hinaus, einen repräsentationalistischen Bildbegriff als möglichst allgemeinen Bildbegriff zu verteidigen und in den Kontext der gegenwärtigen symboltheoretischen Ansätze zu stellen.

Thesen zur Geschichte der Bildtheorie

(1) Der repräsentationalistische Bildbegriff ist ein nach wie vor brauchbarer Bildbegriff.

(1.1) Mit den unter anderem von Platon entwickelten Bildvorstellungen entsteht ein allgemeiner repräsentationalistischer Bildbegriff. Danach repräsentieren Bilder eine Sache, sie verkörpern sie nicht.

(1.2) Dieser Bildbegriff ist geschichtlich auch zur Charakterisierung interner Bilder herangezogen worden. Die Phänomene der externen und der internen Bilder sollten aber auseinander gehalten werden.

(1.3) Eine geschichtlich bedeutsame Ausprägung hat der repräsentationalistische Bildbegriff in Goodmans symboltheoretischem Ansatz erfahren. Danach ergibt sich der Bildstatus erst mit der Klassifikation und Verwendung eines Gegenstandes als Element und gemäß den Regeln des entsprechenden Symbolsystems.

(1.4) Goodmans Bildbegriff eignet sich als Ausgangspunkt für die Bestimmung eines allgemeinen Theorierahmens, wenn er um eine perzeptuelle Komponente erweitert wird.

1.1 Zwischen Verkörperung und Verweisung

Wie die Bilderhöhlen des Jungpaläolithikums eindrucksvoll bezeugen, zählt die menschliche Bilderpraxis zu den ältesten Kulturtechniken überhaupt. Da die Schrift ein sehr viel späteres Kulturprodukt darstellt, liegen uns keine zuverlässigen Quellen vor, aus denen sich der Ursprung und die damaligen Funktionen der Bilder gesichert erschließen lassen. Zu vermuten ist jedoch, dass die Höhlenbilder, wie auch die frühen Körperbemalungen, in kultischen und magischen Zusammenhängen stehen (zur kultisch-magischen Bildauffassung vgl. BELTING 1990 sowie SCHUCK-WERSIG 1993). In den überlieferten Mythen und Legenden zum Ursprung der Malerei, die uns von antiken Autoren bekannt sind, wie etwa Plinius' *Naturalis Historiae*, sind die magischen Aspekte allerdings bereits durch die Faszination illusionistischer Momente verdrängt worden (vgl. PLINIUS 1977: 65). Die repräsentationalistische Bildauffassung, die sich hier in Form der Mimesislehre ausdrückt und die der gesamten antiken Kunsttheorie eigentümlich ist, geht vor allem auf die Ausführungen Platons zurück (vgl. z. B. *Timaios* 50cff. und *Politeia* 595aff.). Vom Phänomen der natürlichen Bilder (insbesondere der Spiegel- und Schattenbilder) beeinflusst, hatte Platon das Bild durch die Verknüpfung einer Verursachungsbeziehung mit einer Ähnlichkeits- bzw. Teilhabebeziehung bestimmt. Obschon er die Abbildfunktion der Bilder im Zusammenhang seiner Ideenlehre negativ bewertet, markiert die platonische Bildtheorie doch den Übergang von einer kultisch-magischen zu einer repräsentationalistischen Bildauffassung. Nach der kultisch-magischen Auffassung ist der Bildreferent im Bild zugegen, nach der repräsentationalistischen Auffassung verweist das Bild auf ihn.

Die platonischen Äußerungen zur Bildtheorie sind uneinheitlich. Seine wirkungsgeschichtlich sehr dominante Kritik der Abbildtheorie hat Platon im zehnten Buch der *Politeia* vorgebracht. Als eine Folge der ontologischen Schichtung, die aus der Ideenlehre resultiert, treten Bilder danach in Konkurrenz zu Begriffen und werden aus erkenntnistheoretischen Gründen negativ beurteilt. Wie zahlreiche Interpreten betonen, finden sich bei Platon aber auch Überlegungen (z. B. *Kratylos*: 430a-433b und *Sophistes*: 233d-236d), die eine sehr viel positivere Einschätzung der Bilder nahe legen (vgl. etwa OLIVER SCHOLZ 2000: 625ff. oder auch WIESING 2001: 27ff.). Bei diesen Stellen geht es Platon primär um kunsttheoretische Probleme. Gemäß seinem Begriff von klassischer Schönheit muss eine Darstellung mit Anspruch auf ästhetischen Wert die Idee der Schönheit zum Ausdruck bringen. Dies gelinge dem Künstler aber nicht durch Nachahmung, sondern nur, wenn er sich an die (mit der ägyptischen Tradition vorgegebenen) strengen, letztlich mathematischen Prinzipien der Symmetrie und Proportion halte, denn nur diese sind mit dem angenommenen Intelligiblen der Schönheit vereinbar. Entgegen dieser Einschätzung und bedingt insbesondere durch die Ablehnung der platonischen Metaphysik hat Aristoteles in seiner *Poetik* eine Verteidigung des Abbildes und der Mimesislehre unternommen, die in Verbindung mit dem Moment der Katharsis dann zur offiziellen Lehrmeinung avancierte.

Unter dem Titel *imago* war die gesamte mittelalterliche Bildauffassung über die im Neuplatonismus durchgeführte Identifikation von Urbild und Göttlichem dennoch vor allem durch den platonischen Bildbegriff beeinflusst. Insbesondere ist die christliche Auffassung von der Gottesebenbildlichkeit des Menschen eine maßgeblich von Augustinus vorgenommene Verschmelzung biblischer und neuplatonischer Gedanken, der zufolge (nur) der Mensch als ein Abbild Gottes zu betrachten sei (vgl. BAUCH 1994: 290ff.). Die beiden Momente der Ursprungs- und der Ähnlichkeitsbeziehung, die hierbei wesentlich sind, weisen den Logos als die spezifisch menschliche Eigenschaft aus, die zugleich als Schöpfung und als Nachahmung des Göttlichen zu gelten habe. Diese Bestimmung des Bildbegriffs, die ebenfalls der Bildtheorie von Thomas von Aquin als Vorlage diente (vgl. PÖLTNER 1991: 178ff.), wurde zwar auch zur Charakterisierung des Erkenntnisprozesses herangezogen und war in dieser Funktion oft mit einer mentalistischen Bedeutungstheorie verbunden; primär ging es den mittelalterlichen Philosophen aber um eine metaphysisch-ontologische Bildtheorie, nach der jedes Schöpfungsverhältnis sowohl ein Repräsentations- als auch ein Teilhabeverhältnis war. So konnte der Sohn als vollkommenes Bild des Vaters betrachtet werden und das Seiende insgesamt als Spur Gottes.

Die metaphysische Aufladung der repräsentationalistischen Bildauffassung erzeugte jedoch ein Spannungsverhältnis, das sich im Mittelalter in zahlreichen Bilderstreiten und Bilderstürmen entlud und eine zunehmende Säkularisierung erzwang: Durch die Annahme, dass Bilder eine

Sache nicht verkörpern, sondern auf sie verweisen, gerieten die zahlreichen Formen der Bildverehrung in Konflikt mit den religiösen Überzeugungen zur Undarstellbarkeit des Göttlichen. Unter Karl dem Großen erfolgte eine Bestätigung der repräsentationalistischen Bildauffassung, die das Bild vor allem auf seine didaktischen und ästhetischen Funktionen beschränkte. Der spätere Aufstieg des Bildes zum autonomen Kunstwerk wurde dann von einer zunehmenden Sublimierung der religiösen und magischen Aspekte ins Ästhetische begleitet.

Zeugnisse von Bilderstürmen, von mehr oder weniger planmäßigen Zerstörungen bildhafter Darstellungen, sind bereits für das alte Reich Ägyptens (2660 - 2134 vor Christus) dokumentiert. Im Zusammenhang mit einem expliziten Bilderverbot traten sie aber erst seit dem Entstehen der monotheistischen Religionen und der Durchsetzung ihrer religiösen Hegemonialansprüche auf (vgl. BRUMLIK 1994). Dies hat dazu Anlass gegeben, im Bilderverbot das zentrale Instrument zu sehen, monotheistische Religionen gegen den Polytheismus durchzusetzen, der in Form heidnischer Kulte ganz zentral auf eine Verehrung von Bildnissen beruhte. Oft wird nach dieser Interpretation dann das Bilderverbot generell als Versuch einer sich zentralisierenden Staatsmacht gesehen, soziale Herrschaft über die regionalen, kultisch begründeten Machtstrukturen zu erlangen. Das bekannte frühe Beispiel Echnatons (Amenophis IV.) scheint diese innige Verbindung von politischen und ideell-religiösen Interessen zu bestätigen (vgl. METZLER 1973). Mit seiner Einführung des Aton-Kultes (1364 - 1347 vor Christus) und der Zerstörung der Amun-Bildnisse wollte sich Echnaton einerseits die Amun-Priesterschaft unterwerfen, die durch ihren riesigen Grundbesitz eine enorme politische Macht darstellte, zugleich aber seine Vorstellungen einer monotheistischen Religion verwirklichen. Echnaton scheiterte mit seinem Projekt, weil er seine monotheistischen Verabsolutierungen gegen die Priesterschaft durchzusetzen versuchte. Dieser Fehler wurde bei den späteren monotheistischen Religionen vermieden. Insbesondere das katholische Christentum hat sich bei der Integration der bilddominierten heidnischen Aspekte in die bildkritische monotheistische Grundkonzeption als sehr geschickt erwiesen.

Was heißt ›Verkörperung‹?

Der Erfolg der repräsentationalistischen Bildauffassung sollte nicht auf die sicherlich wichtigen machtpolitischen Aspekte reduziert werden. Ihre theoretische Attraktivität besteht in dem höheren Allgemeinheitsgrad, dem zufolge sie gar nicht in Konkurrenz zu religiösen Bildauffassungen gesehen werden muss. Dies zeigt sich, wenn geklärt wird, was es eigentlich heißt, dass ein Bild das Abgebildete *verkörpert*. Gewiss sollte eine solche Aussage nicht so verstanden werden, dass der Unterschied von Bild und Abgebildetem nicht mehr erkennbar ist und Bild und Abgebildetes daher verwechselt werden. Das Phänomen der Verwechslung, das Plinius etwa den berühmten Vögeln des Zeuxis zuschrieb, gehört gar nicht in den Bereich des Religiösen oder Magischen, sondern in den Bereich des Illusionistischen. Liegt ein solcher eher unwahrscheinlicher und keinesfalls dauerhafter Fall vor, dann lässt sich einfach feststellen, dass das Bild hier gar nicht als Bild erkannt wird. Dieser Fall ist also für die Bildtheorie unerheblich. Sofern ein Gegenstand aber als Bild verwendet wird – so wäre die Behauptung der repräsentationalistischen Theorie –, liegt eine wie auch immer geartete Weise des Repräsentierens vor.

Ebenfalls war die innerhalb des religiösen Bildverständnisses vertretene These von der Verkörperung des Abgebildeten im Bild sicherlich nicht im Sinne einer vollständigen Identität von Bild und Abgebildetem gemeint. Das Bild verkörpert eine Sache oder eine Person höchstens in dem Sinne, dass es einen (in der Regel nicht als solchen sichtbaren) Teil dieser Sache oder Person enthält. Als ein solcher Teil wurde sehr Verschiedenes angesehen, etwa die Seele bzw. Kraft einer Person, die innerhalb kultisch-ritueller Handlung aktualisiert werden kann. Erläutert man die religiöse Bildauffassung im Sinne einer solchen Teil-Ganzes-Beziehung, bleibt die Eigenständigkeit des Bildes gewahrt. Denn das im Bild Verkörperte ist nur ein Teil des Bildes und fällt folglich nicht mit dem Bild zusammen. Es entsteht nun aber das Problem, wie wir überhaupt wissen, was das Bild verkörpert.

Wollen wir nicht annehmen, dass das Bild im wörtlichen Sinne mit uns redet, dann gibt es nur zwei grundsätzliche Möglichkeiten, diese Frage zu beantworten, die beide problematisch sind und somit in ein Dilemma führen: Entweder erhalten wir die entsprechenden Hinweise durch die Betrachtung des Bildes oder sie müssen uns explizit mitgeteilt werden bzw. auf Grund solcher Mitteilungen durch den Kontext erschließbar sein. Im ersten Fall würden wir jedoch von der repräsentationalistischen Auffassung Gebrauch machen, denn das Bild würde immer auch auf das verweisen, was es verkörpert. Es gäbe in diesem Fall gewissermaßen zwei Schichten des Bildes, sodass der Streit nun nicht mehr darum gehen kann, ob die repräsentationalistische Theorie berechtigt ist, sondern höchstens darum, ob sie in speziellen Fällen ergänzt werden muss. Im zweiten Fall bleibt die unterstellte Verkörperung von Bild und Abgebildetem für das Bild dagegen ganz äußerlich. In gleicher Weise könnte ein Buch, ein Holzsplitter oder irgend ein anderer beliebiger Gegenstand eine religiöse oder okkulte Qualität erhalten. Das verkörperte Element kommt dem Bild hier also nicht als Bild zu; das Bild dient ihm vielmehr nur zufälligerweise als Träger. Davon abgesehen, dass die Plausibilität der Annahme magischer Qualitäten überhaupt problematisch ist, sagt dieser Fall also nichts über das Bild als Bild. Diese Argumentation gilt in gleicher Weise für religiöse und für magische Bildauffassungen, denn in beiden Fällen wird das Bild mit einer besonderen Kraft ausgestattet, die sich in dem einen Fall nur vom Abgebildeten über das Bild auf den Betrachter überträgt (Gnadenwirkung), im anderen Fall dagegen dem Betrachter erlaubt, über das Bild auf das Abgebildete einzuwirken.

Wenn im Zusammenhang mit der Ikonenverehrung, die etwa Gegenstand des bekannt gewordenen byzantinischen Bilderstreits (726 - 843) war (vgl. BELTING 1990: 164ff. und BROCK 1973), den Ikonodulen die Überzeugung zugeschrieben wurde, dass in den Heiligen-Bildern, den Ikonen, die Heiligen selbst anwesend seien, so ist dies also sehr missverständlich. Selbst im Rahmen der theologischen Verteidigung der Ikonen, etwa durch Johannes von Damaskus (vgl. OLIVER SCHOLZ 2000: 637), wird neben der formalen Ähnlichkeit die materiale Verschiedenheit der Bilder immer hervorgehoben, was die repräsentationalistische Auffassung also bestätigt. Der Streit zwischen Ikonodulen und Ikonoklasten ergibt sich deshalb eher aus einer unterschiedlichen Einschätzung der Darstellbarkeit des Göttlichen. Mit dem Vorwurf, der Häresie der Nestorianer anzuhängen, war etwa gemeint, dass in Christusbildern nur die Darstellung der menschlichen Natur intendiert sei und so unerlaubt die Einheit seiner Doppelnatur zerstört werde. In mittelalterlichen Bildauffassungen standen sich also keineswegs eine religiöse und eine repräsentationalistische Auffassung gegenüber, sondern lediglich unterschiedliche Einschätzungen darüber, was ein Bild zu repräsentieren in der Lage ist.

Zur Kompatibilität von repräsentationalistischer und religiöser bzw. magischer Bildtheorie

Gemäß dieser Argumentation wird bestritten, dass religiöse oder auch magische Bildauffassungen in Konkurrenz zur repräsentationalistischen

Auffassung stehen. Darüber hinaus ist aber auch fraglich, ob solche Auffassungen überhaupt ernsthaft vertreten werden können. Die Tatsache, dass sie sich historisch auffinden lassen, ist für sich genommen unzureichend, um ihre Berechtigung zu erweisen; denn auch Überzeugungen, wie sie in der Phlogiston-Theorie zum Ausdruck kommen, wurden lange Zeit vertreten, ohne den fraglichen Sachverhalten angemessen zu entsprechen. Allerdings sollte die repräsentationalistische Theorie in der Lage sein, auch religiöse oder magische Bildpraktiken mit ihren Mitteln zu beschreiben und verständlich zu machen. Eine solche Übersetzung in die repräsentationalistische Theorie ist aber prinzipiell möglich, wenn entsprechende Bildverwendungsregeln angegeben werden. Nehmen wir das Beispiel der Herrscherbildnisse, denen zeitweise ebenfalls nachgesagt wurde, dass sie die Herrscher verkörpern, sodass etwa eine Beleidigung der Bildnisse als Beleidigung der Herrscher galt: Zu sagen, dass das Bild den Herrscher verkörpert, ließe sich hier als verkürzte Aussage dafür nehmen, dass das Verhalten dem Bild gegenüber als symbolischer Ausdruck der Einstellung zum Bildreferenten gewertet (und entsprechend geahndet) wird. Das Bild ist damit lediglich ein Kristallisationspunkt komplexer Handlungszusammenhänge, die sich einerseits aus dem perzeptuellen Gehalt des Bildes, andererseits aus den erzwungenen bzw. anerkannten Überzeugungen und Handlungsnormen ableiten lassen. Auch auf die weitere Frage, warum sich hierfür gerade Bilder und nicht beliebige andere Gegenstände eignen, gibt es plausible Antworten. Zunächst wäre darauf hinzuweisen, dass die Interpretation von Bildern einen speziellen Wahrnehmungsbezug einschließt. Sie ist damit unmittelbarer und erlaubt gegenüber anderen Zeichensorten einen gewissen Grad der Immersion. Zudem besitzen hierbei die Zeichenträger der Bilder eine besondere Bedeutung, weil von ihren Eigenschaften innerhalb der Bildrezeption auf die Eigenschaften des Bezeichneten geschlossen wird. Dies kommt dem Gedanken der Verkörperung zumindest entgegen.

1.2 Der Aufstieg der mentalen Bilder

Vom Begriff externer Bilder ist der Begriff interner oder mentaler Bilder zu unterscheiden. Vermutlich lassen sich alle Bildphänomene auf einen dieser beiden Begriffe zurückführen. Der Begriff des Vorbildes oder des Idealbildes etwa, mit denen bestimmte Personen charakterisiert werden, kann aus dem Begriff des externen Bildes abgeleitet werden; die Rede vom sprachlichen Bild ist dagegen vermutlich eher in den Zusammenhang des Begriffs interner Bilder zu stellen, da es hier um die evozierten imaginativen Prozesse geht. Mit der Unterscheidung von externen und internen Bildern soll nicht die Möglichkeit eines allgemeinen Bildbegriffs bestritten werden, der beide Bereiche umfasst. Die Probleme sind in den beiden Bereichen jedoch so unterschiedlich, dass ihre unkritische Vermischung eher verwirrend als klärend ist. Soweit es um eine Definition des Bildbegriffs geht, ist der Verweis auf interne Bilder auch wenig hilfreich, da er das Problem nur in unzugänglicheres Gelände verlagert.

Interne Bilder als bewusstseins- und erkenntnistheoretisches Phänomen

Die bewusstseins- und erkenntnistheoretische Ausformung des Bildbegriffs zur Bezeichnung von Vorstellungen und Wahrnehmungen hat bereits in der Antike eingesetzt, jedoch erst in der neuzeitlichen Philosophie besonderes Gewicht erhalten. Sie basiert auf der Annahme, dass die geistigen Prozesse adäquat als Verarbeitung interner Repräsentationen, nämlich der Kopien oder Abbilder der ursprünglichen Sinnesdaten, beschrieben werden können. Die Urbild-Abbild-Relation auf die Subjekt-Objekt-Relation übertragend, wurde das mentale Bild hierbei entweder mehr im realistischen Sinne als Abbild der Wirklichkeit oder mehr im idealistischen Sinne als Konstrukt einer spontanen Tätigkeit des Geistes aufgefasst (vgl. HOGREBE 1971: 915). In beiden Fällen handelte es sich um eine Übertragung des repräsentationalistischen Bildbegriffs auf den Anwendungsbereich des Psychischen, bei der in der Regel auch die antiken Bestimmungen des Bildbegriffs, Ähnlichkeit und Verursachung, erhalten blieben.

Die realistische Auffassung, die den mentalen Bildern eine kognitivpsychologische und zugleich eine erkenntnistheoretisch-philosophische Fundamentalfunktion zuweist, erlebte ihren Höhepunkt im englischen Empirismus. Die mentalen Bilder galten hier nicht nur als die elementaren Einheiten der kognitiven Prozesse, sondern übernahmen als ›abstrakte‹ Kopien der konkreten Sinneseindrücke zugleich die Funktion von Begriffen, d. h. von mentalen Mustern als Bezugspunkten zur Rechtfertigung von Erkenntnisansprüchen. Während realistische Philosophien den Abbildcharakter betonten, hoben idealistische Philosophien den Erscheinungscharakter hervor. Bei Kant erhielt hierzu – besonders im Schematismus-Kapitel der *Kritik der reinen Vernunft* – die produktive Einbildungskraft eine zentrale Stellung. Das Schema liefert die Regel, nach der die Einbildungskraft die Begriffe in Vorstellungen anschaulich werden lässt (vgl. KANT 1787: B 181). Bei Fichte avancierte dieser Bildbegriff dann zum Grundbegriff der Philosophie (vgl. JANKE 1993), eine Funktion, die er erneut in der Lebensphilosophie erhielt, vor allem bei Bergson (vgl. VRHUNC 2002) und Klages (vgl. FELLMANN 1993: 155f.).

Insbesondere die mit der Theorie interner Bilder erhobenen erkenntnistheoretischen Ansprüche wurden zum Ende des 19. Jahrhunderts jedoch zunehmend zurückgenommen. Von psychologischer Seite kam es zunächst durch die empirischen Ergebnisse der Würzburger Denkpsychologie, dann durch die methodologischen Vorentscheidungen des Behaviorismus zu einer grundsätzlichen Kritik des Begriffs des mentalen Bildes. Diese fand auch von philosophischer Seite Unterstützung, besonders vom Logischen Positivismus und von der sprachanalytischen Philosophie. Entsprechend verwarf der späte Wittgenstein vor allem die Annahme, dass Begriffe (oder generell die Bedeutung sprachlicher Ausdrücke) durch Bilder bestimmt werden können. Zuvor hatte Wittgenstein im *Tractatus* (2.12) eine Präzisierung des Bildbegriffs im Sinne einer Isomorphie-Beziehung betrieben, nach der das Bild ein Modell der Wirklichkeit ist (vgl. auch STEGMÜLLER 1966). Isomorph sind hierbei die Strukturen von Bild und Abgebildetem, nämlich die Relationen, die jeweils zwischen den Elementen des Bildes und den jeweiligen Elementen des abgebildeten Sachverhaltes bestehen. Allerdings war für Wittgenstein in diesem Sinne insbesondere der Satz ein Bild der Wirklichkeit (*Tractatus* 4.01).

Die kognitionswissenschaftliche Fassung des Bildbegriffs

Eine erneute Aufwertung des Begriffs des mentalen Bildes erfolgte erst mit dem Entstehen der Kognitionswissenschaft, in der es nun allerdings nicht mehr um die erkenntnistheoretischen Probleme, sondern allein um die Fragen nach den kognitiven Funktionen mentaler Bilder ging. Bahnbrechend waren die Rotationsexperimente von Shepard und Mitarbeitern (vgl. SHEPARD/COOPER 1982), die eine Bestätigung der Intuition zu erbringen schienen, dass bestimmte Problemlösungen von einer Verwendung anschaulicher Vorstellungen profitieren. In der sich hieran anschließenden Debatte standen sich Deskriptionalisten und Piktorialisten gegenüber (vgl. SACHS-HOMBACH 1995b). Während die Deskriptionalisten die Ansicht vertraten, dass unser kognitives System Informationen nur im propositionalen Zustand verarbeitet und anschauliche Vorstellungen bei Bedarf aus Beschreibungen erzeugt werden (und daher nur einen epiphänomenalen Status besitzen), behaupteten die Piktorialisten, dass es mindestens zwei Repräsentationsformate gibt, ein propositionales und ein piktoriales, und dass letzterem eine mitunter entscheidende kognitive Funktion zukommt. Ein umfassendes, experimentell gestütztes Modell, das propositionale zugunsten piktorialer Repräsentationen zurückstellt, hatte erstmals Kosslyn vorgestellt (vgl. KOSSLYN 1980). Mentalen bildhaften Repräsentationen werden hier zwar wichtige Eigenschaften externer Bilder zugesprochen, verstanden als funktionale Bilder (d.h. als Gegenstände, die wie Bilder funktionieren) werden sie aber dennoch durchaus von externen Bildern unterschieden.

In der bis heute anhaltenden kognitionswissenschaftlichen Auseinandersetzung um Existenz und Funktion mentaler Bilder lassen sich zwei Typen von Argumenten unterscheiden, die sich einerseits durch begriffliche, andererseits durch methodologische Überlegungen auszeichnen (vgl. als Überblick etwa BLOCK 1981 oder TYE 1991; vgl. auch die detailliertere Darstellung in Kapitel 9). Dem ersten Typ von Einwänden zufolge ist der Begriff des mentalen Bildes logisch inkonsistent. Unter der Annahme, dass mentale Bilder Nachbildungen der Wahrnehmungsaktivität sind, wurde etwa kritisiert, dass in diesem Fall die Interpretation der Bilder einen eigenen Wahrnehmungsprozess benötige, was zu einem unendlichen Regress führe, da hierbei erneut mentale Bilder postuliert werden müssten. Zudem wurde in einigen Variationen vorgebracht, dass sich viele Merkmale externer Bilder – beispielsweise das Merkmal, hinsichtlich konkreter Eigenschaften determiniert zu sein – nicht übertragen lassen.

Diese Argumente haben sich weitgehend als unzutreffend erwiesen, vor allem weil einerseits der Begriff des externen Bildes sehr viel weiter gefasst werden kann – und etwa auch abstraktere Bilder, wie Strichzeichnungen, umfasst – und mentale Bilder andererseits nicht notwendig alle Eigenschaften mit externen Bildern teilen müssen. Niemand vertritt die naive Theorie, dass interne Bilder tatsächlich als Bilder, wie wir sie üblicherweise kennen, im Gehirn zu finden sind. In der Regel wird lediglich behauptet, dass es Formen der mentalen Repräsentation gibt, die analog zu Bildern funktionieren, ohne doch selbst farbig oder rund zu sein. Es wird also lediglich eine partielle Struktur-Isomorphie zwischen mentaler bildhafter Repräsentation und Repräsentiertem angenommen. Dies weist darauf hin, dass zumindest in der Kognitionswissenschaft mit dem Ausdruck ›mentales Bild‹ gar nicht die relativ unproblematischen anschaulichen Vorstellungen gemeint sind, sondern kognitive Einheiten auf der subpersonalen Ebene. Der Ausdruck ›mentales Bild‹ ist daher als theoretischer Terminus aufzufassen, mit dem zur Erklärung bestimmter Verhaltensweisen ein besonderes Repräsentationsformat (und damit verbunden spezielle kognitive Prozesse) postuliert werden. Insofern ist es vorteilhaft, nicht von mentalen, sondern von internen Bildern zu reden. Entscheidend ist hierbei die Annahme, dass interne Bilder in einer nicht-arbiträren Beziehung zum Repräsentierten stehen, sodass Lösungen bestimmter Probleme gewissermaßen an einem Modell simuliert werden können.

Nach der zweiten, methodologischen Variante der Kritik eignet sich die Annahme interner Bilder nicht als kognitionswissenschaftliches Erklärungsprinzip, da sie in folgendes Dilemma führt: Entweder sind die entsprechenden Phänomene durch implizites Wissen bestimmt und folglich, obschon subjektiv als Bild erfahren, ein durch Wissensvorgaben gesteuertes Epiphänomen; oder aber sie sind kognitiv undurchdringbar, d.h. durch Überzeugungen nicht beeinflussbar, dann fallen sie aber in den Bereich neurobiologischer Prozesse und sind deshalb psychologischen Erklärungen entzogen (vgl. PYLYSHYN 1981). Die Piktorialisten entscheiden sich in der Regel für das zweite ›Horn‹ des Dilemmas. Sie akzeptieren also durchaus, dass der Begriff des mentalen oder internen Bildes sich auf die Ebene der neurobiologischen Grundlagen des Kognitiven bezieht; sie bestreiten aber, dass er damit aus dem Rahmen des kognitionswissenschaftlichen Paradigmas herausfällt (vgl. KOSSLYN 1996). Als Folge dieser Ansicht haben sich alternative Modelle herausgebildet. In der kognitiven Psychologie sind etwa über die duale Kodierungstheorie von Paivio (vgl. PAIVIO 1971) zunehmend multimodale Gedächtnistheorien entwickelt worden (vgl. ENGELKAMP 1990). Teilweise führte die Analyse des Begriffs des internen Bildes darüber hinaus auch zur Kritik der funktionalistischen Grundannahme, dass die kognitiven Gesetzlichkeiten unabhängig von der jeweiligen Realisierung der entsprechenden Prozesse formuliert werden können. Wenn der Begriff des internen Bildes ein sinnvoller Begriff der Kognitionswissenschaft ist, dann ist stattdessen zu fordern, dass eine Theorie der menschlichen Kognition in vielen Bereichen auf die speziellen neurobiologischen Realisierungsbedingungen bezogen werden muss (vgl. BLOCK 1983b und ROLLINS 1989). In der Kognitionswissenschaft bzw. der Philosophie des

Geistes entwickelte sich parallel hierzu und in Überstimmung mit dieser Forderung ein subsymbolisches Paradigma unter dem Titel *Konnektionismus* (vgl. etwa VARELA 1990).

1.3 Bilder als Symbolsysteme

Seit Beginn des 20. Jahrhunderts haben sich in der Philosophie verstärkt Ansätze durchgesetzt, nach denen das menschliche Weltverhältnis notwendig ein durch Zeichen vermitteltes Verhältnis ist. Die These, dass der Mensch ganz wesentlich ein *animal symbolicum* (CASSIRER 1944: 26) ist, wurde hierbei nicht nur im anthropologischen Sinne verstanden und ausgearbeitet, sondern ebenfalls in erkenntnistheoretischer und metaphysischer Hinsicht verfolgt. Danach müssen wir, um Erkenntnisse (und Erfahrungen ganz allgemein) nicht nur zu bewahren, sondern überhaupt gewinnen zu können, bereits Zeichensysteme entwickelt haben. Dementsprechend sind unsere Beschreibungen und Erklärungen der Phänomene immer relativ zu den verwendeten Zeichensystemen zu bewerten. Dies ist gewissermaßen eine zeichentheoretische Lesart der kantischen Auffassung, dass unsere Anschauungen ohne Begriffe blind sind.

Die sprachanalytische Wende innerhalb der Philosophie ist der radikalisierte Ausdruck des veränderten Selbstverständnisses, das sich zunächst innerhalb der wissenschaftstheoretischen Bemühungen des Wiener Kreises zeigte und sich vor allem auf eine Klärung bzw. Neuschöpfung der Wissenschaftssprache richtete. Bei diesen Überlegungen standen natürlich die sprachlichen und logischen Zeichen im Vordergrund, deren Normierung einen gesicherteren Erkenntnisfortschritt ermöglichen sollte. Die bildhaften Zeichen, die sich von ihrer medialen Grundlage nicht ablösen lassen, wurden dagegen aus dem wissenschaftstheoretischen Bereich ausgeschlossen. Über Frege bis hin zu Wittgenstein hat sich die Hoffnung auf eine Begriffssprache, die alle mit der Sprache verbundenen Ungenauigkeiten und Vieldeutigkeiten abgelegt hat, allerdings zunehmend zerschlagen, sodass mit der pragmatischen Wende des späten Wittgenstein die These von der Unhintergehbarkeit der Sprache schließlich um die These von ihrer unaufhebbaren kontextuellen Abhängigkeit ergänzt wurde.

Parallel zu diesen Bemühungen (und maßgeblich inspiriert durch die Arbeiten von Peirce und Morris) nahmen im 20. Jahrhundert die Versuche zu, Zeichentheorien in systematischer Weise auszuarbeiten, um eine vollständigere Erfassung und Beschreibung der unterschiedlichen Zeichentypen zu erreichen (vgl. GERHARDUS 1996). Für diese Versuche hat sich der Name ›Semiotik‹ durchgesetzt. Nach der wirkungsgeschichtlich bedeutsamen Unterscheidung (die Peirce vorgeschlagen hatte und die sich der Sache nach, wenn auch mit teilweise stark variierenden Ausdrücken, etabliert hat) lassen sich hier drei übergeordnete Zeichenklassen anführen: Ikon, Index und Symbol. Diese werden durch ihre jeweilige Objektrelation unterschieden. Nach Peirce klassifizieren wir ein Zeichen als Ikon oder als bildhaftes Zeichen, wenn wir auf das bezeichnete Objekt anhand von Eigenschaften des Zeichens bzw. des Zeichenträgers schließen. Ein Zeichen gilt dagegen als Index oder Anzeichen, wenn die Relation auf das Objekt als kausale Relation interpretiert wird. Bei Symbolen verdankt sich diese Relation schließlich einer Gesetzmäßigkeit oder einer Gewohnheit, wie sie bei Konventionen oder aber bei sozialen Gebräuchen vorliegen (vgl. insgesamt NÖTH 2000: 59ff. und 178ff.).

Von den wissenschaftskritischen Bemühungen des Wiener Kreises waren die ikonischen Zeichen weitgehend ausgeschlossen. Zwar bemühten sich ihre Vertreter teilweise, vor allem Otto Neurath, sehr intensiv um eine internationale Bildsprache (vgl. NEURATH 1991), auch hier standen aber die Aspekte einer intersubjektiven und vor allem interkulturellen Normierung der bildhaften Zeichen im Vordergrund. Dagegen hatten die ikonischen Zeichen innerhalb der Lebensphilosophie, etwa bei Ludwig Klages (vgl. 1929), eine enorme Aufwertung erfahren; diese Aufwertung bezog sich jedoch weitgehend auf die internen, also die mentalen Bilder. Eine umfassende Bestandsaufnahme der unterschiedlichen Formen der Verwendung externer Zeichen von der Magie bis hin zur Wissenschaft, die auch bildhafte Zeichen in kultur- und erkenntnistheoretische Überlegungen einband, unternahm Cassirer in seiner *Philosophie der symbolischen Formen*, mit der er dem Neukantianismus neue Impulse gegeben hat. Hier liegt der Fokus (anders als im Wiener Kreis) nicht auf dem Aufbau einer Einheitswissenschaft, sondern auf einem eher anthropologisch orientierten Verständnis der vielfältigen symbolischen Bezüge, die das menschliche Handeln unabdingbar bestimmen. Einem solchen Ansatz, der in der Tradition der *cognitio sensitiva* von Alexander G. Baumgarten steht, geht es nicht unerheblich auch um die besonderen Weisen der »sensuellen Erschließung der Welt« (GERHARDUS 1999: 107). Es verbindet sich mit den symboltheoretischen Überlegungen von Cassirer also eine verstärkte Reflexion auf die sogenannten unteren, sinnlichen Erkenntniskräfte, vor allem auf die visuelle Wahrnehmung, und auf die ihr zugeordneten bildhaften Darstellungsformen (vgl. auch LANGER 1941).

Der symboltheoretische Ansatz von Goodman

In Verbindung mit dieser Tradition und mit Bezug auf die frühen semiotischen Arbeiten von Peirce und Morris entwickelte schließlich Goodman einen sehr differenzierten, die weitere Bildtheorie entscheidend prägenden, allgemeinen symboltheoretischen Ansatz, der neben den erkenntnistheoretischen und metaphysischen Implikationen vor allem für die moderne Ästhetik eine wichtige Rolle gespielt hat (vgl. STEINBRENNER 1996). Die Begriffe des Symbols und des Symbolsystems, die mit Goodmans Ansatz zu philosophischen Grundbegriffen avanciert sind, werden hier sehr allgemein verstanden (vgl. GOODMAN 1968: 9). Sie lassen sich keinesfalls mit dem sehr viel engeren romantischen Symbolbegriff, der dem Begriff der Allegorie verwandt ist, oder mit einem auf sprachliche Äußerungen eingeschränkten Symbolbegriff identifizieren. Goodmans Symbolbegriff ist vielmehr ein ganz weiter Zeichenbegriff, wie Peirce ihn etwa als Oberbegriff von Ikon, Index und Symbol verwendet hat (vgl. auch SCHOLZ 1998a).

Da die Theorie Goodmans die gegenwärtige Bildtheorie maßgeblich bestimmt hat (und es zur Zeit kaum einen Bildtheoretiker gibt, der sich nicht affirmativ oder kritisch auf sie bezieht), ist eine genauere Kenntnis ihrer Grundannahmen für die weiteren Überlegungen unabdingbar (vgl. auch die entsprechenden Darstellungen bei SCHOLZ 1991, LOPES 1996: 55-76 und STEINBRENNER 1996: 35ff.). Seine Position wird daher anhand einer Erläuterung der wesentlichen Begriffe zunächst knapp zusammengefasst.

(1) *Symbolsystem*: Grundlegend für den Ansatz von Goodman ist der Begriff des Symbolsystems. Danach ist jedes Symbol oder Zeichen immer nur relativ zu dem System zu beurteilen, in das ein Benutzer es einordnet. Symbole sind folglich nicht intrinsisch bestimmt, sondern erst mit einer entsprechenden Verwendung, die eine Einordnung in ein spezifisches Symbolsystem einschließt. Folglich ist es auch möglich, dasselbe Symbol als Element verschiedener Systeme aufzufassen und zu interpretieren. Das Symbol ›o‹ kann etwa als Element des lateinischen Alphabets, als ein Zahlzeichen oder auch als ein grafisches Element betrachtet werden. Um begründet entscheiden zu können, welche Verwendung jeweils intendiert ist, muss in der Regel der Kontext einbezogen werden, in dem das Symbol verwendet wird.

Symbolsysteme beinhalten immer ein Symbolschema und ein Bezugnahmefeld. Das Symbolschema besteht aus den Charakteren – also den atomaren Einzelzeichen (z.B. Buchstaben) – und ihrer Beziehung zueinander. Ein Symbolschema besitzt mindestens zwei Charaktere, wie es beim binären Code der Fall ist, mitunter aber auch unendlich viele, wie das Beispiel der arabischen Bruchnotation zeigt. Die Charaktere können in unterschiedlicher Weise physisch realisiert werden. Goodman bezeichnet die jeweiligen physischen Realisationen – die Zeichenträger also, die als Klassen zusammengefasst die verschiedenen ›Charaktere‹ bilden – als ›Marken‹ oder als ›Inskriptionen‹. Alle Fragen zum Symbolschema gehören in den Bereich des Syntaktischen. Dagegen sind alle das Bezugnahmefeld betreffenden Fragen semantischer Natur. Diese haben vor allem das Verhältnis von Schema und Feld zum Gegenstand, also die unterschiedlichen Relationen, die zwischen den einzelnen Elementen des Schemas und den jeweiligen Elementen des Bereichs, auf den Bezug genommen wird, bestehen.

(2) *Bezugnahme*: Die wesentliche Aufgabe von Symbolsystemen besteht in der Bezugnahme oder Referenz. Erklärtes Ziel des symboltheoretischen Ansatzes von Goodman ist dementsprechend, »zu einem umfassenden Verständnis der Modi und Mittel der Bezugnahme« (GOODMAN 1968: 9) zu gelangen. Eine Bezugnahme liegt vor, wenn ein Zeichen als für etwas anderes stehend interpretiert wird und sich eine entsprechende Referenzbeziehung ausmachen lässt. Bezugnahme muss sich hierbei nicht auf einzelne konkrete Gegenstände richten, sie kann auch Gegenstandsklassen oder komplexe Sachverhalte betreffen. Auf Grund seines strengen Nominalismus vermeidet es Goodman allerdings, von einer Bezugnahme auf abstrakte Gegenstände, etwa Eigenschaften, zu sprechen.

Goodman unterscheidet drei Formen der Bezugnahme. Der klassische Fall von Bezugnahme ist die Denotation, mit der anhand eines in der Regel komplexeren Ausdrucks – eines Etiketts (›label‹) im Sprachgebrauch Goodmans – ein Gegenstand bezeichnet wird. So verwenden wir den Ausdruck ›Baum‹, um auf Bäume Bezug zu nehmen. Neben der Denotation hebt Goodman die Exemplifikation hervor. Sie funktioniert gewissermaßen in der umgekehrten Richtung. Als Beispiel weist Goodman oft auf die Stoffprobe hin. Sie dient als Muster und exemplifiziert in dieser Funktion ein Etikett, etwa die Farbangabe ›kobaltblau‹. Es ist auch möglich, dass ein bestimmtes Zeichen das Etikett für einen Zeichentyp exemplifiziert. Velázquez' *Las Meninas* kann in dieser Weise verwendet werden, um den Ausdruck ›Gemälde‹ zu exemplifizieren. Da jeder Gegenstand zahlreiche

Eigenschaften exemplifizieren kann, muss in der Regel explizit gemacht werden, was im Einzelnen exemplifiziert werden soll. *Las Meninas* könnte etwa ebenso ›Portrait‹, ›Familienportrait‹ oder auch – in diesem speziellen Fall – ›Selbstportrait‹ exemplifizieren. Die dritte Form der Bezugnahme, die insbesondere im Kontext der Ästhetik wichtig ist, bezeichnet Goodman als ›Ausdruck‹ und führt sie als metaphorische Exemplifikation ein.

(3) *Notation*: Ein Symbolsystem, das eine eindeutige Bezugnahme erlaubt, nennt Goodman Notationssystem. Notationssysteme erlauben vor allem zweifelsfreie Identifizierungen der thematischen Gegenstände. Um als Notationssystem gelten zu können, muss ein Symbolsystem nach Goodman etliche syntaktische und semantische Erfordernisse erfüllen. Auf der syntaktischen Ebene ist sicherzustellen, dass die Elemente eines Charakters, also die physischen Marken, untereinander austauschbar, d. h. syntaktisch äquivalent sind. Neben dieser Bedingung der Charakterindifferenz der Marken (bzw. der Disjunktheit der Klassen, die sie bilden) ist die endliche Differenziertheit der Charaktere gefordert, nach der jede Marke genau einem Charakter zugeordnet werden kann. Sind zwei Charaktere gegeben, so muss es demnach theoretisch möglich sein, zu bestimmen, dass eine Marke einem der Charaktere nicht angehört. Erfüllt ein Symbolschema diese beiden syntaktischen Bedingungen, dann besitzt es ein Alphabet, d. h. eine Menge einzelner, eindeutig unterscheidbarer atomarer Zeichen, die in der Regel zu komplexen Zeichen kombiniert werden können.

Auf der semantischen Ebene muss zunächst ausgeschlossen sein, dass die Elemente eines Notationssystems ambig sind. Jeder Charakter muss also eine eindeutige Beziehung zu einem Gegenstand des Bezugsfeldes besitzen. Parallel zu den syntaktischen Bedingungen ist zudem semantische Disjunktheit und Differenziertheit verlangt. Semantische Disjunktheit besagt, dass es zwischen den Anwendungsbereichen der Zeichen keine Überschneidungen gibt, es also keinen Gegenstand des Anwendungsbereiches gibt, den zwei verschiedene Charaktere bezeichnen. Semantische Differenziertheit besagt, dass es theoretisch möglich ist, zu entscheiden, dass, wenn zwei Charaktere gegeben sind, ein Gegenstand des Anwendungsbereichs unter einen der Charaktere nicht fällt.

Diese strengen Anforderungen an Notationssysteme erfüllen weder die verschiedenen Alltagssprachen noch die verschiedenen Bildtypen. Beispiele für einen Zeichengebrauch, die den Kriterien von Notationssystemen genügen, sind etwa Schachaufzeichnungen oder auch Partituren. Damit ist allerdings nichts über den Wert des jeweiligen Symbolsystems ausgesagt.

Die notationalen Kriterien sind nicht als Ideal zu verstehen, sie dienen eher als Klassifikationsintrument zur Beschreibung der unterschiedlichen Systeme. Dementsprechend sind alltagssprachliche Symbolsysteme semantisch vieldeutig und auf syntaktischer Ebene, nicht aber auf semantischer Ebene, disjunkt und differenziert.

(4) *Bild*: Nach dem Gesagten erhalten auch Bilder ihren Status, indem sie in ein entsprechendes Zeichensystem eingeordnet werden. Ein Gegenstand gilt demnach nicht auf Grund intrinsischer Eigenschaften als Bild, sondern weil er gemäß den Bestimmungen verwendet wird, die das Zeichensystem prägen. Die von Goodman für das System bildhafter Zeichen vorgeschlagenen Bestimmungen erfüllen die notationalen Kriterien noch weniger als die alltagssprachlichen Zeichen. Sie sind im Unterschied zu sprachlichen Zeichen insbesondere auf der syntaktischen Ebene nicht differenziert. Diese Eigenschaft des Symbolsystems, die Goodman als syntaktische Dichte bezeichnet, besagt, dass es nicht möglich ist, ein konkretes, als Marke fungierendes Bild einem bestimmten Charakter zuzuordnen. Technischer ausgedrückt, ist ein Schema syntaktisch dicht, wenn es »unendlich viele Charaktere bereitstellt, die so geordnet sind, dass es zwischen jeweils zweien immer ein drittes gibt« (GOODMAN 1968: 133). Daraus folgt unter anderem auch, dass bei Bildern keine klare Unterscheidung von einfachen und zusammengesetzten Zeichen möglich ist.

Neben der syntaktischen Dichte gibt Goodman als weitere notwendige Bedingung von Bildern an, dass sie zu einem Symbolschema mit relativer syntaktischer Fülle gehören (vgl. BACH 1970). Relative syntaktische Fülle besagt, dass relativ viele Aspekte (etwa Textur, Hintergrundfarbe, Linienstärke etc.) konstitutiv sind. Dies grenzt insbesondere Bilder im engeren Sinne von bildartigen Zeichen, wie Diagrammen, ab, für die in der Regel nur sehr wenige Aspekte konstitutiv sind. Als ergänzende Bestimmung wird zudem die kontinuierliche Korrelation angegeben, die den syntaktischen und semantischen Bereich koppelt, indem – im Unterschied zu sprachlichen Zeichen – mit einer kleinen Änderung am Symbol auch nur eine kleine Änderung des bezeichneten Gegenstandes angezeigt wird.

(5) *Repräsentation-als*: Neben der Bezugnahme qua Denotation, die als zentrale Aufgabe aller Symbolsysteme gilt, ist zudem auch für Bilder die Prädikation entscheidend. Indem ein Bild einen Gegenstand denotiert, stellt es ihn nicht nur notwendig in bestimmter Weise dar, es charakterisiert ihn immer auch. Ein besonderer Fall der Charakterisierung ist nach Goodman die ›Repräsentation-als‹. Liegt etwa eine Zeichnung von Wellington

vor, dann zeigt sie ihn z. B. als Soldaten oder als Privatmann. In dieser Hinsicht funktionieren Bilder nach Goodman in derselben Weise wie Beschreibungen. Sie klassifizieren Gegenstände, indem sie diese als etwas darstellen, und liefern damit pikturale Etiketten. Folglich lässt sich bei Bildern sowohl danach fragen, was sie darstellen, als auch danach, auf welche Art sie es darstellen. Die Art der Darstellung trägt hierbei zur Organisation des Bezugsfeldes bei. Hier liegt die Wurzel der kognitivistischen Ästhetik von Goodman, nach der – übereinstimmend mit Gombrich – Kunst als eine Form von Wissenschaft gelten sollte.

Eine Besonderheit ergibt sich durch die fiktionalen Bilder, die üblicherweise als Problem für Ähnlichkeitstheorien, jedoch als Beleg für die Leistungsfähigkeit des Ansatzes von Goodman angesehen werden. Fiktionale Bilder denotieren keine Gegenstände, sie sind im Sachbezug leer. Durch die Unterscheidung von ›repräsentieren‹ und ›repräsentieren-als‹ wird es aber möglich, solche Bilder als Etiketten aufzufassen. Die Darstellung eines Einhornes denotiert demnach zwar keine Einhörner, weil es keine gibt, sie ist jedoch eine Einhorn-Darstellung, die mit anderen Einhorn-Darstellungen verglichen werden kann. Der Ausdruck ›darstellen‹ lässt sich also im Sinne von ›stehen für‹ oder ›Bezug nehmen auf‹ verstehen, jedoch ebenfalls im Sinne von ›charakterisieren‹. Beide Formen, Denotation und Prädikation, sind nach Goodman unabhängig voneinander. Fiktionale Bilder funktionieren demnach ausschließlich prädikativ.

(6) *Anti-Perzeptualismus*: Die gegebenen Bestimmungen legen nahe, dass Bilder in vielen Hinsichten analog zu sprachlichen Zeichen funktionieren. Dies wird insbesondere durch Goodmans Kritik der Ähnlichkeitstheorie unterstützt (vgl. hier die ausführliche Darstellung bei SCHOLZ 1991: 16ff.). Als Ergebnis dieser Kritik, die im fünften Kapitel noch ausführlicher zur Darstellung kommen wird, ergibt sich, dass die besonderen Darstellungsformen (und damit die Art und Weise, wie Bild und Abgebildetes zugeordnet werden) das Ergebnis sozialer Gewohnheiten sind. Die Relation von Bild und Abgebildetem ist also arbiträr. Ein Bild erscheint uns nach Goodman nur deshalb als ähnlich, weil es den üblichen Darstellungsstandards entspricht.

Fälschlicherweise wird diese Auffassung zuweilen als Konventionalismus angesprochen. Das ist insofern unrichtig, als es sich bei den Darstellungsstandards nicht um explizite Regeln handeln soll, sondern um eine habituelle Form der Praxis. Allerdings ergibt sich in beiden Fällen als Konsequenz, dass die Klasse der ikonischen Zeichen, wie sie Peirce bestimmt hat, nicht mehr als eigene Klasse gelten kann (vgl. SCHOLZ 1991: 149f.), denn die Bestimmung des Objektbezuges, die Goodman ihr gibt, entspricht genau derjenigen, die Peirce für die Klasse der Symbole im engeren Sinne, etwa für die sprachlichen Zeichen, vorgesehen hatte. Demnach wäre lediglich zwischen natürlichen Zeichen und nicht-natürlichen Zeichen zu unterscheiden und erst in zweiter Linie auf Besonderheiten spezieller nicht-natürlicher Zeichen einzugehen, die sich dann allein formal, auf syntaktischer Ebene, beschreiben lassen.

Die Ablehnung perzeptueller Aspekte hat natürlich unmittelbare Konsequenzen auch für die Fragen des perzeptuellen Realismus, die mit Bildern oft verknüpft werden. Nach Goodman entsteht der Eindruck einer mitunter sehr realistischen Darstellung (wie etwa im Falle eines *Trompe-l'œil*) immer nur relativ zu den Standards, die den Gebrauch des Symbolsystems regeln und die kulturellen und historischen Einflüssen unterliegen. Eine Darstellung erscheint uns folglich um so realistischer, je mehr sie unseren Darstellungsgewohnheiten entspricht. Dies soll selbst auf diejenigen Darstellungen zutreffen, die streng gemäß den Gesetzen der Perspektiventheorie hergestellt wurden. Auch die Perspektive ist demnach eine arbiträre (bzw. mit Bezug auf PANOFSKY 1927 eine symbolische) Darstellungsform. Wie es auch im Folgenden der Fall sein wird, sind vor allem diese letzten, die perzeptuellen Aspekte betreffenden Annahmen besonders kritisch aufgenommen worden (vgl. z.B. SCHIER 1986: 26ff.; REHKÄMPER 1991: 110ff.; REHKÄMPER 1995b; LOPES 1996: 68ff.).

1.4 Zusammenfassung und Ausblick: Bild und Repräsentation

Unter der Annahme, dass es prinzipiell sinnvoll ist, eine allgemeine Bildwissenschaft ins Leben zu rufen bzw. institutionell zu etablieren, wurden in einem ersten, historischen Schritt die theoretischen Versuche skizziert, die von philosophischer Seite zur Bestimmung des Bildbegriffs unternommen worden sind. Hierbei ist unterstellt, dass die Etablierung einer allgemeinen Bildwissenschaft auf jeden Fall die Formulierung eines möglichst allgemeinen Bildbegriffs voraussetzt. In Verbindung mit seinen verschiedenen Implikationen liefert ein solcher Bildbegriff das, was im Folgenden als Theorierahmen angesprochen und im nächsten Kapitel noch genauer erläutert werden wird. Neben der wichtigen Differenzierung in interne und externe Bilder lässt sich als wesentliches Ergebnis der historischen Skizze nun festhalten, dass der repräsentationalistische Bildbegriff zumindest dem Anspruch nach als ein solcher möglichst allgemeiner Begriff auftritt. Dieser Bildbegriff, der im Weiteren als Standardauffassung (bzw. als intuitiver Ausgangspunkt) erläutert und verteidigt wird, zeichnet sich durch zwei Komponenten aus: Er beinhaltet zum einen ein Verweisungsverhältnis, zum anderen ist dieses Verhältnis durch Wahrnehmungsaspekte charakterisiert. Solche Vorgaben sind begriffliche Vorgaben. Ihre Berechtigung zu begründen wird die Aufgabe des dritten Kapitels sein, seine Präzisierung im gesamten zweiten Teil, also in den Kapiteln vier, fünf und sechs, erfolgen.

Die beiden Komponenten, die im wahrnehmungsbasierten Verweisungsverhältnis zum Ausdruck kommen, sind für sich genommen keineswegs bildspezifische Momente. Sowohl der Zeichenaspekt als auch der Wahrnehmungsaspekt finden sich durchaus in bildunabhängigen Kontexten. Dies macht aber gerade den besonderen Reiz des vorgeschlagenen Bildbegriffs aus; denn da von einer Bildverwendung nur dann die Rede sein soll, wenn beide Komponenten zugleich auftreten, lässt sich das spezifische Leistungsprofil der Bilder, d. h. ihre besonderen Stärken und Schwächen, als Ergebnis einer variierbaren Kombination der beiden Aspekte bzw. Komponenten analysieren. Außerdem kann so die teilweise ungenaue alltagssprachliche Verwendung des Ausdrucks ›Bild‹ mit dem Hinweis verständlich gemacht werden, dass der Wahrnehmungskomponente zuweilen übergeneralisierend Eigenschaften zugeschrieben werden, die sie genau genommen nur in systematischer Verbindung mit der Zeichenkomponente besitzt. Auf Grund von fehlenden Differenzierungen übertragen sich also Aspekte einer für die Bildverwendung spezifischen Wahrnehmungskomponente auf den gesamten Wahrnehmungskomplex.

Hinsichtlich der Zeichenkomponente stimmen die folgenden Ausführungen weitgehend den Annahmen von Goodman zu. Das betrifft insbesondere den Gedanken, dass die Klassifikation eines Gegenstandes als Zeichen auf Grund einer Einordnung in ein entsprechendes Zeichensystem erfolgt. Auch die weiterführenden Charakterisierungen bildhafter Darstellungen anhand der Begriffe der syntaktischen Dichte und relativen Fülle werden in modifizierter Form übernommen, wenn auch nicht in der zentralen Bedeutung, die ihr Goodman zuspricht. Dagegen erhält im Unterschied zu Goodman die Auffassung entscheidendes Gewicht, dass Bildphänomene nur angemessen zu erfassen sind, wenn sie zugleich als Wahrnehmungsphänomene verstanden werden.

Hinsichtlich der Wahrnehmungskomponente orientieren sich die folgenden Überlegungen terminologisch an Wollheims Theorie des Sehen-in (vgl. WOLLHEIM 1980: 192ff.). Etwas in etwas sehen zu können, wird auch in vielen gegenwärtigen Theorien als für die Bildverwendung wesentlich erachtet (vgl. z. B. HOPKINS 1998: 18ff.). In diesem Zusammenhang sind ebenfalls die Arbeiten von Gombrich wirkungsgeschichtlich sehr bedeutsam gewesen (vgl. GOMBRICH 1960 und 1982), wobei die zwischen Gombrich und Wollheim geführte Auseinandersetzung um die Ausdrücke »seeing-in« und »seeing-as« von untergeordnetem Interesse ist, da sie primär auf ungeschickten Formulierungen beruht (vgl. LOPES 1996: 43-51).

Da sich das Bildphänomen in meiner Lesart erst aus der Kombination beider Komponenten ergibt, ist es nicht sinnvoll, beispielsweise auch sogenannte Wolkenbilder als Bilder anzusehen. Vielmehr sollte nach dem Gesagten ein Gegenstand erst dann als Bild im engeren Sinne bezeichnet werden, wenn er als Element eines Zeichensystems auftritt. Von einem solchen Gegenstand wird in der Regel zu erwarten sein, dass er flächig (und damit visuell wahrnehmbar), in minimaler Weise artifiziell und relativ dauerhaft ist. Das Kriterium der Flächigkeit schließt Phänomene wie Idealbilder (aber auch mentale Bilder) aus, ebenfalls sogenannte ›Hörbilder‹, die zwar als wahrnehmungsnahe Zeichen gelten können, durch ihren Bezug zur auditiven Wahrnehmung aber einige Besonderheiten aufweisen, und schließlich auch Skulpturen und Werke der Architektur, die traditionell als Bildwerke bezeichnet wurden. Das Kriterium der Artifizialität, das mit dem Hinzufügen eines Rahmens bereits erfüllt ist, grenzt die sogenannten natürlichen Bilder aus, etwa die Spiegelbilder. Das Kriterium der Persistenz sichert schließlich, dass es sich, im Unterschied zu den sogenannten Wolkenbildern, um einen auch intersubjektiv wiederholt aufweis- und wahrnehmbaren Gegenstand handelt.

Diese vorläufigen Bestimmungen des repräsentationalistischen Bildbegriffs betonen den Darstellungs- bzw. Abbildungscharakter von Bildern im engeren Sinne. Es sollen damit aber abstrakte Darstellungen auf keinen Fall ausgeschlossen werden. Vielmehr ist intendiert, einen theoretischen Rahmen zu schaffen, der es erlaubt, unterschiedliche Bildstrategien verständlich zu machen, die sich aus der jeweiligen Kombination und Gewichtung der beiden Komponenten ergeben. Entsprechend werden in einem späteren Kapitel die in der modernen Kunst zu beobachtenden Grenzfälle des Bildhaften – die als Prüfstein der vorgeschlagenen Theorie gelten können – als Versuche einer systematisch ins Extrem getriebenen Reduktion einer der Komponenten beschrieben.

2. Methodologische Voraussetzungen

Das Bemühen um Begriffsklärung gilt als wesentliche Aufgabe der Philosophie. Philosophisch ist das Nachdenken über das Phänomen der bildhaften Darstellung folglich auf jeden Fall dann, wenn es die Frage behandelt, was wir überhaupt unter dem Begriff der bildhaften Darstellung verstehen, d. h., wie wir diesen Begriff verwenden wollen und welche Gründe für eine solche Verwendung sprechen. Es liegt nahe, dass eine Antwort hierauf überaus allgemein bleibt. Sie handelt in gleicher Weise von computererzeugten Bildern und von abstrakten Gemälden, von technischen Zeichnungen und Grafikdrucken oder von Fotografien und Filmen. Zugleich muss sie aber insofern auch spezifisch sein, als sie viele Bedeutungsnuancen der umgangssprachlichen Bildbegriffe ausklammert. Sicherlich wird ein als tragfähig anerkannter Begriff der bildhaften Darstellung zudem eine systematisch explizierbare Beziehung zur Rede vom Weltbild und vom mentalen Bild wie zur Rede von Sprachbildern und natürlichen Bildern haben müssen. Eine Vorentscheidung zugunsten eines speziellen oder engen Bildbegriffs ist aber wohl pragmatisch unverzichtbar, um überhaupt einen Ausgangspunkt für die wissenschaftliche Forschung zu erhalten. Vermutlich ist daher die Einigung über einen solchen engen Bildbegriff eine der Voraussetzungen, die zur Aufklärung der komplexeren Fragen – etwa nach der Funktion, die Bilder für das menschliche Selbst- und Weltverhältnis besitzen – erst erfüllt werden muss.

Das letzte Kapitel schloss hierzu mit einem intuitiv eingeführten Bildbegriff. Intuitionen können sicherlich als Ausgangspunkt der Analyse dienen; innerhalb der Philosophie ist aber weitgehend unbestritten, dass sie als Basis begrifflicher Klärungen ungeeignet sind, weil sich zum einen auch Intuitionen oft genug als irrig erwiesen haben und sich zum anderen bei der Klärung grundlegender Begriffe in der Regel gerade diese Intuitionen konkurrierend gegenüberstehen und sich damit gegenseitig infrage stellen. Zur Analyse der begrifflichen Auseinandersetzungen ist es folglich nötig, auf Verfahren zurückzugreifen, die unabhängig von den jeweiligen Intuitionen eine rationale Herleitung der Begriffsexplikationen erlauben. Bevor eine solche Herleitung unternommen wird, soll es zunächst um die Verfahren gehen, die dabei vorausgesetzt sind.

Methodologische Thesen

(2) Die Bestimmung eines allgemeinen Theorierahmens ist eine begriffskartografische und damit philosophische Aufgabe.

(2.1) Die wesentliche Aufgabe der Philosophie besteht in der Klärung bzw. Explikation von Begriffen.

(2.2) Als orientierendes Verfahren ist die philosophische Begriffsklärung Begriffskartografie.

(2.3) Das Entstehen einer allgemeinen Bildwissenschaft setzt einen gemeinsamen Theorierahmen voraus.

(2.4) Ein Theorierahmen ist einem Paradigma vergleichbar. Er hat die Aufgabe, die unterschiedlichen relevanten Disziplinen in systematischer Weise aufeinander zu beziehen.

2.1 Begriff und Begriffsfeld

Zu fragen, was Bilder sind, entspricht den traditionellen Was-Fragen, die heute üblicherweise als Fragen nach begrifflicher Klärung aufgefasst werden. Idealerweise erfolgt die begriffliche Klärung mit der Definition, in der die sogenannten notwendigen und hinreichenden Bedingungen formuliert sind. Hierbei nimmt man an, dass mit diesen Bedingungen die charakteristischen Eigenschaften bezeichnet werden, die Gegenstände aufweisen müssen, um zum Anwendungsbereich des entsprechenden Begriffes zu gehören. Die Definition erlaubt folglich in Verbindung mit entsprechenden Verfahren, methodisch gesichert zu entscheiden, ob ein bestimmter Gegenstand unter den fraglichen Begriff fällt oder nicht. Allerdings ist es oft sehr schwierig, Grundbegriffe befriedigend zu definieren. Werden die Anforderungen an die begriffliche Klärung zu hoch angesetzt, ist die Aussicht auf Erfolg erfahrungsgemäß sehr gering; werden dagegen zu schwache Anforderungen akzeptiert, bleiben die definitorischen Ergebnisse vieldeutig und damit letztlich beliebig. Um einen Weg zwischen diesen Klippen bemüht, beschränken sich Philosophen in der Regel auf eine Begriffsexplikation, in der gehaltvolle hinreichende oder auch nur besonders charakteristische Bedingungen formuliert werden, mit denen ein als paradigmatisch geltender Kernbereich erfasst wird.

Anforderungen an die begriffliche Explikation

Ein solcher Verzicht auf strenge Definitionen eines allgemeinen Phänomens anhand von notwendigen und hinreichenden Bedingungen findet sich exemplarisch in den Überlegungen von Ludwig Wittgenstein. In dem folgenden Zitat aus *Eine philosophische Betrachtung* nimmt er den Bildbegriff als Beispiel. Später, in den *Philosophischen Untersuchungen*, hat er die Thematik in verallgemeinerter Form (und am Beispiel des Spielbegriffs) unter dem Titel der Familienähnlichkeit erörtert.

»Würden wir also nach dem Wesen von Strafe gefragt, oder nach dem Wesen der Revolution, oder nach dem Wesen des Wissens, oder des kulturellen Verfalls, oder des Sinnes für Musik, – so würden wir nun nicht versuchen, ein Gemeinsames aller Fälle anzugeben, – das, was sie alle eigentlich sind, – also ein Ideal, das in ihnen allen *enthalten* ist; sondern stattdessen Beispiele, gleichsam Zentren der Variation. [...] So geht es uns mit vielen Begriffen – zum Beispiel dem des Bildes, der Abbildung –: denken wir über sie nach, so denken wir zuerst an den Teil ihrer Ausdehnung, in dem wir, man könnte sagen, *zu Hause* sind. Von dort zieht es uns in die Weite, und wir werden nicht mehr gewahr, daß sich alles nun *nach und nach* gänzlich geändert hat. Und zu sagen: im Grunde ist es ja immer dasselbe, – heißt jetzt vielleicht nur mehr: von *dort* komme ich her, auf diesen Zustand will ich alles beziehen.« (WITTGENSTEIN 1934/35: § 87, S. 190f.)

Der Hinweis, dass einzelne Aspekte eines allgemeinen Phänomens oft nur im Sinne einer Familienähnlichkeit zusammenhängen, sollte allerdings nicht so interpretiert werden, dass das Bemühen um eine möglichst strenge Explikation ohnehin vergeblich ist. Wird ein Kernbereich genügend eingegrenzt, dann müssten sich für diesen Bereich durchaus genauere Bestimmungen geben lassen. Ausgeschlossen wird mit dem Hinweis auf die Familienähnlichkeit also zunächst nur die Möglichkeit, dass alle Fälle eines komplexeren Phänomens in einer strengen Definition erfasst werden können. Je mehr der eindeutig zu definierende Kernbereich jedoch eingegrenzt wird, desto weniger tragen die entsprechenden Bestimmungen noch zum Verständnis des Gesamtbereichs bei. Es wird also im Einzelfall immer abzuwägen sein, inwieweit ein Verzicht auf definitorische Strenge zugunsten des Verständnisses des Gesamtphänomens gerechtfertigt ist.

Ob eine begriffliche Klärung befriedigend gelungen ist, wird durch Adäquatheitsbedingungen geregelt (vgl. hierzu z. B. POSER 2001: 37ff.). Zu diesen gehört vor allem die Forderung, dass die sich ergebenden begrifflichen Aussagen konsistent und kohärent sind. Nur so können sie innerhalb komplexerer Theorien eingeführt werden und zur Ableitung genereller Aussagen dienen. In der Regel liefern hierbei unsere alltägliche Sprachpraxis und die damit verbundenen Intuitionen ein Korrektiv. Treten Abweichungen von der üblichen Sprachpraxis auf – werden etwa durch die explizite Angabe der Begriffsmerkmale Fälle ausgeschlossen, die wir üblicherweise einschließen –, dann bedarf dies einer Begründung. Auch die philosophische Charakterisierung des Bildbegriffs wird sich gemäß dieser Voraussetzung am üblichen Sprachgebrauch zu orientieren haben. Daher wird beispielsweise der ähnlichkeitstheoretische Bildbegriff oft als inadäquat verworfen, weil nach ihm ungegenständliche Bilder nicht als Bilder klassifiziert werden könnten. Das sollte jedoch nicht heißen, dass der Bezug auf die Umgangssprache immer über den Wert einer begrifflichen Explikation entscheidet. Liegen entsprechende Begründungen vor, dann kann es umgekehrt durchaus angebracht sein, den üblichen Sprachgebrauch zu ändern (was faktisch auch permanent geschieht).

Der klassifikatorischen, einen bestimmten Anwendungsbereich definierenden Aufgabe begrifflicher Bestimmungen wird mitunter eine erkenntnistheoretische Aufgabe gegenübergestellt, der zufolge sich im Begriff das Wesen einer Sache ausspreche. Diese Gegenüberstellung ist problematisch, weil sie einerseits die klassifikatorische Leistung explikatorischer Verfahren unterschätzt und andererseits ihre erkenntnistheoretische Leistung überschätzt. Als Erkenntnis sollte der philosophische Beitrag begrifflicher Überlegungen nur in einem sehr allgemeinen Sinne aufgefasst werden. Natürlich enthält die Explikation eines Begriffs einen Vorschlag, was die entsprechenden Phänomene auszeichnet und worin ihre besondere Leistungsfähigkeit besteht. In diesem Sinne ist mit einer angemessenen Explikation der für die Klassifikation wesentlichen Begriffsmerkmale eine Erkenntnis geleistet. So legt ein traditioneller ähnlichkeitstheoretischer Bildbegriff etwa nahe, dass Bildverstehen spezielle Wahrnehmungskompetenzen und entsprechende kognitive Verarbeitungs- bzw. Abgleichungsmechanismen voraussetzt und Bilder im Kontext dieser Mechanismen vor allem zur Abbildung bzw. Veranschaulichung von Sachverhalten dienen.

Zudem lassen sich mitunter bereits aus diesen allgemeinen Vorgaben – also aus begrifflichen Erwägungen, die als Forschungsrahmen verstanden werden sollten – Einschränkungen für bestimmte Bildfunktionen und Bildverwendungen ableiten. Antworten auf konkretere Fragen zur Funktionsweise und Leistungsfähigkeit von Bildern – Erkenntnisse im engeren Sinne also – können aber wohl nur durch weiterführende empirische (in der Regel experimentelle) Forschungen gefunden werden.

Eine gelungene Explikation des Begriffs der bildhaften Darstellung ermöglicht dem Gesagten zufolge sowohl eine sichere Klassifikation entsprechender Gegenstände als Bilder als auch ein angemessenes Verständnis unseres Umgangs mit ihnen. Es wäre aber ein Irrtum anzunehmen, dass die verschiedenen in der Diskussion verwendeten Bildbegriffe alle denselben Status haben. Es sollten insbesondere diejenigen Bildbegriffe, die eine allgemeine Explikation des Phänomenbereichs zu geben beanspruchen, von denjenigen unterschieden werden, die lediglich einen bestimmten Unterbereich charakterisieren. Ein Beispiel für den ersten Begriffstyp ist der repräsentationalistische Bildbegriff. Hierbei ist die Fassung, die Platon ihm über die Merkmale der Ähnlichkeit und der Verursachung gegeben hat, nur eine von vielen Möglichkeiten. Der magische oder der illusionistische Bildbegriff sind Beispiele für den zweiten Begriffstyp. Hier werden bestimmte Eigenschaften hervorgehoben, die lediglich eine Unterklasse der Phänomene aufweisen. Zuweilen wird ungenügend klar gemacht, mit welchem Anspruch ein Begriff eingeführt wird. In diesem Fall mag ein Streit schon dadurch behoben werden, dass der jeweilige Geltungsbereich festgelegt wird; denn die speziellen Bildbegriffe stehen nicht in Konkurrenz zu den allgemeinen Bildbegriffen, sondern können als typ- oder situationsspezifische Ergänzungen aufgefasst werden. Der Fall, dass ein Bildbegriff explizit als spezieller Bildbegriff eingeführt wird, zugleich aber zur Kritik eines allgemeinen Bildbegriffs dient, kann nur dann auftreten, wenn nachgewiesen wird, dass die Merkmale des speziellen Bildbegriffs tatsächlich im Widerspruch zu den Merkmalen des allgemeinen Bildbegriffs stehen und daher nicht konsistent integriert werden können.

Begriffsfeldinterne und begriffsfeldexterne Bestimmungen

Bei der Klärung von Grundbegriffen ist zudem zu beachten, dass hierbei begriffsfeldintern und begriffsfeldextern verfahren werden kann (vgl. ROS 1990: Bd. 3, 164ff.). Diese Unterscheidung geht auf Wittgensteins Idee der

Sprachspiele bzw. der grammatischen Gebiete zurück und impliziert, dass unsere Begriffe in Begriffsfeldern organisiert sind. Ein Begriffsfeld wird durch einen Kanon von Regeln begrenzt, die den Spielraum möglicher Prädikationen bzw. den Gebrauch der generellen Termini festlegen. So wenden wir üblicherweise etwa Farbprädikate auf Körper, nicht aber auf Überzeugungen an, oder intentionale Prädikate auf Menschen, nicht aber auf Planeten. Relativ zu einem Begriffsfeld besteht die begriffsfeldinterne Klärung in der genauen Bestimmung dieser Verwendungsregeln. Sie erfolgt, indem die charakteristischen Merkmale (und damit Anwendungsmöglichkeiten) des Begriffs expliziert werden. Damit wird zugleich das Feld abgesteckt, in dem ein Begriff sinnvoller Weise zu erläutern ist. Dies setzt aber voraus, dass zuvor weitere Begriffe eingeführt wurden, die zur Erläuterung des infrage stehenden Begriffes tauglich sind. Insofern sehr fraglich bleibt, ob eine solche Begriffsanalyse zu einfachsten, nicht weiter zerlegbaren und explizierbaren Begriffseinheiten gelangen kann, ist die begriffsfeldinterne Klärung von Begriffen wesentlich damit befasst, den Zusammenhang zwischen dem zu explizierenden Begriff und den weiteren, zur Explikation nötigen (das Begriffsfeld konstituierenden) Begriffen zu erläutern (vgl. hierzu auch STRAWSON 1992: 31ff.). Begriffsklärung meint daher wesentlich den systematischen Nachweis allgemeiner Begriffsstrukturen, die unserer sprachlichen Praxis zugrunde liegen.

Während es bei der begriffsfeldinternen Bestimmung um logische Konsistenz und Kohärenz geht, fragt die begriffsfeldexterne Klärung nach der Beziehung zwischen Begriffsfeldern (vgl. ROS 1999: 49ff.). Auf diese Weise wird die Explikation des Begriffs um eine Begründung für seine Verwendung ergänzt. Eine solche Begründung erfolgt, indem die Übergänge zwischen verschiedenen Begriffsfeldern begrifflich-genetisch (also nicht empirisch) rekonstruiert und damit die jeweils relevanten Teilkomponenten in systematischer Weise aufeinander bezogen werden. Begriffsfeldexterne Bestimmungen betreffen also die Übergänge zwischen verschiedenen Begriffsfeldern und die Begründungen, solche Übergänge zu vollziehen. Ein Übergang wird dabei durch die jeweils besonderen Begriffsmerkmale gebildet, von denen angenommen wird, dass sie sich mit den Mitteln der nächst elementareren Ebene nicht mehr beschreiben lassen. Die Einführung von komplexeren Begriffen kann danach als rational gelten, weil sie spezifische Differenzierungen und damit eine besondere Sicht auf die Phänomene zulässt, die innerhalb des elementareren Begriffsfeldes nicht möglich sind. Wichtig ist hierbei, dass solche Bestimmungen normative

Anweisungen sind. Liegt eine entsprechende Begründung vor, ergibt sich nicht nur die Irreduzibilität des eingeführten Begriffes gegenüber elementareren Begriffen, sondern auch die Empfehlung an die wissenschaftliche Forschung, die empirische Erfassung des Phänomenbereichs anhand der eingeführten Begrifflichkeit zu strukturieren.

Begrifflich-genetische Rekonstruktionen können als Begründungen gelten, wie Kant sie prominent für die synthetischen Urteile a priori gefordert und unternommen hat, nur dass sie nicht wie bei Kant auf den engen Bereich der klassischen Kategorien (etwa Kausalität) begrenzt sind. Mit ihnen wird verständlich gemacht, warum ein Begriff so verändert werden soll, dass bestimmte Merkmale für ihn konstitutiv werden, die es in analytischer Explikation nicht waren. Etwas technischer ausgedrückt, wird ein Subjektausdruck, dem das entsprechende analytische Urteil ein Prädikat relativ zu unserer üblichen Verwendung dieses Ausdrucks zuweist, derart verändert, dass er nun zwei verschiedene Begriffsfelder verbindet. Nach einem Vorschlag von Arno Ros können synthetische Urteile a priori dann in folgender genereller Form formuliert werden:

»Ich glaube, wir sollen in unserem Denken so vorgehen, daß daraus, daß wir denken sollen, daß alle S1 P1 sind, wird, daß wir denken sollen, daß alle S2 P2 sind.« (ROS 1990: Bd. 2, 185)

Beispielsweise kann das Kausalitätsprinzip nach dieser Auffassung als Anweisung rekonstruiert werden, den Begriff des Geschehens bzw. der Veränderung (aus dem Begriffsfeld der Wahrnehmungsbegriffe) mit dem Begriff der Verursachung (aus dem Begriffsfeld der Erfahrungsbegriffe) dergestalt zu verbinden, dass nun jede Veränderung als Ursache-Wirkungs-Zusammenhang aufgefasst werden sollte (vgl. auch ROS 1991: 163ff.).

Der Schwerpunkt der folgenden Überlegungen wird (schon aus Platzgründen) auf den begriffsfeldinternen Überlegungen liegen und also vor allem Reflexionen zur Konsistenz und Kohärenz eines bildwissenschaftlichen Theorierahmens enthalten. Sie möchten daher in erster Linie einen systematisch geordneten Vorschlag zur begrifflichen Strukturierung des Bildbereichs unterbreiten, ohne damit schon die nötigen begrifflich-genetischen Begründungen mitzuliefern. Vergleiche zu den hier nur am Rande thematischen, begriffsfeldexternen Aspekten aber die Arbeiten von Jörg R. J. Schirra, die mit den vorliegenden Überlegungen ein umfassenderes Ganzes zu bilden intendieren (vgl. insb. SCHIRRA 1999, 2000, 2001 und 2005).

Was ist Begriffsklärung?

Unter Begriffsklärung ist der systematische Nachweis allgemeiner Begriffsstrukturen zu verstehen, die unserer sprachlichen Praxis zugrunde liegen. Auf allgemeinstem Niveau lassen sich begriffliche Strukturen als Begriffsfelder oder Begriffsnetze auffassen. Die Begriffsanalyse verfährt begriffsfeldintern oder begriffsfeldextern. Der begriffsfeldinternen Analyse geht es um logische Konsistenz und Kohärenz der begrifflichen Vorgaben, die eine Theorie auszeichnen. Der begriffsfeldexternen Analyse geht es um die Begründung dieser Vorgaben.

2.2 Philosophie als Begriffskartografie

Die Kontroversen um zentrale Begriffe sind in der Philosophie gewöhnlich chronisch. Es ist also kaum zu erwarten, dass die vorliegende Arbeit allgemeine Anerkennung finden und eine endgültige Klärung des Bildbegriffs herbeiführen wird. Dies zu erwarten, wäre aber auch ein grundlegendes Missverständnis der philosophischen Tätigkeit, denn die endlos erscheinenden Kontroversen, die innerhalb der Philosophie um eine angemessene Bestimmung der grundlegenden Begriffe ausgetragen werden, haben gerade in ihrer Heterogenität durchaus eine wichtige Funktion innerhalb des wissenschaftlichen Fortschritts. Sie sind selbst für wissenschaftliche Fragestellungen in besonderer Weise produktiv, weil sie in der Entfaltung der unterschiedlichen Standpunkte (mit der sich oft der Eindruck des Relativismus verbindet) die komplexen Facetten der behandelten Probleme überhaupt erst in den Blick rücken. Der philosophische Streit sollte also weniger als ein Streit um die Wahrheit einzelner Sätze verstanden werden – obschon ein solcher Anspruch natürlich immer besteht –, sondern als der Versuch, die Angemessenheit grundsätzlicher Sichtweisen zu klären, indem er diese (relativ zu den erreichten methodischen Standards) auf die aktuellen Problembestände anwendet und sie so einer immer wieder zu erneuernden Bewährung aussetzt. Vermutlich haben die unterschiedlichen Sichtweisen ihre je eigene Berechtigung; zuweilen klärt sich ein Streit auch, sobald die konkreten Anwendungsbedingungen genauer formuliert werden. Hierzu ist es aber zunächst nötig, die jeweiligen Voraussetzungen explizit zu machen, die in den kontroversen Positionen oft intuitiv und teilweise unkritisch unterstellt werden. Diese Explikationen sind das wesentliche Ergebnis der philosophischen Analyse (vgl. auch ERNST

2002: 27ff.). Ein solches Verständnis von Philosophie lässt sich gut mit einem knappen historischen Exkurs zum Verhältnis von theoretischer Philosophie und Wissenschaft illustrieren.

Das Verhältnis von Philosophie und Wissenschaft aus historischer Sicht

Bekanntermaßen ist die Trennung von Philosophie und Wissenschaft erst jüngeren Datums. In der Antike und noch im Mittelalter ist die Wissenschaft dagegen Teil der Philosophie. Der Prozess, mit dem sich beide Rationalitätssphären allmählich scheiden, lässt sich als Prozess der Ausdifferenzierung beschreiben. Wurde ein Gegenstand von der Philosophie begrifflich halbwegs geklärt, dann konnte er an die empirische Forschung zur genaueren Bestimmung weitergegeben werden. Mit der Ausbildung eigenständiger, gegenstandsspezifischer Methodiken entwickeln sich bis zum 17. Jahrhundert aus den verschiedenen empirischen Forschungen dann die klassischen Einzelwissenschaften. Dieser Prozess ist im 19. Jahrhundert – etwa mit der Etablierung der wissenschaftlich-experimentellen Psychologie (vgl. hierzu SACHS-HOMBACH 1993) – insofern weitgehend abgeschlossen, als der Philosophie zumindest kein empirischer Gegenstand mehr verblieben war. Das sich damit ergebende Problem, was dann überhaupt noch als Gegenstand der Philosophie gelten kann, führte zu einer grundsätzlichen Legitimationskrise der Philosophie. Mit Blick auf die Erfolge der Wissenschaften sah sie sich gezwungen, ihre traditionellen, oft metaphysischen Ansprüche weitgehend aufzugeben und eine erneute Funktionsbestimmung zu unternehmen. Diese sollte in der Regel eine genuin philosophische Aufgabe enthalten, sich aber zugleich an den wissenschaftlichen Standards messen lassen können.

Eine Bewertung der philosophischen Identitäts- und Legitimationskrise im 19. Jahrhundert rief – je nach Beurteilung der Funktion der Wissenschaft – sehr unterschiedliche Einschätzungen und Reaktionen hervor (vgl. SCHNÄDELBACH 1983: 118ff.). Entsprechend waren auch die Therapien verschieden, die man der Philosophie zudachte. Eine betont positive Einschätzung der Wissenschaften zog in der Regel die Empfehlung nach sich, Philosophie sollte selber Wissenschaft oder zumindest nichts anderes als Wissenschaftstheorie sein. Hieraus entstand vor allem der Szientismus, der gewissermaßen eine Philosophie der Selbstaufhebung der Philosophie betrieb. Aber auch die verschiedenen Versuche, eine Einzelwissenschaft zur Grundlagenwissenschaft zu erheben, sei es im Psychologismus oder im Biologismus, verkörperten diese Einstellung. Eine betont negative Einschätzung der Wissenschaften hatte dagegen eine Konzeption von Philosophie als Kritik zur Folge, die sich auf die unterschiedlichen Formen einer instrumentell verengten Rationalität bezog, wie sie sich in bestimmten Kulturprozessen und Gesellschaftsstrukturen oder in individuellen Entfremdungsphänomenen zeigte.

Das Verhältnis zur Wissenschaft ließ auch moderatere Einschätzungen zu. Teilweise wurde Philosophie als eine eigenständige Form der Wissenschaft (nämlich als eine spezielle Geisteswissenschaft) propagiert und dann als Philologie der Philosophiegeschichte betrieben. Als wirkungsgeschichtlich bedeutsamer erwies sich jedoch der Versuch, einen Problembereich auszuzeichnen, der dem wissenschaftlichen Zugriff prinzipiell verwehrt war und der ganz ausschließlich mit den Mitteln der philosophischen Analyse bearbeitet werden konnte. Unter den verschiedenen Gestalten einer solchen Rehabilitierung der Philosophie ist die bekannteste sicherlich die im Neukantianismus betriebene erkenntnistheoretische Ausrichtung der Philosophie. Sie hat sich zwar (wie die übrigen Funktionsneubestimmungen) in der weiteren Auseinandersetzung zwischen Philosophie und Wissenschaft nicht durchsetzen können, sie hat aber eine Strategie vorgegeben, die für die beiden großen philosophischen Traditionen des 20. Jahrhunderts, für die Phänomenologie und für die analytische Philosophie, bestimmend war. In diesem Kontext steht auch der (in der Regel mit der analytischen Philosophie verbundene) Gedanke der Begriffsanalyse, an dem sich die folgenden Überlegungen orientieren und die im Sinne einer Begriffskartografie aufgefasst werden, wie sie etwa Gilbert Ryle entwickelt bzw. vertreten hat (vgl. z. B. RYLE 1949: 4f.).

Begriffsanalyse als orientierendes Verfahren

Nach diesem Vorschlag ist die philosophische Begriffsanalyse ein zunächst orientierendes Verfahren der Explikation begrifflicher Strukturen und Bedingungsverhältnisse. Anhand einer so verstandenen Analyse werden Begriffe in Begriffsfeldern organisiert und ihre Beziehungen zueinander erläutert. Begriffskartografie ist also als ein Versuch der Analyse zu fassen, bei der Begriffe nicht in letzte atomare Bestandteile zerlegt werden sollen, sondern der Zusammenhang dieser Begriffe mit weiteren Begriffen thematisch wird, mit denen sie ein Begriffsnetz bilden. Eine begriffskartografische

Untersuchung handelt folglich wesentlich von dem Zusammenhang, der zwischen dem zu explizierenden Begriff und den zur Explikation nötigen weiteren Begriffen unterstellt wird. Als Begriffskartografie erläutert die Philosophie damit zugleich, wie sich die Struktur eines Phänomenbereichs und die Fragestellungen, die sich mit ihm verbinden, relativ zu unseren begrifflichen Instrumenten gestalten und mit welchen Problemen und Möglichkeiten wir im Einzelnen jeweils zu rechnen haben.

Wenn diese Arbeit am Begriff, wie Hegel das nannte, für die Philosophie zentral ist und es wesentlich darum geht, die gegenseitigen Bedingungsverhältnisse zu klären, die sich mit den einzelnen begriffsbestimmenden Thesen ergeben, dann meint die Metapher der Landkarte vor allem, dass es bei der philosophischen Rationalität wesentlich um Übersicht und Standortbestimmung geht. Soll ein unbekanntes theoretisches Gebiet erforscht werden, so gibt die Philosophie Auskunft über die unterschiedlichen Folgen, die unter den jeweiligen begrifflichen Voraussetzungen zu erwarten sind. Auf Begriffe der empirischen Wissenschaft angewandt, übernimmt die philosophische Analyse damit zugleich eine forschungsorientierende Funktion. Und insofern die thematischen Begriffsnetze oft Begriffe verschiedener wissenschaftlicher Bereiche enthalten, ist die Philosophie außerdem in besonderem Maße dazu aufgerufen, die Strukturen interdisziplinärer Unternehmungen zu reflektieren und gedanklich zu begleiten.

Aus der vorgeschlagenen Sicht der philosophischen Rationalität wird auch der Eindruck des scheinbaren Relativismus verständlich. Wenn die philosophische Analyse die impliziten Annahmen explizit macht und so letztlich die Bedingungsgefüge herausstellt, die zwischen den einzelnen Prämissen und Thesen bestehen, dann ist hieran philosophisch in erster Linie interessant, zu klären, welche grundsätzlichen Annahmen mit den einzelnen Thesen aus welchen Gründen jeweils vorausgesetzt werden bzw. werden müssen (vgl. hierzu auch ROSENBERG 1984). Die Philosophie ist daher insofern keineswegs relativistisch, als hinsichtlich der logischen Voraussetzungen weitgehend Einigkeit besteht. Das heißt, dass in der Regel zwar darüber gestritten wird, welche Prämissen tatsächlich zu akzeptieren sind; ist aber erst einmal geklärt, welche Sätze als Prämissen und welche als Thesen auftreten, dann lässt sich zumindest mit guten Gründen entscheiden, ob die Thesen zutreffend sind, sofern wir die Wahrheit der entsprechenden Prämissen voraussetzen.

Mit den Grundannahmen, auf die eine hinreichend intensive Begriffsanalyse schließlich (und vermutlich unvermeidlich) kommt, verbinden sich in der Regel die als Weltanschauungen bekannten Positionen, etwa Idealismus, Realismus oder Pragmatismus. Kaum Hoffnung besteht zur Zeit sicherlich, mit rationalen Mitteln eine Entscheidung auf dieser grundsätzlichen Ebene zu erzielen, die dadurch erschwert wird, dass das menschliche Selbstverständnis gar nicht unabhängig von dem reflektierenden Zugriff bleibt. Dieser Sachverhalt sollte aber nicht gegen die Philosophie gewendet werden, denn solange eine begründete Entscheidung auf dieser Ebene nicht möglich ist, ist es im höchsten Grade rational, die unterschiedlichen Sichtweisen bis auf weiteres nebeneinander bestehen zu lassen und einer immer neuen Bewährung auszusetzen.

Was ist Begriffskartografie?

Unter Begriffskartografie ist die Analyse der begrifflichen Strukturen und deren Bedingungsverhältnisse zu verstehen. In der begriffskartografischen Analyse werden Begriffe nicht in letzte atomare Bestandteile zerlegt. Vielmehr wird der Zusammenhang dieser Begriffe mit den weiteren Begriffen thematisch, mit denen sie ein Begriffsfeld bilden.

2.3 Theorie und Theorierahmen

Die folgenden Überlegungen lassen sich von der Auffassung leiten, dass es möglich ist, eine allgemeine Bildwissenschaft zu etablieren, sofern es gelingt, einen gemeinsamen Theorierahmen zu entwickeln, der für die unterschiedlichen Disziplinen ein integratives Forschungsprogramm bereitstellt. Einen solchen Theorierahmen zu entwickeln, ist ganz wesentlich eine begriffskartografische und insofern vor allem philosophische Aufgabe. Mit Bezug auf die entstandenen Begriffsklärungen muss sie einerseits den unterschiedlichen Bildbegriffen Rechnung tragen und andererseits hinreichend Anknüpfungspunkte auch für die verschiedenen disziplinspezifischen Zugangsweisen eröffnen. Dies ist nur zu leisten, wenn die Vorgaben des Theorierahmens zwar sehr allgemein gehalten sind, aber dennoch konkret genug bleiben, um die Generierung empirischer Fragestellungen zu erlauben. Der Theorierahmen muss also die minimalen Bedingungen explizieren, die jede der in Betracht genommenen Theorien erfüllt bzw. erfüllen können sollte. Diese sind natürlich recht grundsätzlich, sodass sie mitunter den Eindruck des Trivialen erwecken werden. Es ist daher im Auge zu behalten, dass ein solcher Theorierahmen keineswegs beansprucht, all die verschiedenen konkreten Bildphänomene und Bildaspekte verständlich zu machen. Insbesondere die spezifischen Phänomene der Bildenden Kunst entziehen sich selbstverständlich der Charakterisierung, wie sie ein allgemeiner Theorierahmen vorgibt. Das bedeutet aber nicht, dass die entsprechenden Phänomene nicht in diesen Rahmen hineinpassen. Ihre Bestimmungen erschöpfen sich lediglich nicht in den vorgegebenen allgemeinen Merkmalen, weil die Besonderheiten, die ein ästhetisch wertvolles Bild aufweist, sehr viel komplexer als die allgemeinen Bestimmungen sind, die jedes beliebige Bild aufweist.

Anforderungen an einen Theorierahmen

Unter einem Theorierahmen wird im Folgenden ein Aussagengefüge verstanden, das die gemeinsamen Annahmen verschiedener Theorien zusammenfasst. Ein Theorierahmen ist keine Metatheorie; denn während die Metatheorie eine Theorie über Theorien ist, in der die konstitutiven Bedingungen bestimmt werden, die Theorien (und auch Theorierahmen) erfüllen müssen, ist der Theorierahmen inhaltlich ausgerichtet. Er ist eine verallgemeinerte, integrative Theorie, in der diejenigen Begriffe als zur Erforschung eines Phänomenbereichs wesentlich ausgezeichnet und charakterisiert werden, die in den unterschiedlichen Theorien zu diesem Bereich (eventuell nur implizit) enthalten sind. Auf diese Weise wird das begriffliche Instrumentarium bestimmt, das innerhalb der Erforschung eines Phänomens konzeptionell unverzichtbar ist. Inwieweit eine solche Bestimmung rational ist, richtet sich nach der Art und Weise, wie die entsprechenden Begriffe eingeführt worden sind. Dies macht den begründenden Teil der philosophischen Aufgabe aus. Die Formulierung eines Theorierahmens setzt also zum einen die Begriffsexplikation oder -definition voraus und sollte zum anderen durch eine Begründung des so entstandenen begrifflichen Zusammenhangs ergänzt werden.

Insbesondere der erste Schritt, um den es in der vorliegenden Studie primär geht, schließt einen Vergleich der in den verschiedenen Disziplinen gegenwärtig verhandelten Bildbegriffe ein. Da die Explikation von Grundbegriffen in der Regel mit sehr komplexen Beziehungen zwischen den relevanten Begriffen zu tun hat, erfolgt die Bestimmung solcher Begriffe immer relativ zu einer Theorie: Ein Grundbegriff kann nicht theorieunabhängig expliziert werden. Einen Begriff zu explizieren, heißt vielmehr nichts anderes, als ihn in eine Theorie, also in ein systematisch geordnetes

Aussagengefüge, einzubetten. Der Vergleich verschiedener Bildbegriffe ist damit immer auch ein Vergleich verschiedener Bildtheorien. Anders gesagt besteht die Explikation eines Begriffs genau darin, die Theorie zu entfalten, in deren Kontext der Bildbegriff seine Bedeutung erst erhält. Insofern bewegt sich die als Begriffskartografie gefasste Analyse bereits auf der Ebene der Theoriebeschreibung bzw. -konstruktion. Um von einer mit der Explikation entfalteten Theorie zu einem Theorierahmen zu gelangen, muss darüber hinaus geprüft werden, inwieweit die übergeordnete Theorie die wesentlichen Annahmen der diversen Theorien integrieren und so eine gemeinsame Basis für die unterschiedlichen theoretischen Ansätze liefern kann.

Um diesen Vorschlag zu veranschaulichen, mag ein Blick auf die Kognitionswissenschaft hilfreich sein, die sich erst in jüngster Zeit als eine interdisziplinäre, aber dennoch eigenständige Wissenschaft etabliert hat. Als allgemeinsten Begriff haben wir dort den Begriff der Kognition, dessen Unbestimmtheit oft beklagt wurde. Der Vorschlag, mit dem die Kognitionswissenschaft zur eigenständigen Disziplin avancierte, bestand wesentlich darin, den Kognitionsbegriff anhand des Repräsentationsbegriffs zu erläutern und den Repräsentationsbegriff wiederum mit dem Begriff der Informationsverarbeitung zu verbinden. Hieraus ergab sich schließlich das sogenannte Computermodell des Geistes, das längere Zeit das die empirische Forschung beeinflussende Paradigma war. Es verdankte sich wesentlich einer Analyse der bestehenden psychologischen Theorien, wie sie etwa Fodor in *The Language of Thought* durchgeführt hatte. Zwar erwies sich dieses Paradigma inzwischen als in vielerlei Hinsicht problematisch und wird in der klassischen Form als physikalische Symbolverarbeitungshypothese kaum noch vertreten; der kognitionswissenschaftliche Ansatz hat sich aber gleichwohl als relativ robust erwiesen, insofern er die verschiedenen Ansätze zur Kritik der Symbolverarbeitungsthese (etwa durch den Konnektionismus) zu integrieren in der Lage war.

Das Beispiel der Kognitionswissenschaft weist viele phänomenspezifische Besonderheiten auf, die seine Tauglichkeit als Vorbild für eine allgemeine Bildwissenschaft fraglich machen. Davon ist aber nicht der Gedanke betroffen, dass auch zur Etablierung einer allgemeinen Bildwissenschaft zunächst ein solcher Theorierahmen zu formulieren wäre, der aus den relevanten bestehenden Theorien gewissermaßen einige wesentliche Begriffe destilliert und in eine konsistente und kohärente Struktur bringt. Dieser sollte uns in die Lage versetzen, sowohl diejenigen Fragestellungen und Theorien, die innerhalb einer Disziplin konkurrieren, als auch diejenigen, die aus teilweise sehr heterogenen Disziplinen stammen, in einer gemeinsamen Sprache zu formulieren und auf diese Weise vergleichbar zu machen.

Ein entsprechender Vorschlag ist die These, dass Bilder wahrnehmungsnahe Zeichen sind. Sie soll zum Ausdruck bringen, dass der Bildbegriff notwendigerweise (auf Grund begrifflicher Entscheidungen) über den Zeichen- und den Wahrnehmungsbegriff zu explizieren ist. Diese These ist daher nicht als empirische These gemeint, sondern als begriffsreflektierende Aussage, d. h. als Anweisung zur Verwendung des Bildbegriffs. Sie lässt zunächst unbestimmt, wie die zur Explikation relevanten Begriffe und ihr Zusammenhang im Einzelnen zu fassen sind. Für die bildwissenschaftliche Forschung ergibt sich deshalb vorerst nur die sehr vage Behauptung, dass ein adäquates Verständnis der Bilder auf jeden Fall zeichentheoretische und wahrnehmungstheoretische Aspekte zusammenfassen muss. In dem Maße, in dem die Begriffe des Zeichens und der Wahrnehmung und der Zusammenhang beider Begriffe jedoch konkreter bestimmt werden, lassen sich auch zahlreiche empirische Fragestellungen formulieren und im Rahmen der entsprechenden Wissenschaften überprüfen.

Was ist ein Theorierahmen?

Ein Theorierahmen ist ein Aussagengefüge, das die gemeinsamen Annahmen verschiedener Theorien zusammenfasst. Er ermöglicht, die relevanten Fragestellungen und Theorien in einer gemeinsamen Sprache zu formulieren und auf diese Weise vergleichbar zu machen. Einen Theorierahmen zu entwickeln ist eine begriffskartografische und damit vor allem philosophische Aufgabe.
Ein entsprechender Vorschlag für die Bildwissenschaft besteht in der These, dass Bilder wahrnehmungsnahe Zeichen sind. Sie bringt zum Ausdruck, dass der Bildbegriff notwendigerweise (auf Grund begrifflicher Entscheidungen) über den Zeichen- und den Wahrnehmungsbegriff zu explizieren ist.

2.4 Zusammenfassung und Ausblick: Bildwissenschaften und Bildwissenschaft

Die skizzierten methodologischen Vorüberlegungen legen für die folgende Darstellung ein begriffskartografisches Verfahren zugrunde, das von einem Kernbereich des Bildphänomens – externe Bilder mit Abbildungsfunktion – ausgeht. Die Explikation des entsprechend engen Bildbegriffs wird dabei eine Erläuterung weiterer Begriffe, insbesondere des Zeichen- und des Wahrnehmungsbegriffs, einschließen und so eine Bildtheorie entfalten, die auf ihre Eignung als Theorierahmen zu prüfen ist.

Ein Theorierahmen liefert bei diesem Verfahren das, was auch als Paradigma bezeichnet worden ist. Für die Bildwissenschaft (oder auch die Kognitionswissenschaft) besteht eine Besonderheit darin, dass ein solcher Rahmen nicht nur die Forschung innerhalb einer Fachdisziplin strukturieren, sondern ganz wesentlich auch zur interdisziplinären Organisation sehr unterschiedlicher Disziplinen beitragen soll bzw. können muss (vgl. hierzu auch WELSCH 1995: 541ff.). Nach einer Unterscheidung, die Eco zur Charakterisierung der Semiotik verwendet hat (vgl. ECO 1968: 17ff.), würde ein entsprechender Vorschlag dann mit dem Anspruch auftreten, dass eine allgemeine Bildwissenschaft selbst eine eigene *Disziplin* bilde und nicht nur ein Forschungs*feld*. Als Feld wäre eine Wissenschaft nach Eco nur induktiv anhand der unterschiedlichen Forschungsaktivitäten zu bestimmen; als Disziplin verstanden müsste es jedoch möglich sein, deduktiv ein Modell zu entwickeln, an dem sich die einzelnen Forschungen orientieren. Beide Ansätze widersprechen sich nicht, sondern können sich ergänzen. Der Anspruch, ein Modell bereitzustellen, schließt insbesondere nicht aus, dass sich dieses Modell in Auseinandersetzung mit den disziplinspezifischen Ansätzen entwickelt. Es beharrt nur darauf, dass es prinzipiell sinnvoll (also auch für die Fachdisziplinen von wissenschaftlichem Vorteil) und erstrebenswert ist, die unterschiedlichen Aktivitäten zu systematisieren und an einem zunächst sicherlich übermäßig (und unzulässig) vereinfachten Modell oder Theorierahmen auszurichten.

Obschon ein solcher Strukturierungsvorschlag entsprechend begründet werden sollte, ist selbstverständlich nicht auszuschließen, dass sich dieses Modell trotz sorgfältiger Begründung im Laufe der Zeit verändern oder eines Tages als unzureichend oder gar als unangemessen erweisen wird. Zudem bleibt es natürlich möglich, unterschiedliche Modelle herauszubilden. Wie in der einführenden Darstellung angesprochen, lassen sich innerhalb der Philosophie insbesondere zwei bildtheoretische Paradigmen unterscheiden – das zeichentheoretische und das wahrnehmungstheoretische Paradigma –, die bereits eine längere Tradition besitzen, einen jeweils unterschiedlichen Einfluss auf die theoretischen Grundlagen der verschiedenen Bilddisziplinen haben und daher beide als Kandidaten für ein übergeordnetes Paradigma infrage kommen. Die Tatsache, dass hier mehrere theoretische Optionen bestehen, macht das Unternehmen insgesamt aber weder sinnlos noch überflüssig. Auch in diesem Grundlagenbereich ist vielmehr anzunehmen, dass Konkurrenz das Geschäft belebt. Um als bildwissenschaftlicher Theorierahmen auftreten zu können, sollte jedes vorgeschlagene Modell allerdings in der Lage sein, eine disziplinenübergreifende Strukturierung des Forschungsfeldes zu leisten. Es wäre zu wünschen, dass hierzu in naher Zukunft weitere Alternativen ausgearbeitet werden.

Zur Strukturierung der Bildwissenschaften

Hinsichtlich der Bildwissenschaft erweist sich gerade die Frage der Strukturierung der unterschiedlichen Bilddisziplinen als besonderes Problem. Da sich bereits das spezielle Phänomen der Bilder im engeren Sinne als überaus vielfältig gestaltet, haben sich seiner Erforschung im Laufe der Geschichte – wie in der Einleitung bereits skizziert – zahlreiche, sehr heterogene Disziplinen zugewandt, die im Folgenden unterschiedslos als Bildwissenschaften bezeichnet werden. Hierzu sollten allerdings diejenigen Disziplinen nicht gehören, die Bilder nur oder primär als methodische Werkzeuge einsetzen – etwa zu diagnostischen Zwecken, wie die Medizin –, denn dann wäre es schwierig, überhaupt eine Wissenschaft aus diesem Bereich auszuschließen. Als Bildwissenschaften sollten vielmehr nur diejenigen Disziplinen gelten, die einen gewissen Grad der Institutionalisierung besitzen und in irgendeiner Form zum theoretischen Verständnis der Bildthematik beitragen, die also in systematischer Weise Aussagen machen über die unterschiedlichen Bildformen, Bildtypen und Bildverwendungen, über die verschiedenen Verfahren ihrer Herstellung und Bearbeitung, über die speziellen Bedingungen ihrer Rezeption und Distribution oder auch ganz allgemein über den Begriff des Bildes und seine Stellung innerhalb des wissenschaftlichen Diskurses.

Eine Strukturierung der unterschiedlichen Disziplinen im Sinne einer einheitlichen Gesamtdisziplin kann nicht beanspruchen, die wahre Systematik innerhalb der Bildwissenschaften formuliert zu haben. Im Gegensatz zu den objektiv beschreibbaren Forschungsleistungen der einzelnen Disziplinen besitzen derartige Strukturierungsvorschläge vielmehr prinzipiell den provisorischen Charakter von Verfahrensvorschlägen, deren Brauchbarkeit sich erweisen muss. Dennoch sind solche Vorschläge nicht beliebig. Ihre Qualität richtet sich nach dem Maß ihrer innersystematischen Stringenz. Das Ordnungskriterium für die folgende Gliederung ist die Praxisnähe bzw. -ferne der relevanten Disziplinen (vgl. hierzu auch SACHS-HOMBACH 2005b).

- Grundlagendisziplinen
- Historisch orientierte Bildwissenschaften
- Sozialwissenschaftliche Bildwissenschaften
- Anwendungsorientierte Bildwissenschaften
- Praktische Bilddisziplinen

Gemäß der Annahme, dass Bilder wahrnehmungsnahe Zeichen sind, liegt es nahe, als *Grundlagendisziplinen* die Wissenschaften auszuzeichnen, die sich professionell mit Wahrnehmungsphänomenen (Kognitionswissenschaft, Neurowissenschaft und Psychologie) und mit Zeichenphänomenen (Kommunikationswissenschaft, Medienwissenschaft, Semiotik) befassen. Als übergeordnete Strukturwissenschaften kommen Mathematik und Logik sowie Philosophie hinzu. Die Kunstgeschichte bzw. Kunstwissenschaft bildet eine weitere, insofern besondere Grundlagendisziplin, als sie zwar historisch orientiert ist, zumindest gegenwärtig (mit Bezug auf ihre lange Tradition im Umgang mit konkreten historischen Bildformen und -strukturen) aber den Anspruch erhebt, Beschreibungskategorien entwickelt zu haben, die einen auch systematisch wichtigen Beitrag leisten.

Da das Bildphänomen in sehr unterschiedlichen historischen und kulturellen Gestalten auftritt, muss eine allgemeine Bildwissenschaft auch die entsprechenden *historisch orientierten Bildwissenschaften* (vor allem Archäologie, Ethnologie, Geschichtswissenschaft und Museumswissenschaft) integrieren. Die hier entwickelten Theorien werden vor allem die Geschichtlichkeit der Bilder und ihre besondere Eignung zur kulturellen Selbstverständigung zum Gegenstand haben. In diese Zusammenhänge gehören aber auch Bildverwendungen, die sich uns heute kaum noch erschließen, wie die Phänomene der Bildmagie oder des Bildzaubers.

Neben der historisch-kulturellen Variabilität lassen sich viele kontext- und funktionsspezifische Besonderheiten der Bildverwendung ausmachen, die eine Beteiligung der verschiedenen *Sozialwissenschaften* (etwa Erziehungswissenschaft, Kulturwissenschaft, Politikwissenschaft, Rechtswissenschaft, Rhetorik, Soziologie) erfordern. Während die historisch orientierten Bildwissenschaften die Theorien der Grundlagendisziplinen um die geschichtlich-kulturelle Dimension ergänzen, entfalten die sozialwissenschaftlichen Disziplinen die Bildthematik relativ zu den speziellen Bereichen und Funktionen der Gesellschaft. Wie die Grundlagendisziplinen sind diese Wissenschaften daher nicht auf bestimmte Bildtypen eingeschränkt, im Unterschied zu jenen behandeln sie je nach fachlicher Ausrichtung aber teilweise sehr spezifische Formen des Bildeinsatzes (etwa den politisch-ideologischen Bildeinsatz).

Gegenüber allen genannten Bereichen bilden die *anwendungsorientierten Bildwissenschaften* (etwa Informatik, Kartografie, Werbung) eine Gruppe technisch verfahrender Disziplinen. Wie die Computervisualistik als exemplarische angewandte Bildwissenschaft veranschaulichen kann, werden ihre Theorien zur Bildherstellung und Bildbearbeitung immer in Hinblick auf die Realisierung entsprechender Werkzeuge entwickelt. Sie liefern daher keinen reflexiven Beitrag zum Verständnis bildhafter Darstellungsformen. Dennoch bleiben sie auf die übrigen Wissenschaften bezogen, weil ihre Verfahren einerseits die in den sozialwissenschaftlich orientierten Bildwissenschaften formulierten Theorien konkreter Bildverwendungen nicht außer Acht lassen sollten und ihre technischen Modelle und Implementationsverfahren andererseits zur Beurteilung dieser Theorien beitragen können.

Der letzte aufgeführte Bereich der *praktischen Bilddisziplinen* (etwa Design oder Typografie) ist nur im uneigentlichen Sinne eine Wissenschaft, denn diesen (oft den künstlerischen Akademien angegliederten) Disziplinen geht es in der Regel primär um die konkrete Gestaltung oder Realisierung von Bildprojekten. Sie als theoretische Disziplinen aufzuführen ist insofern aber gerechtfertigt, als sie bildgestalterische Theorien entwerfen, also allgemeine Regeln formulieren, nach denen bei der praktischen Bildherstellung zu verfahren ist.

Die einzelnen genannten Disziplinen gehen nicht in einer allgemeinen Bildwissenschaft auf, sondern beschäftigen sich in der Regel nur unter anderem mit Bildern. Sie besitzen also zumindest einen bildrelevanten Forschungsbereich, der für das Fach insgesamt aber oft eher marginal ist. Damit geht faktisch einher, dass diese Disziplinen nur Teilbereiche der Bildthematik erforschen. Die Politikwissenschaft beschäftigt sich etwa in dem Teilbereich ›Symbolische Politik‹ mit einem speziellen Aspekt des Einsatzes von Bildern, aber die meisten Themen, die sie sonst bearbeitet (etwa die makroökonomischen Fragestellungen), haben mit Bildern wenig zu tun. Ähnliches ließe sich sicher von der Kommunikationswissenschaft, von der Soziologie oder auch von der Informatik sagen. Eine Ausnahme hiervon bildet vor allem die Kartografie, die sich ganz ausschließlich mit der Bildthematik befasst (und somit als eine der Bildwissenschaften im engeren Sinne gelten könnte), hierbei aber sehr spezielle Bildphänomene zum Gegenstand nimmt.

Bildwissenschaft und Theorierahmen

Als minimales Kriterium für eine allgemeine Bildwissenschaft lässt sich nun fordern, dass sie ein Modell bereit hält, das nicht nur die verschiedenen Bildphänomene, sondern auch die genannten Bildwissenschaften in systematischer Weise verbindet, ohne deren Eigenständigkeit infrage zu stellen. Wird der Ausdruck ›Wissenschaft‹ relativ streng aufgefasst, wären zudem einheitliche (oder zumindest aufeinander abgestimmte) methodische Vorgaben zu entwickeln. Eine allgemeine Bildwissenschaft ist demnach keine neue, weitere Disziplin, die neben die bereits ausgebildeten Bildwissenschaften tritt. Sie besteht vielmehr in nichts anderem als in dem Theorierahmen. Als begriffskartografische Vorklärung liefert sie die theoretischen Grundlagenreflexionen, die jeder fachspezifische bildwissenschaftliche Forschungsansatz enthalten sollte und über die sie insgesamt aufeinander bezogen wären.

Erst mit dem Vorliegen eines solchen Theorierahmens scheint mir die Analogie zum *linguistic turn*, die mit den Ausdrücken ›pictorial turn‹ oder ›iconic turn‹ zumindest angedeutet wird, ihre Berechtigung zu erhalten – nicht schon mit den Hinweisen auf das viel beschworene Phänomen der Bilderflut, auf die zunehmende Bedeutung der elektronischen Bildmedien oder auf den verstärkt erfolgenden ideologischen Einsatz von Bildern –, denn auch der *linguistic turn* konstatierte in Verbindung mit der sehr starken These von der Unhintergehbarkeit der Sprache eine Wende zur Linguistik, also nicht nur zur Sprache, sondern zur Sprachwissenschaft. Wird diese Analogie ernstgenommen, dann setzt sie das Bestehen einer Visualistik, einer allgemeinen Bildwissenschaft, voraus und würde daher richtiger als *visualistic turn* angesprochen werden.

Was ist eine allgemeine Bildwissenschaft?

Eine allgemeine Bildwissenschaft ist keine neue, weitere Disziplin, die neben die bereits ausgebildeten Bildwissenschaften tritt, sondern besteht in nichts anderem als in einem Theorierahmen. Als begriffskartografische Klärung liefert sie die theoretischen Grundlagenreflexionen, die jeder fachspezifische bildwissenschaftliche Forschungsansatz enthalten sollte und über die sich die einzelnen Ansätze aufeinander beziehen lassen.

3. Bilder als wahrnehmungsnahe Zeichen

Auf dem Weg, einen allgemeinen bildwissenschaftlichen Theorierahmen zu entwickeln, sind wir beim systematischen Kapitel angelangt, in dem eine weitere Charakterisierung der hierfür relevanten Begriffe gegeben und einige Argumente für ihre Eignung, einen solchen Rahmen bereitzustellen, diskutiert werden. Hierbei ist der Versuch, den Bildbegriff als Begriff eines wahrnehmungsnahen Zeichens zu explizieren, an der traditionellen Vorstellung orientiert, zunächst den Oberbegriff einzuführen und ihn dann durch die Angabe der spezifischen Differenz einzugrenzen. Insofern der Zeichenbegriff in der Explikation der Oberbegriff ist, liegt ein semiotischer Bildbegriff vor. Deshalb trifft alles, was über Zeichen allgemein gesagt wird, auch auf Bilder zu, insbesondere dass sie interne Strukturen besitzen (Syntax), dass sie auf etwas verweisen oder auf etwas Bezug nehmen (Semantik) und dass sie in umfassendere Zeichenhandlungskontexte eingebettet sind (Pragmatik). Die Erfassung der spezifischen Differenz anhand des Wahrnehmungsbegriffs, die dieses sehr allgemein gehaltene Verständnis des Zeichenbegriffs ergänzen wird, muss dann plausibel machen, inwiefern sich bildhafte Zeichen auf den genannten Ebenen von anderen Zeichen unterscheiden und als eigenständige Form des Zeichenhandelns explizieren lassen. Da die Explikation sich in erster Linie auf den Kernbereich externer gegenständlicher Bilder bezieht, wird diese schon angesprochene, aber noch nicht ausreichend begründete Einengung des Bildbegriffs zunächst mit einigen Argumenten unterstützt.

Systematische Thesen

(3) Bilder sind wahrnehmungsnahe Zeichen.

(3.1) Als Ausgangspunkt eines Theorierahmens, der sich zur Grundlegung einer allgemeinen Bildwissenschaft eignet, sollte ein enger Bildbegriff gewählt werden.

(3.2) Bilder im engeren Sinne sind (unter anderem) Zeichen.

(3.3) Bildhafte Zeichen sind wahrnehmungsnah rezipierte Zeichen.

(3.4) Die Explikation dieses Bildbegriffs muss in den größeren Kontext kommunikations- und medientheoretischer Ansätze eingeordnet werden.

3.1 Enger Bildbegriff und weiter Bildbegriff

Ein zu heterogener Phänomenbereich kann wissenschaftlich nicht angemessen bearbeitet werden, weil die entsprechenden Theorien so allgemein formuliert werden müssten, dass die eigentlich interessanten Aspekte aus dem Blick zu geraten drohen. Um überhaupt einen tragfähigen Einstieg in die komplizierte Problemlage zu gewinnen, wurde daher vorgeschlagen, einen engen Bildbegriff als Ausgangspunkt zu wählen. Damit werden Phänomene wie mentale Bilder oder sprachliche Bilder zunächst einmal ausgeschlossen. Neben den vielfältigen Bildtypen in der Bildenden Kunst bleiben vor allem alle Arten von Gebrauchsbildern thematisch. Bilder in diesem engen Sinne lassen sich als artifiziell hergestellte oder bearbeitete, flächige und relativ dauerhafte Gegenstände charakterisieren, die in der Regel innerhalb eines kommunikativen Aktes zur Veranschaulichung realer oder auch fiktiver Sachverhalte dienen. Auf Grund dieser Gegenstandsbestimmung ist die Analyse anfänglich genau genommen nicht mit dem Begriff des Bildes, sondern nur mit dem Begriff der Abbildung befasst. Eine solche Einschränkung soll aber vorläufig sein und im Laufe der weiteren Überlegungen sukzessive wieder aufgehoben werden, um schließlich zu einem möglichst umfassenden Bildbegriff zu gelangen. Dies geschieht, indem erläutert wird, wie – etwa durch die Etablierung spezieller kommunikativer Kontexte – neue Bildverwendungsweisen entstehen, die zwar ihren Ursprung im Abbildungsbegriff haben, hiervon aber so weit abgelöst worden sind, dass ihr Ausgangspunkt nicht mehr unmittelbar zu erkennen ist.

Ein solcher Vorschlag zur Einengung des Phänomenbereichs setzt voraus, dass noch keine befriedigenden Theorien vorliegen, die einen größeren Gegenstandsbereich abdecken. Der einzige triftige Grund, der unter dieser Voraussetzung gegen eine vorläufige Gegenstandsbegrenzung spricht, liegt darin, dass damit wichtige, eventuell irreversible Vorentscheidungen für den weiteren Verlauf der Theorieentwicklung gefällt werden. Unterstellt ist hierbei, dass Theorien, die unterschiedliche Phänomene als paradigmatisch ansehen, auch von unterschiedlichen Grundannahmen ausgehen. Die Wahl des Ausgangspunktes steht danach in einem engen Zusammenhang mit der jeweiligen theoretischen Ausrichtung. So könnte angeführt werden, dass sich die klassischen Ähnlichkeitstheorien bei ihren Analysen primär auf gegenständliche, perspektivische Bilder beziehen, konventionelle Bildtheorien dagegen Unterstützung in der Formenvielfalt der abstrakten und ungegenständlichen Kunst finden und die phänomenologisch orientierten Ansätze dazu tendieren, mentalen Bildern eine paradigmatische Funktion zuzuweisen.

Sicherlich ist es zutreffend, dass die Entscheidung, welche Bilder als typisch gelten, auch die Grundannahmen und den Aufbau der jeweiligen Theorie beeinflusst. Dieses Verfahren ist jedoch unproblematisch, solange die entsprechenden Grundannahmen nicht revisionsresistent sind. Es sollten hier zudem zwei Fälle unterschieden werden. Zunächst ist zu erwarten, dass eine Theorie primär für die Phänomene Geltung beansprucht, für deren Erklärung sie besondere Stärken aufweist. Bleibt der Geltungsanspruch der jeweiligen Theorie auf einen entsprechenden Bereich begrenzt, dann haben wir ohnehin nur das Problem, ob bzw. wie sich die verschiedenen Theorien zu einer allgemeineren Theorie integrieren lassen. Das ist aber im Grunde das übliche Geschäft der Wissenschaften, das erst ausgeführt werden kann, wenn die spezielleren Theorien vorliegen. Bislang gibt es sicherlich keinen prinzipiellen Grund, dass sich im Bildbereich eine übergeordnete Theorie nicht eines Tages formulieren lassen wird. Die Theorie der wahrnehmungsnahen Zeichen ist insofern bereits ein Kandidat für diese Stelle, als sie zwar zunächst als bereichsspezifische Theorie eingeführt wird, im Sinne eines Theorierahmens aber die unterschiedlichen theoretischen Sichtweisen zu integrieren beansprucht und ihren Fokus auf abbildende Darstellungen sukzessive aufzuheben in Aussicht stellt.

Tatsächlich ist die Situation in den Bildwissenschaften freilich komplizierter. In der Regel wird der zweite Fall vorliegen, demzufolge die konkurrierenden Theorien den gleichermaßen allgemeinen Anspruch stellen, dass die jeweiligen Erklärungsmodelle, die sich in einem Bereich bewährt haben, auch auf alle weiteren Bereiche anwendbar sind. Solche konkurrierenden Geltungsansprüche und (vermutlich) übergeneralisierten Theorien sind für die gegenwärtigen Bemühungen um eine allgemeine Bildwissenschaft charakteristisch und ganz allgemein das Kennzeichen von Disziplinen, deren wissenschaftlicher Status noch unklar ist und die sich nach Thomas Kuhn in einem vorparadigmatischen Status befinden (vgl. KUHN 1962: 25ff.). Für die unterschiedlichen Theorien kann diese Situation daher nur als Erprobungsphase verstanden werden, in der zunächst die konzeptionellen Gestaltungsmöglichkeiten zu entwickeln und die methodischen Werkzeuge zu prüfen sind. Das Entstehen einer allgemeinen Bildwissenschaft wird auf diesem Stand, auf dem ohnehin mit abschließenden Erkenntnissen nicht zu rechnen ist, durch eine Gegenstandseinschränkung aber eher befördert als behindert, denn es ermöglicht eine präzisere Formulierung (und damit Beurteilung) der einzelnen Theorien sowie eine bessere Vergleichbarkeit zwischen ihnen.

Deshalb ist es selbst dann kein Problem, den Phänomenbereich zunächst einzuschränken, wenn damit bestimmte Theorien begünstigt werden. Denn wenn eine entsprechende Erprobung möglich bleibt, dann werden Theorien mit einem zu weiten Geltungsanspruch früher oder später durch konkurrierende Theorien herausgefordert, die sich in bestimmten Bereichen als überlegen erweisen. Problematisch ist lediglich der Fall, dass sich zwei Theorien gegenüberstehen, die auf Grund ihrer unterschiedlichen Ausgangsbasis erhebliche theoretische Unterschiede aufweisen, ohne doch hinsichtlich ihrer Leistungsfähigkeit verglichen oder beurteilt werden zu können. In diesem Fall mag sich eines Tages das zuvor bevorzugte Paradigma als unangemessen erweisen. Das wird vermutlich einen Paradigmenwechsel zur Folge haben, das Entstehen bzw. weitere Bestehen einer allgemeinen Bildwissenschaft wäre dadurch aber nicht infrage gestellt. Vielmehr wird auch eine in dieser Weise schließlich verworfene Theorie einen wichtigen Beitrag zur Entwicklung der übergreifenden Modellvorstellungen geleistet haben. Die Entscheidung, von einem engen Bildbegriff auszugehen, ist daher auf jeden Fall kein Problem, das dem Entstehen einer allgemeinen Bildwissenschaft hinderlich wäre.

Bildwissenschaft und Bilder im engeren Sinne

Bilder im engeren Sinne sind artifizielle, flächige und relativ dauerhafte Gegenstände, die innerhalb eines kommunikativen Aktes zur Veranschaulichung realer oder auch fiktiver Sachverhalte dienen.

Die Einschränkung auf Bilder im engen Sinne ist methodischer (nicht prinzipieller) Natur und damit vorläufig und also sukzessive wieder aufzuheben. Das Entstehen einer allgemeinen Bildwissenschaft wird auf dem gegenwärtigen Stand durch diese Gegenstandseinschränkung eher befördert als behindert, denn es erlaubt eine präzisere Formulierung (und damit Beurteilung) sowie eine bessere Vergleichbarkeit der einzelnen Theorien.

3.2 Bilder als Zeichen

Semiotische Bildtheorien unterstellen eine enge Verbindung zwischen dem Bildbegriff und dem Zeichenbegriff. Bilder sind danach spezielle Zeichen. An solchen Theorien wird in der Regel kritisiert, dass sie die Eigenarten der Bilder vernachlässigen, weil sie sich zu sehr an sprachwissenschaftlichen Modellen orientieren. Zuweilen wird auch generell der Zeichenstatus von Bildern infrage gestellt. Beides beruht auf Missverständnissen. Daher sind einige Anmerkungen zur semiotischen Terminologie erforderlich.

Anmerkungen zur semiotischen Terminologie

Es ist zunächst zu betonen, dass der Zeichenbegriff, auf den semiotische Bildtheorien sich beziehen sollten, möglichst allgemein zu verstehen ist. Er dient als Oberbegriff, unter dem nicht nur sprachliche Ausdrücke und bildhafte Darstellungen, sondern alle Gegenstände fallen, von denen wir sagen würden, dass sie einen Inhalt haben und damit etwas bedeuten. Von der semiotischen Terminologie ist daher auf jeden Fall die linguistische Terminologie zu unterscheiden, die zur Erfassung eines speziellen Zeichentyps dient. Zwar finden sich häufig auch in semiotischen Bildtheorien linguistische Beschreibungskategorien, sie werden dann aber als verallgemeinerte semiotische Grundbegriffe verwendet oder sollten zumindest so verwendet werden. Ein gutes Beispiel ist die Sprechakttheorie, die zwar innerhalb der Linguistik als eine auf Sprache bezogene Theorie entwickelt wurde, die aber vom sprachlichen Kontext ganz abgelöst auf Bilder angewandt werden kann, ohne dass in irgendeiner Weise die Eigenständigkeit der Bilder angezweifelt würde. Zumindest innerhalb kommunikativer Kontexte lassen sich etwa illokutionäre Funktionen gleichermaßen für Bildverwendungen wie für Sprachverwendungen angeben.

Viele begriffliche Instrumente der sprachphilosophischen Ansätze innerhalb der Bildtheorie nehmen in dieser Weise Begriffe auf, die lediglich aus historischen Gründen der Linguistik entstammen. Diese Ansätze sollten als Bemühungen gelten, zunächst den allgemeinen zeichentheoretischen Gehalt der linguistischen Begriffe zu bestimmen, um dann zu prüfen, inwieweit sie sich in dieser Fassung auf den Bildbereich anwenden lassen. Die Funktion einer Orientierung an der Sprachwissenschaft als die zur Zeit am besten ausgearbeitete spezielle Zeichentheorie besteht also vor allem darin, von einer Sprachwissenschaft *und* Bildwissenschaft umfassenden Rahmentheorie auszugehen, und diese in ganz unterschiedlicher Weise, jeweils nach Vorgabe der speziellen Phänomene, weiterzuentwickeln. Dabei ist unterstellt, dass Bilder auf Grund ihres Zeichencharakters zumindest die wesentlichen semiotischen Eigenschaften aufweisen. Offen (und daher Gegenstand der Prüfung) ist jedoch, ob bzw. wie Bilder diese Eigenschaften zeichentypspezifisch realisieren. Im Rahmen der Annahme, dass Bilder wahrnehmungsnahe Zeichen sind, ist sogar davon auszugehen, dass entsprechende Unterschiede auf allen semiotischen Beschreibungsebenen bestehen, da der Bezug auf Wahrnehmungskompetenzen konstitutiv sein soll. Es ist zudem keineswegs ausgeschlossen, dass Bilder auch Eigenschaften besitzen, die durch die semiotischen Kategorien nicht erfasst werden.

Bildbegriff und allgemeiner Zeichenbegriff

Ein für den bildwissenschaftlichen Theorierahmen interessanter Zeichenbegriff sollte als minimale und allgemeinste Bedingung den Verweisungsaspekt hervorheben. Etwas ist demnach ein Zeichen, wenn es als über sich selbst hinaus auf anderes verweisend verstanden oder (in einem sehr elementaren Sinne) interpretiert wird. Dieser Bestimmung zufolge kann ein beliebiger Gegenstand zu einem Zeichen werden, wenn wir ihm einen Inhalt bzw. eine Bedeutung zusprechen. Es muss hierbei daher notwendigerweise einen Rezipienten geben, der diese Zuweisung vornimmt. Für den Rezipienten mag dann etwa ein Klingelzeichen bedeuten, dass die Schulstunde zu Ende ist, oder ein rotes Licht, dass Gefahr droht.

Diese Inhaltszuweisung oder Interpretation des Zeichens ist nicht notwendigerweise als Kommunikation aufzufassen, sie besitzt aber – im Unterschied zur Interpretation einer Spur bzw. eines Anzeichens – insofern eine kommunikative Funktion, als der Rezipient unterstellen muss, dass das Zeichen mit der Intention präsentiert wurde, einen entsprechenden Inhalt zu vermitteln, oder dass es zumindest denkbar ist, anhand des fraglichen Gegenstandes einen solchen Kommunikationsakt zu vollziehen. Hierbei können Sender und Empfänger (bzw. Produktion und Rezeption des Zeichens) durchaus in ein und derselben Person zusammenfallen. Einen (materiellen und in der Regel relativ dauerhaften) Gegenstand als Zeichen aufzufassen heißt daher in minimaler Fassung, ihm einen Inhalt zuzuschreiben, der innerhalb einer kommunikativen Handlung als Basis einer sachlichen, expressiven oder auch appellativen Mitteilung dienen kann. Diese Bestimmung sagt nicht, wie eine solche Zuschreibung konkret realisiert wird, d. h., welche kognitiven Prozesse im Einzelnen erforderlich sind, um einen Gegenstand als Zeichen zu klassifizieren (vgl. hierzu Kapitel 11); mit ihr wird lediglich vorgeschlagen, den Zeichenstatus an die Aspekte des Inhalts (bzw. der Verweisung) und der Intention (bzw. Kommunikation) als deren notwendige Bedingungen zu koppeln.

In dieser oft mit den Termini ›Ausdruck‹ und ›Inhalt‹ bezeichneten Distinktion stimmen die beiden großen semiotischen Traditionen, die sich einerseits mit den Namen Saussure, Hjelmslev und Greimas, andererseits mit den Namen Peirce und Morris verbinden, weitgehend überein. Uneinigkeit besteht dagegen in der Beurteilung eines dritten Zeichenaspektes, der als Denotatum oder als Referent eingeführt wird und dasjenige bezeichnet, worauf das Zeichen Bezug nimmt. Dies andere ist ein Gegenstand im weitesten Sinne, also nicht unbedingt ein konkreter materieller Gegenstand, sondern unter Umständen ein komplexer Sachverhalt oder auch ein Ereignis, eventuell fiktiver oder abstrakter Natur. Alle drei Aspekte bilden zusammen das sogenannte semiotische Dreieck, dessen ursprüngliche Form 1923 von Ogden und Richards entwickelt worden ist (vgl. zur Kritik ECO 1968: 69f. und zu den vielen alternativen Fassungen ECO 1973: 30). Für den Gang der weiteren Überlegungen werden die hiermit verbundenen Auseinandersetzungen eine untergeordnete Rolle spielen. Übereinstimmend mit der ersten, strukturalistischen Tradition kann das Verhältnis von Ausdruck und Inhalt als das theoretisch zentralere Problem gelten, weil es dem Problem der Referenz vorgelagert ist und zudem unabhängig von ihm bearbeitet werden kann. Übereinstimmend mit der zweiten Tradition ist die Referenzproblematik zwar ein pragmatisch zentrales Problem, da der Umgang mit Bildern oft einen konkreten Bezug zur außerbildlichen Wirklichkeit selbstverständlich voraussetzt. Wie aber sprachliche Zeichen immer einen Inhalt, nicht notwendig eine

Referenz aufweisen, kommt auch bei Bildern dem referentiellen Charakter zuweilen eine nur sekundäre Bedeutung zu.

ABBILDUNG 1

Semiotisches Dreieck mit den unterschiedlichen Bezeichnungen

Interpretant (Peirce)
Referenz (Ogden-Richards)
Sinn (Frege)
Intension (Carnap)
Designatum (Morris, 1938)
Significatum (Morris, 1946)
Begriff (Saussure)
Konnotation, Konnotatum (Stuart Mill)
Mentales Bild (Saussure, Peirce)
Inhalt (Hjelmslev)
Bewusstseinszustand (Buyssens)

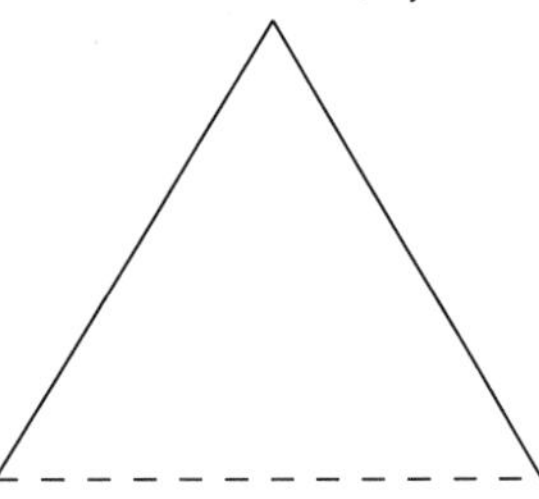

Zeichen (Peirce)
Symbol (Ogden-Richards)
Zeichenhaftes Vehikel (Morris)
Ausdruck (Hjelmslev)
Representamen (Peirce)
Sem (Buyssens)

Gegenstand (Frege, F
Denotatum (Morris)
Signifikat (Frege)
Denotation (Russell)
Extension (Carnap)

Quelle: Eco 1973: 30

Insofern Bilder als Zeichen gelten, besitzen sie nach der dargestellten semiotischen Terminologie einen Bildträger, einen Bildinhalt und (unter Umständen) einen Bildreferenten. Der Bildträger ist der physische Gegenstand, dem wir auf Grund seiner internen Struktur einen Inhalt zuschreiben. Der Bildinhalt umfasst das, was wir *im* Bild sehen, also die interpretierten repräsentationsrelevanten Eigenschaften, die in der phänomenologischen Tradition auch als intentionale (HUSSERL 1913: 215ff., 226) oder imaginäre Objekte (SARTRE 1940: 66f.) bezeichnet werden. Der Bildreferent ist schließlich das, worauf wir uns mit dem Bild beziehen. Ein Bild muss keinen Referenten besitzen. Sofern es einen besitzt, liefert der Bildinhalt in der Regel notwendige (aber nicht hinreichende) Kriterien zu seiner Bestimmung. Neben dem Verweis auf Gegenstände können wir mit Bildern in kommunikativen Zusammenhängen einem Adressaten auch komplexere Botschaften übermitteln. Entsprechend sind eine Vielzahl von Regeln zu beachten: syntaktische Regeln, die den Aufbau einzelner Bildzeichen oder ganzer Bildfolgen strukturieren; semantische Regeln, die das Verhältnis von Bild und Inhalt bzw. Referenz thematisieren; und schließlich pragmatische Regeln, welche die typischen Funktionen der Bilder und des Bildhandelns in den relevanten Handlungskontexten erfassen.

Verwendungsabhängigkeit und kommunikative Funktion

Zwei Aspekte sind an dieser semiotischen Erläuterung des Bildbegriffs besonders wichtig: die Verwendungsabhängigkeit von Bildern und ihre kommunikative Funktion. Verwendungsabhängig ist ein Bild, weil sich keine intrinsische Eigenschaft angeben lässt, die einen Gegenstand zum Bild macht. Kein Gegenstand ist von sich aus ein Bild, vielmehr wird er erst dann zum Bild, wenn wir ihn in einer bestimmten Weise verwenden, d. h. nach bestimmten Regeln betrachten oder interpretieren. Diese Verwendungsabhängigkeit hat zur Folge, dass auch die Bedeutung eines Bildes immer nur relativ zu einem entsprechenden Zeichen- und Regelsystem und dem jeweiligen Handlungsrahmen bzw. Wahrnehmungsvoraussetzungen bestimmt werden kann.

Da eine wesentliche Eigenschaft von Zeichen in ihrer kommunikativen Funktion besteht, sollte auch der Begriff des Bildes durch den Begriff der Kommunikation erläutert bzw. ergänzt werden. Ein Gegenstand ist demnach in der Regel nur dann ein Bild, wenn er so betrachtet wird, als ob er innerhalb eines kommunikativen Aktes als Basis einer Mitteilung dient oder zumindest dienen könnte. Das heißt selbstverständlich zunächst nur, dass dieser Gegenstand für den entsprechenden Betrachter ein Bild ist; es impliziert nicht, dass er an sich ein Bild ist. Wenn nach der Anekdote von Plinius die Vögel nach den von Zeuxis gemalten Trauben picken, dann handelt es sich aus ihrer Sicht nicht um ein Bild, wohl aber aus Sicht des Betrachters, der die ›Täuschung‹ der Vögel durchschaut. Im Einzelfall wird daher die Frage, ob die Artefakte uns unbekannter Kulturen Bilder sind, weder auf Grund der spezifischen Eigenschaften der fraglichen Gegenstände noch auf Grund *unserer* Betrachtungsweise zu beantworten sein. Der Bildstatus ergibt sich immer relativ zum aktuellen Betrachter, wie mit der These von der Verwendungsabhängigkeit bereits behauptet.

Werden Bildverwendungen als kommunikative Akte gefasst, dann bilden sie einen speziellen Typ intentionaler Handlungen. Sie setzen eine Absicht des Handelnden voraus (vgl. hierzu MEGGLE 1990). Entsprechend ist zu erwarten, dass auch der kommunikative Gehalt des Bildes nicht unabhängig von diesen Absichten ist. Ein Bild verstehen wir in einem elementaren Sinne daher bereits, wenn wir seinen Inhalt erfassen. In einem strengeren Sinne von Verstehen, das bei gelungener Kommunikation vorliegt, verstehen wir es aber erst dann, wenn wir auch die Gründe einsehen, die den Einsatz oder die Produktion des Bildes veranlasst haben und die darin bestehen können, auf einen konkreten Gegenstand hinzuweisen, aber auch darin, eine subjektive Befindlichkeit zum Ausdruck zu bringen oder zu einer bestimmten Handlung aufzufordern. Natürlich können wir uns über die Gründe irren, die wir unterstellen, wie auch darüber, dass überhaupt solche Gründe vorlagen. Aber ohne die Zuweisung eines Inhalts, der beabsichtigt sein könnte, würden wir einen Gegenstand überhaupt nicht als Bild erachten.

Kritische Stimmen zum Zeichencharakter der Bilder

Geht man von diesen Erläuterungen aus, scheinen viele kritische Anmerkungen zur semiotischen Bildtheorie, die sich oft einer phänomenologischen Position verpflichtet wissen, auf Missverständnissen zu beruhen. Es handelt sich hier allerdings weniger um sachliche Differenzen, sondern in erster Linie um terminologische Unterschiede. Sie ergeben sich in der Regel aus einem sehr restriktiv gefassten Zeichenbegriff, dem zufolge für ein Zeichen etwa gefordert wird, dass es einen Referenten hat oder dass zumindest der Zeicheninhalt auf Gegenständliches bezogen ist (vgl. z. B. BÖHME 1999: 27ff.). Mit Blick auf einen solchen Zeichenbegriff lassen sich dann recht einfach Beispiele finden, die diese Bedingungen nicht erfüllen. Für die geforderte Referenz sind (unter anderem) fiktionale Bilder offensichtliche Gegenbeispiele, für die geforderte gegenständliche Ausrichtung des Bildinhalts lässt sich auf die ungegenständlichen Werke der modernen Kunst hinweisen. Jedoch würden die Vertreter der semiotischen Bildtheorie – ganz zweifelsfrei auf jeden Fall Goodman, der die Analogie von bildhafter und sprachlicher Darstellung sehr weit zu treiben versucht – aus diesem Sachverhalt nicht schließen, dass die »Theorie des Bildes [...] die Semiotik wegarbeiten [muß], um sie selbst zu werden« (BÖHME 1999: 10). Denn Böhmes Ergebnisse der exemplarischen Analyse der *Mona Lisa* – dass es keinen eindeutig identifizierbaren Referenten gibt, dass die Bezeichnung ›Mona Lisa‹ nicht eine Person, sondern ein Gemälde meint und dass dieses Gemälde eine ganz unabhängige Existenz und Geschichte besitzt (vgl. BÖHME 1999: 43) – widersprechen der semiotischen Bildtheorie keineswegs. Wird von einem hinreichend allgemein gefassten Zeichenbegriff ausgegangen, dann besteht ganz im Gegenteil weitgehende Übereinstimmung zwischen den gegenwärtigen Bemühungen einer semiotisch ausgerichteten Bildtheorie (vgl. etwa BLANKE 2003 oder SACHS-HOMBACH 2001b) und dem Ansatz bzw. der Forderung von Böhme, die Bildhandlungskontexte durch die Ausbildung einer Bildpragmatik stärker zu berücksichtigen.

Eine unnötige Verengung des Zeichenbegriffs liegt auch vor, wenn Bernhard Waldenfels den Werkzeugcharakter als entscheidenden Zeichenaspekt hervorhebt, um die Funktion des Zeichens dann auf die »Wiedergabe und Weitergabe von Sinn« (WALDENFELS 1994: 243) zu beschränken. Denn der von Karl Bühler in seiner Sprachtheorie formulierte Aspekt des Werkzeugcharakters ist ein traditioneller, auf Platon zurückgehender Vorschlag, der zugegebenermaßen nicht alle Funktionen beschreibt, die ein Bild übernehmen kann, der aber nicht als derzeit noch angemessene Erläuterung der sprachlichen Zeichen akzeptiert werden muss. Er scheint zudem an realistische Bedeutungstheorien gebunden zu sein, die von einer festen Zuordnung von Zeichen und Bezeichnetem ausgehen, während pragmatische Zeichentheorien eine solche Beziehung gerade bestreiten würden (vgl. hierzu KELLER 1995: 58ff.). Wie gesagt besteht die Intention einer semiotischen Ausrichtung der Bildtheorie gar nicht darin, spezifische Eigenschaften sprachlicher Zeichen auf Bilder zu übertragen, sondern eher darin, einige allgemeine Charakteristika von Zeichen für die Bildanalyse nutzbar zu machen. Diese allgemeinen Charakteristika lassen sich auch ausmachen, wenn wir mit Formen der modernen Kunst konfrontiert sind, die nach einem von Max Imdahl geprägten Begriff einem sehenden Sehen entsprechen (vgl. WALDENFELS 1994: 243; vgl. kritisch hierzu STEINBRENNER 1997). Denn obwohl diese Bilder nicht auf Gegenständliches verweisen, sondern syntaktische Aspekte des formalen Aufbaus thematisieren, dürfte einerseits doch unstrittig sein, dass die moderne Malerei ein weitverzweigtes System mit einer komplexen internen Verweisungsstruktur ist; zum anderen ist das Neue, auf das mit dem Begriff des sehenden Sehens hingewiesen werden soll, beispielsweise auch ein Kennzeichen der modernen Lyrik (und der Kunst insgesamt), ohne dass doch infrage steht, dass die in der Lyrik verwendeten sprachlichen Mittel Zeichen sind.

Bei vielen Positionen, die explizit bestreiten, dass Bilder notwendigerweise Zeichen sind, lässt sich auch ein impliziter Gebrauch eines sehr allgemeinen Zeichenbegriffs feststellen. Diese Positionen kritisieren daher immer nur diejenigen semiotischen Bildtheorien, die von sehr spezifischen (oft dem Begriff des sprachlichen Zeichens nachgebildeten) Zeichenbegriffen ausgehen. So findet sich in phänomenologischen Theorien in der einen oder anderen Formulierung oft die Feststellung: »Bilder zeigen etwas, was sie selbst nicht sind.« (WIESING 1998: 98; vgl. auch 2000: 14ff.) Der hier von Lambert Wiesing behauptete Verweisungscharakter ist aber nichts anderes als das, was die semiotische Bildtheorie als die Beziehung von Ausdruck und Inhalt (bzw. von Bildträger und Bildbedeutung) fassen würde. Daher kann sich die Kritik, die Wiesing mit Rückgriff auf Fiedlers Begriff der Sichtbarkeit vorbringt, nur gegen einen sehr speziellen Zeichenbegriff richten. Entsprechend heißt es dann auch: »Wenn ein Bild ein Zeichen ist, dann ist dies das Produkt einer nachträglichen Nutzung der reinen Sichtbarkeit als Zeichen für das, womit das Bild visuelle Ähnlichkeit hat.« (WIESING 1998: 98) Der Zeichencharakter ergibt sich demnach erst aus einer spezifischen Verwendung des Bildes, die in diesem Fall darin besteht, auf einen konkreten Gegenstand Bezug zu nehmen. Einem möglichst allgemeinen Zeichenbegriff zufolge ist jedoch im Unterschied zu dieser Ansicht bereits dann ein Zeichenverhältnis anzunehmen, wenn einem Gegenstand in beliebiger Weise ein Inhalt zugeschrieben wird. Das gilt auch für die Videoclips, die als Beispiel für nicht-zeichenhaft verwendete Bilder angeführt werden, denn auch diese lassen (nicht anders als die Experimentalfilme der klassischen Moderne) komplexe Gestaltungsweisen erkennen, die z. B. als extrem schnelle Maschinenbewegungen (oder auch als metaphorischer Ausdruck eines Lebensgefühls) gedeutet werden können.

Der Grund meiner sehr skizzenhaften Auseinandersetzung mit der phänomenologischen Bildtheorie sollte auf keinen Fall darin gesehen werden, die als Gegenbeispiele angeführten Phänomene zu leugnen. Ganz unstrittig muss eine semiotische Bildtheorie in der Lage sein, auch diese diffizileren Bildaspekte zu erfassen und theoretisch zu durchdringen. Zum einen ist sie hierzu aber (mit Blick auf die Arbeiten zur kognitivistischen Ästhetik im Umkreis von Goodman und Danto) in der Lage, zum anderen geht es in erster Linie um den Nachweis, dass die unterschiedlichen Ansätze in einem sehr allgemein gefassten Zeichenbegriff durchaus eine gemeinsame Basis besitzen (vgl. die verwandte Auffassung von WULFF 1993: 195ff.). Da aber die These, dass auch phänomenologische Bildtheorien implizit einen Zeichenbegriff voraussetzen, vermutlich nicht auf allgemeine Zustimmung treffen wird, ließe sich der bisher erläuterte Theorierahmen auch dahingehend umformulieren, dass Bilder innerhalb eines solchen Ansatzes nur insoweit thematisch werden sollen, als sie Zeichen sind. In dieser Formulierung würde die Sache dann auf das Bereichsproblem hinauslaufen, bei dem wir zu dem Schluss gekommen waren, dass es selbst dann berechtigt ist, einige Bereiche auszuklammern, wenn damit weiterreichende theoretische Vorentscheidungen getroffen werden, da dies als das geringere Übel gegenüber dem Verzicht auf einen Theorierahmen gelten muss.

Die klassifikatorische Funktion des semiotischen Ansatzes

Einer der Vorteile des skizzierten semiotischen Ansatzes besteht darin, dass die sich ergebende Unterscheidung von syntaktischen, semantischen und pragmatischen Aspekten ein Klassifikationsschema bereitstellt, mit dem die unterschiedlichen Bildtheorien in systematischer Weise geordnet werden können. Eine solche Klassifikationsfunktion ist durchaus wichtig, weil der Theorierahmen auf diese Weise hilft, die unterschiedlichen Theorien in einer gemeinsamen Sprache formulierbar und damit vergleichbar zu machen. Hierzu ließe sich als zusätzliches Kriterium der Grad heranziehen, in dem sich die verschiedenen Theorien an der linguistischen Begrifflichkeit orientieren. Daraus ergibt sich dann als extreme Variante der semiotischen Bildtheorien eine Theorie, die den Bildbegriff einführt, indem sie ihn auf syntaktischer, semantischer und pragmatischer Ebene ausschließlich mit linguistischen Kategorien bestimmt. Dies ist für spezielle Zeichensysteme (vor allem für Verkehrszeichen) unternommen worden, aber sicherlich nur sehr begrenzt sinnvoll und kaum verallgemeinerbar. In der Regel sprechen semiotische Theorien Bildern daher zumindest auf der syntaktischen Ebene linguistisch nicht beschreibbare Eigenschaften zu. Sie betonen damit, dass Bilder keine Grammatik im sprachwissenschaftlichen Sinne besitzen, sondern bildtypische syntaktische Eigenschaften aufweisen, wie etwa die von Goodman explizierten Eigenschaften der syntaktischen Dichte und relativen Fülle. Eine weitere Variante der semiotischen Theorie ergibt sich, wenn darüber hinaus auch semantische Besonderheiten für Bilder geltend gemacht werden. Die Peirce'sche Theorie des Ikons liefert einen solchen Versuch, dem zufolge sich ein Bild durch einen speziellen Objektbezug, nämlich durch eine Ähnlichkeitsrelation, auszeichnet. Schließlich wäre es möglich, eine semiotische Theorie zu entwickeln, die zudem auf pragmatischer Ebene zeichentypspezifische Eigenschaften annimmt, indem sie beispielsweise spezielle Bildfunktionen und -verwendungskontexte einräumt.

Bilder als Zeichen

Ein Gegenstand ist ein Zeichen, wenn ihm ein Inhalt zugeschrieben wird, der innerhalb einer kommunikativen Handlung als Basis einer sachlichen, expressiven oder auch appellativen Mitteilung dienen könnte. Sofern auch Bilder als Zeichen gelten, besitzen sie einen Bildträger, einen Bildinhalt und (unter Umständen) einen Bildreferenten.

Der von phänomenologischer Seite erhobenen Kritik der semiotischen Bildtheorie liegt in der Regel ein zu eng gefasster Zeichenbegriff zugrunde. Wird der Zeichenbegriff hinreichend allgemein verstanden, dann besitzen die gegenwärtig vertretenen Bildtheorien in ihm eine gemeinsame Basis.

3.3 Bild und Wahrnehmung

Bilder sind nach dem Gesagten Zeichen. Das unterscheidet sie von vielen anderen Gegenständen. Ihr Zeichenstatus, dem zufolge wir ihnen einen Inhalt zuschreiben, ist eine notwendige, aber keine hinreichende Bedingung. Welches sind nun die spezifischen Eigenschaften, die Bilder von anderen Zeichen unterscheiden? Was zeichnet *bildhafte* Zeichen aus? Die spezifische Differenz, die Bilder vor allem von sprachlichen Zeichen abhebt, liegt darin, dass ihre Verwendung in besonderer Weise an bestimmte Wahrnehmungsprozesse gekoppelt ist. Zumindest einige Aspekte der Bedeutung, die mit Bildern vermittelt werden sollen, müssen sich demnach aus der Struktur der Zeichen selbst ergeben – genauer gesagt: der Zeichenträger –, während die Zeichenträger arbiträrer Zeichen in der Regel keinerlei Hinweise auf die entsprechende Bedeutung enthalten. Diese Verklammerung von Zeichen- und Wahrnehmungsaspekt will der aktuellen philosophischen Diskussion um den Bildbegriff Rechnung tragen, indem sie die beiden Traditionen des semiotischen und des wahrnehmungstheoretischen Bildbegriffs verbindet und sie damit als Theorien mit unterschiedlicher Schwerpunktsetzung, nicht als sich gegenseitig ausschließende Theorien versteht. Zuweilen werden die bildtheoretischen Traditionen jeweils der analytischen und der phänomenologischen Philosophie zugerechnet, paradigmatisch etwa durch Goodman und Merleau-Ponty vertreten. Dies ist jedoch insofern irreführend, als sich zumindest innerhalb der analytischen Philosophie beide Traditionen ausmachen lassen und der Unterschied zur phänomenologischen Tradition daher nicht inhaltlicher, sondern nur methodologischer Natur sein kann. Richard Wollheim (1980) vertritt etwa dezidiert eine wahrnehmungstheoretische Bildtheorie, ebenfalls Flint Schier (1986) oder Robert Hopkins (1998), alle drei werden aber üblicherweise der analytischen Philosophie zugerechnet.

Die Verklammerung von Zeichen- und Wahrnehmungsaspekt kann auf allen semiotischen Ebenen thematisiert werden, was insgesamt das wesentliche Thema des zweiten Teils sein wird. Hinsichtlich der syntaktischen Ebene führt sie zur Annahme, dass wir elementare Bildeinheiten immer nur relativ zu wahrnehmungspsychologischen Gesetzlichkeiten erhalten (vgl. Kapitel 4 und SAINT-MARTIN 1990). Solche hat traditionell die Gestaltpsychologie beschrieben, sie lassen sich aber auch im Rahmen alternativer Wahrnehmungstheorien erfassen (vgl. GIBSON 1979 und die ausführliche Diskussion bei SONESSON 1994) sowie auf spezielle Phänomene, wie Umrisslinien, anwenden (vgl. EDELINE 1998). Auf der semantischen Ebene legt die Gestaltpsychologie spezifische Wahrnehmungsstandards nahe, für deren Bestimmung ein internalisierter Ähnlichkeitsbegriff brauchbar ist, sofern er gemäß den zahlreich vorgebrachten kritischen Argumenten präzisiert wird (vgl. Kapitel 5 und SACHS-HOMBACH 2005a). Auf der pragmatischen Ebene legt diese Verklammerung schließlich besondere Funktionszusammenhänge für den Bildgebrauch nahe. Durch die Beteiligung der Wahrnehmungskompetenzen können Bilder als Zeichen gelten, die primär eine prädikative Funktion haben und zur Veranschaulichung von Sachverhalten dienen (vgl. Kapitel 6 und SACHS-HOMBACH 2001b).

Der Begriff der Wahrnehmungsnähe

Ein Gegenstand wird im Folgenden als ein wahrnehmungsnahes Zeichen aufgefasst, wenn wir ihm einen Inhalt auf Grundlage unserer Wahrnehmungskompetenzen zuweisen. Der Begriff der Wahrnehmungsnähe ist graduell und relativ zum Zeichenverwender variabel. Er entspricht in etlichen Hinsichten dem in der Semiotik gebräuchlichen, von Peirce und Morris eingeführten Begriff der Ikonizität (vgl. SONESSON 1989). In neueren Arbeiten innerhalb der semiotischen Bildtheorie, die sich nicht selten kritisch zur Goodman-Tradition verhalten, lässt sich eine enge Verbindung des Ikonizitätsmodells sowohl zu pragmatischen als auch zu wahrnehmungstheoretischen und kognitionswissenschaftlichen Fragestellungen feststellen (vgl. etwa SONESSON 1994 oder BLANKE 1998a).

Der Begriff der Wahrnehmungsnähe soll nicht darauf hinweisen, dass Zeichen im Kommunikationsprozess wahrgenommen werden müssen, denn diese Bedingung gilt für den Zeichengebrauch generell. Entscheidend ist hier vielmehr, dass auch für die *Interpretation* bildhafter Zeichen, mit der ihnen ein Inhalt zugewiesen wird, der Rekurs auf Wahrnehmungskompetenzen konstitutiv ist und die Struktur der Bildträger damit – im Unterschied zu arbiträren Zeichen – zumindest Hinweise auf die Bildbedeutung enthält. Diese Besonderheit der wahrnehmungsnahen Interpretation liegt am stärksten bei illusionistischen Bildern vor. Zwar müssen wir auch hier bereits verstanden haben, dass es sich um ein Bild handelt, und damit eine allgemeine Zeichenkompetenz besitzen, die auch konventionelle Vorgaben enthält; aber um zu bestimmen, *was* im Bild dargestellt ist, können wir im Wesentlichen auf die Prozesse zurückgreifen, die wir mit der Fähigkeit zur Gegenstandswahrnehmung bereits besitzen.

Um als Bestimmungsstück eines allgemeinen Theorierahmens dienen zu können, sollten auch der Begriff der Wahrnehmungsnähe und der (ihm vorgeschaltete) Begriff der Wahrnehmung möglichst allgemein eingeführt werden. Als Wahrnehmungen gelten diejenigen psychischen Ereignisse, die durch Reize bzw. Reizkonstellationen hervorgerufen und durch ein Sinnesorgan sowie entsprechende neurophysiologische Mechanismen vermittelt werden (vgl. z. B. GOLDSTEIN 1997). Im 19. Jahrhundert galten Wahrnehmung und Empfindung noch als unterschiedlich komplexe Vorstellungsarten, mit der Kritik elementaristischer Ansätze hat der durch Intensität, Dauer und sinnesspezifische Qualität charakterisierte Empfindungsbegriff jedoch an Bedeutung verloren. Gegenwärtig wird er primär verwendet, um diejenigen Erlebnisse zusammenzufassen, die nicht an die Sinnesorgane gebunden, subjektbezogen und passiv sind (z. B. die Glücksempfindungen). Neuere Theorien betonen im Wahrnehmungsbegriff neben den sinnesphysiologischen Aspekten den Bezug auf das Wahrgenommene und die Aktivität des Subjekts. Traditionell kontrovers ist hierbei in der Regel, wie der Konstitutionsprozess vom Reiz zur Wahrnehmung im Einzelnen zu beschreiben ist und welche Zuordnungsregeln zwischen beiden Ebenen bestehen. Seit den experimentellen Nachweisen der Plastizität und Dynamik des Wahrnehmungssystems werden zudem die Bedeutung kognitiver Prozesse und handlungsvermittelter Umweltfaktoren hervorgehoben. Relativ zu den verschiedenen Sinnesmodalitäten lassen sich visuelle, akustische, taktile, olfaktorische und gustatorische Wahrnehmungen unterscheiden.

Für den gegenwärtigen Zusammenhang ist insbesondere die visuelle Wahrnehmung relevant.

Als elementare Wahrnehmungskompetenz kann die Fähigkeit gelten, überhaupt etwas als etwas erkennen zu können. Wahrnehmung bezieht sich damit immer schon auf komplexe Sachverhalte, nicht auf einzelne Reize. Die im 19. Jahrhundert dominante Sichtweise, nach der sich die Wahrnehmung aus einzelnen, isoliert und uninterpretiert gegebenen Bausteinen oder Empfindungsqualitäten aufbaut, ist damit (auf jeden Fall in der modernen Wahrnehmungspsychologie) weitgehend aufgegeben worden (vgl. VON CAMPENHAUSEN 1993: 5). Stattdessen werden oft komplexe begriffliche Strukturen als eine der Bedingungen der Möglichkeit von Wahrnehmung vorausgesetzt. Danach nehmen wir Gegenstände als diese bestimmten Gegenstände immer nur relativ zu den bestehenden konzeptuellen Vorgaben wahr. Vieles spricht dafür, dass diese Vorgaben nicht unabhängig von den jeweiligen kulturellen Standards erworben werden. Folglich ist das konkrete Wahrnehmungserlebnis zumindest teilweise kulturell geprägt. Da eine solche Auffassung in der bildtheoretischen Diskussion jedoch kontrovers ist (vgl. BRANDT 1999: 50ff.), wird sie für die Einführung des Begriffs der Wahrnehmungsnähe nicht vorausgesetzt.

Der Wahrnehmungsbegriff ist dem Begriff der Wahrnehmungsnähe logisch vorgeschaltet. Während der Wahrnehmungsbegriff eine spezielle Klasse psychischer Erlebnisse umfasst, bezeichnet der Begriff der Wahrnehmungsnähe eine Relation, die wir einem Gegenstand in einer spezifischen Einstellung bzw. Verwendung, also relativ zum Wahrnehmenden und dessen Wahrnehmungskompetenzen, zuschreiben, seien diese nun kulturinvariant oder nicht. Exemplarisch kommt die Wahrnehmungsnähe ins Spiel, wenn wir einen Gegenstand als figürliches Bild rezipieren. Der Begriff der Wahrnehmungsnähe ist aber erheblich weiter gefasst. Er betrifft nicht nur die übrigen Wahrnehmungsmodalitäten, sondern ist zudem auf Gegenstände anwendbar, die wir üblicherweise nicht als Zeichen auffassen. Dies ist der Fall, wenn wir in beliebigen Gegenständen etwas anderes erkennen, als es tatsächlich ist. Eine spezielle Form hiervon liegt bei Wahrnehmungstäuschungen vor, etwa wenn wir im Dämmerlicht einen Strauch für eine Person halten. Mit Bezug auf den Begriff der Wahrnehmungsnähe sehen wir den Strauch dennoch als etwas, das er selber nicht ist, weil er auf Grund seiner visuellen Eigenschaften und relativ zu unseren Wahrnehmungsstandards diejenige Wahrnehmungsgestalt zu evozieren vermag, die Personen auszeichnet.

Anmerkung zu den sogenannten natürlichen Bildern und verwandten Phänomenen

In unserem Zusammenhang besonders interessant ist der Fall, bei dem wir diese Fähigkeit bewusst einsetzen und als Folge hiervon beispielsweise im wolkendurchzogenen Abendhimmel ausgedehnte Landschaften erkennen oder (einer Empfehlung Leonardo da Vincis folgend) bei der Betrachtung alter Mauern die verschiedensten phantastischen und wundersamen Gestalten erblicken. Hierbei bleibt uns in der Regel bewusst, dass wir Wolken oder Mauern anschauen, offensichtlich lassen sich ihre Oberflächenstrukturen aber in mehr oder weniger phantasievoller Weise interpretieren, da sie einen mitunter sehr plastischen Eindruck selber nicht anwesender Gegenstände bieten. Das so beschriebene Phänomen ist ein Wahrnehmungserlebnis, bei dem wir von der Wahrnehmungsnähe Gebrauch machen, die Gegenstände relativ zu unserer bestehenden Wahrnehmungskompetenz anderen Gegenständen gegenüber aufweisen.

Auf diese Weise lassen sich viele der sogenannten natürlichen Bilder erläutern. Sie sind je nach dem Grad ihrer Wahrnehmungsnähe in unterschiedlichem Maße durch imaginative Prozesse bestimmt (vgl. zur Bedeutsamkeit der Imagination HUBER 2001). Während das Spiegelbild uns einen Gegenstand in unmittelbarer Weise zeigt, sodass wir den Gegenstand weniger im Medium des Bildes als im Medium der optischen Reflexion wahrnehmen, erfordert etwa das Sehen von Gegenständen in Tapeten oder Mauern ein höheres Maß an Phantasie. Die Intention für Leonardos Empfehlung ist entsprechend in der Schulung der Phantasie zu sehen. Wie viele Experimente mit der Einnahme von Drogen (insbesondere von LSD) belegen (vgl. HUXLEY 1954; RUCH/ZIMBARDO 1971: 250f.), lässt sich die imaginative Komponente auch künstlich erhöhen, bis schließlich beliebige (und beliebig wenig differenzierte) Oberflächenstrukturen erlauben, etwas anderes in ihnen zu sehen. Die Grenzen zur Halluzination und zum Traum sind hier also durchaus fließend.

Den natürlichen Bildern liegen die für die Bildwahrnehmung typischen wahrnehmungsnahen Interpretationsprozesse zugrunde, ihnen fehlt aber der Zeichenstatus, der einen artifiziellen (und damit intentional hervorgebrachten) Zeichenträger voraussetzt. Bilder im engeren Sinne liegen meiner Explikation zufolge erst dann vor, wenn wir den wahrnehmungsnah rezipierten Gegenstand auch als Zeichen klassifizieren und wir ihm damit einen (etwa durch den Rahmen hervorgehobenen) Artefakt-Charakter zuschreiben (vgl. SCHAPIRO 1994) und so zum potenziellen Kommunikationsmittel machen. Daher sollten natürliche Bilder nicht als Bilder im engeren Sinne klassifiziert werden. Hier besteht eine terminologische, nicht unbedingt sachlich begründete Differenz zu der Position von Reinhard Brandt (1999), der das Spiegelbild als den exemplarischen Fall eines Bildes erachtet. Zwar ist die Bildwahrnehmung in vielen Hinsichten den Wahrnehmungsprozessen vergleichbar, die bereits im Zusammenhang mit den natürlichen Bildern auftreten, dennoch ist eine klare Trennung zwischen natürlichen und artifiziellen Bildern wichtig. Zum einen müssten wir ansonsten beliebige Tapetenmuster und Mauerabschnitte, in denen wir etwas sehen, was sie nicht selbst sind, als Bilder bezeichnen. Zum anderen gelangen auf diese Weise einige Besonderheiten artifizieller Bilder besser in den Blick. Denn wenn wir Bilder als Elemente eines spezifischen, sozial kultivierten Zeichensystems betrachten, sind damit weiterreichende Einschränkungen sowie zahllose Möglichkeiten verbunden, die insbesondere innerhalb der modernen Kunst thematisch geworden sind. Deshalb ist das, was wir in artifiziellen Bildern sehen, kein subjektives Phänomen. Vielmehr nehmen wir mit dem unterstellen Zeichen- oder Artefakt-Charakter eine Intention an, die in den Bildern zum Ausdruck kommt und die sie intersubjektiv nachvollziehbaren und verbindlichen Korrektheitsmaßstäben unterstellt (vgl. WOLLHEIM 1980: 192).

Die in Rorschach-Tests eingesetzten projektiven Bilder liefern einen Zwischenbereich. Als visuelle Artefakte sind sie zwar Bilder im engeren Sinne, durch Reduktion auf einige elementare Gestaltungsprinzipien (vor allem Symmetrie) und durch ihre weitgehend zufällige Herstellung eröffnen sie aber einen bewusst großen Interpretationsspielraum. Damit imitieren sie gewissermaßen die natürlichen Bilder, die etwa bei der Betrachtung von Wolken entstehen, und aktivieren ganz konsequent die mit ihnen verbundenen imaginativen Prozesse. Ein ganz anderer Fall liegt bei den sogenannten Kippbildern vor. Sie lassen zwar ebenfalls verschiedene Inhaltszuschreibungen zu, jede dieser Zuschreibungen unterliegt jedoch Korrektheitsmaßstäben. Trotz der mitunter großen Schwierigkeit für manche Betrachter, in diesen Bildern eine bestimmte Figur überhaupt zu erkennen, wird daher sehr schnell durch eine Erläuterung der einzelnen Bildabschnitte (z. B.: »Diese Linien können auch als Ohren gesehen werden, jene Einbuchtung ist dann ein Mund.«) ein hoher Grad an Übereinstimmung erreicht werden.

Bilder im engeren Sinne weisen also notwendig einen Zeichenstatus und eine wahrnehmungsnahe Rezeption auf. Diese Bestimmung schließt auch Skulpturen oder Werke der Architektur nicht aus, sondern umfasst alles, was früher mit dem Ausdruck ›Bildwerk‹ bezeichnet wurde. Zur weiteren Binnendifferenzierung ist dann das Kriterium der Flächigkeit heranzuziehen, mit dem all die speziellen Probleme des Verhältnisses von Fläche und Raum thematisch werden, die für viele Bilder im engeren Sinne konstitutiv sind.

Bildwahrnehmung als Sehen-in

Die Explikation des Begriffs der Wahrnehmungsnähe orientiert sich an Wollheims Theorie der Bildwahrnehmung, für die er den Ausdruck »Seeing-in« vorgeschlagen hat (vgl. WOLLHEIM 1980; 1987). Die Bildwahrnehmung zeichnet sich nach Wollheim dadurch aus, dass wir etwas in etwas sehen. Sie enthält deshalb notwendig zwei Komponenten: Die Wahrnehmung des als Bild geltenden Gegenstandes als Oberfläche und die Wahrnehmung eines weiteren Gegenstandes oder Sachverhaltes in dieser Oberfläche. Hierbei ist vorausgesetzt, dass beide Komponenten beständig bewusst bleiben, auch wenn der Betrachter sich auf einen dieser Aspekte fokussiert (vgl. HOPKINS 1998: 15-20). Diese Eigenschaft bzw. Bedingung der Bildwahrnehmung hat Wollheim als ›Twofoldness‹ bezeichnet. Sie wird oft der Gombrich zugeschriebenen Illusionstheorie gegenübergestellt. Gombrich hatte in *Art and Illusion* die Bildwahrnehmung in Zusammenhang mit dem Aspektsehen erläutert (vgl. GOMBRICH 1960: 6) und gefolgert, dass der Bildbetrachter entweder nur die Oberflächenstruktur oder aber diese als etwas anderes wahrnimmt (wie wir beim Hasen-Enten-Bild entweder nur den Hasen oder nur die Ente sehen). Gegen eine solche Ansicht richtet sich berechtigterweise Wollheims *Twofoldness*-Bedingung, die ihrerseits aber dem Vorwurf ausgesetzt ist, dass sie den Unterschied zu anderen Formen der Wahrnehmung nicht plausibel machen kann und daher keine inhaltliche Aussage darüber trifft, in welcher Weise Bilder abbilden (vgl. LOPES 1996: 43-51, insb. 50). Wollheims Theorie ist damit indifferent gegenüber den bestehenden Theorien.

Die Relevanz von Wahrnehmungsaspekten für die Bildtheorie, wie sie etwa Wollheim beschreibt, wird von phänomenologischer Seite üblicherweise akzeptiert. Differenzen gibt es höchstens mit der Goodman nahestehenden Tradition der semiotischen Bildtheorie, die als dezidiert anti-perzeptualistisch gilt. Legt man jedoch Wollheims Charakterisierung der Bildwahrnehmung zugrunde, dann bleibt beim derzeitigen Stand der Überlegungen offen, ob sie mit Goodmans Theorie in Konflikt steht. Denn Goodman bestreitet nicht generell die Relevanz von Wahrnehmungsaspekten für die Bildrezeption, sondern lediglich die ähnlichkeitstheoretische Variante der perzeptuellen Bildtheorie. Das gilt auch für seine sehr starke These, dass die Bildreferenz unabhängig vom Bildinhalt ist (GOODMAN 1968: 38; vgl. auch LOPES 1996: 62 und STEINBRENNER 2000: 51). Goodman kritisiert lediglich den Anspruch, dass die Wahrnehmungsstandards für sich bereits hinreichend sind, um den Bildinhalt oder den Bildreferenten zu bestimmen. Im Unterschied zu diesem Anspruch leitet er die Wahrnehmungsstandards aus den Gewohnheiten ab, die sich im sozialen Umgang mit Symbolsystemen herausgebildet haben. Der mit der Bilderfahrung oft verbundene Eindruck der Ähnlichkeit und des Realismus ist demnach eine Folge dieser Gewohnheiten und nicht ihre Grundlage (vgl. z. B. GOODMAN 1968: 46f.).

Ergänzende Anmerkung zur Klassifikation der Bildtheorien

Solange die These, dass Bilder wahrnehmungsnahe Zeichen sind, so allgemein wie bisher formuliert wird, gerät sie nicht in Konflikt mit den bestehenden Bildtheorien. Durch die Betonung des Wahrnehmungsaspekts ergeben sich vielmehr weitere Möglichkeiten, das erwähnte Klassifikationsschema zu differenzieren, je nachdem, wie dieser Aspekt im Einzelnen charakterisiert wird. Die konkurrierenden Ansätze unterscheiden sich dabei zunächst in dem Maße, in dem sie Bildwahrnehmung und Gegenstandswahrnehmung annähern. Für illusionistische Bildtheorien sind beide Wahrnehmungsformen in der Regel identisch. Theorien wie die von Wollheim unterstellen dagegen, dass die Bildwahrnehmung eine eigenständige Form der Wahrnehmung ist. Sofern das, was diese spezielle Wahrnehmungsform auszeichnet, unterschiedlich gefasst werden kann, ergeben sich weitere Variationsmöglichkeiten. Außerdem kann die Integration der semiotischen und wahrnehmungstheoretischen Ansätze auf unterschiedlichen und auf unterschiedlich vielen semiotischen Ebenen durchgeführt werden. Es ist etwa denkbar, dass Wahrnehmungskompetenz innerhalb der Bildwahrnehmung nur für das Erkennen syntaktischer Strukturen wichtig ist. Sie ist aber auch für bestimmte Bildformen in unterschiedlicher Weise denkbar. Bei einem Diagramm mag der Zeichenaspekt stärker ausgeprägt sein, bei einer Fotografie der Wahrnehmungsaspekt. Es müsste daher bestimmt werden, auf welcher Ebene und hinsichtlich welcher Aspekte die beiden Momente in welcher Weise zusammenhängen. Ihr Zusammenspiel wird nicht nur dafür entscheidend sein, dass wir überhaupt einem Gegenstand einen Verweisungscharakter zuschreiben, sondern auch dafür, worauf im Einzelnen verwiesen wird und welche Eigenschaften bei den jeweiligen Bildtypen und Bildverwendungen darstellungsrelevant sind bzw. irrelevant bleiben. Kombiniert man diese unterschiedlichen Theoriemöglichkeiten mit den Optionen, die auf den verschiedenen semiotischen Ebenen bestehen, dann ergibt sich bereits eine Fülle von Theorieformen, die dem tatsächlichen Theorienbestand sehr nahe kommt.

Bilder als wahrnehmungsnahe Zeichen

Ein Zeichen wird wahrnehmungsnah rezipiert, wenn wir ihm einen Inhalt auf Grundlage unserer Wahrnehmungskompetenzen zuweisen. Der Begriff der Wahrnehmungsnähe bezeichnet hierbei eine Eigenschaft, die wir einem Gegenstand in spezifischer Einstellung relativ zum Wahrnehmenden und dessen Wahrnehmungskompetenzen zuschreiben. Der Wahrnehmungsbezug liefert die weitere gemeinsame Basis der gegenwärtig vertretenen Bildtheorien.

3.4 Zusammenfassung und Ausblick: Bild, Kommunikation und Medium

Ausgegangen waren wir davon, dass es (um das Feld der heterogenen disziplinspezifischen Bildforschungen in systematischer Weise als Disziplin zu organisieren) nötig ist, zunächst ein als Theorierahmen bezeichnetes allgemeines Modell zu entwickeln. Die mit der These, dass Bilder wahrnehmungsnahe Zeichen sind, nur sehr verkürzt zum Ausdruck gebrachte Bildtheorie tritt mit dem Anspruch auf, als ein solches Modell dienen zu können. In diesem Kapitel wurden hierzu die beiden wesentlichen Bestimmungsstücke, der Zeichenbegriff und der Wahrnehmungsbegriff, auf möglichst allgemeiner Ebene expliziert, sodass sie neutral gegenüber den konkurrierenden Bildtheorien bleiben. Danach ist ein Gegenstand ein Bild, wenn er zum Ersten artifiziell, flächig und relativ dauerhaft ist, wir ihn zum Zweiten auf Grund dieser Eigenschaften als Zeichen auffassen (wir ihm also einen Inhalt zuschreiben, der innerhalb einer kommunikativen Handlung als Basis einer sachlichen, expressiven oder auch appellativen Mitteilung dienen kann) und wir zum Dritten diese Zuschreibung des Inhalts auf Grundlage unserer visuellen Wahrnehmungskompetenzen vornehmen.

Diese Explikation des Bildbegriffs ordnet dessen theoretische Erfassung in den größeren Kontext kommunikationstheoretischer Ansätze ein, denn Zeichenhandlungen sind in der Regel Handlungen, mit denen jemand einem anderen (oder auch sich selbst) etwas zu verstehen geben will. Während jede Kommunikation auf den Gebrauch von Zeichen als Kommunikationsmittel angewiesen ist, muss umgekehrt zwar nicht jeder Zeichengebrauch als Kommunikation gelten, insbesondere nicht, wenn der Ausdruck ›Kommunikation‹ im Sinne von gelungener Kommunikation aufgefasst wird. In der Regel wird eine Zeichenverwendung aber zumindest mit einer Kommunikationsabsicht oder einem Kommunikationsangebot verbunden sein. Zudem setzt die Verwendung von Zeichen einen kommunikativen Rahmen voraus: Konkrete Zeichenhandlungen sind nicht denkbar, ohne dass sich zuvor die entsprechenden Zeichensysteme im Kontext eines sozialen Verständigungsprozesses herausgebildet haben.

Gemäß der fundamentalen Rolle, die kommunikative Prozesse im gesellschaftlichen Zusammenhang spielen, besitzen wir eine Vielzahl sehr unterschiedlicher Mitteilungsmittel, die üblicherweise ›Medien‹ genannt werden (zur Klassifikation der Medienbegriffe vgl. POSNER 1986a) und die gegenwärtig, durch die technische Entwicklung bedingt, in vielfältiger Weise differenziert und neu gestaltet werden. Diese rücken zunehmend auch in den Fokus einer allgemeinen Theorie der Rationalität (vgl. VOGEL 2001). Zudem hat inzwischen eine systematischere Ausarbeitung des Medienbegriffs als methodische Grundlage der Medienwissenschaft begonnen (vgl. SANDBOTHE 2001).

Der Begriff des Mediums im engeren Sinne

Im Folgenden wird von einem engen Medienbegriff ausgegangen, der primär auf die Kommunikationsmittel, also auf die physischen Zeichenträger, bezogen ist, ohne damit aber die jeweiligen technologischen, ökonomischen oder auch institutionellen Zusammenhänge abwerten zu wollen, die mit den unterschiedlichen Mediensystemen gegeben sind und die natürlich einen wichtigen, von der Medienwissenschaft empirisch zu erforschenden Einfluss auf den Kommunikationsprozess haben (vgl. BURKART 1983: 40f.). Um die bildtheoretischen Überlegungen in diesen größeren Kontext einzuordnen, muss die zeichentheoretisch eingeführte Unterscheidung in wahrnehmungsnahe und arbiträre Zeichen auf den Medienbegriff übertragen und durch die Unterscheidung in körpergebundene und körperunabhängige Kommunikationsformen ergänzt werden. Bestimmten Kommunikationsformen sind hierbei bestimmte Medien zugeordnet, sodass das folgende Schema mit vier unterschiedlichen Klassen von Medien entsteht:

TABELLE 1

Schema der Kommunikationsformen und zugeordneten Medien

Kommunikationsformen	wahrnehmungsnah	arbiträr
körpergebunden, temporär	Gestik, Mimik	Lautsprache
körperunabhängig, fixiert	Bild, Film	Schriftsprache, abstrakte Symbole

Die Unterscheidung in ›körpergebunden‹ und ›körperunabhängig‹ lehnt sich an die in der Kommunikationswissenschaft gebräuchliche Unterscheidung in primäre, sekundäre und tertiäre Medien an (vgl. PROSS 1972; BURKART 1983: 35ff.). Als körpergebunden sollen diejenigen Kommunikationsformen gelten, die keiner zusätzlichen Vermittlungsinstanz bedürfen, also allein auf den körpereigenen Expressionsmöglichkeiten beruhen. Körpergebunden sind vor allem die verschiedenen Formen des gestischen Ausdrucks, aber auch die gesprochene Sprache. Wir bedienen uns hierbei, ließe sich sagen, ausschließlich unseres Körpers als Medium. Als körperunabhängig sollen dagegen diejenigen Kommunikationsformen gelten, die von einem eigenständigen physischen Zeichenträger Gebrauch machen, der eine gewisse Dauer aufweist und daher besonders zur Speicherung und zur orts- wie zeitunabhängigen Vermittlung von Information geeignet ist. Diese Kommunikationsformen sind an die sekundären und tertiären Medien gebunden. Nach Pross unterscheiden sich diese je nachdem, ob die Kommunikation nur auf der Seite des Senders Geräte benötigt (wie beim Buchdruck) oder zudem auf der Seite des Empfängers (wie beim Rundfunk oder beim Internet). Bildkommunikation ist nach dieser Klassifikation vor allem eine körperunabhängige Kommunikationsform, die traditionell mit sekundären, in der elektronischen Kommunikation zunehmend mit tertiären Medien verknüpft ist.

Wird Bildkommunikation als wahrnehmungsnahe Form der Kommunikation eingeführt, dann ist das prototypische wahrnehmungsnahe Zeichen das an die visuelle (oder auch taktile) Wahrnehmung gebundene figürliche Bild. Für die übrigen Wahrnehmungsmodalitäten gibt es eingeschränkt vergleichbare, im Folgenden aber vernachlässigte Darstellungsformen, etwa wahrnehmungsnahe akustische, manchmal auch als ›Hörbilder‹ angesprochene Zeichen, mit denen wir nicht nur auf andere akustische Gebilde Bezug nehmen können. Bei den wahrnehmungsnahen Zeichen insgesamt sind die Grenzen zu den arbiträren Zeichen fließend. Das ergibt sich bereits aus der Annahme der Verwendungsabhängigkeit. Zudem integrieren viele Darstellungssysteme wahrnehmungsnahe und arbiträre Zeichenaspekte (z. B. Diagramme). Außerdem können Zeichen oft in alternative Darstellungssysteme überführt werden. Schließlich ist es jederzeit möglich, ein wahrnehmungsnahes Zeichen um arbiträre Aspekte zu ergänzen (z. B. Allegorie) oder arbiträre Zeichen in ihrer Wahrnehmungsqualität zu würdigen (z. B. Kalligrafie).

Entwicklungsgeschichtlich ist zu vermuten, dass sich zunächst die körpergebundenen, dann die körperunabhängigen Kommunikationsformen, und innerhalb dieser Entwicklungsstufen wiederum zunächst die wahrnehmungsnahen und dann die arbiträren Kommunikationsformen herausgebildet haben, sodass eine Entwicklung anzunehmen ist vom gestischen Ausdruck hin zu abstrakten Symbolsystemen. Bei den bildhaften Darstellungsformen handelt es sich demnach um eine eigentümliche Zwischenstufe der kommunikativen Formen, die hinsichtlich der Eigenständigkeit des Mediums der schriftlichen Kommunikation vergleichbar ist, hinsichtlich der interpretativen Mechanismen aber Momente sehr ursprünglicher Kommunikationsformen enthält, die auf denselben fundamentalen Kompetenzen aufbauen, die bereits im unmittelbaren Lebensvollzug angewandt werden.

Der ›visualistic turn‹ als unvollendetes Projekt des ›semiotic turn‹

Eine solche Unterteilung kommunikativer Formen legt die von Hans Hörmann auch für die Aktualgenese des Sprachverhaltens vertretene Ansicht nahe, dass sprachliche Kommunikation nichtsprachliches Zeichenverhalten voraussetzt (vgl. HÖRMANN 1976). Danach ist das Entstehen, Erlernen und Verstehen von Sprache nur denkbar, wenn es in den weiter gefassten Rahmen einer sozial gesteuerten Zeichenpraxis eingebettet ist, bei der in der Regel zahlreiche, nicht vorkodierte Zeicheneigenschaften relevant werden (vgl. hierzu POSNER 1986a: 272ff.). Das trifft vor allem für die wahrnehmungsnahen Zeichen zu, deren Besonderheit ja gerade darin besteht, dass das Fehlen entsprechender Kodierungsleistungen durch intersubjektiv geteilte Kompetenzen, nämlich Wahrnehmungskompetenzen, kompensiert wird.

Der angesprochene *visualistic turn* sollte somit nicht als Alternative zum *linguistic turn*, sondern als seine Ergänzung um den nicht-sprachlichen Zeichengebrauch verstanden werden. Seine Bedeutsamkeit ergibt sich dann durch die These, dass die sprachlich vermittelten Formen des menschlichen Selbst- und Weltbezugs immer schon nicht-sprachliche, letztlich wahrnehmungsbasierte Zeichenverhältnisse voraussetzen. Dieser systematische Zusammenhang legt in historischer Hinsicht nahe, dass es sich beim *linguistic turn* im Grunde genommen um einen *semiotic turn* gehandelt hat, der aber durch die traditionelle rationalistische Auszeichnung der höheren Erkenntniskräfte nur in eingeschränkter Weise realisiert worden ist. Der *visualistic turn* ist demnach ein Unternehmen, mit dem das unvollendete Projekt des *semiotic turn* im Rahmen einer allgemeinen Bildwissenschaft um die Untersuchung der sensuellen Formen der Welterschließung (oder zumindest um eine dieser Formen) vervollständigt werden soll.

Im Rahmen dieses Projektes erhält der Medienbegriff eine besondere Bedeutung, weil die wahrnehmungsnahen Zeichentypen, die hiermit in den Blick geraten, sich in besonderer Weise als medial gebunden erweisen. Während die einzelnen sprachlichen Zeichenäußerungen immer schon Äquivalenzklassen bilden und ihre Rezeption daher von all den Besonderheiten der Zeichenträger absehen kann oder sogar muss, sind innerhalb der Bildwissenschaft zahlreiche Eigenschaften der Bildträger, der Medien, auch zur semantischen Erfassung relevant. McLuhans vieldeutiges Schlagwort, dass das Medium die Botschaft sei, lässt sich in diesem Sinne als Betonung der Materialität der Zeichen verstehen. Eher implizit und ohne systematische Grundlage hat dem die Medienwissenschaft immer schon Rechnung getragen, indem sie sich schwerpunktmäßig die modernen visuellen Medien, etwa den Film, zum Gegenstand genommen hat.

Thesen zum ›visualistic turn‹

Der ›visualistic turn‹ sollte nicht als Alternative zum linguistic turn, sondern als seine Ergänzung um den nicht-wortsprachlichen Zeichengebrauch verstanden werden. Der ›visualistic turn‹ ist demnach ein Unternehmen, mit dem das unvollendete Projekt des ›semiotic turn‹ um die Untersuchung der sensuellen Formen der Welterschließung vervollständigt wird. Im Rahmen dieses Projektes erhält der Medienbegriff eine besondere Bedeutung, weil wahrnehmungsnahe Zeichen in besonderer Weise medial gebunden sind.

4. Bildsyntax

Die Überlegungen des ersten Teils galten dem Nachweis, dass eine allgemeine, interdisziplinär verfasste Bildwissenschaft prinzipiell sinnvoll und ihre Etablierung im Rahmen der Annahme, dass Bilder wahrnehmungsnahe Zeichen sind, auch möglich ist. Die nun folgenden Überlegungen sind Konkretisierungen des hierzu nötigen, die Bildforschung strukturierenden Theorierahmens. Unabhängig von den Ansprüchen zur Grundlegung einer allgemeinen Bildwissenschaft liefern sie eigenständige philosophische Explikationen des Bildbegriffs. Im Unterschied zu den Überlegungen des ersten Teils geht es ihnen dabei nicht mehr um eine möglichst unkontroverse und übergreifende Position – deren Berechtigung sich aus dem Nachweis der Kompatibilität mit den bestehenden Theorien ergibt –, sondern um eine inhaltliche Füllung des Theorierahmens, die sich nun gegen die Ansprüche konkurrierender Standpunkte behaupten muss.

Die Gliederung des zweiten Teils orientiert sich an der in der Semiotik gebräuchlichen Einteilung in Syntax, Semantik und Pragmatik. Diese Ebenen sind als Analyseebenen zu verstehen und betreffen die zeicheninternen Relationen, die Relation zwischen Zeichen und Bezeichnetem und die mit der Verwendung gegebenen Relationen zwischen Zeichen und Zeichenbenutzern. Sofern Bilder Zeichen sind, lässt sich eine solche Gliederung auch auf Bilder übertragen, denn die allgemeinen Bestimmungen von Zeichen gelten gleichermaßen für bildhafte, sprachliche oder beliebige andere Zeichentypen. Keineswegs vorausgesetzt ist damit, dass Bilder – zum Beispiel auf syntaktischer Ebene – eine Syntax im Sinne einer sprachlichen Grammatik haben. Vorausgesetzt ist lediglich, dass es sinnvoll ist, Bilder hinsichtlich ihrer zeicheninternen Relationen zu untersuchen. Entsprechend lassen sich für Bilder syntaktische Eigenschaften unabhängig von den Fragen nach spezifischen Regelsystemen formulieren. Die Eigenschaft der syntaktischen Dichte ist eine solche Eigenschaft, die sogar die Möglichkeit eines kombinatorischen Regelsystems ausschließt.

Die drei Ebenen der Syntax, Semantik und Pragmatik stehen nicht in Konkurrenz zueinander. Zwar ließen sich Positionen formulieren, in denen die Fragen zum Bildstatus (und zu zahlreichen weiteren Problemen) auf jeweils einer dieser Ebenen beantwortet werden. Ein Gegenstand könnte entsprechend als Bild gelten auf Grund seiner gegenstandsinternen Eigenschaften oder auf Grund seiner besonderen Beziehung zum Bezeichneten oder aber auf Grund der spezifischen Verwendung durch den Produzenten bzw. Rezipienten. In der Regel ist aber für jede Ebene einzeln zu prüfen, inwiefern sie zur Beantwortung der aufgeworfenen Fragen etwas beitragen kann. Nach der bisher verfolgten Strategie sind befriedigende Lösungen der begrifflichen Analyse erst durch die Integration aller drei Ebenen zu erwarten, wobei nicht nur nach bildspezifischen Merkmalen für jede der einzelnen Ebenen gesucht werden muss, sondern ebenfalls nach den spezifischen Verhältnissen der einzelnen Ebenen zueinander.

Die Stufung von der Syntax über die Semantik zur Pragmatik folgt der historischen Ausbildung der jeweiligen Bereiche innerhalb der Linguistik. Die Beziehungen der einzelnen Bereiche zueinander unterlagen einem tiefgreifenden Wandel (vgl. hierzu und zum Folgenden SCHNEIDER 1975). Für die Syntax waren insbesondere Chomskys Arbeiten zur generativen Grammatik bedeutsam. Sie implizierten die Überzeugung, dass für eine allgemeine Sprachwissenschaft eine Grammatik als das im eigentlichen Sinne wissenschaftliche Zentrum gelten müsse. Eine solche Grammatik sollte die Ableitung korrekter bzw. wohlgeformter Sätze erlauben. Die Ausbildung der Syntaxtheorie war dadurch mit der These vom Primat der Syntax verbunden. Diese Auffassung hat sich insofern als unzutreffend erwiesen, als die syntaktischen Beschreibungen teilweise vieldeutig sind, wenn sie nicht an semantischen Erwägungen orientiert werden. Die Syntax wurde deshalb um semantische Tiefenstrukturen ergänzt. Aber auch diese semantischen Beschreibungen blieben problematisch, weil sie im Sinne einer Merkmalssemantik auf kontroverse ontologische Annahmen zurückgriffen. Eine Lösung bot die Pragmatik im Sinne der Sprechhandlungstheorie, die damit gleichermaßen zur Basis von Syntax und Semantik avancierte. Die grundlegende Stellung der Pragmatik, nach der Sprechen (und Kommunizieren insgesamt) eine Form des Handelns ist, meint hierbei nicht, dass syntaktische und semantische Überlegungen überholt sind. Sie dient vielmehr als Rahmentheorie, in der die syntaktischen und semantischen Probleme dann konkretisiert werden müssen.

Eine vollständige Übertragung der Einschätzungen zu den unterschiedlichen Analyseebenen auf den Bildbereich ist problematisch. Sinnvoll ist es aber, die Darstellung des zweiten Teils (der historischen Entwicklung folgend) mit den Erläuterungen zur Bildsyntax zu beginnen. Dies eröffnet die Möglichkeit, auf den einzelnen Analyseebenen genauer zu prüfen, welche Probleme sich mit den Mitteln der jeweiligen Ebene formulieren und eventuell lösen lassen und welche Probleme in den Kontext übergeordneter Überlegungen gestellt werden müssen.

Thesen zur Bildsyntax

(4) Eine Bildsyntax gibt es nur im formalen und im morphologischen Sinne.

(4.1) Die Syntax behandelt zeicheninterne Relationen in formaler, morphologischer oder kombinatorischer Hinsicht.

(4.2) Eine Bildsyntax im kombinatorischen Sinne ist aus begrifflichen Gründen unmöglich.

(4.3) Eine Bildsyntax im morphologischen Sinne ist möglich, aber bisher noch unzureichend realisiert.

(4.4) Die Bestimmung von Bildelementen ist von semantischen Vorgaben abhängig.

4.1 Zum Begriff der Syntax

Der Ausdruck ›Syntax‹ wird in unterschiedlichen Bedeutungen verwendet. Zuweilen schreiben wir einem Text eine Syntax zu, um auf seine strukturellen Eigenschaften hinzuweisen. Nach der üblicheren Verwendung ist die (zuweilen auch als Syntaktik bezeichnete) Syntax jedoch die wissenschaftliche Unternehmung, die in sehr allgemeiner Formulierung die Bedingungen untersucht, die »an entity must fulfil if it is to represent meaning for interpreters in semiosis« (POSNER 1997a: 4; vgl. auch POSNER 1986b). Diese Charakterisierung ist wiederum verschieden ausgelegt bzw. in unterschiedliche Teilaufgaben zerlegt worden (vgl. POSNER/ROBERING 1997: 14). Die Syntax kann entweder als die Untersuchung der formalen Eigenschaften verstanden werden, die Zeichen unabhängig von ihrer Bedeutung und ihrer Verwendung besitzen. Etwas spezifischer kann auch die Untersuchung der

Beziehungen gemeint sein, die innerhalb komplexer Zeichen sowie zwischen den verschiedenen Zeichen eines Zeichensystems bestehen. Schließlich gilt als Syntax auch die Untersuchung des Regelsystems (bzw. der Grammatik), nach dem elementare Zeichen zu größeren Einheiten kombiniert werden.

Dass die Untersuchung der formalen Eigenschaften für alle Zeichentypen relevant ist, wird weitgehend anerkannt. Die semiotische Bildtheorie in der Tradition von Goodman hält eine Bildsyntax nur in diesem Sinne für möglich (vgl. SCHOLZ 1999a). Strittig ist hierbei höchstens, welche formalen Eigenschaften Bilder im Einzelnen besitzen. Aber selbst in dieser Frage sind die Differenzen eher gering. So wird in der Regel Goodmans These, dass sich Bilder durch die formale Eigenschaft der syntaktischen Dichte auszeichnen, nicht infrage gestellt. Dagegen erscheinen die mehr oder (oft) weniger systematischen Untersuchungen der Beziehungen zwischen Bildern bzw. Bildkomponenten sehr heterogen. Für die strukturalistische Tradition hatte Roland Barthes einige Anstöße gegeben (etwa BARTHES 1964; vgl. auch ECO 1968: 236ff.). Ein Beispiel aus der analytischen Tradition, auf das ich noch genauer eingehen werde, ist die Arbeit von Flint Schier (1986: 65ff.). Entschieden kontrovers werden schließlich die Versuche diskutiert, eine Bildsyntax im Sinne eines kombinatorischen Regelwerkes zu entwerfen. Da eine Syntax im Sinne einer Untersuchung der formalen Eigenschaften unproblematisch ist, werden sich die folgenden Überlegungen auf das Problem einer kombinatorischen Bildsyntax konzentrieren. Sprächen prinzipielle Gründe gegen die Möglichkeit, eine Bildgrammatik zu entwerfen, dann ließe sich hierin eine der wesentlichen Schwierigkeiten für das Entstehen einer allgemeinen Bildwissenschaft ausmachen. Die Einschränkungen, die sich dadurch ergeben, werden zum Ende des Kapitels einige Erläuterungen zu einer Syntax im zweiten Sinne und zum Problem elementarer Bildkomponenten motivieren.

Auf den ersten Blick kann es auf die Frage, ob es für bildhafte Darstellungen ein Regelsystem gibt, das analog zu linguistischen Modellen eine kontrollierte Generierung und Analyse allein auf syntaktischer Basis ermöglicht, nur eine negative Antwort geben: Üblicherweise unterscheiden wir gar nicht zwischen grammatisch korrekten und grammatisch inkorrekten Bildern. Es gibt für Bilder keine Wohlgeformtheitsbedingungen, die ein solches Regelsystem einschließen müsste. Ein Bild mag auf der semantischen Ebene gegen Darstellungskonventionen verstoßen oder auf der pragmatischen Ebene für einen bestimmten Verwendungszweck nicht angemessen sein, damit verletzt es aber keine formalen Regeln eines korrekten Bildaufbaus. Selbst ein schlecht gemaltes Bild ist kein grammatisch inkorrektes Bild. In der modernen Malerei schätzen wir auch zuweilen gerade Bilder, weil sie von gewohnten Malweisen abweichen. Folglich gibt es nicht nur unendlich viele Formen der bildhaften Darstellung, es scheint darüber hinaus unmöglich zu sein, irgendeine Art des Bildaufbaus prinzipiell als fehlerhaft auszuschließen. Die rudimentären Heuristiken, die sich in speziellen Bereichen entwickelt haben, bilden entsprechend immer nur einen kleinen Teil der bildhaften Gestaltungsmöglichkeiten ab und machen nur relativ zu einem vorgegebenen Verwendungszweck Sinn.

Auch für die Frage nach einem Bildalphabet – verstanden im verallgemeinerten Sinne als das Inventar der atomaren Grundelemente eines Zeichensystems –, das vorausgesetzt werden muss, wenn es kombinatorische Regeln des Bildaufbaus geben soll, gibt es bisher höchstens vage Ansätze, die zudem oft nur für sehr begrenzte Bereiche Anwendung finden – etwa für das System der Verkehrszeichen, bei dem aber fraglich ist, ob hier überhaupt von Bildern gesprochen werden sollte. Sicherlich lassen sich solche Elemente für Bilder nicht im Sinne des auf wenige Elemente begrenzten sprachlichen Alphabets angeben. Darüber hinaus ist aber grundsätzlich fraglich, ob bei Bildern überhaupt einzelne Elemente zu Elementklassen zusammengefasst werden können. Andererseits scheint es durchaus Regeln zur Erzeugung bestimmter Bildtypen zu geben. Maler oder Designer kennen beispielsweise Regeln der guten Proportion. Eine der bekannter gewordenen Regeln ergibt sich aus dem sogenannten Goldenen Schnitt. Auch das Erzeugen perspektivischer Bilder setzt die Anwendung von strengen (in diesem Fall geometrischen) Regeln voraus. Lassen sich aus diesem Grunde zumindest typspezifische oder vielleicht auch verwendungsspezifische Regeln des Bildaufbaus formulieren? Ist es vielleicht möglich, Figur-Hintergrund-Beziehungen (vgl. PLÜMACHER 1999) oder Teil-Ganzes-Strukturen (vgl. HARRISON 1991) im Sinne eines syntaktischen Regelwerkes aufzufassen? Um diese Fragen zu klären, sollte zunächst das prinzipielle Argument geprüft werden, das sich aus dem Ansatz von Goodman gegen die Möglichkeit eines Bildalphabets (und damit auch gegen die Möglichkeit einer kombinatorischen Bildsyntax) ableiten lässt.

Was ist eine Bildsyntax?

Eine Bildsyntax im formalen Sinne untersucht die für Bildsysteme notwendigen Eigenschaften, die Bilder unabhängig von ihrer Bedeutung und Verwendung besitzen.

Eine Bildsyntax im morphologischen Sinne untersucht die Beziehungen innerhalb komplexer Bilder und zwischen den Zeichen eines Zeichensystems.

Eine Bildsyntax im kombinatorischen Sinne untersucht das Regelsystem (bzw. die Grammatik), nach dem elementare Einheiten eines Bildalphabets zu komplexen Bildern kombiniert werden können.

4.2 Ein skeptischer Einwand

Nach Goodman besitzen Notationssysteme die wesentliche Eigenschaft, dass alle Elemente, die zu einer Elementklasse gehören, syntaktisch äquivalent sind. Diese Bedingung kann aber weder für atomare noch für zusammengesetzte Bildvorkommnisse, die Goodman als Bildmarken bezeichnet, gefordert werden, weil sie syntaktisch dichten (d. h. weder disjunkten noch endlich differenzierten) Zeichensystemen angehören. Syntaktische Dichte gilt hierbei als notwendiges Kriterium für Bildhaftigkeit. Innerhalb eines dichten Zeichensystems kann nicht entschieden werden, ob eine konkrete Bildmarke »nur zu einem oder nicht vielmehr zu vielen anderen Charakteren gehört« (GOODMAN 1968: 133). Ist die Zuordnung von konkreten Marken zu Charakteren aber nicht sicherzustellen, dann ist jedes Bild ein eigenständiges oder individuelles Zeichen. Bildträger und Bild lassen sich damit faktisch nicht mehr trennen, weil unterschiedliche Bildträger nicht als Inskriptionen ein und desselben Bildes dienen können. Damit werden aber auch syntaktische Regeln zur Kombination einzelner Elemente ausgeschlossen.

Das skeptische Argument

Das Argument, soweit es für die Frage nach einem Bildalphabet und einer Bildsyntax relevant ist, ließe sich etwa in folgender Weise zusammenfassen:

1. Bilder gehören syntaktisch dichten Symbolsystemen an.
2. Syntaktisch dichte Symbolsysteme besitzen unendlich viele Charaktere, denen sich die konkreten Marken nicht eindeutig zuordnen lassen.
3. Ein Alphabet als Inventar atomarer Grundelemente besteht aus syntaktisch disjunkten Charakteren und setzt die Möglichkeit einer eindeutigen Zuordnung von konkreten Marken zu Charakteren voraus.
4. Aus (1), (2) und (3) folgt: Für Bilder gibt es kein Alphabet.
5. Da ein Alphabet die Voraussetzung für eine Grammatik ist, folgt aus (4), dass es keine Bildsyntax im kombinatorischen Sinne gibt.

Das Argument ist in sich schlüssig. Um es dennoch infrage zu stellen, können daher nur die Prämissen bestritten werden, also entweder Prämisse (1), dass Dichte eine notwendige Bedingung für Bildhaftigkeit ist, oder Prämisse (2), dass dichte Symbolsysteme eine eindeutige Zuordnung von Marken und Charakteren nicht zulassen, oder Prämisse (3), dass Alphabete eine solche eindeutige Zuordnung voraussetzen. Da es sich bei allen Prämissen um begriffliche Festlegungen handelt, geht es bei ihrer Analyse ausschließlich um die Frage, ob die entsprechenden Begriffe sinnvoll eingeführt worden sind.

Beginnen wir mit der zweiten Prämisse, da sie in der ersten bereits enthalten ist. Als syntaktisch dicht charakterisiert Goodman ein Schema, »wenn es unendlich viele Charaktere bereitstellt, die so geordnet sind, dass es zwischen jeweils zweien immer ein drittes gibt« (GOODMAN 1968: 133). Hieraus ergibt sich dann das in (2) genannte Zuordnungs- oder Entscheidbarkeitsproblem. Diese Bestimmung ist hinreichend klar und unproblematisch. Problematisch werden begriffliche Festlegungen aber ohnehin immer nur dann, wenn sie in Beziehung zu anderen Begriffen treten. Interessant ist daher vor allem die Frage, ob der Begriff der Dichte auch geeignet ist, um den Bildbegriff zu erläutern.

Damit kommen wir bereits zur ersten Prämisse, nach der Bilder syntaktisch dichten Symbolsystemen angehören. Ist syntaktische Dichte wirklich eine notwendige Eigenschaft von Bildern? Mit Hinweis auf digitale Bilder ist dies wiederholt bestritten worden (vgl. etwa BACH 1970). Zur Verteidigung hat Goodman darauf hingewiesen, dass Dichte dem Symbolschema zukommt, nicht dem einzelnen Zeichen. In einem dichten oder analogen Symbolschema – etwa in dem Schema bildhafter Darstellungen – sind daher in der Regel digitale Schemata – etwa das Schema der Rasterbilder – eingebettet (vgl. auch SCHANTZ 1999: 100f.). Diese Erwiderung ist plausibel. Die Bestimmung, ob ein Gegenstand ein bildhaftes oder ein sprachliches Zeichen ist, wird nicht durch den Gegenstand festgelegt, sondern durch die Zuordnung dieses Gegenstandes zu einem Symbolsystem.

Bilder als individuelle Zeichen

Allerdings scheint mir die sich hieraus ergebende Konsequenz, dass Bilder individuelle Zeichen (und daher ganz wesentlich an einen einzigen Bildträger gebunden) sind, teilweise problematisch zu sein, weil wir im alltäglichen Umgang mit Bildern oft sehr viel ungenauer verfahren, als es die Bestimmung der Dichte nahe legt. Insbesondere bei standardisierten Bildern, wie Piktogrammen, erlauben wir mitunter durchaus, dass es syntaktisch äquivalente Bildmarken und damit unterschiedliche Instanziierungen eines Bildes gibt, die eine Elementklasse bilden. Eine solche Verwendung des Bildbegriffs hängt jedoch stark von den jeweiligen kontextuellen Vorgaben ab. Obwohl dieses Problem für die Frage nach der Möglichkeit einer Bildsyntax nicht entscheidend ist, soll es kurz diskutiert werden, um auf die Bedeutsamkeit pragmatischer Vorgaben auch für die syntaktischen Aspekte hinzuweisen.

Einen extremen Fall bildet der Kontext ästhetisch wertvoller Bilder. Hier ist die Bestimmung eines Bildes als individuelles Zeichen im besonderen Maße berechtigt. Beispielsweise ist die *Mona Lisa* ein ganz konkreter und individueller Gegenstand. Tauchte ein weiteres Bild auf, das sich von dem Bild im Louvre, das wir üblicherweise als *Mona Lisa* ansprechen, in keiner unmittelbar sichtbaren Weise unterscheiden ließe, würden wir dennoch beide Bilder nicht als gleichwertige Realisierungen der *Mona Lisa* akzeptieren, sondern unterstellen, dass nur ein Bild wirklich die *Mona Lisa* ist, das andere aber eine Fälschung. Dieses Insistieren auf den Unterschied von Original und Fälschung setzt nicht nur voraus, dass beide Gegenstände numerisch verschieden sind. Da es sich um zwei Gegenstände handelt, können sie natürlich nicht identisch sein. Es setzt zudem voraus, dass der Unterschied zwischen ihnen auch ästhetisch relevant ist. Selbst wenn ein Experte gegenwärtig nicht in der Lage wäre, die konkreten Eigenschaften faktisch aufzuspüren, die beide Bilder unterscheiden, so unterstellen wir doch, dass es ein Original gibt, das einige besondere Eigenschaften besitzt, die es der Kopie gegenüber künstlerisch aufwerten. Würde ein solcher Unterschied prinzipiell nicht auszumachen sein, wäre der hohe Preis, der üblicherweise für das Original bezahlt wird, völlig ungerechtfertigt. Im ästhetischen Kontext und insbesondere im Zusammenhang mit den Fragen zur Authentizität von Kunstwerken ist es also sinnvoll, das Bild an den physischen Bildträger zu binden, da letztlich nur der physische Bildträger (und seine Kontinuität über die Zeit) garantiert, dass es ein Original gibt (vgl. auch GOODMAN 1968: 101ff.).

Auch bei Originalen in diesem emphatischen Sinne tauchen aber bereits Grenzfälle auf, etwa im Zusammenhang mit ihrer Restaurierung. Zeigen die Innenwände der Sixtinischen Kapelle vor ihrer 1980 begonnenen und nach ihrer 1992 abgeschlossenen Restauration unterschiedliche Bilder? Wir würden normalerweise von der *Sintflut* als nur *einem* Bild reden, auch wenn es faktisch ein entsprechendes Bild mit matten Farben gegeben hat und es nun ein davon doch deutlich unterscheidbares Bild mit kräftigen Farben gibt. Der Name des Bildes scheint also mitunter eine ideelle Entität zu bezeichnen. Über die Fragen hierzu – was das Original ist, ob unterschiedliche Stadien der Bildrealisation vorliegen etc. – bestehen in der kunstgeschichtlichen Forschung kontroverse Auffassungen (vgl. den Artikel *Restaurierung* in STADLER 1994, Bd. 10, 56f.).

Bild und Kopie

Während es sich bei dem Problem der Restaurierung um jeweils einen physischen Bildträger handelt, der lediglich ein unterschiedliches Aussehen erhalten kann, liegen im Falle von Grafiken, etwa Kupferstichen oder Lithografien, viele Gegenstände vor, die gleichberechtigt als Realisationen ein und desselben Bildes gelten. Auch hier ist es üblich, zwischen Originaldrucken und bloßen Reproduktionen zu unterscheiden (vgl. KOSCHATZKY 1975: 27ff.), aber diese Unterscheidung ist eher den Fragen zum Urheberrecht geschuldet, als dass ein nicht autorisierter Druck tatsächlich von einem autorisierten unterschieden werden könnte. Abgesehen von dem Problem der Reproduktion werden auf jeden Fall alle Originaldrucke, die es beispielsweise von Toulouse-Lautrecs *Le Divan Japonais* gibt, als gleichwertige Instanziierungen dieses Bildes angesehen. Hier verwenden wir den Ausdruck ›Le Divan Japonais‹ also als einen Eigennamen, mit dem wir nicht einen einzelnen konkreten Bildträger bezeichnen wollen, sondern die Klasse der Drucke, die dieses Bild realisieren.

Der Gedanke, dass Bilder Zeichen sind, die in unterschiedlicher Weise instanziiert werden können, liegt insbesondere beim Phänomen der Kopie nahe. Eine solche Auffassung hat auch Hans Jonas vertreten: »Wenn ein Gemälde oder eine Statue genau kopiert wird, so haben wir in der Kopie nicht ein Bild eines Bildes, sondern die Verdoppelung ein und desselben Bildes« (JONAS 1994: 113). Kopien präsentieren folglich ein Bild, sie verkörpern es gewissermaßen als Bildträger. Das gilt in noch größerem Maße beim Vergleich verschiedener Kopien. So würden wir von verschiedenen Abzügen desselben fotografischen Negativs annehmen, dass sie dasselbe Bild präsentieren. Sie sind zwar numerisch verschieden, aber das verhindert nicht, dass sie als Instanziierungen ein und desselben Bildes auftreten und so ein nicht-individuelles Zeichen verkörpern. Umgangssprachlich würde es auch oft sehr merkwürdig anmuten, die genauen Verhältnisse zwischen

Kopie und Original anzugeben. Das in einem Buch reproduzierte Bild *Mona Lisa* wäre dann das Bild eines Bildes eines Bildes eines Bildes eines Bildes. Denn die jeweilige Abbildung ist in der Regel der Druck einer fotomechanischen Vorlage, die auf einem Ausdruck beruht, der selber von einer Bilddatei stammt, die wiederum von einer Abbildung gescannt wurde etc. Wird infrage gestellt, dass eine Unterscheidung der einzelnen mechanischen Kopien erheblich ist, lässt sich natürlich darüber hinaus behaupten, dass auch die nachgezeichnete Kopie eine gleichwertige Inskription eines Bildes liefern kann. Umgangssprachlich ist es daher durchaus sinnvoll zu sagen, dass in einem Bildband das Bild *Mona Lisa* zu sehen ist, obwohl diese Aussage in einem strengen Sinne falsch ist. In vielen alltäglichen Bildverwendungskontexten ist es sogar selbstverständlich, unterschiedliche Bildträger als Instanziierungen desselben Bildes aufzufassen und die Bedingung der syntaktischen Dichte dementsprechend abzuschwächen. Das zeigt sich besonders an Gebrauchsbildern, zu denen nicht nur Bilder mit festgelegter kommunikativer Bedeutung (wie Piktogramme) zählen, sondern auch alle Arten von Illustrationen. Hier verzichten wir auf den emphatischen Begriff von Authentizität, der in der Analyse klassischer Bildkunstwerke seine Berechtigung hat.

Auch wenn es berechtigt ist, Bilder generell als nicht-individuelle Zeichen aufzufassen, ist damit aber nicht viel über die Möglichkeit gesagt, eine Bildsyntax oder ein Bildalphabet zu entwickeln. Es ist lediglich eine minimalste Voraussetzung erfüllt, um überhaupt im Bildbereich zwischen Marken und Charakteren zu unterscheiden und syntaktische Äquivalenzklassen bilden zu können. Diese Unterscheidung bewegt sich zudem noch auf der Ebene des komplexen Bildes, während eine kombinatorische Bildsyntax von den Elementen handeln müsste, aus denen sich ein Bild aufbaut. Daher ist das skeptische Argument gegen ein Bildalphabet und eine kombinatorische Bildsyntax bisher noch in keiner Weise entkräftet.

Bildsprachen und Bildalphabete

Ergänzend lässt sich bedenken, ob syntaktische Dichte immer gleichermaßen auf die gesamten Bilder und auf einzelne Bildelemente angewendet werden kann. Erfüllen vielleicht komplexe Zeichen das Kriterium der Dichte, nicht aber die atomaren Elemente? Bei genauerer Betrachtung ist dieser Weg wenig aussichtsreich. Wenn alle atomaren Elemente disjunkt und endlich differenziert sind, ist nicht einzusehen, wie das komplexe Zeichen allein durch die Kombination der Elemente zu einem dichten Zeichen werden soll. Auch wenn sich nur zwei disjunkte und endlich differenzierte Charaktere auf der Ebene der Elemente angeben lassen, scheint dies mit einer Bestimmung des komplexen Zeichens als dicht unvereinbar, denn in diesem Fall müssten aus den Inskriptionen von zwei Elementcharakteren auch beliebig viele zusammengesetzte Inskriptionen herstellbar sein, die syntaktisch äquivalent und auf diese Weise ebenfalls Inskriptionen von Charakteren wären. Diese könnten dann aber keine individuellen Gegenstände sein, wie es das Kriterium der Dichte fordern würde. Entweder sind also sowohl atomare als auch zusammengesetzte Charaktere dicht oder weder die einen noch die anderen.

Allerdings ließen sich dieselben Abschwächungen einer strikten Anwendung des Kriteriums der Dichte, die auf der Ebene der komplexen Bilder vorgebracht wurden, auf die Ebene der Bildelemente übertragen. Auch hier ist es zumindest in Alltagskontexten sinnvoll, bestimmte Bildelemente als Elementklassen aufzufassen, die unterschiedlich realisiert werden können. Von dieser Möglichkeit machen die zahlreichen Bemühungen um generierbare Bildsprachen Gebrauch (vgl. SCHMAUKS 1998), die Otto Neurath mit der von ihm entwickelten Bildsprache ISOTYPE angeregt hat (NEURATH 1991; vgl. auch BERNHARD/WITTHALM 1996). Vergleichbare Bildsprachen sind BLISS (vgl. 1949) oder CAILS (vgl. CHAMPOUX u.a. 2000). Zwar sind die Ansprüche, auf diese Weise eine internationale Kommunikation zu ermöglichen, nur bedingt einlösbar, da diese Bildsysteme höchstens eine sehr eingeschränkte Kommunikation erlauben und diese zudem kulturabhängig bleibt (vgl. HORTON 1994: 272). Ansatzweise werden hier aber durchaus eigenständige Bildelemente ausgezeichnet und zu komplexeren Einheiten kombiniert. Dies lässt sich auch auf Verfahren der computervisualistischen Erzeugung von Bildern übertragen, wenn die zu kombinierenden Grundelemente und ihre Eigenschaften zuvor genau festgelegt worden sind (vgl. MEYER-FUJARA/RIESER 1998: 134ff.). Für die Frage nach der Möglichkeit einer allgemeinen Bildsyntax im kombinatorischen Sinne ist damit dennoch wenig gewonnen, denn die entsprechenden Grammatiken lassen sich nicht verallgemeinern. Sie beziehen sich immer nur auf einen zuvor sehr eng definierten Bereich und bilden daher höchstens partielle Bildgrammatiken.

Als letzte Möglichkeit, das skeptische Argument infrage zu stellen, bleibt damit eine Kritik der dritten Prämisse, nach der ein Alphabet die eindeutige Unterscheidung von Marken und Charakteren voraussetzt. Danach lässt sich von einem Alphabet nur sinnvoll reden, wenn es disjunkte Elemente mit syntaktisch äquivalenten Inskriptionen gibt. Ob die Menge der Elemente analog zum lateinischen Alphabet endlich ist oder, wie bei den natürlichen Zahlen, unendlich, kann durchaus offen bleiben. Auch diese dritte Prämisse ist aber sehr plausibel, denn welchen Sinn sollte es machen, von einem Bildalphabet zu sprechen, wenn es keine (den Buchstaben vergleichbare) Klassen von Bildelementen gibt? Und sofern ein solches Bildelement-Inventar nicht vorliegt, lassen sich auch keine Regeln formulieren, die ihrer Kombination zugrunde liegen. Somit ist der Versuch gescheitert, dem Begriff eines Bildalphabets bzw. einer kombinatorischen Bildsyntax einen hinreichend spezifischen Inhalt zu geben, der für Bilder insgesamt anwendbar wäre. Als ein interessantes Ergebnis der Analyse ist aber festzuhalten, dass der Übergang von Bildern zu Sprachen fließend ist. Wie das Beispiel der Bildsprachen zeigt, lassen sich Bilder durchaus sprachlichen Regelsystemen unterwerfen. In dem Maße, in dem dies geschieht, werden sie jedoch zunehmend konventionalisiert und verlieren so ihren Bildcharakter.

Zur Motivation einer morphologischen Bildsyntax

Es sind im Wesentlichen zwei Phänomene zu nennen, die trotz der bestehenden Schwierigkeiten eine weitere Klärung des Begriffs einer Bildsyntax verlangen. Zum einen gibt es im Bereich der Kunsttheorie einige ernstgenommene Ansätze, formale Regeln des Bildaufbaus zu formulieren. Hier sind vor allem die Bemühungen innerhalb der formalen Ästhetik des 19. Jahrhunderts zu nennen (vgl. WIESING 1997). Zum anderen wurden in der klassischen Moderne von Seiten der Künstler Prinzipien der Bildgestaltung entwickelt, die zwar keine Syntax im kombinatorischen Sinne intendieren, aber doch eine Klassifikation von Bildelementen mit Regeln der Bildkomposition oder -konstruktion verbinden (vgl. etwa KLEE 1925 oder KANDINSKY 1926). Diese Prinzipien erlauben es zumindest, verschiedene Formen des Bildaufbaus und der Bildgestaltung (und damit verschiedene Bildtypen und Bildstile) auszuzeichnen. Entsprechende Verfahren zur Generierung von Bildstilen lassen sich im Prinzip auch algorithmisieren und mit Computern maschinell abarbeiten (vgl. SCHOFIELD 1994).

Die Überlegungen, die nun zu diesem Bereich angestellt werden, entsprechen einer Bildsyntax im zweiten genannten Sinne. Syntax bedeutet in diesem (im Folgenden als ›morphologisch‹ bezeichneten) Sinne die Untersuchung der Beziehungen, die zwischen den verschiedenen Zeichen eines Zeichensystems sowie innerhalb komplexer Zeichen bestehen. Die Frage nach den Beziehungen innerhalb komplexer Zeichen setzt erneut voraus, dass sich einzelne Bildelemente isolieren lassen. Diese sollten aber nicht im Sinne eines Alphabetes verstanden werden, das allen Bildern gleichermaßen zugrunde liegt, sondern im Sinne einer Binnendifferenzierung, nach der komplexe Bildstrukturen in elementarere Kompositionseinheiten zerlegt werden können. Eine solche Zerlegung kann im Rahmen einer Kategorialgrammatik erfolgen, in der die unterschiedlichen syntaktischen Dimensionen bildhafter Zeichen katalogisiert werden. Auf allgemeiner Ebene wären dies etwa Form, Farbe, Linienstil, Textur, Kontur etc., auf der spezielleren Ebene innerhalb der Dimension der Farbe etwa Sättigung, Tönung, Helligkeit, Leuchtkraft etc. Dies ist sicherlich ein sinnvolles Vorgehen, das unter Bildpraktikern zum ganz selbstverständlichen Handwerkszeug gehört und mittlerweile in den entsprechenden Grafikprogrammen wie *Corel* oder *Photoshop* auch in algorithmisierter Form vorliegt. Für die Frage nach morphologisch beschreibbaren Bildstrukturen ist dagegen der Versuch interessanter, eigenständige und isolierbare Kompositionseinheiten zu bestimmen.

Kritik des Begriffs einer kombinatorischen Bildsyntax

Bilder gehören syntaktisch dichten Symbolschemata an. Da sich bei syntaktisch dichten Symbolschemata jedoch die konkreten elementaren Zeichenvorkommnisse keinen Zeichenklassen eindeutig zuordnen lassen, kann es für Bilder kein Alphabet geben, das die Möglichkeit einer solchen Zuordnung voraussetzt. Da ein Alphabet die Voraussetzung für eine Grammatik ist, kann es keine Bildsyntax im kombinatorischen Sinne geben.

4.3 Bildelemente

Wenn nach einer Bildsyntax im zweiten, morphologischen Sinne gefragt wird, lassen sich zunächst die Beziehungen thematisieren, die zwischen einzelnen Bildern bestehen. Die hier zu formulierenden syntaktischen Regeln würden spezifizieren, wie Bilder zu Bildfolgen oder zu komplexeren Bildzusammenhängen verbunden werden können. Auch unabhängig vom Phänomen des Films, in dem es wesentlich um zeitlich geordnete Bildfolgen geht, ist dies ein interessantes Unternehmen, da es bereits bei zwei Bildern einen Unterschied macht, ob sie nebeneinander oder übereinander gezeigt werden und welches von beiden Bildern links bzw. rechts oder oben bzw. unten hängt (vgl. HUBER 1999; vgl. für die speziellen Probleme bei Comics auch MCCLOUD 1993). Solche Unterschiede verdanken sich vermutlich einer Übertragung der kulturellen Vereinbarungen des Lesevorgangs, der in westlichen Kulturen von links nach rechts und von oben nach unten erfolgt. Darüber hinaus besteht eine seit dem Mittelalter ausgeprägte Tradition der Bilderreihen, in denen etwa biblische Geschichten anhand einiger als wesentlich erachteter Momente veranschaulicht werden (vgl. KIBÉDI VARGA 1990).

Zur Analogie von Sprache und Bild

Werden die Beziehungen betrachtet, die zwischen Bildern in Bilderreihen bestehen, bietet es sich an, Bilder analog zu Sätzen zu verstehen. Als Bilderreihe verhalten sie sich dann analog zu Texten. Ein einzelnes darstellendes Bild könnte entsprechend im Sinne der Sprechakttheorie als eine pikturale Äußerung aufgefasst werden, mit der das Bestehen eines bestimmten Sachverhaltes behauptet wird. Das würde auf Abbildungen in Bildwörterbüchern nur eingeschränkt zutreffen, da sie nicht einem bestimmten Gegenstand eine Eigenschaft zuweisen, sondern Gegenstandsklassen charakterisieren, etwa die Klasse der Tiger durch die Eigenschaft, gestreift zu sein. Ganz offensichtlich kann ein einzelnes Bild, das eine komplexe Szene zeigt, aber auch als eine Geschichte rekonstruiert werden. In diesem Fall entspricht das einzelne Bild eher einem Text als einem einzelnen Satz. Beide Möglichkeiten der Bildinterpretation sind uns im faktischen Umgang mit Bildern durch zahlreiche Beispiele geläufig.

Wird die Analogie zum Satz bzw. zum Text jedoch ernst genommen, dann müssten sich Bilder in eigenständige Untereinheiten aufgliedern lassen. In der sprachwissenschaftlichen Terminologie gibt es entsprechend eine anerkannte Stufung im Aufbau komplexer sprachlicher Gebilde von Phonemen bzw. Graphemen über Morpheme hin zu Sätzen und Texten. Auf Bilder übertragen geht es hierbei nicht mehr um die Beziehungen zwischen Bildern, sondern um Beziehungen zwischen Bildelementen, also um die bildinternen Relationen. Dies entspricht dem zweiten Gegenstand einer Bildsyntax im schwächeren, morphologischen Sinne. Roland Barthes' berühmt gewordene Analyse der *Panzani*-Werbung liefert einen solchen Versuch, innerhalb eines Bildes verschiedene Bildelemente als bedeutungstragende Sinneinheiten zu unterscheiden. Die Einheiten, die er in seiner *Rhetorik des Bildes* hierbei ausmacht und als diskontinuierliche Zeichen anspricht (BARTHES 1964: 29), sind im Wesentlichen gegenständlich ausgerichtet, also durch die Darstellung der konkreten Objekte vorgegeben.

Mit Bezug auf die linguistische Terminologie ließe sich diese Struktur von Bildern analog zur Gliederung in singuläre und generelle Termini erfassen, also weitgehend analog zu Wörtern bzw. Morphemen als den kleinsten bedeutungstragenden Elementen, die selber wiederum aus elementareren, lediglich bedeutungsunterscheidenden Teilen zusammengesetzt sind. Teile des Bildes hätten dann entweder die Funktion eines Nominators oder eines Prädikators. Es wäre auch denkbar, dass derselbe Bildabschnitt oder das Bild insgesamt je nach Verwendung beide Funktionen übernimmt.

Da sich für alle genannten Analogien zwischen Bildern und sprachlichen Einheiten sinnvolle Beispiele anführen lassen, ist es kaum angemessen, eine der Alternativen als die einzig richtige auszuwählen. Eine feste Zuordnung von Bildern oder Bildeinheiten zu bestimmten sprachlichen Einheiten ist also nicht möglich. Vielmehr können Bilder je nach Verwendungskontext all die unterschiedlichen Funktionen übernehmen, die den einzelnen sprachlichen Einheiten zukommen (vgl. auch SCHIRRA/SCHOLZ 1998a: 390). Als Passfoto eingesetzt, dient eine Fotografie im Sinne eines Eigennamens (vgl. SEEL 1995) zur Auszeichnung eines ganz bestimmten Gegenstandes; sie lässt sich aber ebenfalls in prädikativer Funktion verwenden, um eine Gegenstandsklasse zu charakterisieren, oder als Urlaubsfoto, um (einem Text vergleichbar) eine ganze Geschichte in Erinnerung zu rufen. Relativ zu den linguistischen Grundkategorien sind Bilder also multifunktional. Eine entsprechende Zuordnung von Bildeinheit und Bildfunktion erfolgt immer erst im pragmatischen Kontext. Dies kann als eine der Besonderheiten bildhafter Zeichen gelten. Zwar werden auch in der Linguistik als Grundeinheit je nach Untersuchungsziel Buchstaben, Wörter oder auch Sätze genommen; diese Grundeinheiten beziehen sich aber nie auf dieselben Einheiten des Zeichens, während bei Bildern ein und dasselbe Zeichen (bzw. ein und derselbe Zeichenabschnitt) die jeweiligen Funktionen übernehmen kann.

Kandinsky über die Urelemente der Malerei

Obschon es kein Bildalphabet im strengen Sinne gibt und eine Stufung analog zu sprachlichen Zeichen nur partiell möglich ist, ist es unbestritten, dass sich viele Bilder in elementarere Bildeinheiten zerlegen oder zumindest anhand dieser Einheiten beschreiben lassen. Einen entsprechenden Vorschlag hat Kandinsky mit seiner Analyse der malerischen Grundelemente Punkt und Linie unternommen. In *Punkt und Linie zu Fläche* bezeichnet er den Punkt als »das Urelement in der Malerei und speziell in der Graphik« (KANDINSKY 1926: 31). Ein Punkt wird hier nicht im mathematischen Sinne verstanden als eine durch die Koordinaten bestimmte ausdehnungslose und unteilbare Größe. Vielmehr sind Punkte bei Kandinsky genau genommen kleinere Flächen, die nicht einmal rund sein müssen. Ein Punkt ist daher nicht exakt definiert und immer nur relativ zur Gesamtfläche zu beurteilen. Für sich allein und zentral gesetzt bildet der Punkt nach Kandinsky das »Urbild des malerischen Ausdrucks« (KANDINSKY 1926: 35).

Die Bestimmung des Punktes ist bei Kandinsky daher auch nicht mit dem in der Computergrafik verwendeten Begriff des Pixels bzw. der Pixelpunkte vergleichbar, durch die ein beliebiges Bild bei entsprechend hoher Auflösung mittels der Angabe ihrer Koordinaten und Farbwerte beschrieben werden kann. Als malerisches Grundelement wäre der Pixelpunkt zudem ganz ungeeignet. Zwar lässt sich jeder wahrnehmbare Unterschied zwischen zwei Bildern durch die jeweilige Pixelmatrix bestimmen, die einzelnen Pixelpunkte sind in der Regel aber gar nicht als eigenständige Einheiten sichtbar. Da sie für sich genommen lediglich ein Raster aus völlig gleichwertigen Punkten bilden, enthalten sie zudem keine bildinterne Gliederung und Auszeichnung einzelner Bildregionen, um die es einer morphologisch orientierten Bildsyntax gerade geht. Diese müssten erst durch eine Interpretation erzeugt werden.

Mehr noch als der Punkt hat die Linie als malerisches Grundelement zahlreiche Klassifikationsversuche angeregt. Wird die Linie als aus Punkten zusammengesetzt verstanden, dann ist sie zwar eine sekundäre Einheit. Dies ist bei Kandinsky aber ebenfalls nicht im mathematischen Sinne zu verstehen, sondern als Übergang vom Statischen ins Dynamische. Kandinsky zeichnet drei Bewegungsmöglichkeiten aus, wobei die Horizontale und die Vertikale den »Urklang der Geraden« (KANDINSKY 1926: 68) bilden. Die Kunstgeschichte kennt bereits vielfältige Unterscheidungen zwischen Linienqualitäten. In der formalen Ästhetik hat Riegl die Qualitäten des Malerischen und des Haptischen unterschieden, die Wölfflin zu einem umfangreichen Kategoriensystem formaler Eigenschaften pikturaler Relationen erweitert hat (vgl. WIESING 1997: 62ff.). Arnheim unterscheidet Objektlinien, Schraffierlinien und Umrisslinien (vgl. ARNHEIM 1965), bei Klee finden sich Erläuterungen zu aktiven, passiven und medialen Linien (vgl. KLEE 1925). Diese Versuche, pikturale Grundelemente durch eine Charakterisierung unterschiedlicher Linienformen zu gewinnen, liefern zwar keine kombinatorischen Regeln des Bildaufbaus, erlauben aber die Formulierung von Kompositionsprinzipien, die wiederum ein besseres Verständnis der pikturalen Ausdrucksmöglichkeiten sowie der stilistischen Besonderheiten gewähren. Die so ausgezeichnete begrenzte Menge von Bildelementen – etwa gebogene oder wellenförmige Linien – müssen immer in Beziehung zur Bildgrundfläche gesehen werden, denn es macht einen ebenso großen Unterschied, ob ein Punkt in das Zentrum der Fläche oder an ihren Rand gesetzt wird, wie es einen Unterschied macht, wie eine Linie konkret ausgerichtet ist. Weil ein bildhaftes Zeichen demgemäß immer als intern strukturierte Fläche betrachtet wird, ist für jedes Bildelement sowohl eine Beziehung zu anderen Elementen als auch zur Grundfläche entscheidend.

Bildelemente als wahrnehmungspsychologisches Phänomen

Diese doppelte Abhängigkeit der Bildelemente ist ganz wesentlich durch wahrnehmungspsychologische Gesetzmäßigkeiten beeinflusst. Zudem erfolgt eine Auszeichnung der syntaktischen Einheiten immer relativ zu den semantischen Kategorien, die wir auf die syntaktischen Strukturen übertragen. Dies hat die Gestaltpsychologie insbesondere für das Verhältnis von Figur und Hintergrund überzeugend belegt. Fragen zum kompositorischen Bildaufbau sollten daher – wie die Annahme, dass Bilder wahrnehmungsnahe Zeichen sind, bereits unterstellt – in einen entsprechend größeren Untersuchungsrahmen eingebettet werden.

Einen Vorschlag hierzu hat Fernande Saint-Martin (1987) entwickelt (vgl. kritisch SONESSON 1993; vgl. auch DÖLLING 1999). Sie verzichtet auf eine Auszeichnung konkreter Bildelemente zugunsten visueller Felder, die sie als Koloreme bezeichnet. Ein Kolorem wird durch visuelle Variablen bestimmt, die sich unter einer bestimmten Blickfixierung ergeben und objektive Eigenschaften des Bildes (plastische Variablen) wie subjektive Eigenschaften der Bildwahrnehmung (perzeptuelle Variablen) umfassen. Die visuellen Variablen betrachtet Saint-Martin mit explizitem Bezug auf Kandinsky als wesentlich vom energetischen Potenzial der Grundfläche abhängig. Indem diese durch die Blickausrichtung in zentrale und periphere Bereiche gegliedert wird, greifen topologische und gestaltpsychologische Aspekte ineinander.

Zur Analyse der Koloreme entwirft Saint-Martin ein Analysegitter, das ein Bild in fünf mal fünf Quadrate gliedert. Jedes dieser Quadrate ist zudem in fünf Bereiche aufgeteilt, wobei der fünfte, mittlere Bereich dem Blickzentrum entspricht. Das Ziel einer Bildanalyse besteht darin, die Relationen zwischen den Koloremen genauer zu erfassen, die einzelne Koloreme zu größeren visuellen Feldern zusammenbinden. Eine Bildsyntax, die einer solchen Analyse zugrunde liegt, besteht demnach einerseits aus diesen Relationen, die sich aus Topologie, Gestalt und Farbkontrast ergeben, andererseits umfasst sie die Prinzipien der kognitiven Funktionen und Operationen, die zum Etablieren der größeren Einheiten auf Grundlage der Relationen zwischen den Koloremen nötig sind. Die sich ergebenden bildsyntaktischen Regeln sind daher »regulators of energy and visual transformation, and not merely a description of relations between some sort of substantial and stable elements« (SAINT-MARTIN 1987: 65).

Bild und Kompositionalität

Das Modell einer Bildsyntax, das Saint-Martin in der Tradition der Semiotik entwirft, ist keine Bildsyntax im kombinatorischen Sinne – wenn dieser Anspruch zuweilen auch suggeriert wird (vgl. SAINT-MARTIN 1987: 65ff.) –, wohl aber im morphologischen Sinne. Zumindest in dieser Lesart ist es mit den (an der analytischen Philosophie orientierten) bildsyntaktischen Bestimmungen von Flint Schier kompatibel. Nach Schier gibt es keine Bildgrammatik, das System bildhafter Zeichen zeichnet sich aber wie dasjenige sprachlicher Zeichen durch Kompositionalität aus (vgl. zum Folgenden SCHIER 1986: 65-88). Die Bedeutung des Gesamtbildes wird daher durch die Bedeutung der einzelnen Bildeinheiten bestimmt. Der Unterschied zu sprachlichen Zeichen besteht dann vor allem in der besonderen Art der Kompositionalität. Zum einen sind die Teil-Ganzes-Relationen bei Bildern nicht konventionell, sondern selbst bildhaft (vgl. SCHIER 1986: 66). Jemand, der auf Grund seiner Wahrnehmungsfähigkeiten den Bildinhalt einzelner Bildeinheiten erkennen kann, ist zugleich in der Lage, eine Interpretation des Gesamtbildes zu liefern, weil die Kompositionalität bei Bildern keine zusätzlichen Regelkenntnisse verlangt. Damit ist unterstellt, dass die Wahrnehmungskompetenzen, die das Erkennen einzelner Elemente voraussetzen, mit denen identisch sind, die für das Erkennen der Struktur erforderlich sind.

Zum anderen sind Bilder nur schwach kompositional: Es ist nicht verlangt – wie bei sprachlichen Zeichen, die nach Schier stark kompositional sind –, dass bereits unabhängig vom Gesamtbild ein Verständnis der einzelnen Teile vorliegt. Bei Bildern ergibt sich das Verständnis einzelner Bildabschnitte vielmehr oft erst aus dem Gesamtbild. Das zeigen insbesondere Strichzeichnungen oder auch die sogenannten Smileys. Die einzelnen Bildelemente haben keine eigenständige Bedeutung, sondern erhalten ihre Abbildungsfunktion erst im Kontext des Gesamtbildes. Diese Bildeinheiten ließen sich analog zu Buchstaben als die kleinsten bedeutungsunterscheidenden Elemente betrachten, die im Bildkontext jedoch zu den kleinsten bedeutungstragenden Einheiten werden und damit eine Funktion analog der von Wörtern erhalten.

Anders als bei der linguistischen Gliederung, in der die verschiedenen Zeicheneinheiten unterschiedliche Funktionen besitzen, können bei Bildern keine speziellen Einheiten funktional charakterisiert werden. Ihre jeweilige Funktion wird vielmehr erst kontextuell festgelegt. Auf der syntaktischen Ebene gibt es bei Bildern deshalb nur zwei unterschiedliche Einheiten: die ikonisch selbstständigen Einheiten, die für sich vollständige Bilder liefern, und die sub-ikonischen Einheiten, die ihre Bedeutung erst im Kontext erhalten. Entsprechend kann cin Punkt unter Umständen ein Auge repräsentieren, aber, je nach Kontext, auch unendlich viele andere Dinge, etwa ein in großer Ferne fotografiertes Pferd.

Zur Bestimmung einer Bildsyntax im morphologischen Sinne

Bilder zeichnen sich in der Regel durch eine interne Gliederung aus. Sie weisen aber keine kontextunabhängigen Funktionseinheiten analog zu den Einheiten sprachlicher Zeichen auf. Vielmehr können Bildeinheiten je nach Kontext unterschiedliche Funktionen ausüben und entsprechend analog zu Morphemen, Sätzen oder Texten verstanden werden. Die Bestimmung elementarer Bildeinheiten ist dabei von wahrnehmungspsychologischen Gesetzmäßigkeiten abhängig.

4.4 Zusammenfassung und Ausblick: Von der Syntax zur Semantik

Unter der Annahme, dass Bilder wahrnehmungsnahe Zeichen sind, die sich hierdurch ganz wesentlich von sprachlichen Zeichen unterscheiden, ist es nicht zu erwarten, dass eine allzu starke Ausrichtung am linguistischen Syntaxbegriff zu adäquaten Ergebnissen bei der Charakterisierung pikturaler Grundelemente führt. Die Analyse des skeptischen Argumentes hatte diesen Eindruck bestätigt und zu dem Ergebnis geführt, dass es eine Syntax im kombinatorischen Sinne nicht geben kann. Das schließt aber einerseits eine syntaktisch formale Charakterisierung bildhafter Zeichensysteme nicht aus, wie sie Goodman unter anderem über den Begriff der syntaktischen Dichte vorgeschlagen hat. Es schließt andererseits eine morphologische Bildsyntax nicht aus, die durch eine Bestimmung wahrnehmungsabhängiger Elementareinheiten eine Analyse von Bildstrukturen ermöglicht. Die Überlegungen, die Kandinsky hierzu angestellt hat, legen Bildern in diesem Sinne abstraktere Bildschemata zugrunde, mit denen gewissermaßen die Tiefenstrukturen und die internen Spannungsverhältnisse veranschaulicht werden können, die auch gegenständliche Bilder auszeichnen. Eine solche Art der Strukturanalyse ist in der Kunstwissenschaft eine Zeitlang durch die Arbeiten von Hans Sedlmayr auch recht populär gewesen (vgl. SEDLMAYR 1957).

Zum Verhältnis von syntaktischen und semantischen Bildbereichen

Bei der Bestimmung von einzelnen Bildeinheiten ist ihr Bezogensein auf die Wahrnehmung wesentlich. Dieser Befund kann auch so formuliert werden, dass (rein syntaktisch charakterisierte) Bildbereiche und ikonische Bildbereiche nicht identisch sind. Vielmehr exemplifizieren Bildbereiche zunächst visuelle Eigenschaften. Diese visuellen Eigenschaften werden mit der Wahrnehmung in bildhafte oder ikonische Bereiche transformiert. Deshalb sind die ikonischen Bereiche nicht reduzierbar auf die entsprechenden räumlichen Bereiche, denen wir die visuellen Informationen entnehmen. Aus diesem Grunde können wir unter Umständen in Bildern oder Bildabschnitten auch ganz Unterschiedliches sehen. Das ist immer dann der Fall, wenn die Eigenschaften, die der entsprechende räumliche Bildbereich exemplifiziert, zu unspezifisch bleiben, um einen bestimmten Inhalt festzulegen. In diesem Fall müssen die bildhaft interpretierten Beziehungen zwischen den Teilen und dem Ganzen die nötigen Spezifikationen liefern. In mehr oder weniger ausgeprägter Weise gilt das für alle Bilder.

Entsprechend sind die Linien im unteren Teil der abgebildeten Kinderzeichnung (vgl. Abb. 2) für sich genommen beliebige Striche. Da der Betrachter das Bild insgesamt aber (mit etwas Wohlwollen) als Darstellung einer Fledermaus erkennen kann, lassen sich die Striche im unteren Teil entsprechend als Zehenknochen interpretieren. Bildhaft ist an der Darstellung demnach vor allem der Gesamtzusammenhang, also die strukturellen Beziehungen zwischen den Bildeinheiten. Die Striche dagegen *repräsentieren* zwar Zehenknochen, stellen sie aber *nicht bildhaft* dar. Erst anhand der entsprechenden Teil-Ganzes-Beziehungen ist der Betrachter in der Lage, im Bild eine Fledermaus zu erkennen, die Flügel und Krallen besitzt. Das Kind kann, anders gesagt, bereits Fledermäuse zeichnen, aber noch keine Fingerknochen (vgl. auch SCHIER 1986: 75).

ABBILDUNG 2
Kinderzeichnung: Fledermaus (Rosa, 7 Jahre)

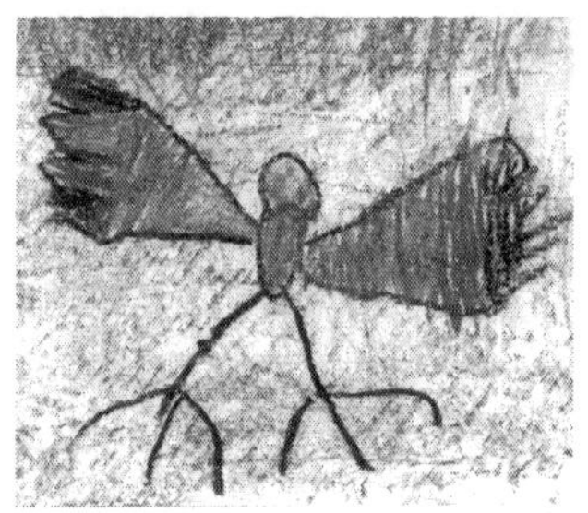

Nach diesem Befund sind ikonische Eigenschaften sekundäre Eigenschaften, die immer nur relativ zur Wahrnehmung bestehen und aus diesem Grunde im erheblichen Maße von semantischen Vorgaben abhängen. Oft lassen sich nur auf Grund der Interpretation des Gesamtbildes, die sich relativ zur Wahrnehmungskompetenz einstellt, Bildeinheiten ausmachen. Ohne diese Vorgaben können syntaktische Bildeinheiten und Bildstrukturen nicht hinreichend erfasst werden. Ein entsprechender Befund hatte auch die Entwicklung der linguistischen Syntax bestimmt. Die heute etwas anders als früher empfundene Doppeldeutigkeit des oft zitierten Beispielsatzes »flying planes can be dangerous« (vgl. CHOMSKY 1965; vgl. auch SCHNEIDER 1975) lässt sich nur auflösen, wenn ihr unterschiedliche Strukturbeschreibungen zugrunde gelegt werden. Chomsky hatte in diesem Zusammenhang vorgeschlagen, die Syntax in einen phonologischen und einen syntaktisch-strukturerzeugenden Teil aufzugliedern, wobei letzterer einerseits eine Tiefenstruktur enthielt, andererseits Transformationsregeln, mit denen aus der Tiefenstruktur verschiedene Oberflächenstrukturen erzeugt werden können. Für den zitierten Beispielsatz war es nötig, zwei unterschiedliche Tiefenstrukturen anzugeben. Auf diese

Weise wird die Syntax aber bereits auf elementarer Ebene mit semantischen Überlegungen versehen.

Analoges gilt ebenfalls (und vermutlich im verstärkten Maße) für das bildsyntaktische Vorgehen. Die Wahrnehmungsprozesse, die zur Konstitution der Bildelemente aus den verschiedenen Bildpartien (bzw. aus den visuellen Eigenschaften, die sie exemplifizieren) erforderlich sind, sind in der Regel mit semantischen Vorgaben verbunden. Ob ein Punkt als Auge oder als ein beliebiger, sehr entfernter Gegenstand gesehen wird, lässt sich nicht an dem Bildelement selbst ablesen. Soweit ein Bildelement keine eigenständige Bedeutung besitzt, muss es daher erst in Bezug zum Gesamtbild betrachtet werden. Es ist eine elementarere Interpretation des Gesamtbildes (d. h.: die Zuweisung seines Bildinhalts) also immer schon vorausgesetzt, bevor die Ambiguität der einzelnen Bildelemente aufgelöst werden kann. Aus diesem Grunde ist die Semantik einer Bildsyntax vorgelagert.

Zum Verhältnis von syntaktischen und semantischen Bildeigenschaften

Rein syntaktisch charakterisierte Bildbereiche und ikonische Bildbereiche sind weder identisch noch aufeinander reduzierbar. Die (semantisch interpretierten) ikonischen Bildbereiche ergeben sich in der Regel erst auf Grund von Vorgaben, die wesentlich durch die wahrnehmungspsychologischen Grundlagen bestimmt werden.

5. Bildsemantik

Die Überlegungen zur Möglichkeit und zur Gestalt einer Bildsyntax legen nahe, dass in die Bestimmung einzelner Bildeinheiten bereits eine mit der Wahrnehmung erfolgte Interpretation des übergeordneten Bildzusammenhanges eingeht. Wahrnehmungspsychologisch ist dies keineswegs überraschend. Auch die übliche Gegenstandswahrnehmung ist oft durch Erwartungen und Überzeugungen bestimmt, sodass wir zuweilen genau das sehen, was wir sehen wollen. Entsprechend stellt sich das Phänomen der Wolkenbilder in der Regel nur ein, wenn wir eine bewusste Anstrengung unternehmen, die sichtbaren Strukturen in bestimmter Weise wahrzunehmen. Auch das Phänomen der Vexierbilder zeigt, dass sich mitunter erst eine organisierende Idee gebildet haben muss, bevor wir die verschiedenen Aspekte des Bildes tatsächlich erkennen können. Jemand, der mit Hasen nicht vertraut ist, wird daher in dem Hasen-Enten-Bild keinen Hasen, sondern höchstens eine Ente sehen.

Das nun folgende Kapitel behandelt vor allem die Frage, auf welcher Grundlage sich solche Interpretationsvorgaben ergeben. Obschon in der Diskussion kontrovers, spricht vieles dafür, dass unser Weltwissen (und ebenfalls die Erwartungen, die damit verbunden sind) gleichermaßen die übliche Gegenstandswahrnehmung und die Bildwahrnehmung beeinflussen. Wir fassen die Bildstrukturen demnach relativ zu den Strukturen auf, die wir auch den entsprechenden Gegenständen zugrunde legen. Wir orientieren uns, anders gesagt, an den Ähnlichkeiten, die zwischen Bild und Abgebildetem bestehen. Damit ist eine Antwort auf die Frage, wie der Sinn ins Bild kommt (vgl. BLANKE 2003), zwar erst angedeutet; trotz der Kritik, die Ähnlichkeitstheorien erfahren haben, ist eine weitere Klärung des Ähnlichkeitsbegriffs aber in der Lage, wichtige Präzisierungen dieser Andeutung zu leisten. Hierzu muss die Ähnlichkeitstheorie aber von einigen Lasten befreit werden, mit denen sie traditionell befrachtet wurde.

Der Schwerpunkt des bildsemantischen Kapitels wird daher in einer etwas ausführlicheren Explikation des Ähnlichkeitsbegriffs liegen, ohne den der Bildbegriff nicht hinreichend geklärt werden kann. Die Explikation sieht hierbei von den für die Bildinterpretation wesentlichen kognitiven Aspekten vorerst ab, da diese das Thema des Kapitels zum Bildverstehen (Kap. 11) bilden, und wird sich ganz darauf konzentrieren, die wichtigen Merkmale des Ähnlichkeitsbegriffs in konsistenter Weise zu formulieren und ihren Zusammenhang mit dem Bildbegriff herauszustellen. Bei dem einzuführenden Ähnlichkeitsbegriff handelt es sich um einen internalisierten Ähnlichkeitsbegriff, der Ähnlichkeit relativ zu den Wahrnehmungsstandards fasst. Auf diese Weise kann etwa das Realismusproblem ganz ausgeblendet bleiben (ohne es damit auszuschließen), denn dass ich in einem Bild einen bestimmten Gegenstand auf Grund der Ähnlichkeit erkenne, die Bild und Abgebildetes teilen, heißt nicht, dass die Eigenschaften, die das Bild exemplifiziert, den Gegenständen auch zukommen, sondern nur, dass wir die entsprechenden Gegenstände so wahrnehmen. Auf diese Weise wird zudem die Verklammerung von Zeichen- und Wahrnehmungsaspekt eingelöst werden, die in der Explikation des Bildbegriffs gefordert und im Kontext der bildsyntaktischen Überlegungen bereits nachgewiesen wurde.

Thesen zur Bildsemantik

(5) Ein Gegenstand G1 bildet einen Gegenstand G2 ab (ist ein Bild von G2), sofern G1 als Zeichen aufgefasst wird, das G2 ähnlich ist.

(5.1) Die Bildsemantik behandelt das Verhältnis von Bildträger und Bildinhalt. Es kann sie im formalen, interpretativen und philosophischen Sinne geben.

(5.2) Ähnlichkeit ist eine notwendige semantische Eigenschaft abbildender Bilder und eine hinreichende Bedingung zur Unterscheidung bildhafter und sprachlicher Zeichen.

(5.3) Fiktionale Bilder liefern keine Gegenbeispiele für die Ähnlichkeitstheorie.

(5.4) Die Bestimmung der Bildbedeutung ist mitunter von pragmatischen Vorgaben abhängig.

5.1 Zum Begriff der Semantik

Auch der Ausdruck ›Semantik‹ wird in unterschiedlichen Bedeutungen verwendet. Zuweilen schreiben wir einem einzelnen Ausdruck oder Text eine Semantik zu, um auf seine Bedeutungsstrukturen hinzuweisen. Nach der üblicheren Verwendung ist die Semantik jedoch das wissenschaftliche Unternehmen, das – sehr allgemein formuliert – die Bedingungen untersucht, die »an entity must fulfil so that it can be represented by signs for interpreters in semiosis« (POSNER 1997a: 4; vgl. auch ROBERING 1997). Entscheidend sind hier die Anwendungsbedingungen, die das Verhältnis zwischen den Zeichen und ihren Anwendungsbereichen regeln. Die semantische Grundfunktion besteht daher in der Klassifikation, mit der eine Klasse von Gegenständen als Anwendungsbereich eines Ausdrucks zusammengefasst wird. Traditionell kommt damit der Begriff der Bedeutung ins Spiel, der chronisch vieldeutig ist und zu den kontroversesten Begriffen der Philosophie zählt. In der semantischen Theorie besitzt ein Ausdruck S für einen Interpreten I eine Bedeutung B. Der Ausdruck ›Bedeutung‹ kann hierbei die emotiven, motivativen oder auch die deskriptiven Aspekte eines Zeichen meinen. Zudem gibt es viele Fälle von uneigentlicher Bedeutung, für die das Phänomen der Metapher paradigmatisch ist. Als uneigentliche Bedeutung gelten ebenfalls alle Formen der situativen Bedeutung, unter die unter anderem auch das Phänomen der Ironie fällt. Außerdem wird oft die illokutionäre Kraft einer Zeichenhandlung unter dem Bedeutungsbegriff subsumiert. Das bildsemantische Kapitel beschränkt sich auf die deskriptive Bedeutung, die oft als lexikalische Bedeutung gilt und für die im Folgenden der Ausdruck ›Inhalt‹ synonym verwendet wird. Fragen zur situativen Bedeutung sowie zur illokutionären Kraft (bzw. zum kommunikativen Sinn) bilden das Thema des bildpragmatischen Kapitels.

Die Semantik lässt sich in unterschiedliche Teilaufgaben zerlegen. Wie bei der Syntax ist es möglich und unstrittig, eine formale Beschreibung der semantischen Eigenschaften von Zeichensystemen zu geben. Diese können etwa semantisch disjunkt oder semantisch dicht sein. Eine der kontroversen Thesen der Bildtheorie Goodmans besteht darin, dass sprachliche und bildhafte Zeichensysteme sich hinsichtlich ihrer formal-semantischen Charakterisierung nicht unterscheiden, da beide Zeichensysteme ambig und semantisch weder disjunkt noch endlich differenziert sind.

Interpretative Semantik

Einen weiteren Aufgabenbereich bilden die unterschiedlichen (vor allem innerhalb der modernen linguistischen Semantik ausgebildeten) interpretatorischen Verfahren. In elementarer Weise verkörpert diese die logische Semantik. Sie geht von formalen Sprachen bzw. von uninterpretierten Kalkülen aus und weist den einzelnen Ausdrücken eine Bedeutung zu, indem sie diese mit natürlichsprachlichen Ausdrücken äquivalent setzt. Da hierbei eine Metasprache immer schon vorausgesetzt ist, behandelt die Semantik in diesem Sinne im Grunde Übersetzungsprobleme.

Hiermit verwandt ist diejenige interpretative Semantik, die (etwa bei J.J. Katz) ebenfalls von einem kalkülartigen Apparat ausgeht und die vorliegenden sprachlichen Ausdrücke interpretiert, indem sie ihnen in begriffsrealistischer Ausrichtung durch die Zuordnung lexikalischer Einträge eine sprachunabhängige Bedeutung zuzuweisen versucht. Eine Semantik in diesem Sinne gilt auf Grund des Problems einer sprachunabhängigen Darstellung weitgehend als gescheitert und sollte eher als Verfahren verstanden werden, die innersprachlichen Relationen zwischen sprachlichen Ausdrücken zu beschreiben (vgl. SCHNEIDER 1975: 40ff.).

Ein weiteres Verständnis von Semantik ergibt sich mit der generativen Semantik, die als Voraussetzung einer Beschreibung von Sinnrelationen die Regeln der semantischen Zusammensetzung explizit machen will. Teilweise werden damit bereits die verschiedenen Präsuppositionen thematisch, die als Sinnvoraussetzungen sprachlicher Äußerungen zu gelten haben und die einen wichtigen Gegenstand der Sprechakttheorie bilden.

Schließlich gibt es eine Referenzsemantik, die primär die Beziehung von Ausdrücken zur außersprachlichen Wirklichkeit untersucht. Das prominente Thema ist hier die Funktion der indexikalischen Ausdrücke, vor allem der Eigennamen und Kennzeichnungen. Dies schließt in der Regel den Rekurs auf die deskriptiven Bedeutungen der Ausdrücke ein, über die der entsprechende Bezug zur Wirklichkeit realisiert wird.

Eine Bildsemantik im interpretativen Sinne von Semantik wurde primär innerhalb der Kunstgeschichte ausgebildet. Hierzu hat die Warburg-Schule und in besonderer Weise Erwin Panofsky Erhebliches beigetragen (vgl. z.B. PANOFSKY 1955). Auf Panofsky geht die Stufung in eine vorikonografische, ikonografische und ikonologische Sinnebene zurück, die Imdahl um die Ikonik ergänzt hat (vgl. IMDAHL 1994). Innerhalb der kunstgeschichtlichen Analysen wird allerdings die ikonografische

Ebene oft verstärkt behandelt, auf der die kulturellen und historischen Bildkontexte erschlossen werden, während die vorikonografische Ebene als weitgehend selbstverständlich gilt und unthematisch bleibt. Damit verfährt die Kunstwissenschaft nicht analog zur Sprachwissenschaft, sondern eher analog zur Literaturwissenschaft.

Semantik im philosophischen Sinne

Von den interpretativ orientierten Semantikkonzeptionen sollte eine Semantik im philosophischen Sinne unterschieden werden, der es nicht um die Interpretation formal gebildeter Ausdrücke geht, sondern primär um die Frage, was Bedeutung überhaupt ist und wie es kommt, dass wir Ausdrücken eine Bedeutung zuschreiben. Dies schließt eine Klärung derjenigen Grundbegriffe ein, mit denen wir uns üblicherweise das Verhältnis klarmachen, das zwischen Zeichen und Wirklichkeit besteht. Vor allem hinsichtlich des zentralen Bedeutungsbegriffs sind die philosophischen Klärungsversuche aber bisher überaus zahlreich und uneinheitlich geblieben. Das gilt auch für den speziellen Aspekt der deskriptiven Bedeutung. Ganz grob stehen sich hier (unter anderem) mentalistische, intensionale, behavioristische, wahrheitskonditionale, verifikationistische, intentionalistische und konventionalistische oder gebrauchsregelorientierte Ansätze gegenüber (vgl. etwa SCHOLZ 1999b: 258ff.). Eine Klärung dieser Ansätze, die alle auf die Probleme der Bildtheorie übertragen werden könnten, ist im Folgenden natürlich in keiner Weise intendiert. Die Fragestellung, die verfolgt wird, richtet sich vielmehr sehr speziell auf die Möglichkeit, die Bedeutungskonstitution bei bildhaften Zeichen zumindest teilweise an Wahrnehmungskompetenzen zu binden. Damit soll keine generelle Antwort für das Bedeutungsproblem formuliert, sondern lediglich einigen Besonderheiten nachgegangen werden, die bildhafte Darstellungen auszeichnen. Hierbei wird sich zeigen, dass es sinnvoll ist, das mentalistische Paradigma für die Bildtheorie partiell in Anspruch zu nehmen, das für sprachliche Zeichen im Rahmen der Sprechaktheorie mit Recht aufgegeben wurde.

Die philosophischen Theorien, die beanspruchen, ein allgemeines Kriterium für das Bedeutungsproblem bei bildhaften Darstellungen formuliert zu haben, lassen sich grundsätzlich zwei Positionen zuordnen. Sie gehen entweder davon aus, dass die Bedeutung eines Bildes analog zu sprachlichen Zeichen konventionell bzw. durch Gebrauchsregeln festgelegt wird, oder sie nehmen ein genuines Entsprechungsverhältnis zwischen Bild und Abgebildetem an, das in der internen Struktur des Bildträgers motiviert und daher in einem noch genauer zu explizierenden Sinn ›natürlicher‹ als eine konventionelle Zuordnung ist. Theorien der ersten Gruppe würden konsequenterweise behaupten, dass ein Bild auch ganz anders hätte aussehen können – und je nach kulturell geprägten Darstellungsformen auch anders aussehen würde –, um seinen Zweck zu erfüllen. Theorien der zweiten Gruppe bestehen dagegen darauf, dass ein Bild, um als Bild eines bestimmten Gegenstandes gelten zu können, Eigenschaften besitzen muss, die ohne weitere Regelkenntnisse einen Rückschluss auf den abgebildeten Gegenstand (im Sinne des Bildinhalts) zulassen. Eine prominente Theorie, die eher der ersten Gruppe zugerechnet wird, ist die Symboltheorie von Nelson Goodman. Zu den Theorien der zweiten Gruppe gehören vor allem die Ähnlichkeitstheorien.

Als eine der bekannteren Alternativen zur Ähnlichkeitstheorie, die das Spezifische des Bildes ebenfalls über eine semantische Bestimmung erfassen will, hat sich geschichtlich schon sehr früh die Kausaltheorie herausgebildet. Da die meisten Kausalbeziehungen aber keine Repräsentationsbeziehungen sind, kann die Kausaltheorie sinnvoll nur behaupten, dass der Bildinhalt oder aber auch der Bildreferent kausal festgelegt wird, nicht aber die Eigenschaft, ein Bild zu sein. In dieser Fassung hat die Kausaltheorie eine gewisse Plausibilität für das Phänomen der natürlichen Bilder, kann aber nicht als allgemeine Bestimmung der semantischen Bilddimension dienen, weil sie viele Bildphänomene – wie etwa fiktionale Bilder oder Allgemeinbilder – nicht erfasst (vgl. SCHOLZ 1991: 64ff.). Diese Schwäche hat die Kausaltheorie etwa mit der Illusionstheorie gemeinsam – die daher beide spezielle Bildtheorien sind –, nicht aber mit der Ähnlichkeitstheorie, wie nun gezeigt werden soll.

Was ist eine Bildsemantik?

Eine Bildsemantik im formalen Sinne beschreibt die Beziehungen, die zwischen Bildschemata und ihren Anwendungsbereichen bestehen. Eine Bildsemantik in diesem Sinne ist unstrittig.

Eine Bildsemantik im interpretativen Sinne erfasst die Sinnebenen, Sinnrelationen und Sinngehalte von Bildern. Sie wurde partiell vor allem innerhalb der Kunstwissenschaft ausgearbeitet.

Einer Bildsemantik im philosophischen Sinne geht es um eine Klärung der Grundbegriffe (insbesondere des Begriffs der Bedeutung), mit denen wir uns das Verhältnis zwischen Bild und Wirklichkeit klarmachen. Nach den beiden extremen Positionen wird Bedeutung entweder konventionell bzw. durch Gebrauchsregeln festgelegt oder durch den Bildträger selbst motiviert.

5.2 Bild und Ähnlichkeit

Traditionell galt die Ähnlichkeitsbeziehung (und damit eine semantische Eigenschaft) als das wesentliche Merkmal des Bildes. Es ist das unzweifelhafte Verdienst von Nelson Goodman, auf die Probleme einer solchen Antwort hingewiesen und die Bildtheorie damit aus ihrem ähnlichkeitstheoretischen Schlummer erweckt zu haben. Die Probleme des bildtheoretischen Rückgriffs auf den Ähnlichkeitsbegriff liegen nicht so sehr darin, dass Bilder gar nichts mit Ähnlichkeit zu tun hätten oder dass die Ähnlichkeitstheorie in allen Fällen falsch oder insgesamt unsinnig ist. Vielmehr bleibt die Ähnlichkeitstheorie nach Ansicht ihrer Kritiker für die entscheidenden philosophischen Fragen einer Begriffsanalyse unergiebig. Weder für die Frage, was ein Bild zum Bild macht, noch für diejenige, wie der konkrete Referent eines Bildes festgelegt wird, liefere der Ähnlichkeitsbegriff hinreichende oder notwendige Bedingungen. Die Ähnlichkeitstheorie biete daher keine Lösung für ein Problem, sondern bezeichne es lediglich: »Der Einwand gegen die Behauptung, einige Gemälde seien ihren Sujets ähnlich, ist nicht der, dass sie es nicht sind, sondern dass so wenig damit gesagt ist, wenn nur dies gesagt wird.« (BLACK 1972: 141)

Die Eigenschaft der Ähnlichkeit ist sicherlich für sich nicht ausreichend, um verständlich zu machen, dass ein Gegenstand ein Bild ist, denn viele Gegenstände sind sich ähnlich, ohne Bilder der anderen Gegenstände zu sein. Für die Frage nach dem Bildstatus ist es wohl sinnvoller, eine gebrauchstheoretische Auffassung zu vertreten, nach der ein Gegenstand letztlich auf Grund einer bestimmten Verwendungs- bzw. Rezeptionsweise zum Bild wird. Dennoch kann das Ähnlichkeitskriterium sinnvoll sein, um bildhafte von sprachlicher Bezugnahme zu unterscheiden. Vor allem scheint es mir am geeignetsten zu sein, um ein Phänomen zu erklären, das Flint Schier als »natural generativity« bezeichnet und seiner Bildexplikation zugrunde gelegt hat: »A system of representation is iconic just if once someone has interpreted any arbitrary member of it, they can proceed to interpret any other member of the system, provided only that they are able to recognize the object represented.« (SCHIER 1986: 44) Das Phänomen besteht darin, dass wir beim Erlernen einer Sprache die Bedeutung der meisten Elemente (Worte) dieser Sprache (oft sehr mühsam) einzeln lernen müssen, während ein adäquater Umgang mit Bildern in der Regel bereits ermöglicht wird, wenn – zumindest innerhalb eines bestimmten Bildtyps – die Bedeutung nur eines Elementes (Bildes) verstanden wurde. Hierzu benötigen wir eine sehr allgemeine Zeichenkompetenz und eine schon recht differenzierte Wahrnehmungskompetenz, die es uns erlaubt, einen Gegenstand allein durch sein Aussehen wiederzuerkennen. Hat das Kind unter diesen Voraussetzungen einmal verstanden, dass ein bestimmter Gegenstand zum Beispiel das Bild eines Balles ist, dann wird es auch bei vielen anderen Bildern keine Mühe haben, sie als Bilder etwa von Äpfeln oder auch von Elefanten zu interpretieren, soweit es Äpfel und Elefanten bereits gesehen hat. Kinder können in der Regel ungefähr nach dem ersten Lebensjahr – also mit dem Spracherwerb, der die nötige allgemeine Zeichenkompetenz einschließt – problemlos ein Bild als Bild klassifizieren und damit zugleich (trotz der mitunter vorhandenen stilistischen Unterschiede) erkennen, was das Bild im Einzelnen abbildet.

Mein Versuch einer Verteidigung der Ähnlichkeitstheorie läuft vor diesem Hintergrund darauf hinaus, die Ähnlichkeitstheorie als einen Forschungsansatz zur Klärung des Phänomens der natürlichen Generativität bildhafter Interpretationen aufzufassen. Während Goodman auf Grund der Probleme mit dem Ähnlichkeitskriterium die Besonderheiten von Bildern allein auf der syntaktischen Ebene verorten will, wird im Folgenden der Versuch unternommen, Entsprechendes ebenfalls auf der semantischen Ebene anzustreben. Hierzu bietet ein ähnlichkeitstheoretischer Ansatz trotz der zahlreichen Probleme – etwa mit abstrakten und fiktionalen Bildern – die besten Aussichten. Zu präzisieren wäre jedoch, was genau unter Ähnlichkeit zu verstehen ist. Dies wird unter anderem mit Hilfe des Isomorphiebegriffs versucht (vgl. REHKÄMPER 1991: 66ff.; 1995a). Es müsste aber zudem genauer bestimmt werden, welche Funktion dem Ähnlichkeitsbegriff innerhalb der Bildtheorie zukommt und welche Fragen sich mit ihm beantworten lassen. Schließlich sollte festgelegt werden, worauf Ähnlichkeit sich im Einzelnen bezieht, ob auf die Gegenstände selbst oder auf die Wahrnehmung der Gegenstände. Die Darstellung der verschiedenen Versionen der Ähnlichkeitstheorie führt dazu, eine bescheidenere Version der Ähnlichkeitstheorie zu entwerfen, der eine begrenzte, aber doch unverzichtbare Funktion innerhalb einer allgemeinen Bildtheorie zukommt. Bevor ein entsprechender Vorschlag vorgestellt wird, sollen kurz einige der Standardargumente gegen die Ähnlichkeitstheorie referiert werden.

5.2.1 *Grenzen der Ähnlichkeitstheorie*

Nach der traditionellen Lesart der Ähnlichkeitstheorie ist ein Gegenstand ein Bild, wenn er diesem ähnlich ist: A repräsentiert B bildhaft, wenn A B ähnlich ist. In dieser überaus naiven Fassung ist die Ähnlichkeitstheorie sicherlich falsch. Mit Recht bringt Goodman einige offensichtliche Einwände vor, die zeigen, dass Ähnlichkeit keine hinreichende Bedingung bildhafter Repräsentation sein kann.

Goodman nennt zuerst Reflexivität: Dies ist eine formale Eigenschaft der Ähnlichkeitsbeziehung, aber nicht der Abbildungsbeziehung, denn es habe keinen Sinn zu sagen, dass etwas sein eigenes Bild ist, wohl aber, dass etwas sich selbst ähnlich ist. Er nennt zudem Symmetrie: Auch dies scheint auf die Abbildungsbeziehung nicht zuzutreffen, denn anders als die Ähnlichkeitsbeziehung lässt sich die Abbildungsbeziehung nicht umkehren. Hier gibt es allerdings bereits Einwände, insofern unser natürlichsprachlicher Ähnlichkeitsbegriff zuweilen an einem Bezugspunkt ausgerichtet ist (vgl. REHKÄMPER 2002: 141 oder SONESSON 1989: 327ff.). Die formalen Argumente gewissermaßen zusammenfassend, weist Goodman schließlich darauf hin, dass Ähnlichkeits- und Abbildungsbeziehung nicht unbedingt bei denselben Gegenständen vorliegen müssen: Viele einander ähnliche Dinge (zum Beispiel Zwillinge) stehen in keinem Repräsentationsverhältnis.

Diese Einwände sind weitgehend überzeugend. Sie ließen sich auch noch ergänzen. Zum Beispiel ist die Ähnlichkeitsbeziehung im Unterschied zur Bildbeziehung graduell; ein Bild, dem wir wenig Ähnlichkeit mit dem Abgebildeten zusprechen, ist aber sicherlich dennoch genauso ein Bild wie andere Bilder und nicht etwa nur teilweise ein Bild. Das Problem solcher Einwände besteht jedoch darin, dass niemand (oder kaum jemand) die Ähnlichkeit verschiedener Gegenstände als ein Kriterium versteht, mit dem *allein* bildhafte Repräsentationen von beliebigen anderen Dingen unterschieden werden können.

Im Rahmen einer Explikation des Bildbegriffs sollte daher die Frage, wie sich Zeichen von Nicht-Zeichen unterscheiden, von der Frage, wie sich bildhafte von nicht-bildhaften Zeichen unterscheiden, genau getrennt werden. Dem Ähnlichkeitskriterium beide Antworten auflasten zu wollen, würde dieses überfordern. Für die erste Frage ist festzustellen, dass es wahrscheinlich überhaupt keine Eigenschaft gibt, die alle Zeichen gleichermaßen besitzen. Vermutlich lässt sich lediglich die spärliche Auskunft geben, dass ein Gegenstand immer dann als Zeichen zu gelten hat, wenn er in einen entsprechenden kommunikativen Zusammenhang eingebunden wird. Um die Klassifikation von Gegenständen als Zeichen zu erleichtern, werden Zeichen oft besonders hervorgehoben. Bei Bildern übernimmt diese Funktion vor allem der Rahmen. Aber natürlich ist eine solche Hervorhebung keine notwendige Eigenschaft von Zeichen. Wie unbefriedigend diese Antwort auch bleibt, hier hilft der Rückgriff auf den Ähnlichkeitsbegriff sicherlich nicht weiter. Aber auch der von Goodman alternativ entwickelte Begriff der Dichte gibt ja keinerlei Auskunft darüber, wieso ein Bild überhaupt bildhaft repräsentiert (vgl. GOODMAN/ELGIN 1988: 123). Wenn wir nach der Bedeutung des Ähnlichkeitskriteriums innerhalb der Bildtheorie fragen, müssen wir daher voraussetzen, dass wir es mit Zeichen zu tun haben, wie immer der Klassifikationsprozess auch beschaffen sein mag, der diese Voraussetzung schafft. Die Frage, bei der das Ähnlichkeitskriterium relevant ist, kann sich folglich nur darauf beziehen, wie sich bildhafte Zeichen von anderen Zeichen unterscheiden. Bei der Beantwortung dieser Frage bietet der Rückgriff auf eine spezifisch bildhafte Repräsentationsbeziehung eine der vielen Optionen.

Goodman schlägt selbst eine einschränkende Bedingung des Ähnlichkeitskriteriums in diesem Sinne vor: Vorausgesetzt, A ist ein Bild, dann stellt A B bildhaft dar, wenn A B ähnlich ist (vgl. GOODMAN 1968: 16). Damit ist aber zu viel des Guten getan. Goodman verwirft diese Bedingung zu Recht, da sie voraussetzt, was erst zu klären ist. Diskutabel wäre aber die folgende Einschränkung: Vorausgesetzt, A ist ein Zeichen für B, dann muss A B ähnlich sein, um B bildhaft darzustellen. In diesem Fall wäre Ähnlichkeit ein notwendiges Kriterium. Andere Einschränkungen sind ebenso möglich: Vorausgesetzt, A ist ein Zeichen für B, dann stellt A B bildhaft dar, wenn A B ähnlich ist. In diesem Fall wäre Ähnlichkeit ein hinreichendes Kriterium, um bildhafte Formen der Bezugnahme gegenüber anderen Formen der Bezugnahme auszuzeichnen, aber es würde zulassen, dass manche Bilder dieses Kriterium nicht aufweisen. Auch dies ist eine noch sehr anspruchsvolle These. Es ließe sich auch die folgende Einschränkung denken: Vorausgesetzt, A ist ein Zeichen für B, dann stellt A B bildhaft dar, wenn A zumindest in seiner intrinsischen Struktur B ähnlich ist. Hiermit würde der Ähnlichkeitsbegriff als hinreichende Bedingung zudem durch den Strukturbegriff spezifiziert werden (vgl. etwa REHKÄMPER 1998). Es sind natürlich auch andere Spezifizierungen möglich.

Strategien innerhalb der Diskussion um den Ähnlichkeitsbegriff

Die Liste möglicher Einschränkungen ließe sich ohne Mühe fortführen. Sie könnte sich an mindestens drei Strategien orientieren. Zum Ersten wäre es möglich, den Gegenstandsbereich, für den das Ähnlichkeitskriterium Anwendung finden soll, einzuengen, es also zum Beispiel als relevant nur für realistische Darstellungen aufzufassen. In diesem Fall wäre allerdings ein weiteres Argument angebracht, das nicht-realistische Darstellungen als Sonderfall der Bilder oder als von realistischen Bildern abgeleitete Bilder verständlich macht. Zum Zweiten wäre es jederzeit möglich, das Ähnlichkeitskriterium neu zu formulieren, sei es im Sinne einer Präzisierung hinsichtlich repräsentationsrelevanter Eigenschaften (vgl. etwa HOPKINS 1998) oder einer Neufassung, die etwa kulturelle Aspekte einbezieht (vgl. etwa SACHS-HOMBACH 2000). Zum Dritten wäre es schließlich, wie bereits gesagt, möglich, die Funktion des Ähnlichkeitskriteriums einzuschränken und es zum Beispiel als Kriterium zur Unterscheidung von bildhaften und sprachlichen Bedeutungskonstitutionen zu verwenden oder auch nur zur Erläuterung bestimmter Probleme, etwa des Inhalts-, nicht aber des Referenzproblems (vgl. etwa FELLMANN 2000). Natürlich lassen sich die verschiedenen Strategien zudem beliebig kombinieren.

Eine umfassende und erschöpfende Kritik des Ähnlichkeitskriteriums müsste zeigen, dass mit keiner der möglichen Einschränkungen eine sinnvolle Interpretation der Ähnlichkeitstheorie gelingen kann. Die bis jetzt behandelten Einwände leisten das ebenso wenig wie die vielen weiteren kritischen Argumente Goodmans, die nicht im Einzelnen durchgegangen werden sollen (vgl. zu Goodmans Kritik der Perspektiventheorie etwa REHKÄMPER 1995b). Wie berechtigt sie auch bestimmte Fassungen der Ähnlichkeitstheorie kritisieren, sie lassen sich entkräften, indem einfach eine andere Fassung der Ähnlichkeitstheorie entwickelt wird. Das trifft beispielsweise auch für Goodmans Kritik der Nachahmungstheorie zu, in der er auf erkenntnistheoretische Probleme zurückgreift (vgl. GOODMAN 1968: 17ff.). Mit Hinweis auf die Interpretationsabhängigkeit der menschlichen Wahrnehmung (und als Kritik an der Konzeption eines unschuldigen Auges) wendet er in diesem Zusammenhang ein, dass die Vorstellung einer getreuen (und daher ähnlichen) Abbildung schon deshalb prinzipiell zum Scheitern verurteilt ist, weil der abzubildende Gegenstand nie an sich gegeben, sondern immer schon konstruiert ist. Dieser erkenntnistheoretische Anti-Realismus ließe sich aber durchaus akzeptieren, ohne dass damit eine Ähnlichkeitstheorie unmöglich wird, denn Ähnlichkeit muss nicht als erkenntnistheoretische Kategorie aufgefasst werden. Ähnlichkeit kann vielmehr als Relation zwischen der Wahrnehmung eines Bildes und der Wahrnehmung des abgebildeten Gegenstandes bestimmt werden. Um von der Ähnlichkeit einer bildhaften Darstellung sprechen zu können, ist es dann primär wichtig, dass wir an ihr diejenigen Eigenschaften wahrnehmen, die wir auch an dem dargestellten Gegenstand, dem Referenten, wahrnehmen könnten. Die Perspektiventheorie ließe sich hierbei als ein Verfahren verstehen, das die konkreten Bedingungen zur Konstruktion in diesem Sinne ähnlicher Bilder festlegt.

Natürlich braucht sich ein Vertreter einer konventionalistischen oder gebrauchsregelorientierten Bildtheorie mit diesen Vorschlägen nicht zufrieden zu geben. Einerseits stehen ihm eine Fülle von Argumenten gegen die Intuition der Ähnlichkeitstheorie zur Verfügung (vgl. SCHOLZ 1991: 16-63). Andererseits kann er seine Position auch verstärken, indem er sie den Vorwürfen entzieht, die sich mit den ähnlichkeitstheoretischen Intuitionen verbinden (vgl. STEINBRENNER 1999). Insbesondere ließe sich die Annahme, dass wir mit einem Bild jeden beliebigen Gegenstand abbilden könnten, dahingehend relativieren, dass Konventionen nicht ins Belieben des Einzelnen gestellt sind, sondern durch eine soziale Gruppe sanktioniert werden müssen. Ein solcher Prozess ist langwierig und sein konventioneller Hintergrund nicht unbedingt als solcher erfahrbar. Es ließe sich auch zwischen Konventionalität und Arbitrarität unterscheiden und die ähnlichkeitstheoretische Intuition dann durch Mechanismen erklären, die arbitraritätseinschränkend wirken, ohne die Konventionalität aufzuheben (vgl. SCHOLZ 1991: 39ff.). Mit Blick auf Goodman ist auch darauf hingewiesen worden, dass eine solche Position gar nicht konventionalistisch ist, sondern besser als Theorie der sozialen Verankerung charakterisiert werden sollte (vgl. LOPES 1996: 65).

Zusätzliche Modifikationen kann im Gegenzug auch der Ähnlichkeitstheoretiker vornehmen. Er wird sich vor allem um eine weitere Präzisierung des Ähnlichkeitsbegriffs bemühen. Neben einigen Alternativen besteht die Möglichkeit, Ähnlichkeit zu internalisieren (vgl. PEACOCKE 1987). Dieser

Ansatz, um den es mir im Folgenden gehen wird, zeichnet sich dadurch aus, dass er die kulturellen Einflüsse auf die unterschiedlichen Darstellungsformen berücksichtigen und damit auch konventionalistischen Intuitionen besser gerecht werden kann. Dies ist auf den ersten Blick durchaus erstaunlich. Denn wenn Darstellungsformen historisch und kulturell geprägt sind, dann würde das eher dafür sprechen, dass die Bildbedeutungen konventionell sind. Anhand eines Exkurses zur Bildtheorie von Ernst Gombrich soll daher zunächst kurz erläutert werden, in welcher Weise sich beide Aspekte verbinden lassen. Gombrichs genuiner Beitrag zur Bildtheorie wird gleichermaßen in seiner Illusionstheorie wie in seiner Kritik des unschuldigen Auges gesehen. Gombrich selbst hat die konventionalistische Deutung, die Goodman letzterer gegeben hat, allerdings immer zurückgewiesen (vgl. GOMBRICH/ERIBON 1993: 113).

Argumente gegen die Ähnlichkeitstheorie

Die traditionellen Argumente gegen die Ähnlichkeitstheorie kritisieren mit Recht die Annahme, dass Ähnlichkeit eine hinreichende Bedingung des Bildstatus ist. Unter anderem sind Reflexivität und Symmetrie formale Eigenschaften der Ähnlichkeits-, nicht aber der Abbildungsbeziehung.

Die traditionellen Argumente gegen die Ähnlichkeitstheorie lassen sich jedoch entkräften, wenn Ähnlichkeit hinsichtlich Anwendungsbereich, Begriff und Funktion präzisiert wird. Insbesondere verbessert ein internalisierter Ähnlichkeitsbegriff die Position der Ähnlichkeitstheorie, da er den kulturellen Einflüssen besser gerecht zu werden erlaubt.

5.2.2 *›Wiedererkennen‹ und ›ins Gedächtnis zurückrufen‹*

In *Visuelle Entdeckungen durch die Kunst* unterscheidet Gombrich zwei kognitive Leistungen, die in unterschiedlicher Weise vom Gedächtnis abhängen: Es ist etwas anderes, einen Gegenstand wiederzuerkennen, als ihn sich ins Gedächtnis zurückzurufen (vgl. GOMBRICH 1965: 12ff.). Einen Gegenstand wiederzuerkennen ist eine sehr geläufige Fähigkeit, die wir auch Tieren zuschreiben. Diese Fähigkeit ist eng mit der Fähigkeit verbunden, Gegenstände zu identifizieren. Sie scheint auch zu verbürgen, dass wir viele Bilder problemlos und unmittelbar als Darstellungen von bestimmten Gegenständen auffassen, selbst wenn die Darstellung ungenau oder teilweise falsch ist. Gombrich veranschaulicht dies an unterschiedlichen Kuh-Darstellungen (vgl. GOMBRICH 1965: 13f.). Oft sind wir sogar in der Lage, diejenigen Partien des Bildes zu bestimmen, die uns als unsachgemäß erscheinen, etwa die dargestellte Form oder Stellung der Ohren. Dagegen fällt es aber mitunter schwer zu sagen, wie das Bild geändert werden müsste, um als sachgemäß empfunden werden zu können. Diese Schwierigkeit lässt sich auf den zweiten angesprochenen Aspekt unserer Gedächtnisleistungen zurückführen. Um einen Gegenstand gedanklich oder auch malerisch zu rekonstruieren, müssen wir ihn uns ›ins Gedächtnis zurückrufen‹. Im Unterschied zur Wiedererkennung, die oft keiner besonderen Aufmerksamkeit bedarf, müssen wir uns dazu seine einzelnen Aspekte bewusst machen.

Ein effektives Mittel, um die auffällige Diskrepanz zwischen Wiedererkennen und Bewusstmachen zu verringern, liefern nach Gombrich Symbole, verstanden im allgemeinsten Sinne als Zeichen, die (für jemanden) für etwas stehen. Sie erlauben es uns, wichtige Eigenschaften von Gegenständen festzuhalten, sei es durch sprachliche Eigenschaftslisten oder auch durch pikturale Schemata, die Gombrich als kodierte Gedächtnisstützen betrachtet. Viele historische Kunststile lassen sich nach diesem Ansatz als vorgeformte Repräsentationssysteme verstehen, die durch anhaltende Korrekturen ihrem Zweck immer perfekter angepasst worden sind. Folglich steht Gombrich der Ähnlichkeitstheorie insofern durchaus kritisch gegenüber, als er einräumt, dass Ähnlichkeit nicht unmittelbar zwischen Bild und Abgebildetem besteht. So sind vor allem die dargestellten Gegenstände dreidimensional, Bilder aber zweidimensional, oder die Farben in der Natur erheblich vielfältiger als diejenigen auf der Bildfläche.

Dennoch ist es nach Gombrich möglich, ein Bild so zu gestalten, »dass es wie die wirkliche Welt erscheint« (GOMBRICH 1965: 18). Dieser Schritt, die Übereinstimmung von Bild und Abgebildetem auf der Ebene der Erscheinung anzusetzen, kann als Internalisierungsschritt bezeichnet werden. Gombrich vollzieht ihn mit seiner Illusionstheorie. Eine Illusion entsteht bei realistischen Bildern vor allem in dem Sinne, dass eine zweidimensionale Darstellung einen dreidimensionalen Eindruck hervorrufen kann. Illusion meint also nicht den sehr speziellen Fall, dass wir das Bild mit dem Abgebildeten verwechseln, sondern dass wir *in* den Farben und Formen eines Bildträgers oft ganz *unwillkürlich* Gegenstände sehen. Den Grund hierfür sieht Gombrich darin, dass bei der Bildwahrnehmung häufig der Gegenstandswahrnehmung entsprechende Kompetenzen und Prozesse wirksam sind. Außer auf die Gedächtnisleistungen weist er besonders auf die Prozesse hin, die wir zur Erklärung des Phänomens der Größenkonstanz annehmen müssen. Ein perspektivisch korrekt gemaltes Bild ruft demnach einen ähnlichen Sinneseindruck hervor, wie ihn die dargestellten Gegenstände erzeugen würden, weil unter anderem die perspektivischen Verzerrungen auch im Bild berücksichtigt werden, wir also z. B. die Größe von Gegenständen auch in Bildern oft unabhängig von ihrer tatsächlichen Größe in der Darstellung wahrnehmen (vgl. GOMBRICH 1994: 93ff.).

Die funktionelle Gebundenheit von Darstellungsstilen

Es entsteht nun aber folgendes Problem: Wie lässt sich vereinbaren, dass einerseits die perspektivische Darstellung auf einem objektiven Verfahren beruht, wirklichkeitsnahe Bilder zu erzeugen, andererseits aber unbestritten ist, dass es eine Vielzahl historisch und kulturell bedingter Darstellungsstile gibt? Die Antwort, die Gombrich auf dieses Problem gibt, ist die folgende: Die Verwendung von Bildern kann sehr unterschiedliche Funktionen erfüllen; insbesondere ist es ein Unterschied, ob wir mit der Veranschaulichung eines Gegenstandes oder einer Geschichte lediglich die wesentlichen Fakten oder zudem sehr detailliert den individuellen Ausdruck vermitteln wollen. Das gilt natürlich ebenso für die sprachliche Darstellung, die analog etwa als Bericht oder als Erzählung auftritt. Entsprechend zeigt ein Bild, wie Gombrich knapp zusammenfasst, *was* geschehen ist, oder es schildert zugleich, *wie* es geschehen ist (vgl. GOMBRICH 1965: 22). Diese unterschiedlichen Anforderungen bzw. Erwartungen an ein Bild erzeugen die unterschiedlichen Darstellungsstile. Die Renaissance-Kunst strebt eine möglichst detailgetreue Darstellung an, und hierzu ist eine naturalistische Malweise nötig. Impressionistische Bilder vernachlässigen diese, weil mit ihnen andere Ziele verfolgt werden, etwa die Veranschaulichung subjektiver Wahrnehmungsformen. Entsprechend lassen sich die Besonderheiten weiterer Bildtypen, z. B. diagrammatische oder piktografische Darstellungen, relativ zu den Zwecken verständlich machen, die sie erfüllen sollen. Die Form ist bedingt durch die Funktion. Nach Gombrichs funktionalistischer Kunstauffassung entwickeln sich Darstellungsformen also immer relativ zu einem Zweck (vgl. zur Diskussion des Fortschrittsbegriffs in der Kunst GOMBRICH 1971: 18 oder 79). Das erklärt die unterschiedlichen Bildtypen und die ästhetischen Stile, die sich in einem Erprobungsprozess herausgebildet haben (vgl. auch LOPES 1992).

Wie passt das Gesagte aber mit einer Ähnlichkeitstheorie zusammen? Diese Frage klärt sich, wenn wir ein zweistufiges Verfahren für die Bildinterpretation annehmen. Die verschiedenen Stile beruhen auf Konventionen, die wir – mehr oder weniger – kennen müssen, um das Bild angemessen verstehen zu können: Bei dem Extrem der illusionistischen Darstellungen insofern weniger, als der Unterschied von Bild und dargestelltem Gegenstand im Wahrnehmungserlebnis tendenziell aufgehoben ist, sodass die Interpretationsleistung automatisch auf unsere Wahrnehmungskompetenzen übertragen wird; beim anderen Extrem der logischen Bilder insofern mehr, als sie völlig unverständlich bleiben, sofern uns nicht in einer Legende die Bedeutung der einzelnen Elemente mitgeteilt wird. In diesen Fällen können wir uns auf unsere Wahrnehmungskompetenzen demnach nur verlassen, soweit der vorgegebene Zweck und die gewählte Darstellungskonvention richtig erkannt worden sind. Als weitere Möglichkeit liefert mitunter der Kontext die nötigen Interpretationshinweise. Es ergeben sich damit relativ zum Bildtyp und zum Darstellungsstil verschiedene Formen der Ähnlichkeit. Liegt ein Repräsentationssystem aber fest, dann lassen sich auch solche Bilder nach spezifischen Ähnlichkeitsgesichtspunkten interpretieren. Ähnlichkeit ist also relativ zum System zu sehen, in das wir ein Bild einordnen. Hierbei ist unterstellt, dass Gegenstände sehr viel mehr Eigenschaften besitzen, als dargestellt werden können. Ähnlichkeit lässt sich also in unterschiedlicher Weise realisieren, je nachdem welche Eigenschaften als relevant erachtet werden. Und Relevanz ist hierbei immer relativ zur Funktion zu sehen, die das Bild im kommunikativen Prozess erfüllen soll.

Ähnlichkeit als kulturelles Phänomen

Nach Gombrich ist die Darstellungsform durch ihre Funktion bedingt. Das erklärt die unterschiedlichen Darstellungsstile und legt ein zweistufiges Verfahren nahe: Die Darstellungsstile sind konventionell; relativ zum Bildtyp und zum Darstellungsstil erfolgt die Bestimmung des Bildinhalts aber nach Ähnlichkeit.

5.2.3 *Bildbegriff und internalisiertes Ähnlichkeitskriterium*

Die skizzierte Auffassung von Gombrich verbindet psychologische, philosophische und kunstgeschichtliche Aspekte. Diese Aspekte werden im Folgenden getrennt. Zwar besitzt die Annahme bestimmter psychischer

Kompetenzen durchaus Implikationen für den Bildbegriff, wie auch ein bestimmter Bildbegriff unsere Ansichten darüber verändert, was als subjektive Voraussetzung der Bildverwendung gelten kann. Da beide Aspekte aber auf unterschiedlichen methodischen Ebenen liegen, sollten sie auseinander gehalten werden. Die philosophische Explikation bestimmt zunächst nur die begrifflichen Merkmale, anhand derer wir Gegenstände klassifizieren. Erst in einem zweiten Schritt ließen sich dann die subjektiven Bedingungen darlegen, unter denen ein Individuum imstande ist, die entsprechenden Klassifikationsleistungen auch zu vollziehen (vgl. hierzu Kap. 11).

Explikation des Ähnlichkeitsbegriffs

In vorläufiger Formulierung lautet die nötige Präzisierung des Bildbegriffs mit Hilfe des Ähnlichkeitsbegriffs dann folgendermaßen:

(B) Ein Gegenstand G1 bildet einen Gegenstand G2 ab (ist ein Bild von G2), sofern G1 als Zeichen aufgefasst wird, das G2 ähnlich ist.

Um diese Formulierung weiter zu präzisieren, ist zunächst zu klären, was unter dem Ausdruck ›Ähnlichkeit‹ genauer zu verstehen ist. Sinnvoll ist es, hierbei in einem ersten Schritt vom üblichen Sprachgebrauch auszugehen:

(Ä1) Ein Gegenstand G1 ist einem Gegenstand G2 ähnlich, wenn G1 in relevanten Eigenschaftsdimensionen die für G2 typischen Ausprägungen aufweist.

Eigenschaftsdimensionen wären etwa Form oder Farbe, eine Eigenschaftsausprägung dann beispielsweise eine bestimmte Rundung, die für einige Gegenstände, etwa Bälle, typisch ist. Nach dieser Bestimmung ist zu erwarten, dass ähnliche Gegenstände im Extremfall verwechselt werden, nämlich dann, wenn in sehr vielen Eigenschaftsdimensionen identische Eigenschaften vorliegen.

Da die Ausdrücke ›relevant‹ und ›typisch‹ kontextabhängig sind, müssen sie bei der vorgeschlagenen Explikation des Ähnlichkeitsbegriffs allerdings vage bleiben. Verglichen mit Tischen ähneln sich zwei sehr unterschiedliche Stühle, verglichen mit anderen Stühlen muss dies jedoch nicht der Fall sein. Welche Dimension als relevant gilt, hängt folglich vom Kontext und ebenfalls von unseren Intentionen ab. Ganz allgemein sind bei Bildern offensichtlich insbesondere die visuellen Eigenschaften, also die Form- und eventuell die Farbeigenschaften, relevant. Analog zu Goodmans Begriff der relativen Fülle weisen wir zudem je nach Bildtyp unterschiedlichen Aspekten eine Repräsentationsfunktion zu. Bei einem Diagramm ist in diesem Sinne die Dicke der einzelnen Linien nicht relevant.

Was den Ausdruck ›typisch‹ betrifft (also die Frage, wie viele und welche Eigenschaften zwei Gegenstände gemeinsam haben müssen, um als ähnlich zu gelten), so ist damit ein recht kompliziertes allgemeines Problem angesprochen, das sich beim Vergleich beliebiger Gegenstände stellt. Zur Beantwortung dieser Frage ist mittlerweile eine Prototypensemantik vorgelegt worden (vgl. KLEIBER 1990). Da Ähnlichkeit eine graduelle Relation ist, sind die Übergänge fließend. Es gibt klare Fälle, etwa Zwillinge, bei denen der Eindruck von Ähnlichkeit durch die Fülle der gemeinsamen Eigenschaften hervorgerufen wird. In anderen Fällen heben sich bestimmte Eigenschaften relativ zu den übrigen Eigenschaften des Gegenstandes als typische Eigenschaften ab. Einen Rüssel zu besitzen gilt als eine für Elefanten typische Eigenschaft. Was im Einzelnen als typisch gilt, wird in der Regel unmittelbar erfasst, entzieht sich aber teilweise der bewussten Artikulation. Auch wird ein kultureller Einfluss nicht auszuschließen sein. Wie Typikalitätserwägungen insbesondere die Beurteilung von Ähnlichkeiten zwischen Repräsentation und Repräsentiertem im Einzelnen steuern, erfordert daher psychologische und damit empirische Untersuchungen. Das macht auch erklärlich, warum es meistens einfach ist, etwa die Darstellung eines Hundes von der eines Wolfes zu unterscheiden, sehr schwierig aber, eine Zeichnung mit entsprechenden Eigenschaften selbst anzufertigen. Auf Grund dieser Überlegung ist das Ähnlichkeitskriterium in folgender Weise weiter einzuschränken:

(Ä2) Ein Gegenstand G_1 ist einem Gegenstand G_2 ähnlich, wenn wir G_1 hinsichtlich der für die Repräsentationsbeziehung relevanten (insbesondere visuellen) Eigenschaftsdimensionen auf Grund unserer Wahrnehmung (abhängig von Perspektive, Lichtverhältnissen etc.) Eigenschaften zuschreiben, die für G_2 typisch sind.

Dieser Einschränkung zufolge lassen sich die angesprochenen Argumente gegen eine Ähnlichkeitstheorie, nach der ein Zeichen ein Bild von x ist, wenn es x ähnlich ist, entkräften, wenn wir den Ähnlichkeitsbegriff internalisieren. Mit diesem internalisierten Ähnlichkeitsbegriff wird auf die Möglichkeit verzichtet, Ähnlichkeit als mathematisch präzisierbare Abbildungsbeziehung zu fassen. Stattdessen soll gewissermaßen von einem intuitiven Ähnlichkeitsbegriff ausgegangen werden, nach dem ähnlich ist, was wir als ähnlich wahrnehmen. Diese Internalisierung des Ähnlichkeitskriteriums beantwortet nicht die Frage, was wesentliche Eigenschaften sind, sondern verweist zur Beantwortung dieser Frage auf die Wahrnehmungsebene. (Ä2) betont so die perzeptuellen Bedingungen, unter denen wir etwas als ähnlich erleben, nämlich sofern die entsprechenden Wahrnehmungen gleichartig sind. Gleichartigkeit meint hierbei natürlich mehr als Ähnlichkeit. Sie bezieht sich allerdings nur auf die Wahrnehmung der in relevanten Dimensionen wesentlichen Eigenschaften. Die übrigen Eigenschaften sind dafür verantwortlich, dass wir uns stets des Unterschieds bewusst bleiben, der zwischen zwei ähnlichen Gegenständen besteht.

Ähnlichkeit und Abbildung

Dieser Ähnlichkeitsbegriff lässt sich nun erneut auf die Zeichenbeziehung und sodann auf die Abbildungsbeziehung übertragen.

(Ä3) Ein Zeichen Z ist einem Gegenstand G ähnlich, wenn der Zeichenträger von Z in relevanten Eigenschaftsdimensionen die für G typische Ausprägung aufweist.

(Ä3) nimmt (Ä1) auf und besagt lediglich, dass die Ähnlichkeitsrelation auch auf die besondere Teilklasse der als Zeichenträger dienenden Gegenstände anwendbar ist. (Ä3) folgt aber nicht aus (Ä1), da, genau genommen, nur der Zeichenträger einem anderen Objekt ähnelt. Das Zeichen setzt sich dagegen aus dem Zeichenträger und zumindest einem Inhalt zusammen. Insofern reflektiert (Ä3) unseren üblichen Sprachgebrauch und schlägt vor, dass wir uns tatsächlich auf den Zeichenträger beziehen, wenn wir sagen, dass ein Zeichen einem anderen Gegenstand ähnelt. Dies scheint mir unproblematisch, insofern Zeichen natürlich immer einen Zeichenträger haben und in dieser Hinsicht als (physische) Gegenstände behandelt werden können.

Auch hier liegt es nahe, die Möglichkeit des extremen Falls einzuplanen, bei dem eine Darstellung mit dem dargestellten Gegenstand verwechselt wird, denn auch die Beziehung zwischen Zeichenträger und Bezeichnetem ist eine Beziehung zwischen zwei Gegenständen. Eine perfekte illusionistische Darstellung wäre ein Beispiel hierfür. Insofern Ähnlichkeit auf repräsentationsrelevante Eigenschaften eingeschränkt bleibt, darf dies allerdings als ein eher unwahrscheinlicher Grenzfall behandelt werden, denn repräsentationsrelevant sind bei Bildern sicherlich nur die visuellen Eigenschaften, während sich jeder Zeichenträger ebenso durch zahlreiche andere Eigenschaftsdimensionen auszeichnet. Zu sagen, die bildhafte Darstellung eines Gegenstandes ähnele diesem, heißt also keineswegs, dass sie dem Gegenstand in jeder Hinsicht ähnelt (zum Beispiel aus dem gleichen Material besteht), sondern lediglich in denjenigen Hinsichten, auf die es bei einer bildhaften Darstellung ankommt. Zur Auszeichnung von Bildern ist daher der folgende Schritt entscheidend.

(Ä4) Ein Zeichen Z ist eine Abbildung von einem Gegenstand G, sofern der Zeichenträger von Z hinsichtlich der für die Repräsentationsbeziehung relevanten (insbesondere visuellen) Eigenschaftsdimensionen wesentliche Eigenschaften mit G gemeinsam hat (sofern beide Gegenstände sich ähneln) und sofern diese Eigenschaften für seine Interpretation konstitutiv sind.

Nach (Ä4) wird das Ähnlichkeitskriterium innerhalb der Bildtheorie gewissermaßen mit einer Beschränkung versehen, um die für die Bildbedeutung unerheblichen Ähnlichkeiten auszuschließen. Soll eine bildhafte Zeichenbeziehung vorliegen, müssen nicht nur gemeinsame wesentliche Eigenschaften bestehen, sondern diese müssen zudem als repräsentationsrelevant eingestuft werden und entsprechend in die Interpretation, d.h.: in die Bestimmung des Bildinhaltes, eingehen. Innerhalb einer Bildbeziehung gelten also nur diejenigen Eigenschaften als relevant, die eine Repräsentationsfunktion übernehmen. Folglich wird z.B. das Aussehen der Rückseite des Bildträgers unerheblich sein.

Würde ›relevant‹ gleichbedeutend mit ›repräsentationsrelevant‹ verwendet werden, so könnte auf die zweite Bestimmung in (Ä4) verzichtet werden. Dies ist jedoch missverständlich, da der Ausdruck ›relevant‹ im Zusammenhang mit der Ähnlichkeitsrelation bereits eingeführt wurde. Ähnlichkeit besteht danach immer nur hinsichtlich einer zuvor bestimmten Dimension. (Ä4) weist folglich darauf hin, dass der Begriff der Relevanz im Bildbegriff eine weitere Funktion besitzt. Er gibt nicht nur die für Ähnlichkeit wichtigen Dimensionen an, sondern schränkt sie zudem auf die für die Abbildungsbeziehung wichtigen ein. ›Einen Gegenstand als Abbildung verwenden‹ meint dann immer auch, dass bestimmte Ähnlichkeiten als semantisch relevant ausgezeichnet werden.

Welche Eigenschaften in diesem Sinne relevant sind (bzw. zu relevanten Dimensionen gehören), ist auch für die Unterscheidung verschiedener Bildtypen wichtig. So ist die Dicke der einzelnen Linien bei Grafiken, nicht aber bei Diagrammen relevant. Es ist letztlich die Vagheit des Ähnlichkeitsbegriffs, die solche Unterscheidungen ermöglicht und damit die kulturelle Variabilität der Bildphänomene zu berücksichtigen erlaubt. Der Bildträger legt eben selbst nicht fest, welche Eigenschaften abbildungsrelevant sind. Mitunter legt er aber einen bestimmten Inhalt nahe, in besonderem Maße bei dem speziellen Fall der perspektivischen Bilder, die uns einen Bildinhalt aufzuzwingen scheinen. Gemäß der vorgeschlagenen Explikation ist dies durchaus zu erwarten: Je mehr relevante Eigenschaften ein Bild mit einem anderen Gegenstand gemeinsam hat, desto leichter sehen wir diesen Gegenstand *im* Bild, denn die Bildwahrnehmung stimmt zunehmend mit der Wahrnehmung des entsprechenden Gegenstandes überein. Diese Implikation lässt sich leichter erkennen, wenn (Ä2) und (Ä4) kombiniert werden.

(Ä5) Ein Zeichen Z ist eine Abbildung von einem Gegenstand G, sofern die Wahrnehmung der wesentlichen Eigenschaften, die der Zeichenträger von Z hinsichtlich der für die Repräsentationsbeziehung relevanten (insbesondere visuellen) Eigenschaftsdimensionen besitzt, der Wahrnehmung der korrespondierenden Eigenschaften von G (abhängig von Perspektive, Lichtverhältnissen, etc.) gleichartig und für die Interpretation von Z konstitutiv ist.

Ähnlichkeit als notwendige Eigenschaft abbildender Darstellungen

Ein Gegenstand G_1 ist einem Gegenstand G_2 ähnlich, wenn G_1 in relevanten Eigenschaftsdimensionen die für G_2 typischen Ausprägungen aufweist. Welche Dimension als relevant gilt, hängt dabei vom Kontext und von unseren Intentionen ab. Was im Einzelnen als typisch gilt, ist Gegenstand der Prototypensemantik.

Ein Gegenstand G_1 weist hinsichtlich der relevanten Eigenschaftsdimensionen die für G_2 typischen Ausprägungen auf, wenn die Wahrnehmungen der entsprechenden Eigenschaften von G_1 und G_2 (abhängig von Perspektive, Lichtverhältnissen etc.) gleichartig sind. Danach ist ähnlich, was wir als ähnlich wahrnehmen.

Ein Zeichen Z ist eine Abbildung von einem Gegenstand G, sofern der Zeichenträger von Z hinsichtlich relevanter Eigenschaftsdimensionen die für G typischen Ausprägungen aufweist (wenn er G ähnlich ist) und sofern dies für seine Interpretation konstitutiv ist.

5.2.4 *Eine Kritik des internalisierten Ähnlichkeitskriteriums*

Gegen die vorgeschlagene Verteidigung der Ähnlichkeitstheorie lassen sich zahlreiche Einwände erheben. Im Folgenden wird auf zwei spezielle Einwände eingegangen, mit denen Dominic Lopes Ähnlichkeit als zentralen Begriff der Bildtheorie auf Grund ihrer Abhängigkeit vom jeweiligen Repräsentationssystem kritisiert. Nach dem ersten Einwand soll jede Ähnlichkeit auf Grund ihrer Repräsentationsabhängigkeit für eine philosophische Bildtheorie ungeeignet sein. Nach dem zweiten Einwand trifft dies insbesondere für den Begriff der internalisierten Ähnlichkeit zu. Repräsentationsunabhängig ist nach Lopes hierbei Ähnlichkeit, »when a similarity can be seen between a sign and its referent without first knowing its meaning« (LOPES 1996: 16). Nur in diesem Fall handele es sich um eine ›echte‹ Ähnlichkeit, von der wir berechtigterweise annehmen können, dass sie die semantischen Bezüge eines Bildes bestimmt. Repräsentationsabhängig ist Ähnlichkeit dagegen, wenn vorausgesetzt wird, dass wir wissen, wofür das Bildelement steht. Als Beispiel für repräsentationsabhängige Ähnlichkeit dient Lopes die in Comics oft anzutreffende Darstellung von Bewegung durch Linien, etwa um die Laufrichtung und Geschwindigkeit einer Figur anzuzeigen. Solche Linien erscheinen uns nach Lopes nur deshalb als einem Sachverhalt ähnlich, weil wir bereits wissen, was mit den Linien dargestellt werden soll (vgl. LOPES 1996: 17).

Repräsentationsabhängige Ähnlichkeit

Wie andere Kritiker der Ähnlichkeitstheorie vertritt Lopes den Standpunkt, dass alle Bilder, auch perspektivische, lediglich repräsentationsabhängige Ähnlichkeiten aufweisen. Insofern sich eine repräsentationsabhängige Ähnlichkeit einer zuvor vereinbarten Übereinkunft über den entsprechenden semantischen Bezug verdankt, setze sie aber voraus, was sie erklären soll. Auf Grund dieses Zirkels helfe es auch nicht, an die Intuition zu appellieren, dass Bilder etwas mit Ähnlichkeit zu tun haben: Bestritten wird gar nicht, dass ein solcher Zusammenhang besteht, sondern dass er ursprünglich (d. h. nicht abgeleitet) ist. Will der Ähnlichkeitstheoretiker daher eine gehaltvolle Theorie zur Semantik der Bilder entwerfen, so müsse er zuerst nachweisen, dass es bei Bildern Ähnlichkeiten gibt, die unabhängig von unserem Wissen um den Inhalt des Bildes bestehen. Lopes bezeichnet dies als »independence challenge«.

Die Unterscheidung in repräsentationsabhängige und repräsentationsunabhängige Formen der Ähnlichkeit ist sicherlich sinnvoll. Dagegen lässt sich mit guten Gründen die Annahme infrage stellen, dass eine repräsentationsabhängige Ähnlichkeit für eine Bildtheorie unbrauchbar ist, denn die Bestimmung des jeweiligen Repräsentationssystems gibt lediglich einen allgemeinen Rahmen vor, ohne die Bedeutung einzelner Bildelemente damit vollständig festzulegen. Zur Klärung sollte erneut auf die zwei Ebenen hingewiesen werden, die sich aus den Eigenschaftsdimensionen und den jeweiligen Eigenschaftsausprägungen ergeben. Dies ist vor allem für logische Bilder wichtig, etwa für Diagramme, deren Verständnis wesentlich von einer entsprechenden Legende abhängt, die sagt, was im Einzelnen bildhaft zu interpretieren ist. Selbst wenn Konventionen nötig sind, um beispielsweise zu verstehen, dass Linien zur Darstellung von Bewegung dienen, so helfen uns diese Konventionen aber keineswegs, die konkrete Ausrichtung eines Gegenstandes oder seine Beziehungen zu anderen Gegenständen zu bestimmen. Diese Informationen können wir den entsprechenden Bildstrukturen vielmehr nur unmittelbar entnehmen, wie viel auch nötig sein mag, damit die entsprechende Einordnung in einen Bildtyp gelingt. Daher ist Ähnlichkeit ein unverzichtbares Kriterium auf jeden Fall zur Interpretation eines Bildes.

Repräsentationsunabhängige Ähnlichkeit

Darüber hinaus ließe sich aber auch darauf beharren, dass es Fälle von repräsentationsunabhängiger Ähnlichkeit gibt. Zu diesen Fällen zählen insbesondere die perspektivischen Bilder, was Lopes im Zusammenhang seiner Kritik einer internalisierten Ähnlichkeitstheorie bestreitet. Damit kommt der zweite Einwand ins Spiel. Lopes bezieht sich hierbei auf einen Vorschlag von Christopher Peacocke, der zwischen repräsentationalem und phänomenalem Inhalt (›sensational content‹) einer Wahrnehmung unterschieden hat (vgl. PEACOCKE 1987). Der repräsentationale Inhalt hat Eigenschaften, die den Gegenständen zukommen; der phänomenale Inhalt entspricht den Eigenschaften, die sich den jeweiligen Wahrnehmungsbedingungen verdanken. Wird ein Gegenstand etwa aus unterschiedlichen Perspektiven wahrgenommen, so liegen unterschiedliche phänomenale Inhalte, aber ein identischer Repräsentationsinhalt vor. Die entsprechenden perspektivischen Verzerrungen sind also keine Eigenschaften der wahrgenommenen Dinge, sondern Eigenschaften, die sich aus ihrer Wahrnehmung ergeben und die mitunter komplexe Mechanismen erfordern, um aus ihnen den zugrunde liegenden Repräsentationsinhalt zu eruieren. Der Ausdruck ›phänomenaler Inhalt‹ ist aber keineswegs im Sinne einer privaten Erfahrung zu verstehen. Es besteht durchaus eine kausale, durch die Gesetze der Optik beschreibbare Verbindung zwischen phänomenalem Inhalt und wahrgenommenem Gegenstand, die Peacocke über den Begriff des visuellen Feldes vermittelt. Mit diesem Begriff wird eine imaginäre Ebene zwischen Betrachter und Gegenstand bezeichnet, vergleichbar einer Ebene durch den Sehkegel, wie sie die klassische Perspektiventheorie seit Alberti ausführlich erläutert hat. Die Gestalteigenschaften des visuellen Feldes lassen sich hierbei relativ zur eingenommenen Perspektive nach geometrischen Gesetzen bestimmen. Daher ist das Konzept des phänomenalen Inhalts mit den Bemühungen kompatibel, Ähnlichkeit unter den Stichworten »occlusion shape« (HYMAN 1989: 65ff.), »outline shape« (HOPKINS 1998: 50ff.) oder »P-Gestalt« (REHKÄMPER 2002: 115ff.) als objektive Eigenschaft zu explizieren.

Von der Unterscheidung verschiedener Wahrnehmungsinhalte her lässt sich eine Unterscheidung zwischen einer an den Repräsentationsinhalt gebundenen und einer an die Wahrnehmungsbedingungen gebundenen Ähnlichkeit ableiten. Die für die Bildtheorie interessante Ähnlichkeit ist die Wahrnehmungsähnlichkeit, die nur insofern subjektiv ist, als sie immer relativ zum Betrachterstandpunkt vorliegt. Eine bildhafte Darstellung ist dann einem Gegenstand ähnlich, wenn sie im visuellen Feld eine Gestalt darbietet, die auch von dem Gegenstand unter irgendeiner Perspektive dargeboten werden könnte.

Lopes behauptet nun, dass der Ansatz von Peacocke sogar für perspektivische Bilder unbrauchbar ist. Als Grund gibt er an, dass die scheinbar mühelose Interpretation perspektivischer Bilder nur gelänge, weil wir mit dieser Darstellungsweise bereits umzugehen gelernt haben. Eine entsprechende phänomenale Ähnlichkeit zwischen Bild und Abgebildetem hänge von dieser Kompetenz ab (vgl. LOPES 1996: 30f.). Peacockes Argumentation scheitere folglich, weil sie mit den Eigenschaften des angenommenen visuellen Feldes voraussetze, was zu klären wäre; sie kann, anders gesagt, die angenommene Ähnlichkeit nicht als repräsentationsunabhängig beweisen.

Der Gedanke, der hier den Vorwurf eines logischen Zirkels motiviert, scheint zu sein, dass die perspektivische Bildkonzeption in einem bestimmten kulturellen Umfeld entstanden ist und daher nicht als eine notwendige Bedingung des Umgangs mit Bildern gelten sollte. Das muss nicht heißen, dass die Gesetze der Perspektive selbst konventionell sind, sondern nur, dass wir Bilder nicht notwendigerweise nach diesen Standards betrachten. Es wäre daher zu vermuten, dass jemand, der mit den Gesetzen der Perspektive nicht vertraut ist, entsprechende bildhafte Darstellungen nicht interpretieren kann. Die phänomenalen Ähnlichkeiten sind folglich repräsentationsabhängig, weil sie voraussetzen, dass wir mit der zentralperspektivischen Darstellungsweise vertraut sind. Dagegen behauptet der Ähnlichkeitstheoretiker, dass die Kompetenz zur angemessenen Interpretation zumindest realistischer Bilder sich sehr viel fundamentaler als Wahrnehmungskompetenz explizieren lässt.

Der Einwand von Lopes ist insofern richtig, als ein in der Perspektive geübter Betrachter perspektivische Bilder wahrscheinlich besser interpretieren kann. Bildkompetenz besitzt zweifelsohne derartige kulturelle Aspekte. Das mag besonders für die angemessene Interpretation der Tiefenhinweise eines Bildes zutreffen, die Lopes mit Bezug auf ethnologische Studien hervorhebt. Bei einigen afrikanischen Gesellschaften lasse sich diesen Studien zufolge eine Unfähigkeit nachweisen, die relative Größe und Lage der dargestellten Gegenstände anhand der bildimmanenten Eigenschaften zu ermitteln. Davon abgesehen, dass solche Studien oft interpretationsbedürftig bleiben und zahlreiche Kritik erfahren haben (vgl. SONESSON 1989: 252ff.), weist das Problem der relativen Größenbestimmung in bildhaften Darstellungen auf ein generelles Bildphänomen hin: Die Eigenschaften des visuellen Feldes bestimmen die Größe der Gegenstände nicht eindeutig, weil unterschiedlich große Gegenstände identische phänomenale Eigenschaften aufweisen können, wenn sie in entsprechend unterschiedlichen Abständen dargeboten werden. Hier besteht aber eine Grenze der Repräsentationsmöglichkeiten bildhafter Darstellungen, nicht der explikativen Möglichkeiten der Ähnlichkeitstheorie. Bilder sind eben mehreren Gegenständen ähnlich und damit vieldeutig.

Sieht man von dem speziellen Aspekt der Bestimmung der relativen Größe ab, fällt auf, dass auch in den ethnologischen Studien bezeichnenderweise die korrekte Interpretation der dargestellten Gegenstände gar nicht infrage steht. Dieser Fall wäre der eigentlich interessante Fall. Dem Ähnlichkeitstheoretiker zufolge kann er unter normalen Umständen nicht eintreten. Jemand, der in der Lage ist, ein Bild als Bild zu erkennen, ist danach auch in der Lage, die realistische Darstellung eines bekannten Gegenstandes korrekt zu interpretieren. Diese Fähigkeit hängt weder von einer Kenntnis der Bildtheorie im Sinne Albertis noch von Kenntnissen im Umgang mit perspektivischen Bildern ab, sondern allein davon, dass entsprechende Gegenstände bereits einmal wahrgenommen worden sind. Insofern bestätigt das ethnologische Beispiel die Annahme kulturinvarianter Aspekte der Bildinterpretation. Denn unter den Voraussetzungen, die Lopes macht, wäre stattdessen zu erwarten, dass in Kulturen, in denen die zentralperspektivische Bildkonzeption nicht besteht, überhaupt keine Gegenstände auf Bildern erkannt werden. Gegen das Argument von Lopes ist also einzuwenden, dass zumindest einige der phänomenalen Ähnlichkeiten, die wir in perspektivischen Bildern wahrnehmen, kulturinvariant sind. In diesen Fällen wird ihr Verständnis wesentlich durch unsere Wahrnehmungskompetenzen ermöglicht.

Wahrnehmung als kulturrelatives Phänomen

Das Argument von Lopes beschränkt sich nicht darauf, die kulturelle Abhängigkeit der perspektivischen Bildkonzeption zu behaupten. Lopes hält es ebenfalls für vorstellbar, dass unsere Bildkonzeption ihrerseits unsere Wahrnehmungsprozesse geprägt hat. »Experienced similarity«, schreibt Lopes, »holds only between pictures and objects as they may be seen in pictures.« (LOPES 1996: 30) Lopes schlägt also vor, dass sich in unserer Kultur eine Bildkonzeption entwickelt hat, die uns mittlerweile die Welt sehen lässt, als wäre sie ein entsprechendes Bild: »It is possible that, having internalized picturing as part of our visual conception of the world, we routinely perceive the world as if it were pictured. If so, then it is not the visual field but our mastery of the Albertian canons of depiction which explain why we are willing to say that trees at variable distances are different in size or that a rectangular object has different shapes from different viewpoints.« (LOPES 1996: 31) Diese Annahme einer Prägung unserer Wahrnehmungsprozesse durch eine kulturell vermittelte Bildkonzeption soll unsere ähnlichkeitstheoretischen Intuitionen im Umgang mit perspektivischen Bildern als undurchschaute Täuschungen verständlich machen. Die wahrgenommenen phänomenalen Ähnlichkeiten sind demnach repräsentationsabhängig, weil bereits die Standards der Gegenstandswahrnehmung kulturell überformt worden sind.

Dies ist sicherlich eine interessante These, sie weist dem Ähnlichkeitstheoretiker jedoch eine Aufgabe zu, auf die er sich gar nicht einlassen muss. Der Ähnlichkeitstheoretiker kann sehr viel bescheidener darauf beharren, dass repräsentationsunabhängige Ähnlichkeiten im Sinne von wahrnehmungsgebundenen Ähnlichkeiten zu verstehen sind. In diesem Sinne liefert die Annahme, dass wir ein Bild anhand phänomenaler Ähnlichkeiten interpretieren, bereits Ansätze zu einer gehaltvollen Theorie. Denn es ist ein großer Unterschied, ob wir, um den Inhalt eines Zeichens zu ermitteln, entsprechende Vereinbarungen mühsam lernen müssen oder aber auf bereits ausgebildete Wahrnehmungskompetenzen zurückgreifen können. Wie immer also die Frage, was als letzter Grund der bildhaften Repräsentationsleistung gelten kann, beantwortet wird: Die Antwort schließt die bescheidenere Zielsetzung der Ähnlichkeitstheorie, Bilder als wahrnehmungsnahe Zeichen aufzufassen, auf keinen Fall aus.

Formen der Ähnlichkeit

Ähnlichkeit ist repräsentationsabhängig, wenn konventionell bereits festgelegt wurde, was einzelne Bildelemente repräsentieren. Da Konventionen aber nur bestimmen, welche Eigenschaftsdimensionen abbildungsrelevant sind, ist auch die repräsentationsabhängige Ähnlichkeit zur Bestimmung des Bildinhaltes notwendig.

Ähnlichkeit ist repräsentationsunabhängig, wenn sie die semantischen Beziehungen eines Bildes konstituiert. Im Rahmen des internalisierten Ähnlichkeitsbegriffs ist die repräsentationsunabhängige Ähnlichkeit gleichwohl wahrnehmungsabhängig und damit vermutlich eingeschränkt kulturrelativ.

5.3 Ähnlichkeit und Fiktionalität

Bisher hat die bildtheoretische Analyse perspektivische (oder zumindest realistische) Bilder behandelt, da sie den Kernbereich bildhafter Darstellungen bilden. Auch wenn die Verteidigung der Ähnlichkeitstheorie für diesen Bereich plausibel ist, ließe sich gegen sie einwenden, dass sie lediglich einen Teil der Bildphänomene abdeckt und deshalb eine nur begrenzte Aussagekraft besitzt. Daher soll nun ergänzend auf fiktionale und ungegenständliche Bilder eingegangen werden. Insbesondere die ungegenständlichen Bilder werden sich als problematisch für die Ähnlichkeitstheorie erweisen. Ähnlichkeit ist daher nur für Abbildungen, nicht für

Bilder insgesamt, eine notwendige Bedingung. Da Ähnlichkeit aber eine Spezifikation der wahrnehmungsnahen Interpretation ist, schließt das nicht aus, dass ungegenständliche Bilder dennoch wahrnehmungsnahe Zeichen sind (vgl. Kap. 7.3).

Unter dem Titel »Meisterargument« hat Oliver Scholz ein entsprechendes Argument gegen die Ähnlichkeitstheorie entwickelt (SCHOLZ 1999a), das im Folgenden etwas genauer dargestellt werden soll. Der zentrale Gedanke ist, dass fiktionale und ungegenständliche Bilder keine Relation zu einem abgebildeten Gegenstand aufweisen und sie daher einem solchen auch nicht ähnlich sein können. Die Ähnlichkeitstheorie scheitere also an überzeugenden Gegenbeispielen.

Metatheoretische Forderungen

Von einer adäquaten Bildtheorie fordert Scholz zunächst, dass sie den vortheoretischen Anwendungsbereich des Bildbegriffs möglichst vollständig erfassen kann. Von dieser Adäquatheitsbedingung ausgehend, stellt er im »Argument aus den im Sachbezug leeren Bildern« die beiden Prämissen auf, dass solche Bilder zum einen vollwertige Bilder sind, und dass sie zum anderen keine Relation zu einem abgebildeten Gegenstand aufweisen. Hieraus ergibt sich, dass der Bildcharakter nicht unter Bezug auf eine Relation zu einem abgebildeten Gegenstand erklärt werden kann. Analog verfährt er im »Argument aus den ungegenständlichen Bildern«. Auch hier lasse sich der Bildcharakter nicht aus einer Gegenstandsrelation erklären, weil ungegenständliche Bilder eine solche nicht aufweisen. Gemäß der Adäquatheitsbedingung ist dann eine Bildtheorie, die sich, wie die Ähnlichkeitstheorie, auf sie beruft, abzulehnen, weil sie diese Fälle nicht erklären kann.

Die jeweils erste Prämisse der beiden Argumente halte ich für korrekt; ich habe also keinen Zweifel daran, dass auch fiktionale und ungegenständliche Bilder als vollwertige Bilder angesehen werden sollten. Dagegen erachte ich sowohl die Adäquatheitsbedingung als auch die jeweils zweite Prämisse für problematisch. Zunächst zur Adäquatheitsbedingung: Diese metatheoretische Forderung zielt darauf ab, nur die Theorie als adäquat gelten zu lassen, die in der Lage ist, Bedingungen zu formulieren, die für möglichst alle Anwendungsfälle gelten. Das Problem einer solchen Forderung besteht darin, dass sie die Möglichkeit eines heterogenen Phänomenbereichs vernachlässigt. Akzeptiert man Wittgensteins Beschreibung der Familienähnlichkeit, dann kann es durchaus sein, dass sich für einen Phänomenbereich keine Bedingung angeben lässt, die auf alle Phänomene zutrifft. Nehmen wir an, dass in einem solchen Fall zwei Theorien miteinander konkurrieren, die aus der Gesamtmenge der Phänomene jeweils zwei unterschiedliche Schnittmengen angemessen beschreiben. Sicherlich kann eine Bewertung der Theorien dann nicht erfolgen, indem die einzelnen Phänomene oder Phänomenklassen gezählt werden. Stattdessen muss nun eine alternative Adäquatheitsbedingung zum Zuge kommen, die sich nicht an Allgemeinheit, sondern an Informativität orientiert. Eine solche alternative Bedingung ließe sich als Prinzip der Informativität in folgender Weise formulieren:

(PI) Eine Theorie T_1 ist dann einer Theorie T_2 vorzuziehen, wenn sich mit T_1 (nicht aber mit T_2) möglichst viele phänomenspezifische Probleme plausibel klären lassen.

Mit dieser Adäquatheitsbedingung an der Hand könnte der Ähnlichkeitstheoretiker insbesondere auf die Klärung des Phänomens der natürlichen Generativität verweisen. Sofern es zutrifft, dass die Ähnlichkeitstheorie für dieses Problem eine plausible Klärung vorlegen kann, im Unterschied zu einer Theorie, welche die Besonderheit bildhafter Darstellungen ausschließlich über eine Charakterisierung der syntaktischen Eigenschaften anstrebt, wäre die Ähnlichkeitstheorie in dieser Hinsicht informativer. Natürlich wird auf diese Weise nicht das Problem fiktionaler und ungegenständlicher Bilder gelöst. Gegen eine Theorie lässt sich aber nichts einwenden, soweit sie in der Lage ist, zum Verständnis des Unterschiedes bildhafter und sprachlicher Zeichen einen besonders informativen Beitrag zu leisten.

Ähnlichkeit als mentale Relation

Abgesehen von einer solchen Begrenzung legitimer Ansprüche lassen sich auch Einwände gegen die jeweils zweite Prämisse der dargestellten Argumente vorbringen. Zunächst zu den fiktionalen Bildern: Die Prämisse, dass fiktionale Bilder keine Relation zu einem abgebildeten Gegenstand aufweisen, geht davon aus, dass die Ähnlichkeitsbeziehung immer zwischen einem Bild und einem realen Gegenstand bestehen muss, es aber zum Beispiel Einhörner nicht gibt. Hiergegen lässt sich zunächst einwenden, dass es aber Pferde und Hörner gibt und daher zumindest die geforderte Beziehung zwischen Bildausschnitten und Elementen realer Gegenstände besteht. Zudem kann bestritten werden, dass eine solche Beziehung bestehen muss. Ausgehend von einem internalisierten Ähnlichkeitskriterium kann Ähnlichkeit als Relation zwischen einer Bildwahrnehmung und einer nur vorgestellten Gegenstandswahrnehmung – also einer bloßen Phantasievorstellung – aufgefasst werden. Es genügt also eine Ähnlichkeit zwischen mentalen Repräsentationen. Es hat dann insofern Sinn zu sagen, dass das Bild eines Einhorns einem Einhorn ähnlich ist, als die Wahrnehmung, die vom Bild eines Einhorns verursacht wurde, der Vorstellung, die ich von einem Einhorn habe, ähnlich ist.

Dieser Einwand lässt sich allerdings nicht beim Argument aus den ungegenständlichen Bildern verwenden. Nach Goodman denotieren ungegenständliche Bilder keine Gegenstände, sondern sie exemplifizieren Etiketten. Um die Ähnlichkeitstheorie auch für diesen Fall zu verteidigen, könnte behauptet werden, dass auch die Exemplifikationsbeziehung von der Ähnlichkeitsrelation Gebrauch macht. Da ein Bild die Eigenschaft, die es exemplifiziert, auch besitzen muss, ist das bildhafte Muster in einem sehr eingeschränkten Sinn dem exemplifizierten Gegenstand durchaus ähnlich. Das Ähnlichkeitskriterium ist aber sicher unbrauchbar, um überhaupt zu entscheiden, welche der vielen Eigenschaften, die ein Bild besitzt, zur Exemplifikation dient. Daher kommt die Ähnlichkeitstheorie hier an ihre Leistungsgrenze. Für Bilder insgesamt lässt sich der Begriff der Wahrnehmungsnähe nicht mit dem Ähnlichkeitskriterium spezifizieren. Ähnlichkeit ist also eine notwendige Bedingung nur für gegenständliche Bilder. Dennoch lassen sich ungegenständliche Bilder als wahrnehmungsnahe Zeichen verstehen. Sie könnten als reflexive Bilder aufgefasst werden (vgl. hierzu Kap. 7.3): Bei ihnen tritt ein figürlicher Bildinhalt zwar zugunsten einer Charakterisierung der Bildmittel zurück; dies ist aber nur möglich, da sie sich auf eine differenzierte Tradition gegenständlicher Bilder beziehen, deren Produktions- und Rezeptionsformen sie veranschaulichend thematisieren.

Fiktionale Bilder

Fiktionale Bilder sind Bilder mit leerem Gegenstandsbezug. Sie weisen damit keine Relation zu einem realen Gegenstand auf, in der Regel bestehen jedoch Relationen zwischen Bildausschnitten und Gegenstandselementen. Ausgehend von einem internalisierten Ähnlichkeitskriterium besteht zudem die Möglichkeit, die Ähnlichkeitsrelation als Relation zwischen Vorstellungsinhalten aufzufassen.

5.4 Zusammenfassung und Ausblick: Von der Semantik zur Pragmatik

Mit der Integration der Ähnlichkeitstheorie als plausibelste Grundlage einer wahrnehmungstheoretischen Ausrichtung der Bildsemantik haben wir einen weiteren Aspekt zur Explikation des Bildbegriffs vorgestellt. ›Gegenstände als Bilder nehmen‹ heißt demnach, sie so wahrzunehmen, als würden wir – hinsichtlich relevanter Aspekte – den Gegenstand, der dargestellt wird, selbst wahrnehmen. Dabei bleiben wir uns aber bewusst, dass es sich um ein Bild und nicht um diesen Gegenstand handelt, weil die Wahrnehmung des Bildes der korrespondierenden Gegenstandswahrnehmung eben nur hinsichtlich relevanter Eigenschaften gleichartig ist.

Ändern wir sukzessiv ein Bild so lange, bis es dem ursprünglich abgebildeten Gegenstand nicht mehr ähnlich ist, so ändert sich entsprechend auch unsere Interpretation des Bildes. Es wird ihm dann eben ein anderer Inhalt zugeschrieben. In dem Moment aber, in dem wir die Frage nach dem Inhalt eines Zeichens nicht mehr anhand des Ähnlichkeitskriteriums entscheiden – so wäre die These –, verwenden wir das entsprechende Zeichen auch nicht mehr als Abbildung. Dieser Übergang ist zum Beispiel in der Bilderschrift festzustellen. Auch Piktogramme liefern Beispiele für bildhafte Darstellungen, die mitunter so sehr konventionalisiert sind, dass sie mit einigem Recht als eine eigene Zeichenklasse zwischen Bildern und Wörtern behandelt werden können.

Zusammenfassend lässt sich feststellen, dass sich mit dem Titel ›Ähnlichkeitstheorie‹ sehr unterschiedliche Ansprüche verbinden. Obschon unter den möglichen Ansprüchen zahlreiche sicherlich nicht einzulösen sind, ist es doch möglich, eine Variante der Ähnlichkeitstheorie zu formulieren, die zum Verständnis unseres Umgangs mit Bildern beiträgt. Ähnlichkeit ist meinen Ausführungen zufolge eine hinreichende Bedingung, um bildhafte Zeichen von sprachlichen Zeichen zu unterscheiden, und zugleich eine notwendige Bedingung, um den Bildinhalt gegenständlicher Bilder zu bestimmen. Ihn als sinnvollen Begriff im Rahmen einer Bildtheorie zuzulassen, bedeutet allerdings in erster Linie nur, entsprechende Forschungsansätze (insbesondere wahrnehmungspsychologischer Art) zuzulassen. Der Anspruch der Ähnlichkeitstheorie besteht also insbesondere darin, dass sich der Inhalt von Bildern in der Regel auf Grund interner, noch genauer zu erforschender wahrnehmungsbasierter Mechanismen erschließt.

Kontextuelle Faktoren des Bildverstehens

Die ähnlichkeitstheoretische Explikation des Bildbegriffs richtete sich primär auf die deskriptive Bedeutung, die als Bildinhalt bezeichnet wurde und die in der Kunstwissenschaft als vorikonografische Ebene gilt. Dass Ähnlichkeit zur Bestimmung des Bildinhalts notwendig ist, heißt nicht, dass er sich allein auf Grund des Ähnlichkeitskriteriums ergibt. Denn durch die Unterscheidung von Eigenschaftsdimensionen und Eigenschaftsausprägungen muss bei der Bildverwendung zunächst immer geklärt werden, hinsichtlich welcher Aspekte ein Bild nach Ähnlichkeit betrachtet werden soll. Diese Vorgaben, mit denen die unterschiedlichen speziellen Bildsysteme entstehen, können nicht selber durch Ähnlichkeit ermittelt werden, sondern ergeben sich relativ zu den Funktionen und Intentionen, die zur Entwicklung der entsprechenden Bildsysteme und Bildtypen geführt haben. Auf diese Weise kommen teilweise bereits für die deskriptive Bedeutung kontextuelle Bedingungen zum Zuge. Eine solche pragmatische Grundlage ist in weit höherem Maße aber für die komplexeren Bedeutungsphänomene wichtig, vor allem für die illokutionären Rollen von Bildverwendungen, von denen der Gehalt der gesamten Bildäußerungen abhängt. Eine ähnlichkeitstheoretisch orientierte Bildsemantik kann das Phänomen der Bildbedeutung und des Bildverstehens zwar partiell beschreiben, sie bedarf aber der Ergänzung um eine Bildpragmatik.

Eine entsprechende Theorieentwicklung zur Pragmatik hat sich in der modernen Linguistik mit der Sprechakttheorie bereits durchgesetzt. Sie reagierte vor allem auf die Probleme der realistisch ausgerichteten Semantiken, die sich besonders drängend bei dem Versuch einstellten, die Semantik nicht für Wörter, sondern auch für Sätze und deren Komposition zu entwickeln (vgl. SCHNEIDER 1975: 73ff.). Wird die Kompositionalität von Sätzen mit Hilfe der Prädikatenlogik als logische Form expliziert, ist ein elementarer Satz immer aus einem Eigennamen und einem Prädikat zusammengesetzt. Um im Rahmen dieser logischen Beschreibung zu einer universellen realistischen Semantik zu gelangen, muss behauptet werden, dass die Satzelemente mit Teilen der Wirklichkeit und die Art ihrer

Komposition mit der entsprechenden Zusammensetzung der Sachverhalte korrespondieren. Eine solche Semantik ist im Grunde genommen mit Wittgensteins These aus dem *Tractatus* intendiert, dass der Satz ein Bild der Wirklichkeit ist. Hierbei werden aber ontologische Behauptungen über die Wirklichkeit gemacht, die prinzipiell als problematisch gelten, denn insbesondere für Prädikate müsste gefordert werden, dass sie (analog zu Eigennamen) auf abstrakte Gegenstände referieren. Wird die Existenz von abstrakten Gegenständen – also der Begriffsrealismus – bestritten, dann lässt sich die Struktur der logischen Beschreibung von Sätzen nicht mehr als Struktur der Wirklichkeit auffassen. Sie muss dann sprachabhängig eingeführt werden. Das macht die pragmatische Wende in der Linguistik aus. Prädikation ist nun nicht mehr in abstrakten Gegenständen begründet, sondern in der sozial vermittelten Sprachpraxis. Die Pragmatik ist also der Versuch, die Semantik ohne Rückgriff auf ontologische Annahmen auszuführen.

Auch in der Bildsemantik zeigen sich analoge Probleme, wenn neben der deskriptiven Bedeutung weitere Bedeutungsebenen untersucht und Bildern hierzu entsprechende Äußerungsstrukturen zugrunde gelegt werden. Diese Probleme sind aber in der Bildsemantik insofern etwas anders gelagert, als Bilder eine besondere Form der Kompositionalität besitzen. Bilder setzen sich nicht analog zu Sätzen aus Eigennamen und Prädikaten zusammen. Zumindest lassen sich in der Regel keine einzelnen Bildelemente ausmachen, die jeweils eine dieser Funktionen übernehmen. Vielmehr hat es innerhalb einer Bildersemantik sehr wohl Sinn, auch die Komposition von Bildern als Struktur der wahrgenommenen Wirklichkeit zu beschreiben, da sich die durch das Ähnlichkeitskriterium vermittelte wahrnehmungsnahe Interpretation sowohl auf die Bildelemente als auch auf das Gesamtbild bezieht. Das Problem der linguistischen Semantik verschwindet damit jedoch nicht, sondern verlagert sich nur. Denn um überhaupt von Bildkommunikation reden zu können, muss es Sprachhandlungen analoge Äußerungsstrukturen geben. Das für die Bildsemantik entscheidende Problem liegt also nicht in der Kompositionalität, sondern einerseits sehr viel grundsätzlicher bereits in der Auszeichnung der semantisch relevanten Eigenschaftsdimensionen und andererseits erst auf der komplexeren Stufe der Bildkommunikation, bei der eine Botschaft vermittelt werden soll. Letzteres ist insbesondere deshalb ein theoretisches Problem, weil Bildverwendungen oft eine Form nicht-codierter Kommunikation darstellen. Ihr Verständnis hängt damit wesentlich davon ab, dass wir die wahrnehmungstheoretischen und die kontextuellen Voraussetzungen gemeinsam erfassen und zusammenführen, um so vom Bildinhalt zum kommunikativen Gehalt der Bildverwendung zu gelangen.

Zum Verhältnis von Bildsemantik und Bildpragmatik

Das Ähnlichkeitskriterium bestimmt die deskriptive Bildbedeutung. Insofern die relevanten Eigenschaftsdimensionen kontextuell vorgegeben werden, ist bereits die deskriptive Bedeutung kontextsensitiv. Vor allem erfordert das Verständnis höherstufiger Formen der Bildbedeutung oft kontextuelle Informationen. Um eine adäquate Analyse insbesondere des kommunikativen Gehaltes von Bildverwendungen durchzuführen, sollte die Bildsemantik daher um eine Bildpragmatik ergänzt werden.

6. Bildpragmatik

Im Kapitel zur Bildsemantik wurden mehrere Bedeutungsbegriffe eingeführt. Als Gegenstand der Bildsemantik galten hierbei lediglich die Probleme der deskriptiven Bedeutung. Selbst dieses spezielle Phänomen deutete aber bereits darauf hin, dass eine adäquate Beschreibung zuweilen nur auf der Grundlage kontextueller Informationen gelingt. Denn unter anderem setzt die Unterscheidung von Eigenschaftsdimensionen und Eigenschaftsausprägungen, durch die sich der eingeführte Ähnlichkeitsbegriff auszeichnet, ein zumindest rudimentäres Wissen über die Funktion des jeweiligen Bildsystems bzw. Bildtyps voraus. Daher ermöglichte die vorgestellte Fassung des Ähnlichkeitsbegriffs zwar eine Integration der kulturellen Variabilität von Bildsystemen, sie schränkte aber zugleich die explikativen Möglichkeiten des sich damit ergebenden Bildbegriffs in nicht unerheblicher Weise ein. Diese Einschränkungen gilt es nun durch bildpragmatische Überlegungen zu kompensieren.

Die besondere Stellung der Pragmatik ergibt sich im Bildbereich auch daraus, dass wir Bilder in sehr vielfältiger Weise verwenden, die jeweiligen Verwendungsabsichten aber nicht unbedingt syntaktisch kennzeichnen, sodass die kommunikative Bedeutung der Bilder mitunter über den Verwendungszusammenhang erschlossen werden muss. So besitzt die Fotografie eines Tieres eine andere kommunikative Bedeutung, wenn sie in einem Bildwörterbuch zur Illustration erscheint, als wenn sie als Urlaubsfoto gezeigt wird. Im Wörterbuch veranschaulicht sie einen Begriff bzw. eine Klasse von Tieren, als Urlaubsfoto jedoch in der Regel ein ganz bestimmtes Tier. Ein und dasselbe Bild kann also relativ zu dem jeweiligen Verwendungszusammenhang eine unterschiedliche kommunikative Bedeutung besitzen bzw. erhalten. Diese Gebrauchsabhängigkeit der Bilder schließt ihre Wahrnehmungsnähe keineswegs aus. Die Verwendung eines

Bildes in einem bestimmten kommunikativen Kontext setzt vielmehr einen bestimmten deskriptiven Bildinhalt (und damit seine wahrnehmungsnahe Interpretation) immer schon voraus. Oft verbindet sich dieser deskriptive Bildinhalt sogar in unmittelbarer Weise mit einer appellativen Bildbotschaft. Es gibt jedoch auch Fälle, bei denen sich die Bildbedeutung im Sinne der kommunikativen Botschaft nur durch ergänzende bildpragmatische Beschreibungen erfassen lässt.

Das Kapitel zur Bildpragmatik behandelt dementsprechend wichtige Aspekte der kontextuellen Grundlagen der Bildkommunikation. Sie liefern grundsätzliche Voraussetzungen, die das erfolgreiche Kommunizieren mit Bildern ermöglichen. Von der Syntax über die Semantik hin zur Pragmatik wird damit ein immer größerer Rahmen entworfen, in dem zunehmend komplexere Bedeutungsphänomene der Bildkommunikation in den Blick kommen bzw. beschrieben werden. Gemäß der Annahme, dass sich die Bildtheorie auf allen drei Ebenen durch eine Verbindung von wahrnehmungstheoretischen und zeichentheoretischen Komponenten auszeichnet, werden auch die bildpragmatischen Überlegungen einem speziellen Problem gewidmet sein, das diese Verbindung aufzuzeigen geeignet ist. Es lässt sich mit der These formulieren, dass Bilder in elementarer Verwendung analog zur Prädikation verstanden werden sollten. Die Veranschaulichung oder visuelle Charakterisierung ist insofern elementar, als sie – im Gegensatz etwa zur nominatorischen Bildverwendung – den unterschiedlichen Formen der Bildkommunikation zugrunde liegt. Das Veranschaulichen ist demgemäß die illokutionäre Grundfunktion von Bildern, aus der sich die übrigen Bildfunktionen ableiten. Dies hat unter anderem zur Konsequenz, dass Bilder immer als Charakterisierungen verstanden werden können, sich ihre Referenz sowie ihre spezielle illokutionäre Kraft (und damit ihr kommunikativer Gehalt) aber oft erst relativ zum Kommunikationskontext erschließen.

Thesen zur Bildpragmatik

(6) Die elementare illokutionäre Bildfunktion besteht in der Veranschaulichung bzw. in der visuellen Charakterisierung.

(6.1) Die Pragmatik hat die Beziehung von Zeichenträger und Interpret zum Gegenstand und kann im weiten und im engen Sinne verstanden werden.

(6.2) Bildhandeln ist in elementarer Funktion eine Form der Prädikation.

(6.3) Pragmatische Aspekte sind in unterschiedlicher Weise für die verschiedenen Bedeutungsphänomene wichtig.
(6.4) Die Bildpragmatik muss durch eine Beschreibung der verschiedenen Bildtypen und Bildmedien konkretisiert werden.

6.1 Zum Begriff der Pragmatik

Der Ausdruck ›Pragmatik‹ ist vermutlich noch vieldeutiger und unbestimmter als es die Ausdrücke ›Syntax‹ und ›Semantik‹ bereits waren. Von den vielen alltagssprachlichen Verwendungen abgesehen untersucht die Pragmatik – als wissenschaftliche Unternehmung verstanden – die Bedingungen, die »an entity must fulfil to be able to interpret signs as representing meaning in semiosis« (POSNER/ROBERING 1997: 4; vgl. auch POSNER 1997b). Damit rückt die Pragmatik den Zeichenverwender in den Mittelpunkt der Überlegungen. Über diesen Schwerpunkt besteht weitgehend Einigkeit, sehr kontrovers werden aber sowohl die speziellen Aufgaben der Pragmatik diskutiert als auch das Verhältnis von Pragmatik und Semantik. Je enger der Zusammenhang von Bedeutung und Gebrauch gesehen wird, desto mehr übernimmt die Pragmatik traditionell semantische Fragen. In extremer, hier nicht vertretener Form kann auf diese Weise das Bedeutungsphänomen ausschließlich in Relation zum Zeichenbenutzer und den entsprechenden Handlungszusammenhängen verhandelt werden.

Enger und weiter Begriff der Pragmatik

Nach der sehr einflussreichen Konzeption von Charles W. Morris besteht das semiotische Dreieck aus Zeichenträger, Designat und Interpret (MORRIS 1938: 23ff.). Die pragmatische Dimension ergibt sich hierbei aus der Beziehung zwischen Zeichenträger und Interpret, wobei ›Interpret‹ allgemein als Zeichenbenutzer, also als Produzent sowie als Rezipient, zu verstehen ist. Nach einer Formulierung von Morris umfasst die Beziehung zum Zeichenbenutzer diejenigen Aspekte, die sich aus Ursprung, Verwendung und Wirkung von Zeichen ergeben (vgl. MORRIS 1946: 352). Eine Untersuchung dieser »lebensbezogenen Aspekte der Semiose« (MORRIS 1938: 52) thematisiert also die historischen, sozialen und psychischen Randbedingungen der zeichenverwendenden Handlungen.

Um die recht allgemeine Charakterisierung von Morris etwas differenzierter zu fassen, kann zwischen einem weiten und einem engen Begriff der Pragmatik unterschieden werden. Während der weite Begriff auf eine möglichst systematische Erfassung der historisch und kulturell variablen Verwendungskontexte und Zeichenfunktionen abzielt, ist der enge Begriff der Pragmatik auf diejenigen Aspekte gerichtet, die semantisch unmittelbar relevant sind und ohne deren Kenntnis sich die Bedeutung eines Zeichens nicht erschließt. Der enge Begriff der Pragmatik, der den folgenden Ausführungen zugrunde liegt, ist damit auf die Semantik bezogen, im Unterschied zur Semantik geht es aber nicht um die lexikalische (bzw. um die durch Wahrheitsbedingungen spezifizierbare) Bedeutung, sondern um diejenigen Bedeutungsphänomene, die sich nur aus den Kontextbedingungen ergeben (vgl. LEVINSON 1983: 12).

Eine weitere Aufgliederung der Pragmatik in speziellere Aufgaben ist möglich, indem der Kontextbegriff genauer bestimmt wird (vgl. LEVINSON 1983: 23), denn als Kontext lassen sich sehr unterschiedliche Vorgaben thematisieren, deren Kenntnis den Interpreten in jeweils spezifischer Weise in die Lage versetzt, auch die nicht-kodierten Zeicheninhalte zu erfassen. Hierzu gehören sowohl interne Aspekte der Zeichenproduzenten wie -rezipienten (etwa das Vorwissen oder bestimmte kognitive Verarbeitungsmechanismen) als auch externe Aspekte (etwa Zeit und Ort der Zeichenverwendung oder auch Art der Zeichentypen und -medien). Insofern kommunikative Zwecke eine wichtige Rolle für die Zeichenverwendung spielen, ist für die semiotische Pragmatik insbesondere die von Austin, Searle und Grice entwickelte Sprechakttheorie wichtig, die oft als zeichenübergreifender Ansatz gilt. Die Verwendung von Zeichen wird hier als Grundlage des kommunikativen Handelns verstanden, das sich mit sehr unterschiedlichen Zeichenarten ausführen lässt. In Lehrbüchern der Pragmatik werden die dabei wichtigen Fragestellungen vor allem an den Themen ›Indexikalität‹, ›Konversationsimplikaturen‹, ›Präsuppositionen‹ oder ›Uneigentliche Äußerungsformen‹ abgehandelt (vgl. etwa DAVIS 1991 oder MEIBAUER 1999).

Spezifische Probleme und Ebenen der Bildpragmatik

Die Unbestimmtheiten im Begriff einer allgemeinen Pragmatik bestehen natürlich in gleicher Weise für eine Bildpragmatik. Darüber hinaus ist für die Bildpragmatik ungeklärt, ob sie sich überhaupt von einer allgemeinen

Pragmatik abhebt. Denkbar wäre, dass die allgemeine Pragmatik Bedingungen formuliert, die für alle Zeichensysteme gleichermaßen anwendbar sind. In diesem Fall gäbe es nur eine allgemeine, zeichensortenunabhängige Pragmatik. Eine solche Konzeption ist jedoch unbefriedigend, weil sie die Besonderheiten der speziellen Zeichensysteme vernachlässigt. Zwar gibt es allgemeine pragmatische Prinzipien, die allen Zeichenverwendungen zugrunde liegen, das schließt aber Besonderheiten der Bildverwendung nicht aus. Eine semiotische Bildtheorie sollte daher in der Lage sein, die Unterschiede zwischen Bildern und anderen Zeichen nicht nur in syntaktischer und semantischer, sondern ebenfalls in pragmatischer Hinsicht zu erfassen.

Die für Bildsysteme spezifischen pragmatischen Aspekte lassen sich auf verschiedenen Ebenen charakterisieren. Auf der grundsätzlichsten Ebene ergeben sie sich aus der Annahme, dass ein Gegenstand nicht durch eine besondere Eigenschaft zum Bild wird, sondern durch seine Einordnung in ein spezifisches Zeichensystem. Diese Annahme zu akzeptieren heißt, eine anti-essentialistische Position (und damit eine Gebrauchstheorie des Bildes) einzunehmen. Eine Bildpragmatik hat auf dieser grundsätzlichen Ebene die jeweiligen Handlungs- bzw. Verwendungs- und Rezeptionszusammenhänge zu beschreiben, die zur Konstitution des Bildstatus führen und analog zu Wittgensteins Begriff der Sprachspiele als »Bildspiele« bezeichnet worden sind (vgl. etwa SCHOLZ 1991: 111ff.). Darin enthalten ist die Abgrenzung der bildirrelevanten Eigenschaften und Funktionen, die natürlich jeder Bildträger als materieller Gegenstand besitzt, von den bildrelevanten Eigenschaften und Funktionen.

Die Beziehungen von Zeichenträger und Zeichenverwender lassen sich spezifischer betrachten, indem die einzelnen Bildtypen und Bildmedien untersucht werden (vgl. Kap. 7 und 8). Diese Untersuchung ist ein Teil der Bildpragmatik, der von einer Beschreibung der vielfältigen Funktionen, Zwecke und Verwendungsumgebungen zu trennen, aber davon keineswegs unabhängig ist (vgl. hierzu Kap. 10). Denn es macht einen Unterschied, ob ein Bild in ästhetischer Absicht für ein Museum, in informierender Absicht für eine Tageszeitung oder in didaktischer Absicht für ein Bildwörterbuch hergestellt wird. Viele Zielsetzungen und Funktionen lassen sich bevorzugt in bestimmten Umgebungen mit bestimmten Bildtypen verwirklichen. Die kommunikativen Zwecke von technischen Zeichnungen werden beispielsweise durch den Einsatz von Liniengrafiken begünstigt. Bildtypen, Bildzwecke und Bildfunktionen verweisen also aufeinander. Ihren gemeinsamen Bezugspunkt finden sie in den kognitiven Grundlagen der

Bildkompetenzen (vgl. Kap. 11). Denn um die Intentionen, die mit einem Bild vermittelt werden sollen, für einen Betrachter verständlich werden zu lassen, muss der Einsatz von Bildern auf jeweils spezifische Bildkompetenzen abgestimmt werden.

Anders als bei den sehr allgemeinen Problemen und Fragen zur Bildkonstitution leistet eine Beantwortung der Fragen zu den Bildtypen und Bildfunktionen in der Regel bereits einen unmittelbaren Beitrag zur Interpretation eines bestimmten Bildes. Hier geht eine Gebrauchstheorie des Bildes in eine Gebrauchstheorie der Bildbedeutung über. Letztere würde in extremer Fassung auch für die Frage, was wir in Bildern sehen, eine vollständige Gebundenheit an soziale bzw. kulturelle Prozesse annehmen. Dagegen akzeptieren Vertreter der Ähnlichkeitstheorie in der Regel zwar, dass die Botschaft des Bildes, also die kommunikative Bildbedeutung, maßgeblich durch die entsprechenden Handlungszusammenhänge geprägt ist. Zugleich postulieren sie aber Bedeutungsaspekte, die in verschiedenen Verwendungskontexten invariant sind. Wie groß dieser Bereich ist, hängt dann von der jeweiligen Fassung des Ähnlichkeitsbegriffs ab.

Die Höhlenmalerei als Grenzfall

Um sich die Stellung der Pragmatik innerhalb der Bildtheorie zu verdeutlichen, ist der Verweis auf den Grenzfall der Höhlenmalereien erhellend. Insofern uns die Verwendungszusammenhänge, die mit der Herstellung dieser Bilder verbunden waren, bisher weitgehend unbekannt geblieben sind, können wir höchstens vermuten, welche Absichten mit den Bildern verfolgt und welche kommunikativen Gehalte mit ihnen vermittelt werden sollten. Dennoch ist es uns möglich, in den entsprechenden Linien etwas zu erkennen, ihnen also einen Inhalt zuzuweisen. Mit dem Bildinhalt, ließe sich vermuten, liegt ein Aspekt der Bildbedeutung vor, der von konkreten pragmatischen Bedingungen unabhängig ist, weil er sich weitgehend den vorhandenen Wahrnehmungskompetenzen verdankt. Die Untersuchung dieser kontextunabhängigen Bedeutungsaspekte, die sich auf Grund der Wahrnehmungsnähe ergeben, wurde daher der Bildsemantik zugewiesen.

Leider ist eine solche Aufteilung nicht unproblematisch, denn es ist denkbar, dass steinzeitliche Menschen in den Linien, die wir als Höhlenmalereien zu klassifizieren gewohnt sind, etwas anderes gesehen haben als wir. Es ist sogar recht wahrscheinlich, dass Wahrnehmungskompetenzen historisch und kulturell geprägt sind. Die Rezeptionsgewohnheiten bei

Filmen haben sich etwa in erstaunlich schneller Weise geändert. So ist für uns heute der Schrecken und die Faszination kaum noch nachvollziehbar, mit der die ersten Stummfilme betrachtet worden sind. Wenn wir dennoch der Meinung sind, dass in dem steinzeitlichen Bild, in dem wir einen Bison erkennen, immer schon ein Bison und nicht etwa ein Pferd gesehen worden ist, dann kommt damit die Intuition ins Spiel, dass die historischen und kulturellen Variationsmöglichkeiten des Wahrnehmungssystems hier eine untergeordnete Rolle spielen. Dies legt anthropologische Konstanten in der Wahrnehmung nahe, deren prinzipielle Natur sich aber nur schwer nachweisen lässt.

Es ist begrifflich ebenfalls nicht auszuschließen, dass die steinzeitlichen Menschen die Höhlenmalereien gar nicht als Bilder in unserem Sinne aufgefasst haben. Denn wenn der Bildstatus an eine entsprechende Verwendung gebunden ist und die Rekonstruktion der steinzeitlichen Verwendungsweisen problematisch bleibt, dann gibt es keine sichere Möglichkeit mehr, den Bildstatus festzustellen, auch wenn das hohe Maß an Kunstfertigkeit (etwa bei der Linienführung) auf einen absichtlichen Herstellungsprozess deutet. Natürlich sind die Höhlenmalereien für uns Bilder. Übertragen lässt sich diese Zuschreibung auf die steinzeitlichen Menschen aber nur auf Grund der weiteren, ebenfalls kaum beweisbaren Intuition, dass sich der Bildstatus mit dem entsprechenden Wahrnehmungserlebnis notwendig einstellt.

Was ist eine Bildpragmatik?

Während die Bildsemantik vor allem die wahrnehmungsbasierten Aspekte der Bildbedeutung untersucht, betrachtet die Bildpragmatik den Einsatz von Bildern als eine spezielle Form des kommunikativen Handelns. Auf allgemeinster Ebene beschreibt sie die Handlungs- und Rezeptionszusammenhänge, die den Bildstatus konstituieren.

Eine Bildpragmatik im engeren Sinne untersucht die semantisch relevanten externen wie internen kontextuellen Vorgaben, die sich aus den konkreten Bildtypen und -medien, aus den jeweiligen Bildfunktionen und -umgebungen sowie aus den spezifischen kognitiven Kompetenzen ergeben.

6.2 Bild und Prädikation

Die Annahme der semiotischen Pragmatik, dass Zeichenverwendungen einen Handlungscharakter besitzen, ist bereits häufiger auf die Bildkommunikation übertragen worden. Analog zur Sprechakttheorie hat beispielsweise Kjørup bereits 1978 von »pictorial speech acts« (KJØRUP 1978) gesprochen. Sicherlich ist es terminologisch problematisch, die konkrete Verwendung von Bildern als Sprechakt zu bezeichnen. Dies ist aber nur ein Problem der Benennung, das sich vielleicht schon angemessen lösen lässt, wenn das Bildhandeln richtiger als Malakt oder als Bildzeigeakt angesprochen wird (vgl. SACHS-HOMBACH 2011a). Das kommunikative Handeln mit Bildern wäre dann nicht eine Äußerung im engeren Sinne, sondern würde wesentlich in dem Vorzeigen eines Gegenstandes bestehen, um etwas von diesem Gegenstand Verschiedenes zu veranschaulichen. Diese Charakterisierung der Bildkommunikation als Zeigehandlung wirft natürlich zahlreiche Fragen auf. Zu beantworten wäre etwa, ob mit Bildern dieselben illokutionären Funktionen erfüllt werden können wie mit sprachlichen Ausdrücken oder inwiefern das Modell der Konversationsmaximen auch für den Bildbereich Geltung besitzt (vgl. SCHIRRA/SACHS-HOMBACH 2007).

Propositionaler Gehalt und illokutionäre Rolle

Wird der Bildzeigeakt analog zu Sprechakten beschrieben, dann muss auf jeden Fall die illokutionäre Rolle vom propositionalen Gehalt unterschieden werden. Präsentiert etwa jemand ein Bild, um gegenüber einem anderen eine bestimmte visuelle Beschaffenheit eines nicht anwesenden Gegenstandes zu behaupten, so ist das Behaupten hierbei die illokutionäre Rolle des Mal- bzw. Zeigeaktes, während das, *was* behauptet wird (dass ein Gegenstand ein bestimmtes Aussehen hat), dem propositionalen Gehalt entspricht. Ein propositionaler Gehalt schließt grundsätzlich eine Zuordnung ein, bei der einem konkreten Gegenstand oder Sachverhalt eine Eigenschaft zugesprochen wird. Stärker als bei Sätzen scheint bei Bildern eine Mehrdeutigkeit des propositionalen Gehaltes konstitutiv zu sein.

Im Vergleich mit Bildern sind sprachliche Zeichen hinsichtlich ihrer illokutionären Funktionen sicherlich vielfältiger und besitzen vor allem sehr viel differenziertere Möglichkeiten, um anzuzeigen, in welcher illokutionären Funktion ein Äußerungsakt gerade vollzogen wird. Ist ein Satz nicht als Behauptung, sondern als Frage gemeint, dann lässt sich dies etwa auf syntaktischer Ebene durch ein Fragezeichen bzw. in der gesprochenen Sprache durch die entsprechende Intonation zum Ausdruck bringen. Hierin sollte aber kein triftiger Einwand gegen die vergleichende Betrachtung von Bild- und Sprachverwendung gesehen werden. Es wäre zudem auch erst noch zu klären, ob es prinzipielle Grenzen der bildhaften Kennzeichnung von illokutionären Funktionen gibt oder ob eher praktische Erwägungen einen Verzicht auf solche Verfahren nahe legen. Um etwa den Aufforderungscharakter einer Bildverwendung bildhaft zum Ausdruck zu bringen, könnten besonders grelle Farben verwendet werden. Zu fragen wäre freilich, ob diese Auszeichnung selbst bildhafter Natur ist oder eher eine konventionelle Regelung wie der Schrägstrich als bildhaftes Äquivalent der Negation (vgl. GOLD 1995).

Wie immer es aber auch mit diesen Möglichkeiten bestellt sein mag, brauchbar ist der Vergleich von Bild- und Sprachverwendung erst, wenn genauer gesagt wird, analog zu welchen sprachlichen Einheiten Bilder aufzufassen sind (vgl. zu den sprachphilosophischen Grundlagen insgesamt TUGENDHAT 1976). Bilder könnten analog zu Texten, analog zu Sätzen oder analog zu Wörtern bestimmt werden. Im letzten Fall ist zudem zu prüfen, ob sie eher singulären oder eher generellen Termini entsprechen. Im Folgenden wird die These vertreten, dass Bilder all diese Verwendungen zulassen, dass sie in elementarer Verwendung aber generellen Termini entsprechen. Damit sind keineswegs komplexere Bildverwendungen ausgeschlossen. Vielmehr ist lediglich unterstellt, dass es eine *elementare* Bildverwendung gibt, die – analog zu elementaren Rechenarten – dann vorliegt, wenn sie sich nicht auf andere Verwendungen zurückführen lässt – also möglichst einfach ist – und für alle übrigen Verwendung als konstitutiv nachgewiesen werden kann. Trifft diese These zu, dann lässt sich das Herstellen bzw. Präsentieren von Bildern in elementarer Verwendung als Akt der visuellen Charakterisierung oder Veranschaulichung mehr oder weniger komplexer Eigenschaften verstehen. In allgemeinster Formulierung ist dann das So-und-so-Aussehen der Inhalt bzw. der prädikative Gehalt eines Bildes.

Um den kommunikativen Gehalt einer Bildzeigehandlung zu erschließen, ist es in der Regel nötig, neben dem prädikativen Gehalt auch den jeweiligen Kontext zu kennen. Dieser wird oft durch sprachliche Ergänzungen – etwa durch Bildunterschriften – bestimmt. Das geschieht beispielsweise auch, wenn jemand ein Fahndungsfoto mit den Worten zeigt: »Haben Sie eine Person gesehen, die *so* aussieht?« Hierbei tritt das Bild an die Stelle des ›*so*‹ und übernimmt eine charakterisierende Funktion innerhalb des Kommunikationsaktes. Es dient in diesem kommunikativen Zusammenhang zur Identifizierung einer bestimmten Person und ersetzt mühsame und wenig effektive Beschreibungen. Bildkommunikation ist jedoch auf sprachliche Erläuterungen keineswegs angewiesen. Alternativ muss dann der situative Kontext bzw. ein entsprechendes Vorwissen den Rückschluss auf die kommunikative Bedeutung ermöglichen. Bevor diese Probleme genauer erläutert werden, sollen zunächst die verschiedenen (im Syntaxkapitel bereits angedeuteten) Varianten diskutiert werden, Bilder analog zu Sätzen bzw. zu Wörtern zu beschreiben.

Bild und Satz

Beschränken wir die Überlegungen zunächst auf darstellende Bilder, dann ließe sich das Herstellen oder Präsentieren eines Bildes als das Äußern eines singulären Satzes interpretieren. Wird etwa die Zeichnung eines Bisons dargeboten, so könnte dies als die Behauptung verstanden werden, dass ein kürzlich beobachtetes Tier zwei Hörner besitzt. Lassen wir die illokutionäre Funktion vorerst beiseite, so müsste es möglich sein, dem (analog zum Satz verstandenen) Bild eine Proposition zuzusprechen, der zufolge ein bestimmter Gegenstand eine bestimmte Eigenschaft besitzt.

Sprachlich wird eine solche Zuordnung vollzogen, indem wir mit einem Ausdruck, den wir in der Funktion eines Nominators verwenden, einen Gegenstand festlegen, und mit einem weiteren Ausdruck, den wir in der Funktion eines Prädikators verwenden, die Eigenschaft auswählen, die wir diesem Gegenstand zuschreiben wollen. In der Regel übernehmen die singulären Termini die Funktion von Nominatoren, die generellen Termini dagegen die Funktion von Prädikatoren. Es gibt auch einige Fälle, in denen generelle Termini innerhalb komplexer Nominatoren auftreten. Dies geschieht etwa in definiten Kennzeichnungen (»Der Schüler von Platon ...«).

Eine Übertragung dieses Sachverhaltes auf Bilder wirft das Problem auf, dass eine entsprechende Aufteilung in Nominatoren und Prädikatoren bei Bildern nicht vorliegt. In einem Bild können normalerweise nur sehr eingeschränkt eigenständige Untereinheiten bestimmt werden, die eventuell eine weitere Zergliederung erlauben. Es lässt sich auch keine Regel ausmachen, welche funktionale Rolle einzelnen Bildausschnitten jeweils zukommt bzw. zukommen soll. Jede bedeutungserhaltende Teilung eines Bildes ergibt zudem erneut ein vollständiges Bild, womit das Problem also nur verlagert wäre. Bei einer willkürlichen Teilung in einzelne Bildpunkte ist dagegen nicht einzusehen, wie diese Teile überhaupt noch als bildhafte Nominatoren oder Prädikatoren fungieren können. Sehr eingeschränkt ist es höchstens möglich, die jeweilige Funktion in Bilderfolgen durch einen unterschiedlichen Abstraktionsgrad herauszuheben (vgl. SCHIRRA/SCHOLZ 1998a: 397f. und SACHS-HOMBACH/SCHIRRA 2002a).

Das Problem der Auszeichnung funktionaler Elemente lässt sich eventuell umgehen, wenn wir annehmen, dass die nominatorische und die prädikatorische Funktion bei Bildern gewissermaßen ineinander geschoben sind. Die Identifizierung eines bestimmten Gegenstandes in einem Bild brächte dann zugleich immer auch die Eigenschaft ins Spiel, die zugeordnet werden soll. Wir würden in diesem Fall mit dem entsprechenden Bild nicht nur auf einen bestimmten Bison verweisen, sondern ebenfalls die Eigenschaft der Vierbeinigkeit visuell darstellen. Ein wichtiges Problem mit diesem Vorschlag besteht darin, dass ein Bild nun analog zu unbestimmt vielen Sätzen aufzufassen wäre, da jedes Bild immer sehr viele Eigenschaften veranschaulicht. Hiergegen ließe sich allerdings einwenden, dass genau dies dem Phänomen entspricht: Ein Bild sagt eben, wie es volkstümlich heißt, mehr als tausend Worte bzw. zeigt es, präziser ausgedrückt, mehr als wir mit tausend Sätzen sagen können. Sehr viel schwieriger ist dagegen dem weiteren Einwand zu begegnen, dass eine solche Auskunft nicht klärt, wann ein und dieselbe Bildstruktur als Satz und wann sie als genereller oder als singulärer Terminus aufzufassen ist. Natürlich gibt es viele Beispiele, in denen Bilder faktisch analog zu Sätzen verwendet werden. Hier liefert der Kontext die nötigen Konkretisierungen. Diese Fälle zeigen daher keine elementaren, sondern bereits komplexe Bildverwendungen, da sie zum einen vom Kontext abhängen und zum anderen Prädikation wie Nomination bereits voraussetzen.

Bild und singulärer Terminus

Betrachten wir die weiteren Alternativen, nach denen Bilder Wörtern entsprechen. Eine Antwort auf die Frage, ob ein Bild ein singulärer oder ein genereller Terminus ist und ob es die Funktion eines Nominators oder eines Prädikators übernimmt, scheint ebenfalls entscheidend vom Verwendungskontext abzuhängen. Als Passbild eingesetzt würden wir mit einer Fotografie in der Regel einen ganz bestimmten Gegenstand bezeichnen wollen. Das Passbild entspräche also einem singulären, nominatorisch verwendeten Terminus. Zur Illustration in einem Bildwörterbuch wird mit demselben Bild jedoch eine Klasse von Gegenständen oder eine Eigenschaft veranschaulicht. Hier hat das Bild also die Funktion eines generellen, prädikativ verwendeten Terminus. Obschon diese Fälle beispielhaft zeigen, dass der jeweilige Kontext unter Umständen sehr unterschiedliche Funktionen des

Bildes aktiviert, soll dennoch die These verteidigt werden, dass Bilder primär, d.h. in elementarer Verwendung, analog zu generellen Termini (und damit prädikatorisch) beschrieben werden sollten und die nominatorische Verwendung folglich eine hiervon abgeleitete Bildfunktion ist. Um diese Behauptung plausibel zu machen, ist es hilfreich, erneut auf die semiotischen Grundunterscheidungen einzugehen, wie sie sich in der einflussreichen Theorie von Frege darstellen, da sie in dieser Lesart einige interessante Besonderheiten aufweisen, die im Folgenden genutzt werden sollen.

Dem sogenannten semiotischen Dreieck zufolge sollte zwischen Zeichenträger (Ausdruck), Inhalt (Bedeutung) und Referenz (Bezug) unterschieden werden. Frege spricht von Sinn und Bedeutung, um die beiden Aspekte zu bezeichnen, die sich im semantischen Dreieck mit dem Zeichenträger verbinden. Der Sinn eines Ausdrucks ist nach Frege die »Art des Gegebenseins« der Bedeutung (FREGE 1892: 41), die Bedeutung dagegen das, was bezeichnet wird. Allerdings meint diese Unterscheidung von Sinn und Bedeutung bei Frege etwas ganz Verschiedenes, je nachdem auf welche sprachlichen Einheiten sie bezogen wird.

Auf singuläre Termini angewandt sind die Ausdrücke ›Morgenstern‹ und ›Abendstern‹ das bekannt gewordene Beispiel dafür, dass singuläre Termini mitunter einen unterschiedlichen Sinn_F, aber dieselbe BedeutungF haben. Der unterschiedliche Sinn_F der singulären Termini ließe sich mit der Kennzeichnung ›hellster Stern am Morgenhimmel‹ bzw. ›hellster Stern am Abendhimmel‹ umschreiben; der Gegenstand, den beide singulären Termini in unterschiedlicher Weise bezeichnen, ist dagegen beide Male die Venus. Würde man nach diesem Modell Bilder analog zu singulären Termini auffassen, so läge ihr Sinn_F in der jeweiligen mit dem Bild dargebotenen Ansicht eines Gegenstandes (zum Begriff der Ansicht vgl. FELLMANN 2000: 20ff., dessen intensionale Bildsemantik die vorliegenden theoretischen Beschreibungen aufnehmen), die sich aus einer bestimmten Perspektive (oder auch aus einem bestimmten Bildtyp bzw. Darstellungsstil) ergibt. Diese Ansichten liefern zugleich eine Regel, die zumindest teilweise den konkreten Referenten eines Bildes zu bestimmen erlaubt.

Hiervon sollte der Fall der singulären Termini im engeren Sinne, nämlich der Eigennamen, unterschieden werden. Freges Terminologie, nach der ›Eigenname‹ synonym ist mit ›Nominator‹, weicht vom üblichen Sprachgebrauch ab. Der von Frege als Eigenname klassifizierte Ausdruck ›Morgenstern‹ ist nur in einem weiten Sinne ein Eigenname, nach der üblichen Redeweise ist er dagegen eine Kennzeichnung. Werden Bilder dagegen analog zu Eigennamen im engeren Sinne aufgefasst, ließe sich etwa (mit Hinweis auf eine kausale Theorie der Eigennamen) auf Fotografien verweisen, bei denen die entsprechenden Lichtstrahlen einen kausalen Zusammenhang zwischen Bildreferent und fotografischem Negativ herstellen und so die nominatorische Funktion unmittelbar sicherstellen könnten (vgl. SEEL 1995).

Für die meisten Bilder ist eine solche Auffassung jedoch unzutreffend. Eine aus der Fantasie angefertigte Zeichnung hat keinen kausal rekonstruierbaren Referenten. Zudem ist selbst ein festgestellter kausaler Zusammenhang nicht hinreichend, um bildhafte Referenz zu sichern. Es ist durchaus möglich, dass wir eine Fotografie zur Veranschaulichung eines Gegenstandes verwenden, obschon sie durch einen anderen, nur ähnlichen Gegenstand kausal verursacht wurde. Problematisch ist die Analogie zu Eigennamen auch, wenn die Beziehung zum Referenten nicht als kausale Beziehung, sondern als bloße Festlegung interpretiert wird, denn nun ist nicht mehr klar, inwiefern das Bild überhaupt als Bild verwendet wird. Natürlich ließe sich einfach festlegen, dass bestimmte Bilder immer auf irgendeinen Gegenstand referieren. In diesem Fall würden wir das Bild aber nicht mehr als Bild, sondern als abstraktes Symbol verwenden. Die Rede von Bildern und bildhafter Referenz schließt demnach ein, dass die Beziehung zwischen singulärem Terminus und Referent über den jeweiligen Bildinhalt zustande kommt. Daher ist unklar, was ein solcher Inhalt für bildhafte Eigennamen überhaupt sein könnte, wenn er nicht im Sinne einer Kennzeichnung zu verstehen ist. Somit fällt die Möglichkeit aus, Bilder in elementarer Funktion analog zu Eigennamen im engeren Sinne zu beschreiben. Wenn überhaupt, dann müssten sie im Sinne von Kennzeichnungen erfasst werden.

Die These, dass Bilder nicht analog zu Eigennamen verstanden werden können, erfährt zudem durch die prinzipiellen Bedenken Unterstützung, die gegen die Annahme bildhafter Referenz im Sinne von Ausdrucksreferenz vorgebracht wurden (vgl. HARTH 2001). Im Falle von Kennzeichnungen ist das Problem insofern komplizierter, als Kennzeichnungen mitunter einen Inhalt besitzen, ohne auf einen Gegenstand zu referieren, also fiktional sind. Die Frage, ob Bilder analog zu Kennzeichnungen verstanden werden können, ist also unabhängig vom Referenzproblem. Allerdings ist das Problem im Falle von Kennzeichnungen insofern zugleich erheblich einfacher, als der im Sinne einer Kennzeichnung aufgefasste Bildinhalt ganz wesentlich der Inhalt eines oder mehrerer Prädikatausdrücke ist. Wenn Bilder als singuläre Termini im Sinne von Kennzeichnungen verwendet werden, können sie diese Funktion daher nur übernehmen, weil sie bereits Prädikatausdrücke enthalten. So setzt sich der singuläre Terminus ›Morgenstern‹ aus den Prädikaten ›Morgen‹ und ›Stern‹ zusammen, und nur über diese Prädikate ergibt sich überhaupt erst der Inhalt ›hellster Stern am Morgenhimmel‹.

Bild und genereller Terminus

Sind diese Überlegungen zutreffend, dann bleibt als theoretische Alternative für die gesuchte Analogie nur übrig, die elementare Verwendung von Bildern analog zur Prädikation aufzufassen (vgl. SACHS-HOMBACH/SCHIRRA 2011). Schauen wir uns hierzu erneut die Theorie von Frege an. Danach wird der Sinn_F auch bei generellen Termini als die Art des Gegebenseins charakterisiert; jedoch ist das, was gegeben wird, nun ein Begriff und kein raumzeitlicher Gegenstand. Freges Begriffstheorie ist nicht unbestritten geblieben. So hält etwa Searle die Annahme, dass Prädikatausdrücke eine Referenz haben (bzw. in Frege-Terminologie »einen Begriff bedeuten«), für missverständlich (vgl. SEARLE 1969: 150ff.). Seiner Sprechakttheorie zufolge werden mit Prädikatausdrücken lediglich Eigenschaften zugeschrieben. Zwar ist es natürlich richtig, dass ›Referenz‹, auf Begriffe angewendet, nicht im Sinne des Bezuges auf konkrete Gegenstände zu verstehen ist. Dennoch ist die Frege'sche Theorie in ihrer Anwendung auf den Bildbereich hilfreich, sofern sie ein zweistufiges Verfahren nahe legt, nach dem erst einmal der Begriff zu bestimmen ist, was qua Veranschaulichung erfolgt, die eigentliche Prädikation, mit der die ausgewählte Eigenschaft einem konkreten Gegenstand zugeschrieben wird, aber hiervon unabhängig bleibt und bei Bildern nur im Rahmen entsprechender Kontexte vonstatten geht.

Der Ausdruck ›Haus‹ bezeichnet demnach nur indirekt Häuser. Direkt bringt er zunächst den Begriff des Hauses ins Spiel, unter den dann die entsprechenden Gegenstände fallen. Dass der generelle Terminus ›Haus‹ (oder der Prädikator ›ist ein Haus‹) einen Sinn_F hat, besagt dann, dass der Begriff des Hauses in unterschiedlicher Weise gegeben sein kann. Da Begriffe nach Frege Funktionen sind, lässt sich dies gut an mathematischen Funktionsausdrücken erläutern: So kann die Funktion $F(x) = x^2$ auch als $F(x) = x^{(1+1)}$ zum Ausdruck gebracht werden, ohne dass die Werte der Funktion sich damit ändern würden. Der Sinn_F von generellen Termini, die Intension eines Begriffs, ist diesem Beispiel gemäß die Regel, nach der zu verfahren ist, um die Referenten im Einzelnen, die Extension des Begriffs, zu ermitteln; und diese Regel kann nach Frege eben in ganz unterschiedlicher Weise formuliert sein, ohne doch zu verschiedenen Ergebnissen zu führen.

Wie lässt sich dies nun auf Bilder anwenden? Was heißt es, dass Bilder analog zu generellen Termini zu beschreiben sind? Zunächst heißt es, dass die unmittelbaren Bezugspunkte von Bildern nicht raumzeitliche Gegenstände, sondern Begriffe sind. Eine vorsichtigere (und vermutlich zutreffendere) Formulierung ist: Bilder bringen zunächst Begriffe ins Spiel, sie referieren nur sekundär auf konkrete Gegenstände. Nehmen wir als Beispiel ein Bild, in dem wir einen Elefanten erkennen. Das Bild veranschaulicht nach dem Gesagten den Begriff des Elefanten, der Inhalt des Bildes wäre in diesem Fall die entsprechenden visuellen Farb- und Formeigenschaften, durch die der Begriff des Elefanten bzw. die typischen Merkmale dieses Begriffs in besonderer Weise gegeben, d. h. veranschaulicht werden. Dem Inhalt eines Bildes entspricht demnach in allgemeinster Charakterisierung der Inhalt des Prädikatausdrucks ›sieht so und so aus‹. Werden die visuellen Eigenschaften des Bildträgers in einer Weise variiert, dass weiterhin ein Elefant erkennbar bleibt, haben wir unterschiedliche Gegebenheitsweisen oder unterschiedliche Veranschaulichungen desselben Begriffs generiert.

Für unseren alltäglichen Sprachgebrauch ist diese Redeweise ungewöhnlich. Wir sagen üblicherweise, dass wir uns mit einem Elefanten-Bild auf Elefanten beziehen oder mit einem Passfoto einen ganz bestimmten Menschen abbilden. Wenn wir jedoch die prinzipielle Mehrdeutigkeit von Bildern in Rechnung stellen, wird verständlich, dass wir ein Bild bereits in bestimmter Weise interpretiert haben müssen, wenn wir die Gegenstände bestimmen, auf die mit dem Bild referiert werden soll. Ein Bild in elementarer Verwendung zu interpretieren ist also nichts anderes, als den Begriff zu bestimmen, den das Bild veranschaulicht. Die Relation des Bedeutens im Sinne von Frege ist im Bildbereich damit als Relation der Veranschaulichung aufzufassen. Bilder sind Veranschaulichungen von Begriffen, weil der Inhalt (zumindest) von Abbildungen notwendig auf einen bestimmten Begriff des So-und-so-Aussehens bezogen wird und sich nur relativ zu diesem Begriff konkretisiert. Das gilt ebenfalls für das Passfoto, denn auch sein Inhalt konstituiert sich erst in der Interpretation der bildrelevanten visuellen Eigenschaften bzw. in der Rekonstruktion des Begriffs, den diese veranschaulichen.

Bilder in der Spannung von Begriff und Veranschaulichung

Werden Bilder in dieser Weise analog zu Prädikaten aufgefasst, dann ergibt sich für Bilder eine prinzipielle Spannung von Begriff und Veranschaulichung, denn eine visuelle Darstellung kann natürlich aus prinzipiellen Gründen niemals eine adäquate Darstellung eines bestimmten Begriffs sein. Ein Bild ist (anders als die veranschaulichten Begriffe) immer konkret und enthält damit auch als visuelles Muster der Begriffe viele kontingente Eigenschaften. So zeigen Bilder immer nur bestimmte Ansichten, niemals alle Ansichten. Außerdem ist die visuelle Darstellung in der Regel nicht nach wesentlichen und unwesentlichen Eigenschaften differenziert. Aus diesem Grunde sind Bilder vieldeutig.

Sowohl die zur Darstellung eines Begriffs redundanten bzw. kontingenten Bildeigenschaften als auch die gleichzeitig nötige Beschränkung auf bestimmte (dann als markant erscheinende) Eigenschaften bewirkt einige der besonderen ästhetischen Möglichkeiten des Bildeinsatzes. Weil nicht alle inhaltlichen Bestimmungen eines Bildes im veranschaulichten Begriff aufgehen, lässt sich das Bild einerseits, wie es heißt, auch nicht auf den Begriff bringen. Da zudem immer einige Eigenschaften zur Charakterisierung des Begriffs in besonderer Weise herausgestellt werden, trägt es andererseits zur Akzentuierung eines Begriffs bei. Der ästhetische Wert vieler Kunstwerke verdankt sich mitunter einem dieser beiden Verfahren.

Die beschriebene Spannung von Begriff und Veranschaulichung verantwortet viele weitere Besonderheiten der Bilder und der Bildkommunikation. Diese Spannung ermöglicht etwa, mit einem Bild auf unterschiedlich abstrakte Begriffe bzw. Eigenschaften zu verweisen. Ein und dasselbe Bild eines Baumes kann daher unter Umständen als Darstellung eines Laubbaumes, eines typischen europäischen Baumes, einer Buche oder eventuell auch einer durch sauren Regen geschädigten Buche eingesetzt werden. Der intendierte Allgemeinheitsgrad des veranschaulichten Begriffs ließe sich zwar durch grafische Mittel hervorheben, ohne Bildunterschriften oder einen entsprechenden Verwendungskontext ist eine eindeutige Zuordnung aber oft nicht möglich.

Zur prädikativen Grundfunktion von Bildern

Analog zu Sprechakten lässt sich der kommunikative Einsatz von Bildern als Bildzeigeakt verstehen. Hierbei besteht die illokutionäre Grundfunktion des Bildzeigens in der visuellen Charakterisierung, die in allgemeinster Form als ›Sieht so und so aus‹ umschrieben werden kann. Gegenüber der Prädikation ist die nominatorische Funktion bei Bildern sekundär. Sie erfolgt notwendig über bildhafte Kennzeichnungen, bei denen die prädikative Funktion bereits vorausgesetzt ist. Auch die Verwendung von Bildern analog zu Sätzen ist eine höherstufige illokutionäre Funktion, die eine kontextuelle Bestimmung des propositionalen Gehaltes voraussetzt.

6.3 Pragmatische Aspekte der Bildbedeutung

Die skizzierte prädikative Bildauffassung hat weitreichende Konsequenzen für die Bildpragmatik. Sie legt nahe, dass pragmatische Aspekte in unterschiedlichem Maße für die verschiedenen Bedeutungsebenen bzw. Bedeutungsphänomene konstitutiv sind. Im Folgenden wird es insbesondere um die Phänomene des Bildinhalts, der Bildreferenz, des Sinnbilds und des kommunikativen Bildgehalts gehen.

6.3.1 *Bildinhalt*

Nach den Ausführungen des Semantikkapitels liefert der Bildinhalt den elementaren Bedeutungsaspekt, der bei allen komplexeren Bedeutungsebenen vorausgesetzt ist. Der Bildinhalt ist nach Wollheim dasjenige, was jemand *im* Bild sieht. Er verdankt sich spezifischer Wahrnehmungsmechanismen, die Ähnlichkeitsstandards unterstellt sind. Bei der Wahrnehmung eines Gegenstandes als Gesicht und der Wahrnehmung eines Gesichtes im Bild werden dieser Auffassung zufolge typische Eigenschaften als identisch wahrgenommen. Menschen sehen jedoch mitunter in denselben Bildern Verschiedenes. Obschon dieser Sachverhalt keineswegs als Argument gegen das Ähnlichkeitskriterium gelten kann, macht er doch darauf aufmerksam, dass Ähnlichkeit kein hinreichendes Kriterium zur Bestimmung des Bildinhalts sein kann. Das Ähnlichkeitskriterium dient nur als Hinweis auf einen (an die unter anderem stereoskopisch erweiterten Perspektivengesetze gebundenen) psychischen Mechanismus, der verantwortet, dass wir zumindest in darstellenden Bildern in der Regel nicht Beliebiges sehen. Es schränkt also die Menge der möglichen Interpretationen ein und liefert damit ein Kriterium dafür, was in einem Bild gesehen werden kann; es erlaubt aber noch keine Antwort auf die Frage, warum gerade dies gesehen wird und nicht etwas anderes, das nach diesem Kriterium ebenfalls zugelassen wäre.

Semantische Unbestimmtheit als konstitutives Merkmal von Bildern

Nehmen wir das in der Gestaltpsychologie oft beschriebene Phänomen des Kippbildes, bei dem Figur und Hintergrund vertauscht werden können. Jemand sieht in einem Bild einen Kelch. Ein zweiter sieht in dem Bild zwei Gesichter im Profil. Vermutlich werden sie sich sehr schnell einigen, dass beide Interpretationen korrekte Interpretationen sind, sofern sie auf die wesentlichen Entsprechungen hinweisen (d. h., Teile des Bildes herausgreifen) und darlegen können, dass ein bestimmter Linienabschnitt nasenförmig ist (den Begriff der Nase veranschaulicht) oder (in diesem Fall zugleich) einen Teil der Kontur eines Kelches darstellt. Sieht ein Dritter in dem Bild einen Elefanten, so ist dies nur dann als korrekte Interpretation zu werten, wenn er ebenfalls auf relevante Entsprechungen hinweisen kann.

Wie kommt es nun, dass überhaupt Unterschiedliches in einem Bild gesehen wird? Der Ähnlichkeitstheorie zufolge ergibt sich dies daraus, dass verschiedene Dinge unter entsprechenden Perspektiven identische Wahrnehmungen erzeugen können. Dieser Sachverhalt hat zur Folge, dass auch in der Bildwahrnehmung gleichberechtigte Interpretationen bestehen können. Das ist eigentlich sogar der Regelfall: Die Unbestimmtheit des Bildes ist prinzipieller Natur, da sich vermutlich immer ein Gegenstand konstruieren lässt, der ein vergleichbares Wahrnehmungsmuster erzeugen würde. Nur wird uns dies selten bewusst, weil durch die Kontextbedingungen eine bestimmte Interpretation als besonders relevant ausgezeichnet wird. Genau diese Bedingungen sind dafür verantwortlich, dass wir uns unter den vielen Inhalten, die wir einem Bild korrekterweise zuschreiben können, für einen bestimmten Inhalt entscheiden. All diese Bedingungen ließen sich als pragmatische Aspekte der deskriptiven Bildbedeutung anführen. Sie spezifizieren den Inhalt eines Bildes innerhalb einer bestimmten Interpretationsumgebung. Es lassen sich hierzu wenigstens drei Fälle unterscheiden.

Pragmatische Aspekte der deskriptiven Bildbedeutung

(1) *Kotext*: In bildimmanenter Weise legt oft bereits der Kotext eine Interpretation fest. Hierbei ist unter ›Kotext‹ die Summe der Elemente gemeint, die sich innerhalb der Bildfläche (bei Filmen auch zwischen verschiedenen Bildern) ausmachen lassen und die etwa durch einen Rahmen begrenzt

werden. Einen Linienabschnitt als nasenförmig einzustufen, ergibt sich demnach aus dem Zusammenhang, in den er eingebettet ist. Entsprechend kann ein und dasselbe Bildelement in unterschiedlichen Zusammenhängen nach dem Prinzip der Nähe als Unterschiedliches gesehen werden. Bildwahrnehmung ist daher wesentlich Gestaltwahrnehmung. Der Kotext ließe sich in verschiedene Ebenen gliedern. Die Organisation der Formelemente nach Gestaltgesetzen ist hierbei sehr grundsätzlich, interpretationseinschränkend wirkt aber auch die Einordnung der Gestalten in das Bildganze, das etwa als Landschaftsdarstellung erkannt wird. Hier scheinen dem hermeneutischen Zirkel analoge Prozesse abzulaufen, in denen sich der Gesamtzusammenhang und die einzelnen Elemente gegenseitig bestimmen.

(2) *Kontext*: In ähnlicher Weise schränkt der Bildkontext die Interpretationsmöglichkeiten ein. ›Kontext‹ ist hier im engeren Sinne zu verstehen. Er enthält alle relevanten Aspekte der physischen Bildumgebung. Insbesondere formreduzierte Darstellungen können in verschiedenen Umgebungen unterschiedlich wahrgenommen werden. Das Piktogramm eines Lautsprechers ließe sich beispielsweise in einem Hutgeschäft als Darstellung von Strohhüten interpretieren, wenn es um 90° gedreht würde. Auch der Bildkontext liefert demnach einen Interpretationshorizont, der es ermöglicht, den Inhalt eines Bildes in unterschiedlicher Weise zu bestimmen. Auf Grund dominanter Kontextbedingungen geraten die meisten möglichen Interpretationen in der Regel aber gar nicht erst in den Blick.

(3) *Typikalität*: Wichtig bei der Kategorisierung dessen, was wir im Bild sehen, ist auch, wie typisch die dargestellten Eigenschaften für eine Gegenstandsklasse sind. Deshalb korreliert nur sehr eingeschränkt ein niedriger Detaillierungsgrad mit einem großen Interpretationsspielraum. Ob die Strichzeichnung eines Fisches als Darstellung eines Haifisches gilt, hängt davon ab, ob die Eigenschaften dargestellt sind, die Haifische auszeichnen, etwa die besondere Form der Flosse oder der Zähne. Sind diese in der Darstellung erkennbar, wird die entsprechende Klassifikation auch dann vorgenommen, wenn andere Eigenschaften fehlen oder sogar falsch dargestellt wurden. Das trifft selbst auf die Darstellung individueller Gesichtszüge zu. Ob nur irgendein Gesicht oder ein bestimmtes Gesicht veranschaulicht werden soll, kann durch die Darstellung spezifischer Eigenschaften nahe gelegt werden. Die angemessene Interpretation hängt dann freilich davon ab, ob die entsprechenden Wahrnehmungskompetenzen vorliegen. Was wir im Bild sehen, ist folglich durch mentale Prototypen eingeschränkt,

in denen bestimmte Eigenschaften als typisch ausgewiesen sind und somit als relevant für die Ähnlichkeitsbeziehung gelten. Diese Typikalitätserwägungen sind nicht nur individuell variabel, sondern zudem kulturellen Standards unterworfen. Je nach Lebenswelt können zudem unterschiedliche Eigenschaften für typisch gehalten werden (vgl. BLANKE 2003: 96).

Diese verschiedenen Weisen, den durch Ähnlichkeit nur grob umrissenen Interpretationsrahmen einzuschränken, erfolgen in der Regel auf der Grundlage unbewusst ablaufender Mechanismen. Sie müssen bereits auf der Ebene des Bildinhalts in einigen nicht ausreichend intrinsisch motivierten Fällen vollzogen werden, um zu einer konkreten Bestimmung zu gelangen. Die weiteren Bedeutungsphänomene – Bildreferenz, Symbolik und kommunikativer Gehalt – sind in einem weit höheren Maße an pragmatische Bedingungen geknüpft.

Zur Charakterisierung des Bildinhaltes

Welcher Bildinhalt einem Bild zugeschrieben wird, kann nicht durch das Ähnlichkeitskriterium allein geklärt werden. Ähnlichkeit ist eine notwendige, aber keine hinreichende Bedingung zur Bestimmung des Bildinhalts. Neben Ähnlichkeit gehen in den Bildinhalt der Bildkotext, der Bildkontext sowie die Typikalität der dargestellten Eigenschaften ein. Die kotextuelle Determination des Bildinhaltes erfolgt wesentlich über die Gestaltgesetze. Im Sinne einer Verwendungsumgebung liefert der Kontext einen Interpretationshorizont. Typikalitätsstandards sind schließlich mental repräsentiert und individuell wie kulturell variabel.

6.3.2 *Bildreferenz*

Dem Gesagten zufolge besteht der Bildinhalt aus den auf einen Begriff bezogenen visuellen Eigenschaften des Bildes, die in gleicher Weise am Bildreferenten wahrgenommen werden könnten. Wie fiktionale Bilder zeigen, fällt der Bildinhalt aber weder mit dem Bildreferenten zusammen noch setzt er ihn voraus. Der Bildinhalt stellt jedoch eine ungefähre Regel bereit, den Referenten zu bestimmen: Als Referent eines Bildes kommen nur diejenigen Gegenstände infrage, deren wesentliche Eigenschaften in den relevanten Dimensionen zu gleichartigen Wahrnehmungen führen würden. Es ist daher auch für die vorgestellte Variante der Ähnlichkeitstheorie unmittelbar einsichtig, »dass kein Grad von Ähnlichkeit hinreicht, um die erforderliche Beziehung der Bezugnahme herzustellen« (GOODMAN 1968: 17), weil der Bildinhalt natürlich keine hinreichenden, sondern nur notwendige Bedingungen liefert. Er bestimmt lediglich die Klasse der möglichen Referenten, ohne festzulegen, welcher konkrete Referent im Einzelfall gemeint ist. Das ergibt sich auch aus der Überlegung, dass Bilder in elementarer Verwendung analog zu Prädikaten aufgefasst werden sollten, da Bilder dadurch (mit Bezug auf Freges Terminologie) als ungesättigte Funktionen zu verstehen sind, die durch nominatorische Bestimmungen gesättigt werden müssen, wenn ihnen ein propositionaler Gehalt zukommen soll. Diese Sättigung erfolgt entweder explizit durch den sprachlichen Kontext, etwa durch eine Bildunterschrift, oder auch implizit durch kontextuell gebundene Schlussverfahren. Auf welche Gegenstände ein Bild Bezug nimmt, ist damit im Wesentlichen ein Problem der Bildpragmatik.

Passfotos und Phantombilder

Das gilt selbst für den Fall des Passfotos. Faktisch haben wir zwar keine Schwierigkeit, eine Person anhand ihres Passfotos zu identifizieren, da die Charakterisierung der Gesichtszüge für die Person sehr typische Eigenschaften enthält. Sobald aber Personen auftreten, die eine große perzeptuelle Ähnlichkeit aufweisen, wird eine Zuordnung von Bild und Referent problematisch. Gibt es Zwillinge, dann lässt sich in keiner Weise dem Passfoto entnehmen, auf welchen Zwilling es referiert. Vielmehr benötigen wir nun zusätzliche Kenntnisse. Vermutlich kann auch das Wissen um die kausalen Zusammenhänge bei der Entstehung des Fotos keine endgültige Entscheidung herbeiführen, da es zu einer Verwechslung der Fotos gekommen sein könnte. Als tatsächlicher Referent eines Passfotos wird einfach der rechtmäßige Passinhaber gelten dürfen. Das Foto bringt hierzu lediglich die Eigenschaft des So-und-so-Aussehens zum Ausdruck, während der entsprechende Verwendungskontext festlegt, dass diese Eigenschaft demjenigen zuzuschreiben ist, dem der Pass gehört. Den Referenten des Passfotos können wir also nur im Kontext des entsprechenden ›Bildspieles‹ bestimmen, das sich z. B. über Passkontrollen und entsprechende Prüfverfahren etabliert hat. Da der Bildinhalt nur eine unvollkommene Regel bereitstellt, um zu prüfen, auf wen das Passfoto referiert, wird kaum jemand Probleme haben, mit dem Pass seines Zwillings zu verreisen.

Das Phantombild liefert ein weiteres Beispiel für eine primär nominatorische Bildverwendung, die sehr erfolgreich eingesetzt werden kann. Anders als das Passfoto ist es stärker auf die prädikatorische Funktion angewiesen, über die ein Identifizieren einer konkreten Person erfolgen soll. Dieses so alltägliche wie erstaunliche Phänomen piktorialer Bezugnahme zeigt, dass unser Umgang mit Bildern an besondere Kompetenzen gebunden ist bzw. solche voraussetzt. Denn um einen individuellen Gegenstand als diesen Gegenstand identifizieren zu können, müssen wir normalerweise bereits einiges über ihn wissen. Im Falle der korrekten Anwendung eines Eigennamens haben wir entweder die entsprechende Person bereits kennen gelernt oder einiges aus anderen Quellen – etwa anhand von Beschreibungen – über sie erfahren. Das trifft aber in dieser Weise weder auf das Phantombild noch auf ein Fahndungsfoto zu, denn im Unterschied zum Eigennamen werden in diesen Fällen die nötigen Anhaltspunkte über die dargestellte Person ausschließlich dem Bild entnommen. Zur Identifizierung brauchen wir weder zusätzliche Informationen über die Person noch müssen wir sie bereits kennen. In dieser Hinsicht setzen Phantombilder wie auch Fahndungsfotos also andere Interpretationsmechanismen voraus als Eigennamen, wenn sie in speziellen Situationen auch analog verwendet werden können.

›Unlogische‹ Bilder, Allgemeinbilder und fotografische Abzüge

Bilder lassen sich demnach durchaus erfolgreich nominatorisch einsetzen. In diesen Fällen ist die charakterisierende Funktion des Bildinhalts so präzise, dass sie faktisch zur Identifizierung eines Gegenstandes ausreicht. Es ist aber zu betonen, dass ein solches Verfahren prinzipiell unsicher bleibt. Um zu einer sicheren Bestimmung der Bildreferenz zu gelangen, liefert die Ähnlichkeit kein hinreichendes Kriterium, weil es nie ausgeschlossen werden kann, dass es Gegenstände gibt, die sich täuschend ähnlich sind oder auch unter einer bestimmten Perspektive lediglich so erscheinen. Auch ist es möglich, dass derselbe Referent in zwei Abbildungen sehr unterschiedlich aussieht. Diesen Fall veranschaulichen die Fotografien in Abbildung 3 (vgl. Seite 191). Sie haben (vermutlich zum Erstaunen des Betrachters) denselben Referent und demonstrieren zugleich, dass auch sogenannte ›unlogische‹ Bilder in der Regel einen Bildreferenten haben, dessen Aussehen auf Grund unserer Wahrnehmungsgewohnheiten aber nur sehr schwer aus dem Bildinhalt rekonstruiert werden kann. Genau genommen ist also nicht ohne kontextuelle Informationen entscheidbar, worauf das Bild faktisch referieren soll, nur werden uns üblicherweise die vielen Mehrdeutigkeiten durch eine geschickte Bildverwendung nicht bewusst.

Ein komplizierterer Fall liegt bei den sogenannten Allgemeinbildern vor. Sie referieren nicht auf einen individuellen Gegenstand, sondern auf eine Klasse von Gegenständen. Das Bild eines Elefanten, das auch eine Fotografie sein könnte, ließe sich etwa in einem Bildwörterbuch zur Veranschaulichung einer bestimmten Elefantenart verwenden. Hier würden die kausalen Zusammenhänge, die zum Bild geführt haben, keine Rolle spielen. Wichtig sind in erster Linie die visuellen Eigenschaften des Bildes, die als Charakterisierungen des Begriffs dienen. Es ist aber auch möglich, dieses Bild einzusetzen, um beispielsweise in einem Zoo dem Besucher den Weg zum Elefantengehege zu weisen. In diesem Fall wird das Bild primär nominatorisch eingesetzt, um auf mehrere Gegenstände zu referieren. Dass wir dies unmittelbar verstehen, ist einerseits dem Bildinhalt zu verdanken, andererseits aber dem Bildkontext, der nahe legt, dass es sich bei der Abbildung um ein Element eines Wegweisers handelt, sodass wir folgern können, dass sie auf alle Elefanten des Zoos bezogen werden soll. Die konkrete Referenz des Bildes ergibt sich also aus den Regeln, die das System der Wegweiser konstituieren und in die das entsprechende Bildprädikat eingebunden ist.

ABBILDUNG 3
Fotografie eines ›unmöglichen Objekts‹ in unterschiedlichen Perspektiven

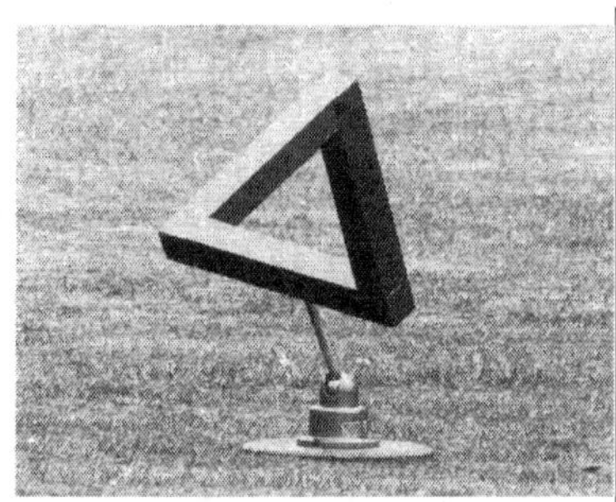

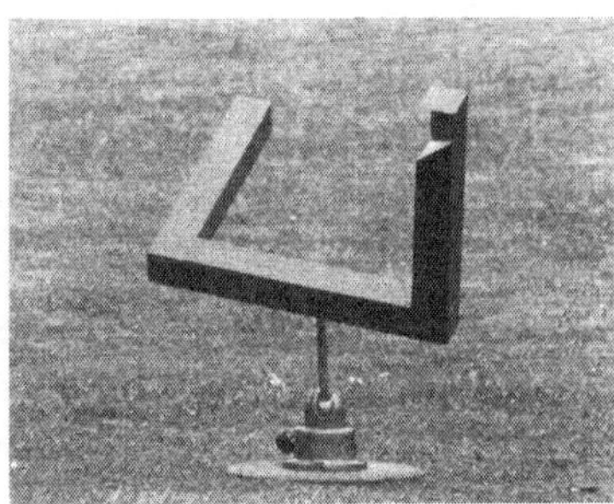

Quelle: Gregory 1998: 291

Zuweilen ist unklar, in welchem Maße der auf Ähnlichkeitserwägungen basierte Bildinhalt zur Bestimmung der Referenz heranzuziehen ist. Interessant ist in diesem Zusammenhang das Problem fotografischer Abzüge. Müsste der entwickelten Ähnlichkeitstheorie (vgl. These [B] auf Seite 151) zufolge der eine Abzug nicht das Bild des anderen sein, da beide Abzüge

Zeichen sind und sich zudem überaus ähnlich sehen? Die Antwort lautet: Prinzipiell kann der eine Abzug durchaus verwendet werden, um auf den anderen bildhaft zu referieren. Der Abzug gilt aber nicht als Bild des anderen (sofern keine anderslautenden Vereinbarungen getroffen werden), weil der Abzug bestimmte Eigenschaften, die für eine Fotografie als Fotografie wesentlich sind, nicht zeigt. Würde aber eine Fotografie auch die Ränder einer anderen Fotografie abbilden, so liegt es nahe, sie als Bild der anderen Fotografie aufzufassen. Entsprechend verhält es sich mit Bildern im Stil des Fotorealismus. Hier werden Eigenschaften, die für Fotografien wesentlich sind, hervorgehoben, sodass es uns in der Regel keine große Mühe bereitet, zu erkennen, dass hier auf Fotografien referiert wird (vgl. auch SCHIRRA/SCHOLZ 1998b). Sofern eine adäquate Referenzbestimmung strittig bleibt, muss also der (mitunter sprachliche) Kontext spezifizieren, um welchen konkreten Gegenstand es in der speziellen Kommunikationssituation gehen soll; das Bild selbst veranschaulicht dagegen nur einen bestimmten Begriff. Obwohl Ähnlichkeit damit keine hinreichende Bedingung für Bildreferenz sein kann, lässt sich mit der Ähnlichkeitstheorie im Rahmen der entwickelten prädikativen Bildauffassung aber doch befriedigend erklären, dass und warum derartige Schwierigkeiten mit der Referenzfunktion bestehen.

Zur Charakterisierung der Bildreferenz

Die Referenz eines Bildes ist prinzipiell unsicher, weil unterschiedliche Gegenstände unter bestimmten Perspektiven denselben Wahrnehmungseindruck hervorrufen können. Zur Bestimmung der Referenz liefert der Bildinhalt eine notwendige, aber keine hinreichende Bedingung, die durch den Verwendungskontext spezifiziert werden muss. Bildreferenz ist daher eine illokutionäre, kontextuell verankerte Funktion. Sofern Bilder in speziellen Fällen eine primär nominatorische Funktion übernehmen, wird diese über die Charakterisierung individueller Eigenschaften im Sinne von Kennzeichnungen realisiert.

6.3.3 *Das Bild als Sinnbild*

Ein drittes wichtiges Bedeutungsphänomen, das hier nur kurz erläutert werden soll, ist das Phänomen der symbolischen Bedeutung. Die symbolische Bedeutung wird einem Bild oder Bildelement über den Inhalt vermittelt zugewiesen. Sie ist das, worauf ein Bild ›anspielt‹ oder was es versinnbildlicht. Dieser Sachverhalt wird zuweilen auch als Konnotation bezeichnet, jedoch umfasst der Begriff der Konnotation bei den unterschiedlichen Forschern sehr unterschiedliche Phänomene. Teilweise werden alle Bedeutungsaspekte, die nicht zum Bildinhalt gehören, als Konnotationen angesehen, teilweise nur spezielle Phänomene, wie die emotive Bedeutung. Einigkeit besteht aber weitgehend darüber, dass diese Aspekte, anders als der Bildinhalt, im erheblichen Maße kulturell geprägt sind.

Eine spezielle Form der symbolischen Bedeutung liegt bei sogenannten Bildsymbolen vor, die teilweise in Symbolwörterbüchern erfasst worden sind (vgl. KNAPE 1991). Derartige Darstellungen verweisen in der Regel auf abstrakte Gegenstände und finden in emblematischen und allegorischen Bildern Verwendung. Der Adler verkörpert etwa Souveränität, dementsprechend dienten (bereits im Römischen Reich) unterschiedliche Adler-Darstellungen als Symbole des Reiches, wie es auch heute beim deutschen Bundesadler noch der Fall ist. Zur Charakterisierung der symbolisierten Abstrakta kombinieren Bildsymbole teilweise einzelne Attribute. So zeigen Justitia-Darstellungen in der Regel eine Frauengestalt mit Schwert, Waage und Augenbinde, um so die Eigenschaften der Gerechtigkeit zu visualisieren.

Ein Verständnis der symbolischen Bedeutung setzt immer die Bestimmung des Bildinhaltes voraus. Zudem sind in der Regel erhebliche ikonografische Kenntnisse nötig. Die symbolische Bedeutung erschließt sich also keinesfalls von selbst. Auch gibt das Bild in den meisten Fällen keinen Hinweis darauf, welche Elemente nur inhaltlich und welche sinnbildlich gemeint sind. Nehmen wir als Beispiel die Tauben-Darstellung. Im Mittelalter diente sie als symbolischer Ausdruck des Heiligen Geistes. Seit Picassos *Friedenstaube* verwenden wir sie jedoch als Symbol des Friedens. Dies ist die gegenwärtig für uns geläufige symbolische Bedeutung, die wir auch anderen Tauben-Darstellungen zuzuschreiben geneigt sind. Bei vielen Bildern, die uns aus historischen oder kulturellen Gründen fremd bleiben, müssen wir die symbolische Bedeutung erst mühsam erschließen. In unserem Beispiel ist es daher hilfreich, dass die Taube mit einem Ölzweig im Schnabel dargestellt worden ist, denn in der ikonografischen Analyse lässt sich dies als Verweis auf den entsprechenden biblischen Hintergrund werten. Um die sinnbildliche Bedeutung eines Bildes rekonstruieren zu können, ist folglich eine recht genaue Kenntnis des sozio-kulturellen Kontextes – also der zeitgenössischen Themen und Vorstellungen – erforderlich, der sich vor allem über die literarischen Quellen erschließt.

Die Verwendung von Bildsymbolen dient mitunter zur Auszeichnung individueller Personen. In diesem Fall erlauben sie einen Rückschluss auf die Person, auf die mit dem Bild referiert werden soll. Sie lassen sich also im Sinne von Kennzeichnungen einsetzen. Panofsky berichtet von einem Bild des Barockmalers Francesco Maffei, das ursprünglich den Titel *Salome mit dem Haupt des Johannes* trug (vgl. PANOFSKY 1932). Auf Salome deutete die Darstellung einer Schüssel, auf der das Haupt liegt; die Darstellung des Schwertes weist dagegen auf die historische Figur der Judith. Zu Judith passt zwar die Schüssel nicht, anhand einer Typengeschichte konnte Panofsky aber Judith-Darstellungen mit Schüssel, doch keine Salome-Darstellungen mit Schwert nachweisen, sodass inzwischen als gesichert gilt, dass Maffeis Bild auf Judith referiert.

Das Bild als Sinnbild

Ein Verständnis der symbolischen Bedeutung setzt einerseits die Bestimmung des Bildinhaltes voraus, andererseits weitreichende Kenntnisse über den sozialen und kulturellen Herstellungskontext. Eine spezielle Form der symbolischen Bedeutung liegt bei sogenannten Bildsymbolen vor, die einer Verstärkung der referenziellen Funktion dienen kann.

6.3.4 *Illokutionäre Rolle und kommunikativer Gehalt*

Von den drei genannten Bedeutungsphänomenen – Bildinhalt, Bildreferenz und Sinnbild – ist der kommunikative Gehalt zu unterscheiden. Der kommunikative Gehalt eines Bildes besteht in der ›Botschaft‹, die mit dem Bild vermittelt werden soll, bzw. in dem, was die Bildverwendung bezweckt. In der Sprechakttheorie wird das analoge sprachliche Phänomen als Äußerungsbedeutung bezeichnet. Der Bildinhalt liefert zwar eine notwenige Prämisse, um auf den kommunikativen Gehalt eines Bildes zu schließen, ist hierzu in der Regel aber nicht hinreichend. Dies ergibt sich auch aus der prädikativen Bildauffassung, der zufolge der Bildinhalt eine visuelle Charakterisierung liefert, während die Bestimmung des kommunikativen Gehaltes eines Mal- oder Bildzeigeaktes eine propositionale Struktur voraussetzt. Um diese zu erhalten, ist eine kontextuell zu leistende Präzisierung der Bildreferenz nötig. Zudem muss zunächst die illokutionäre Bildfunktion bestimmt werden, die sich auf die propositionale Struktur des Bildes bezieht. Sofern hierzu der Bildinhalt nur sehr bedingt beitragen kann, setzt insbesondere ein Verständnis des kommunikativen Gehaltes einer Bildverwendung den Rekurs auf pragmatische Prinzipien voraus: Um die Absichten, die zur Präsentation des Bildes geführt haben, zu erschließen, müssen wir in geregelter Weise erst die mit dem Bild vermittelten relevanten Annahmen auswählen. Diese werden als Implikaturen bezeichnet.

Illokutionäre Bildfunktionen

Üblicherweise wird angenommen, dass ein großer Teil der illokutionären Funktionen, die wir mit sprachlichen Äußerungen vollziehen, auch mit Bildern ausgeführt werden kann. Entsprechend ist es möglich, mit Bildern etwas zu behaupten, vor etwas zu warnen, etwas zu verbieten, zu etwas aufzufordern, über etwas zu informieren, auf etwas hinzuweisen oder etwas zu fordern. Unter den verschiedenen illokutionären Funktionen kommt dem Veranschaulichen eine besondere Rolle zu. Das Veranschaulichen gilt in der vorgestellten Auffassung zufolge als elementarer illokutionärer Akt der Bildkommunikation, gewissermaßen als ihr *default-mode*. Damit wird, wie betont, keineswegs behauptet, dass Bildkommunikation nur im Veranschaulichen besteht, sondern lediglich, dass dieser Aspekt auch von den unterschiedlichsten anderen Funktionen der Bildkommunikation in Anspruch genommen wird. Aus diesem Grunde dient die Veranschaulichung als Ausgangsbasis der theoretischen Rekonstruktion.

Gegen die Ansicht, dass Bilder in elementarer Verwendung analog zu Prädikaten verstanden werden sollen, ließe sich einwenden, dass die Bildverwendung dann kein vollständiger Kommunikationsakt wäre. Auch wenn es in der sprachlichen Kommunikation illokutionäre Akte (wie das Grüßen) gibt, die keine propositionale Struktur besitzen: das bloße Äußern eines Prädikatausdrucks macht noch keinen Kommunikationsakt aus. Für Bildzeigeakte ist die Sachlage jedoch eine grundlegend andere, weil sie nicht nur Begriffe ins Spiel bringen, sondern die ins Spiel gebrachten Begriffe zugleich visuell charakterisieren. In elementarer Verwendung veranschaulichen Bilder zwangsläufig begriffliche Merkmale. Dies ist Äußerungen vergleichbar wie: »Dem thematischen Begriff kommen diese und jene visuellen Merkmale zu.« Alltagssprachlich übersetzen wir diesen Sachverhalt, indem wir etwa sagen: »So sieht ein Parallelogramm aus.« Die prädikative Bildfunktion ist also bereits kommunikativ, weil das Präsentieren immer schon (und notwendig) zwei Komponenten enthält: den ins Spiel gebrachten Begriff und seine visuelle Charakterisierung.

Es ist hierbei erneut zu betonen, dass mit »elementarer Verwendung« keineswegs die übliche Verwendung gemeint ist. Die übliche Verwendung von Bildern, etwa die Illustration, lässt sich durchaus analog zu Sätzen rekonstruieren, setzt die prädikative Funktion aber bereits voraus. Eine Verwendung soll nur dann elementar heißen, wenn sie in allen übrigen Verwendungen enthalten ist, also keine Verwendungen von ihr absehen können. Das muss nicht einmal einschließen, dass die elementare Verwendung von Bildern sich isoliert nachweisen lässt.

Die These, dass die illokutionäre Funktion von Bildern in elementarer Verwendung in der Veranschaulichung von Begriffen besteht, ist im Grunde genommen eine Konsequenz der wahrnehmungstheoretischen Voraussetzungen des entwickelten Bildbegriffs, denn sie besagt nichts anderes, als dass die Bestimmung des Bildinhalts eine auf Bilder angewandte klassifikatorische Wahrnehmungsleistung voraussetzt. Bilder können dann (in Umkehrung dieser Verhältnisse) als Vergegenständlichung der Klassifikationsleistung verstanden werden, da sie uns die verschiedenen Möglichkeiten zeigen, einen Gegenstand anhand bestimmter visueller Eigenschaften zu klassifizieren. Natürlich erschöpft sich das Bildhandeln nicht in der Veranschaulichung von Begriffen. Zudem ist ein Bild selbstverständlich immer auch anderes und immer auch mehr als ein Begriff. Außerdem gibt es keine eindeutigen Entsprechungen zwischen Bildern und Begriffen, denn die visuellen Merkmale mögen wichtige Aspekte liefern, sie sind aber keineswegs unverzichtbar zur Bestimmung von Begriffen, sodass auch die Umkehrung gilt, dass ein Begriff immer mehr und anderes ist als ein Bild.

Komplexitätsgrade der illokutionären Bildfunktionen

Die erläuterte Beziehung von visuellem Ausdruck und veranschaulichtem Begriff ist ein grundlegender Zug der Bildverwendung, der sehr unterschiedlich genutzt werden kann. Ein recht einfacher Fall besteht darin, dass jemand eine Zeichnung anfertigt, um einem Kommunikationspartner zu erläutern, was unter dem Begriff der Ellipse zu verstehen ist. Die einfachen geometrischen Begriffe ermöglichen eine relativ klare bildhafte Darstellung, prinzipiell ist das Verfahren aber natürlich nicht auf bestimmte Begriffe beschränkt. Es ist lediglich zu erwarten, dass die Veranschaulichungen um so unbestimmter ausfallen, je komplexer die darzustellenden Begriffe werden.

Mit der Veranschaulichung von Begriffen eng verbunden ist die Illustration, die eine explizite Veranschaulichung liefert und immer auf konkrete Gegenstände bezogen ist. Hierbei muss das Bild daher eine referenzielle Funktion übernehmen, sodass mit dem Einsatz des Bildes nicht nur eine Eigenschaft veranschaulicht, sondern diese Eigenschaft zugleich konkreten Gegenständen zugeschrieben wird. Um die dabei nötige Referenzfunktion übernehmen zu können, wird die Illustration in der Regel sprachlich verankert, etwa mit einer Bildunterschrift. Illustrationen können sich auf Gegenstandsklassen und auf einzelne Gegenstände beziehen. Im ersten Fall lassen sie sich als Allgemeinbilder ansprechen. Für die Referenz auf individuelle Gegenstände sind in der Regel weitere Konkretisierungsschritte nötig, die höhere Ansprüche stellen.

ABBILDUNG 4
Drudel

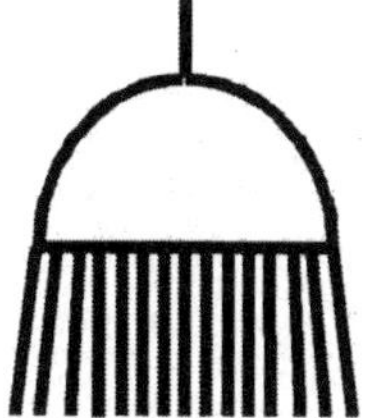

Quelle: Blanke 2003: 98

Die referenzielle Funktion, die der Illustration zukommt, ist die Voraussetzung dafür, Bilder in komplexeren Funktionen zu verwenden. Dies ist der Fall, wenn mit einem Bild nicht nur gezeigt wird, dass etwas in bestimmter Wiese beschaffen ist, sondern zugleich dazu aufgefordert wird, dem visuell dokumentierten Gegenstand gegenüber ein bestimmtes Verhalten an den Tag zu legen, etwa (wie beim Fahndungsfoto) nach ihm Ausschau zu halten. Bildkommunikation kann folglich in wachsenden Komplexitätsgraden beschrieben werden. Hierbei lassen sich drei grundsätzliche Schritte unterscheiden: In einem ersten Schritt wird immer ein bestimmter Begriff ins Spiel gebracht und visuell erläutert; in einem zweiten Schritt wird zu verstehen gegeben, um welche konkreten Gegenstände es sich handelt und wie sie beschaffen sind. In einem dritten Schritt wird schließlich eine bestimmte Aufforderung oder Einstellung dem behaupteten Sachverhalt gegenüber vermittelt.

Diese Ebenen der Bildkommunikation lassen sich gut an einem einfachen Beispiel veranschaulichen, das Börries Blanke vorgestellt hat (vgl. Abb. 4). Es handelt sich um eine stark reduzierte Darstellung, die auch als Drudel bezeichnet wird. Auf der Ebene des Bildinhaltes ist sie mehrdeutig. Sie kann einerseits als Reisigbesen, andererseits als Dusche gesehen werden. Da es sich um eine Abbildung auf der Rückseite einer Armbanduhr handelt, lässt sich kontextuell erschließen, dass die Darstellung einer Dusche intendiert ist, sofern uns unter anderem bekannt ist, dass Duschen etwas mit Wasser zu tun haben und dass eine besondere Eigenschaft von Armbanduhren darin besteht, wassergeschützt oder nicht wassergeschützt zu sein, sodass sie entweder mit Wasser in Berührung kommen dürfen oder nicht. Schon zur Bestimmung des Bildinhalts ist in diesem Fall also die Einbeziehung des Kontextes nötig. Mit der Interpretation der Darstellung als Dusche ist aber der kommunikative Gehalt noch nicht erfasst. Dieser lässt sich sprachlich als ›Diese Uhr ist wassergeschützt‹ fassen. Es ist also über die Bestimmung des Bildinhaltes hinaus einerseits der referenzielle Bezug zu bestimmen, andererseits die illokutionäre Funktion der so gewonnenen Proposition. Bei der Bildreferenz liegt im Beispiel die Besonderheit vor, dass sie gar nicht bildhaft realisiert wird, sondern indexikalisch durch den Ort, an dem die Abbildung erscheint. Hier ist also das Bild in eine selbst nicht bildhaft organisierte Referenzierungspraxis eingebunden, die dem folgenden Prinzip untersteht: Schreibe die veranschaulichte Eigenschaft dem Gegenstand zu, auf dem die Abbildung angebracht ist. Zudem besteht im Beispiel die Besonderheit, dass nicht der veranschaulichte Begriff der Dusche, sondern der hieraus (erneut nur kontextuell) abzuleitende Begriff der Duschtauglichkeit zugewiesen wird. Schließlich verbindet sich mit dieser Zuweisung eine besondere illokutionäre Funktion, die in diesem Fall als Garantieerklärung verstanden werden könnte. Die auf der Rückseite der Uhr angebrachte Abbildung lässt sich dann verstehen als ausdrückliche Versicherung des Herstellers, dass diese Uhr wassergeschützt ist. Schon in diesem sehr einfachen Beispiel haben wir es also mit einer Vielzahl von Verfahrensschritten zu tun, die alle kontextuellen Bedingungen unterliegen.

Zur Charakterisierung des kommunikativen Gehalts des Bildes

Der kommunikative Gehalt einer Bildverwendung wird durch die auf den Bildinhalt angewandte illokutionäre Funktion bestimmt. In Verbindung mit den kontex-

tuellen Vorgaben lassen sich drei grundsätzliche Ebenen der illokutionären Rollen beschreiben: (1) Einen Begriff durch Veranschaulichung ins Spiel bringen, (2) einen bestimmten Gegenstand (bzw. eine Gegenstandsklasse) charakterisieren, (3) eine Einstellung zu diesem Gegenstand (bzw. zur Gegenstandsklasse) zum Ausdruck bringen.

6.4 Zusammenfassung und Ausblick: Bildhandeln als implizite Kommunikation

Die wesentliche These des Pragmatikkapitels besteht darin, dass das Herstellen oder Präsentieren von Bildern in elementarer Verwendung dem Äußern von Prädikaten vergleichbar ist. Im Unterschied zur sprachlichen Kommunikation bringen Bilder aber einen bestimmten Begriff ins Spiel, indem sie ihn visuell charakterisieren. Innerhalb der elementaren, prädikativen Bildfunktion wird ausschließlich der Bildinhalt thematisch. Die hierzu nötige Interpretation der abbildungsrelevanten Eigenschaften erfolgt wesentlich auf Grundlage unserer Wahrnehmungskompetenzen und hängt demnach nur teilweise von kontextuellen Vorgaben ab. Der Bildinhalt liefert jedoch nur eine der Grundlagen der Bildkommunikation, die sich durch weitere Bedeutungsaspekte (wie Bildreferenz, Bildsymbolik und illokutionäre Bildfunktionen) auszeichnen. Diese Bedeutungsaspekte werden oft nicht über Wahrnehmungskompetenzen bereitgestellt, sondern müssen kontextuell erschlossen werden. Aus Sicht der Sprechakttheorie erfolgt dies, indem die sogenannten Implikaturen bestimmt werden, die mit Bezug auf den Kontext als relevant gelten und die einen Rückschluss auf die Intentionen des Sprechers erlauben.

Nach diesen Überlegungen lässt sich die Unterscheidung von Semantik und Pragmatik innerhalb der Bildtheorie dahingehend treffen, dass die Bildsemantik die kontextunabhängigen Kriterien der Interpretation untersucht, die vor allem mit den Wahrnehmungskompetenzen zusammenhängen. Sie wird daher vor allem den Begriff des Bildinhalts explizieren, indem sie etwa Begriff und Funktion des Ähnlichkeitsbegriffs erläutert. Dagegen untersucht die Bildpragmatik vor allem die kontextuellen Kriterien, mittels derer die erschlossenen Annahmeschemata konkretisiert werden, um so die Bildreferenz, die illokutionäre Bildfunktion und schließlich den kommunikativen Gehalt der Bildverwendung bestimmen zu können.

Formen kontextueller Determinanten

Die Erläuterungen des zweiten Teiles, die den unterschiedlichen Analyseebenen galten, blieben sehr allgemein. Sie intendieren nicht, bereits die Mittel zur Beschreibung konkreter Bildverwendungen zu liefern. Sie sollten vielmehr den im ersten Teil entwickelten Theorierahmen konkretisieren, indem sie die Explikation des Bildbegriffs um die aus systematischen Gründen erforderlichen Begriffe ergänzt haben. Ein solcher Versuch kann als gescheitert gelten, wenn die neu eingeführten Begriffe sich nicht in konsistenter Weise entwickeln lassen. Soweit dies aber gelungen ist, liefern sie auf jeden Fall einen begrifflichen Vorschlag, dessen Brauchbarkeit sich erweisen muss. Ein erstes Indiz für seine Brauchbarkeit ergibt sich, wenn er erlaubt, interessante Fragen zu generieren, die eine weitere Strukturierung des Phänomens ermöglichen. Eine solche Frage, die sich mit den Überlegungen aus dem bildpragmatischen Kapitel verbindet, ist die Frage, wie die kontextuellen Bedingungen im Einzelnen beschaffen sind, auf die wir uns beziehen müssen, um den kommunikativen Gehalt von Bildverwendungen zu erschließen.

Diese Frage nach den bildspezifischen Kontextbedingungen hat zwei Aspekte. Sie bezieht sich zum einen auf den unmittelbaren Bildkontext, zum anderen auf die kognitiven Vorgaben der Bildrezeption. Der dritte und vierte Teil der Arbeit liefern Präzisierungen beider Aspekte. Hierzu wird der dritte Teil mit einer Beschreibung der unterschiedlichen Bildtypen (Kap. 7) und Bildmedien (Kap. 8) beitragen. Diese Erörterungen sind ein Teil der Bildpragmatik, der sich mit der Untersuchung spezieller Bildverwendungen bzw. Bildspiele befasst: Wie im bildsemantischen Kapitel erläutert, lässt sich die Entwicklung der unterschiedlichen Bildtypen als Versuch verstehen, spezifische Bildfunktionen und Bildzwecke zu realisieren. Die unterschiedlichen Bildtypen bilden daher bereits spezifische Kontexte, deren angemessene Berücksichtigung als Teil der Bildkompetenz gelten sollte, denn die Wahl bestimmter Bildtypen und Bildmedien liefert ebenfalls dem Bildhersteller eine der Möglichkeiten, das Bildverständnis über bereits etablierte Verwendungskontexte zu verbessern und zu steuern.

Hieraus folgt auch, dass konkrete Bildtypen und Bildmedien keineswegs universal eingesetzt werden können. Zur Illustration eignen sich beispielsweise Fotografien nur eingeschränkt. Ein bestimmter Bildtyp ist immer an eine Bildfunktion und einen Verwendungszweck gebunden. Insofern sich der kommunikative Gehalt von Bildern keineswegs von selbst versteht, d. h., als das Resultat unseres Wahrnehmungseindrucks unmittelbar ergibt, muss der Bildhersteller geeignete Maßnahmen ergreifen, um dem Bildrezipienten seine Absichten erschließbar zu machen. Als die Charakterisierung bzw. Aktualisierung von Begriffen ist Bildkommunikation daher lediglich eine Form der schwachen Kommunikation (vgl. SPERBER/WILSON 1986: 59ff. sowie BLANKE 2003: 206ff.), die oft nur indirekt und kaum eindeutig die unterschiedlichen Annahmeschemata vorgibt, über die der kommunikative Gehalt dann erschlossen werden muss. Auf die hierbei wichtigen kognitiven Prinzipien – vor allem auf das Relevanzprinzip (vgl. SPERBER/WILSON 1986) – wird im Kapitel zum Bildverstehen (Kap. 11) noch genauer einzugehen sein.

Mangelnde Direktheit wie Bestimmtheit ist ein generelles Merkmal der wahrnehmungsnahen Kommunikation, die in elementarer Form in Gestik und Mimik vorliegen. Da die nicht-sprachliche Kommunikation in der Regel nicht über einen Code vermittelt wird, sondern in dem veranschaulichenden Vorzeigen eines Gegenstandes besteht, setzt sie zunächst nur einen Klassifikationsprozess in Gang. Im Unterschied zur sprachlichen Kommunikation stellt die wahrnehmungsnahe Kommunikation daher keine expliziten Annahmeschemata zur Verfügung. Zwar muss auch die Verwendung des wahrnehmungsnahen Zeichens erkennen lassen, dass es mit Absicht gezeigt wurde; um aber zu bestimmen, um welche Absicht es sich konkret handelt, sind in einem weit höheren Maße als bei der sprachlichen Kommunikation kontextuell gestützte Erwägungen erforderlich. Dass die unterschiedlichen Formen der impliziten Kommunikation dennoch die im Alltag gebräuchlichen sind, weist darauf hin, dass sie ein günstiges Kosten-Nutzen-Verhältnis aufweisen, also mit geringeren Mitteln einen hohen Effekt zu erzielen in der Lage sind. Dies scheint aber zugleich der Grund ihrer (auch ideologischen) Anfälligkeit zu sein.

Bildverwendung und pragmatischer Kontext

Bildkommunikation ist weitgehend implizite Kommunikation. Der kommunikative Gehalt einer Bildverwendung wird in der Regel anhand von Implikaturen erschlossen. Hierbei liefert der Einsatz spezifischer Bildtypen und Bildmedien spezielle Kontexte, deren Kenntnis ein angemessenes Bildverständnis befördert.

7. Kleine Typologie der Bilder

Die ersten beiden Teile haben die theoretischen Grundlagen bereitgestellt, mit denen anhand eines Theorierahmens Elemente einer allgemeinen Bildwissenschaft skizziert werden können. Hierbei galt der erste Teil den geschichtlichen, methodologischen und systematischen Voraussetzungen, der zweite Teil war eine konkretisierende Ausarbeitung der im systematischen Kapitel eingeführten Begrifflichkeiten auf den zeichentheoretischen Analyseebenen der Syntax, Semantik und Pragmatik. Die sich anschließenden beiden Kapitel wenden die gewonnenen Ergebnisse auf speziellere Probleme der Bildverwendungen an und sind insofern als Ausarbeitungen einer Bildpragmatik zu verstehen, als sie spezifische Kontexte erfassen, mit denen sich konkretere Interpretationsprinzipien verbinden.

In dem folgenden, den unterschiedlichen Bildtypen gewidmeten Kapitel wird von einer Dreiteilung in darstellende Bilder, Strukturbilder und reflexive Bilder ausgegangen. Allen Bildtypen ist gemeinsam, dass sie wahrnehmungsnah zu interpretieren sind. Sie unterscheiden sich aber in der Art ihres jeweiligen Bildinhaltes und Bildbezuges. Bei den darstellenden Bildern besteht ein Entsprechungsverhältnis zwischen den visuellen Eigenschaften des Zeichens und entsprechenden visuellen Eigenschaften eines Gegenstandes. Die Strukturbilder zeichnen sich dagegen dadurch aus, dass keine Entsprechungen zwischen Eigenschaften, sondern zwischen Eigenschaftsrelationen vorliegen und hierbei auch nicht-visuelle Eigenschaften in visuelle übersetzt werden können. Der Ausdruck ›reflexive Bilder‹ bezeichnet schließlich die Klasse der Bilder, die bildhafte Darstellungsverfahren in bildhafter Weise thematisiert. Hierzu zählen vor allem die Werke der Bildenden Kunst.

Die darstellenden Bilder betrachte ich, wie gesagt, als den Kernbereich bildhafter Zeichen. Dies ergibt sich zum einen daraus, dass sie sich in besonderer Weise (gewissermaßen prototypisch) von sprachlichen Zeichen unterscheiden. Zum anderen verkörpern sie die für Bilder unterstellte Verschränkung von wahrnehmungstheoretischen und zeichentheoretischen Aspekten sehr markant. Nicht zufällig beziehen sich auch die zur Zeit erst ansatzweise entwickelten sprechakttheoretischen Ansätze auf die Abbildungsfunktion (vgl. KJØRUP 1978: 61ff.). Die weitere Binnendifferenzierung innerhalb darstellender Bilder richtet sich nach dem Maß ihrer Wahrnehmungsnähe, sodass sich eine Entwicklung vom *Trompe-l'œil* zum Ideogramm ergibt. Das *Trompe-l'œil* ist ein darstellendes Bild, bei dem alle visuellen Eigenschaftsdimensionen des Bildes für die Interpretation relevant sind, während das Ideogramm in der Regel lediglich eine einzige abbildungsrelevante Eigenschaftsdimension aufweist. Es wird im Folgenden etwas genauer auf das *Trompe-l'œil* eingegangen, da es für die Theorie wahrnehmungsnaher Zeichen von zentraler Bedeutung ist.

Thesen zur Typologie der Bilder

(7) Es lassen sich drei Typen von Bildern unterscheiden, denen unterschiedliche Interpretationsprinzipien zugrunde liegen: darstellende Bilder, Strukturbilder und reflexive Bilder.

(7.1) Bei darstellenden Bildern entsprechen den relevanten visuellen Eigenschaften des Zeichens visuelle Eigenschaften des dargestellten Gegenstands.

(7.2) Bei Strukturbildern liegen Entsprechungen zwischen Eigenschaftsrelationen vor, die auch zwischen visuellen und nichtvisuellen Eigenschaftsdimensionen bestehen können.

(7.3) Bei den reflexiven Bildern entsprechen den relevanten visuellen Eigenschaften des Zeichens bildhafte Darstellungsformen.

(7.4) Die Möglichkeit, reflexive Bilder als Veranschaulichungen von Darstellungs- und Sehformen aufzufassen, lässt sich mit dem von Goodman eingeführten Begriff der Exemplifikation beschreiben.

7.1 Darstellende Bilder: Vom Trompe-l'œil zum Ideogramm

In seiner *Naturkunde* berichtet Plinius von einem Wettstreit zwischen Zeuxis und Parrhasios. Zeuxis hatte so naturgetreu Trauben gemalt, dass die Vögel herbeiflogen, um nach ihnen zu picken. Diese Leistung soll Parrhasios überboten haben, indem er ein Bild malte, das einen nicht minder naturgetreu dargestellten Vorhang zeigte. Zeuxis, stolz auf seine Leistung, verlangte ungeduldig, dass Parrhasios den Vorhang endlich beiseite schiebe, damit er sein Bild betrachten könne. Als Zeuxis seinen Fehler endlich bemerkte, erkannte er Parrhasios bereitwillig den Preis zu, denn er, Zeuxis, hätte zwar die Vögel, Parrhasios aber selbst ihn, den Künstler, zu täuschen verstanden. Wie sehr sich Zeuxis dem Ideal eines vollkommen illusionistischen Bildes auch selbstkritisch verpflichtet fühlte, zeigt eine weitere Anekdote. Einmal habe Zeuxis, so berichtet Plinius, ein Bild, das einen Knaben mit Trauben in der Hand darstellte, für schlecht befunden, gerade weil die Vögel nach den gemalten Trauben pickten. Denn dies zeige, dass er zwar die Trauben, nicht aber den Knaben täuschend echt gemalt habe (vgl. PLINIUS 1977: 59).

Historische Aspekte der illusionistischen Malerei

Durch die entsprechenden römischen Kopien nachgewiesen, gibt es eine griechische Illusionskunst seit dem 4. vorchristlichen Jahrhundert. Offensichtlich beeindruckten die illusionistischen Bildeffekte die Zeitgenossen so sehr, dass sie diese zum wichtigsten Kriterium der Könnerschaft des Malers stilisierten. Dies ging vermutlich mit einer beschleunigten Entwicklung des Naturwissens, insbesondere der physikalischen und geometrischen Kenntnisse einher, von denen die Maler sowohl hinsichtlich Farbherstellung und Maltechnik als auch hinsichtlich der Darstellungsformen profitieren konnten. Nicht zufällig beginnt der zweite bedeutende Schub einer verstärkt illusionistischen Malerei in der Renaissance, nachdem einerseits das Wissen sowohl um Anatomie und Proportion der Naturgegenstände als auch um die Gesetzmäßigkeiten der perspektivischen Raumkonstruktion eine neue Qualität erhalten hatte und andererseits mit der Entwicklung der Ölmalerei zudem ein verbessertes Ausdrucksmittel zur Verfügung stand (vgl. STADLER 1994: Bd. 12, 25ff.). Die Gesetze der Zentralperspektive können geradezu als wissenschaftliche Anleitung zur Erstellung illusionistischer Bilder gelten. Im Barock wurde diese Technik dann in der bekannt gewordenen *Trompe-l'œil*-Malerei perfektioniert und von der Darstellung kleinerer Alltagsgegenstände auf eine illusionistische Raumgestaltung übertragen. Die Gründe, die zur verstärkten Produktion von illusionistischen Bildern führten, sind vielfältig. Da illusionistische Bilder häufig als optischer Ersatz oder als Stellvertreter abwesender Gegenstände aufgefasst wurden, ist der Hinweis auf einen Zusammenhang von Illusionismus und Besitzdenken nicht abwegig (vgl. BERGER 1972: 82ff.).

In Verbindung mit computergestützten Simulationstechniken gewinnen illusionistische Bilder gegenwärtig unter dem Stichwort ›Virtuelle Realität‹ (VR) an Einfluss. Besonders diese Form der Bildpraxis hat viele Vorwürfe erzeugt. Mit Blick auf die Interpretationen, mit denen postmoderne Autoren die Virtuellen Realitäten bedacht haben, beschreibt etwa Gottfried Boehm in seinem vielbeachteten Aufsatzband zur Bildtheorie die Tendenzen der Virtuellen Realität als bilderfeindlich, weil sie die »ikonische Differenz« (BOEHM 1994a: 30) verbergen und den Bildstatus damit aufheben (vgl. auch MÜLLER 1997).

Systematische Aspekte der illusionistischen Malerei

Der illusionistischen Bildtheorie zufolge zeichnet sich ein Bild generell dadurch aus, dass es in der Lage ist, die Illusion der Anwesenheit des dargestellten Gegenstandes zu erwecken. Wird dieser Anspruch etwas strenger als eine notwendige Bedingung des Bildseins (bzw. der Abbildungsbeziehung) formuliert, dann wäre ein Gegenstand nur dann ein Bild (bzw. nur dann das Bild eines bestimmten Objekts), wenn es im Betrachter den irrtümlichen Eindruck zu erzeugen vermag, dass er den dargestellten Gegenstand direkt anschaut. Eine derart übertrieben formulierte Theorie ist natürlich sehr leicht durch Gegenbeispiele zu widerlegen, sodass es fraglich ist, ob sie jemals ernsthaft vertreten wurde (vgl. PHILLIPS/WOLLHEIM 1996: 222). Sicherlich hat sie Ernst Gombrich (1960) nicht vertreten, der zuweilen als ihr prominentester Vertreter angeführt wird.

Wäre der Illusionismus tatsächlich perfekt möglich, würden Bilder nicht mehr als Bilder, sondern als die Gegenstände wahrgenommen werden, die sie abbilden. Ihre Repräsentationsleistung bliebe dann verborgen und die Bildinterpretation fiele mit der Gegenstandswahrnehmung zusammen. Ich halte diesen Fall (von einigen kaum dauerhaften Verwechslungen abgesehen) für so gut wie ausgeschlossen. Zudem scheint mir der Illusionismus nicht angemessen als ein Unternehmen verstanden zu werden, das die Aufhebung der Differenz von Darstellung und Dargestelltem verfolgt. Der Illusionismus strebt eine möglichst realistische Darstellung konkreter Gegenstände an. Das mag in bestimmten Kontexten problematisch sein. Integriert in einem Flugsimulator erfüllt die illusionistische Kraft der Bilder aber sicherlich eine wertvolle Aufgabe, da sie hilft, Erfahrungen zu antizipieren. Auch in ästhetischen Kontexten ist das Illusionistische mitunter sehr erhellend, indem es das Verhältnis von Darstellung und Dargestelltem oder auch (wie im Surrealismus) von Realität und Irrealität zum Thema macht. Weder die Bedeutung noch der Wert illusionistischer Bilder ergibt sich daher unabhängig vom jeweiligen Handlungskontext, in dem sie verwendet werden (vgl. auch SACHS-HOMBACH 1998a).

Es sollte auch unterschieden werden zwischen der illusionistischen Wirkung des gesamten Bildes und einzelner Bildelemente. Dass die illusionistische Wirkung niemals das gesamte Bild betreffen kann, verhindert in der Regel schon die Begrenztheit der Bildfläche, deren Wahrnehmung die ›ikonische Differenz‹ nachdrücklich bewusst hält. Außerdem ist der Täuschungseffekt illusionistischer Bilder unter anderem daran gebunden, dass relativ vertraute Objekte sowohl in einer eindeutigen Raumsituation als auch einer eindeutigen Beleuchtungsperspektive zur Darstellung gebracht werden (vgl. FASSMANN 1985: 299f.). Hinzu kommt vor allem, dass Bildwahrnehmung und Gegenstandswahrnehmung in einigen Hinsichten unterschiedliche Verarbeitungsprozesse aufweisen. Insbesondere bei der Wahrnehmung perspektivischer Bilder werden die Verzerrungen ausgeglichen, die sich aus einem veränderten Betrachterstandpunkt ergeben. Ein solcher Ausgleich ist mit dem Wissen um den Bildstatus verkoppelt und erfolgt automatisch.

Die besonderen Probleme der Bildwahrnehmung wurden an einem anschaulichen Beispiel aus dem späten siebzehnten Jahrhundert bereits ausführlich diskutiert (vgl. POLANYI 1994): an dem Deckenfresko von Andrea Pozzo in der Kirche San Ignazio in Rom. Auf diesem Bild kann der Betrachter unter anderem eine Reihe von Säulen erkennen, die als die Fortsetzung der Pilaster erscheinen, auf denen das Gewölbe aufliegt. Der illusionistische Eindruck entsteht jedoch nur, wenn der Betrachter das Bild von seinem perspektivischen Zentrum aus betrachtet. Sobald er den Mittelpunkt unter dem Deckenfresko verlässt, beginnen sich die Proportionen zu verzerren. Dies hat seinen Grund darin, dass bei einer Bildwahrnehmung, wird sie irrtümlich für eine Gegenstandswahrnehmung genommen, der entsprechende psychische Ausgleichsmechanismus nicht einsetzt, sodass der Bildgegenstand gewissermaßen in der Wahrnehmung immer noch wie ein realer Gegenstand behandelt, das heißt, je nach Standpunkt verzerrt wird. Der Grund, dass wir diese Verzerrung im Beispiel des Deckenfreskos auch erleben, wenn wir uns den illusionistischen Mechanismus bewusst gemacht haben, liegt darin, dass der Untergrund des Bildes nicht sichtbar wird, also gewissermaßen der Rahmen fehlt, der beim Bild ein begleitendes Bewusstsein der Bildfläche (und damit einen entsprechenden Ausgleichungsprozess) in Gang hält.

Der Täuschungseffekt illusionistischer Bilder ist besonders hoch, wenn die Distanz zum Betrachter vergrößert wird oder Objekte zur Darstellung kommen, die selber nur eine geringe Tiefe besitzen. Damit aber überhaupt von einem Bild geredet werden kann, muss ein Bewusstsein darüber bestehen, dass wir es mit einer Darstellung zu tun haben, sonst würde einfach nur eine Verwechslung vorliegen. Ein solches Bewusstsein, das bereits durch die (eventuell mit einem Rahmen noch betonte) Begrenztheit der Bildfläche entsteht, bewirkt, dass der wahrgenommene Bildraum als imaginärer Raum erfahren wird. Diese minimale semiotische Komponente ist dafür verantwortlich, dass unser Wahrnehmungssystem die perspektivischen Verzerrungen, die durch unterschiedliche Betrachterstandpunkte dem Bild gegenüber entstehen, weitgehend neutralisiert (vgl. PIRENNE 1970). Interessanterweise lässt sich der illusionistische Effekt jedoch verstärken, wenn wir das Bild durch ein einfaches Rohr betrachten, denn nun rückt die Bildgrenze außerhalb des Sehfeldes, zudem werden die Wirkungen des stereoskopischen Sehens, denen wir viele Tiefeninformationen verdanken, auf diese Weise aufgehoben.

Ideogramme, Mythogramme, Hieroglyphen und Piktogramme

Ein ganz anderer Fall liegt dagegen bei einem stark formreduzierten Bild vor, das sich auf die Darstellung weniger abbildungsrelevanter Eigenschaften beschränkt. Den extremen Fall eines solchen Bildes liefert das Ideogramm. Während das *Trompe-l'œil* für den wahrnehmungstheoretischen Grenzfall steht, verkörpert das Ideogramm den semiotischen Grenzfall des Bildes. Hier findet die Wahrnehmungskompetenz keinen hinreichenden Halt mehr, um die Vieldeutigkeit des Bildes noch handhaben zu können, sodass etwa im Fall des Kreises als Ideogramm für die Sonne die Eigenschaft des Runden zwar noch abbildungsrelevant ist (und daher auch bildhaft interpretiert werden kann), die konkrete Bedeutung dieses Ideogramms sich in der Regel jedoch nur noch über eine Kenntnis der entsprechenden Konvention erschließt. Abbildung 5 zeigt Beispiele der chinesischen Schriftzeichen, die sehr bemerkenswert sind, weil in ihnen trotz Linearisierung und Phonetisierung durch die Kombination zweier Zeichen nicht nur der bildhafte Charakter, sondern auch die mythografische Perspektive des Zeichens erhalten geblieben ist. Das linke Zeichen (d) ist das archaische Schriftzeichen für ›Dach‹. Die weiteren Zeichen sind Komposita, in denen ein zweites Schriftzeichen in das erste integriert wurde. Sie bedeuten von links nach rechts: (e) Dach-Frau = *Friede*, (f) Dach-Feuer = *Unglück* und (g) Dach-Schwein = *Familie* (LEROI-GOURHAN 1964: 511). Das Chinesische zeichnet sich folglich durch eine Verschränkung von phonetischer Linearisierung und Mythogramm aus (vgl. LEROI-GOURHAN 1964: 256).

ABBILDUNG 5
Chinesische Schriftzeichen

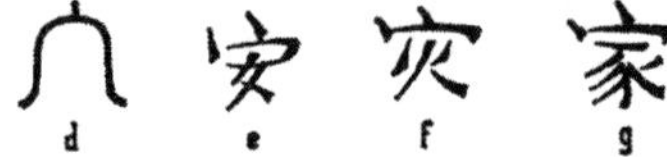

Eines der anderen bekannten ideografischen Schriftsysteme, das seine archaischen Merkmale aber bereits etliche Jahrhunderte vor Christus weitgehend abgelegt hat, ist das Ägyptische. Die hier verwendeten Hieroglyphen können zwar noch als Bilder – etwa eines Geiers, eines Schilfblattes oder eines Korbes – betrachtet werden, in ihrer tatsächlichen Verwendung als Elemente einer phonetischen Schrift stehen sie jedoch nur noch für die Phoneme ›a‹, ›i‹ bzw. ›k‹. Ihre ursprünglich bildhafte Bedeutung spielt damit keine Rolle mehr. Zwar besitzt das Ägyptische ebenfalls Ideogramme, zudem ist bei den sogenannten Determinativen der Bildinhalt für die Zeichenbedeutung wichtig (vgl. ZAUZICH 1980: 24ff.); im Wesentlichen bilden die Hieroglyphen jedoch bereits ein Alphabet im modernen Sinne.

Mit den Ideogrammen verwandt sind die Piktogramme bzw. die in Computerprogrammen gebräuchlichen Icons (vgl. STROTHOTTE/STROTHOTTE 1997: 173ff.). Sie besitzen zwar einen Bildinhalt, der zur Bildbedeutung beiträgt, werden aber in der Regel als Äquivalente von Wörtern eingesetzt. Mitunter ist der Bildinhalt auch in extremer Abstraktion dargestellt, sodass es sich eher um abstrakte grafische Symbole als um Bilder handelt. Da sie sich für die internationale Kommunikation als sehr hilfreich erwiesen haben, ist es inzwischen selbstverständlich, die Steuerung moderner Informations- und Verkehrsflüsse anhand von Piktogrammen zu unterstützen. Demgemäß haben wir uns daran gewöhnt, Piktogramme als Orientierungshilfen aufzufassen und unser Verhalten in komplexen Situationen – etwa im Straßenverkehr, auf Flughäfen oder bei der Bedienung von Computerprogrammen – nach ihnen auszurichten. Als stark konventionalisierte Bilder lassen sie sich dabei restlos in Etiketten wie ›Herrentoilette‹ oder in Handlungsanweisungen wie ›Drucken‹ übersetzen.

Darstellungsstil und Abbildungsrelevanz

Während das *Trompe-l'œil* der extreme Fall eines Bildes ist, für dessen Interpretation semiotische Aspekte eine untergeordnete Rolle spielen, zeichnen sich alle weiteren Bildtypen bis hin zum Piktogramm und Ideogramm dadurch aus, dass sich die perzeptuellen Anteile graduell vermindern. Den Bildinhalt eines illusionistischen Bildes erfassen wir unmittelbar und fast ausschließlich auf Grund unserer (eigentlich auf reale, anwesende Gegenstände ausgerichteten) Wahrnehmungskompetenz. Um bei nicht-illusionistischen Bildern, die einen unterschiedlichen Abstraktionsgrad und Darstellungsstil aufweisen, entscheiden zu können, welche Eigenschaften in welcher Weise im Einzelnen abbildungsrelevant sind, ist (neben der Wahrnehmungskompetenz) eine Kenntnis der zusätzlichen Darstellungskonventionen erforderlich. Diese lassen sich als Maximen formulieren, die unserer Interpretation zugrunde liegen, in der Regel aber nicht bewusst sind. Skizzierte Gebäudeansichten interpretieren wir beispielsweise unmittelbar als Skizze und schreiben die Linienform daher nicht dem dargestellten Gebäude zu, sondern verstehen sie als stilistische Besonderheit der Darstellung (vgl. SCHUMANN u. a. 1996). Um den Bildinhalt zu erschließen, sehen wir also vom Darstellungsstil (und von vielen weiteren Eigenschaften des Bildträgers) ab. Dieses Vorgehen ist natürlich nur für den Bildinhalt wichtig, während der kommunikative Bildgehalt im Gegenteil sehr oft an die Eigenheiten des Darstellungsstils gebunden bleibt. Entsprechend ist mit der Gebäudeskizze insbesondere die Vermittlung von affektiven und motivationalen Aspekten intendiert, um etwa einem Klienten eines Architekturbüros die Vorläufigkeit des Entwurfs zu signalisieren und ihn so stärker in den designerischen Entwicklungsprozess einzubeziehen (STROTHOTTE/STROTHOTTE 1997: 273f.). Weil zur Vermittlung des Bildinhaltes in der Regel recht abstrakte Darstellungsformen hinreichend sind, kann die Art der Darstellung – der Darstellungsstil – genutzt werden, um die jeweiligen kommunikativen Absichten manifest zu machen. Dies wird insbesondere für die reflexiven Bilder entscheidend sein.

Diejenigen Bildtypen, für die der Darstellungsstil von untergeordneter Bedeutung ist – also vor allem Piktogramme –, besitzen daher nur sehr eingeschränkte Möglichkeiten, die jeweiligen Absichten der Bildverwendung zu kommunizieren. Um auch in diesen Fällen vom Bildinhalt auf den kommunikativen Gehalt schließen zu können, müssen wir ausschließlich auf den jeweiligen Verwendungszusammenhang rekurrieren. Entsprechend lassen sich diese Darstellungen am ehesten für sehr unterschiedliche kommunikative Zwecke einsetzen, sofern wir davon ausgehen können, dass die nötigen Kontexte etabliert sind. Ein gutes Beispiel hierfür liefert das Männchen-Piktogramm, das (unter anderem) als Ampelmännchen (mit der kommunikativen Bedeutung *Warten*), als Toilettenmännchen (mit der kommunikativen Bedeutung *Herrentoilette*) oder als User-Icon in Programm-Handbüchern (mit der kommunikativen Bedeutung *Benutzer*) Verwendung findet. Piktogramme bilden den zeichentheoretischen Grenzfall von Bildern nicht auf Grund ihrer Abstraktheit, sondern weil ihre bildhaften Aspekte sich in der begriffsveranschaulichenden Funktion erschöpfen. Daher ist der kommunikative Gehalt von Piktogrammen und von den entsprechenden Ausdrücken, für die sie stehen, völlig identisch. Der einzige Unterschied zwischen Wort und Piktogramm besteht in der jeweiligen Zugänglichkeit. Piktogramme lassen sich auf Grund ihrer visuellen Merkmale gegenüber Wörtern schneller identifizieren und besser erinnern. Dementsprechend ist die Frage nach ihrer Qualität ausschließlich durch vergleichende empirische Analysen der jeweiligen kognitiven Verarbeitungsprozeduren zu beantworten.

Darstellende Bilder zeichnen sich dem Gesagten zufolge durch perzeptuelle Ähnlichkeit aus. Ihr Bildinhalt ergibt sich relativ zur Wahrnehmungskompetenz. Sofern entschieden werden muss, welche Eigenschaftsdimensionen bei der Interpretation eines bestimmten Bildtyps abbildungsrelevant sind, müssen wir auf eine Konvention zurückgreifen, die in diesem Fall jedoch sehr schlicht ist:

(DB) Abbildungsrelevant sind bei darstellenden Bildern alle visuellen Eigenschaftsdimensionen, die sich in systematisch geschlossener Weise analog zur Gegenstandswahrnehmung als Eigenschaftsdimensionen von (realen oder fiktiven) Objekten interpretieren lassen.

Demgemäß würden wir eine besonders breit aufgetragene Figurenkontur in einem Bild nicht als eine Hülle oder Aura des entsprechenden Objekts verstehen (was ja durchaus der Fall sein könnte), sondern der besonderen

Darstellungstechnik oder auch der Intention (bzw. der Unfähigkeit) des Bildherstellers zuschreiben. Folglich wird eine solche Auszeichnung der abbildungsrelevanten Eigenschaften auch in dem Maße schwieriger, in dem wir es mit uns unbekannten Objekten zu tun haben, denn in diesem Fall müssen allgemeine Wahrnehmungsprinzipien an die Stelle der objektspezifischen Wahrnehmungskompetenz treten.

ABBILDUNG 6
Kinderzeichnung: Mädchen (Rosa, 7 Jahre)

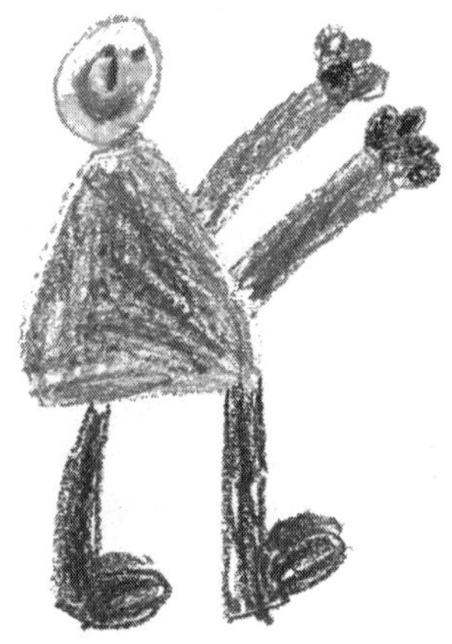

Betrachten wir erneut eine Kinderzeichnung (vgl. Abb. 6). Obschon unmittelbar klar ist, dass es hier nicht um eine realistisch korrekte Darstellung eines Gegenstandes geht, kann der Bildinhalt doch eindeutig bestimmt werden. Anders als beim illusionistischen Bild gelingt dies aber nicht, weil die Kinderzeichnung und der Gegenstand, den sie darstellt, identische (oder auch nur ähnliche) Lichtmuster erzeugen. Kinderzeichnungen weisen in der Regel gar keinen imaginären Raum auf: die Figuren sind nicht perspektivisch gezeichnet, die geometrischen Informationen sind oft inkorrekt und das Spiel von Licht und Schatten fehlt gänzlich. Stattdessen treten Teil-Ganzes-Beziehungen in den Vordergrund. Kinderzeichnungen lassen sich daher eher als individuell variierbare Schemata ansehen, mit denen die für ein komplexes Objekt wesentlichen Teile und ihre Anordnung festgelegt werden (vgl. auch MEILI-SCHNEEBELI 2000). Im Falle der Personendarstellung wird dies durch einfache Striche und Flächen bewirkt, die jeweils Kopf, Körper und Extremitäten wiedergeben. Es ist offensichtlich bereits hinreichend, einige besonders relevante (insbesondere Gestalt- und Struktur-) Eigenschaften eines Gegenstandes abzubilden, um eine korrekte Wiedererkennung zu sichern, denn diese Gestalteigenschaften lassen sich in systematisch geschlossener Weise analog zur Gegenstandswahrnehmung interpretieren.

Zur Charakterisierung darstellender Bilder

Darstellende Bilder lassen sich nach dem Grad ihrer Wahrnehmungsnähe weiter untergliedern. Das ›Trompe-l'œil‹ ist ein darstellendes Bild, bei dem alle visuellen Eigenschaftsdimensionen des Bildes für die Interpretation relevant sind. Das Ideogramm ist ein darstellendes Bild, bei dem lediglich eine Eigenschaftsdimension abbildungsrelevant ist. Piktogramme bzw. Icons sind konventionalisierte Bilder, die in orientierender Funktion als Äquivalente von Wörtern eingesetzt werden.

7.2 Strukturbilder: Von der Landkarte zum Diagramm

Im Gegensatz zu darstellenden Bildern haben sich die Strukturbilder historisch erst relativ spät herausgebildet. Bei dem frühesten nachgewiesenen Diagramm handelt es sich um ein Liniendiagramm aus dem 10. Jahrhundert (vgl. SCHNOTZ 1995: 86f.), in dem die Veränderungen der Planetenbahnen in Abhängigkeit von der Jahreszeit dargestellt sind. Als Vorform der Diagramme können jedoch die Landkarten gelten, bei denen ein fließender Übergang von darstellenden Bildern zu Strukturbildern festzustellen ist. Sie besitzen in der Regel als Ganzes betrachtet einen darstellenden Charakter, da sie die Erdoberfläche (oder Teile davon) in einer Weise abbilden, die in etwa auch bei Satellitenfotos vorliegt. Bei vielen der konkreteren Bestimmungen von Karten handelt es sich jedoch primär um eine Abbildung von Eigenschaftsrelationen (vgl. insgesamt auch TUFTE 1983). Im Unterschied zur Landschaftsdarstellung liegt in diesen Fällen daher keine perzeptuelle Ähnlichkeit vor, sondern eine Strukturähnlichkeit.

Es gibt zahlreiche Versuche, die verschiedenen Formen der Ähnlichkeit genauer zu fassen. Von Shepard und Chipman (1970) stammt die Unterscheidung in Isomorphien erster und zweiter Ordnung. Eine Abbildung weist eine Isomorphie erster Ordnung auf, wenn sie einzelne Eigenschaften des Objekts berücksichtigt. Hier lässt sich weiter zwischen einer konkreten und einer abstrakten Isomorphie unterscheiden, je nachdem ob die dargestellten Eigenschaften in derselben oder in einer anderen Eigenschaftsdimension dargestellt werden. Eine Schwarzweißfotografie ist hinsichtlich der Farbdimension abstrakt isomorph, weil sie Farbeigenschaften in Grauwerteigenschaften übersetzt. Bei einer Isomorphie zweiter Ordnung gelangen dagegen lediglich die Relationen zur Darstellung. Diese Form der Isomorphie ist auch als ›funktionale Isomorphie‹ bezeichnet worden. Sie lässt sich ebenfalls in konkrete und abstrakte Varianten gliedern, je nachdem ob die Relation – etwa ›größer als‹ – in der Darstellung erhalten bleibt oder in eine andere Relation – etwa ›dunkler schraffiert als‹ – überführt wird. Insbesondere Diagramme bieten die Möglichkeit der strukturerhaltenden Transformation in andere Eigenschaftsdimensionen, etwa von relativen Gewichtsangaben in relative Längenangaben. Eine weitere Differenzierung hat Stephen Palmer mit dem Begriff der natürlichen Isomorphie vorgeschlagen, nach der eine Isomorphie nur dann vorliegen soll, wenn die Eigenschaften von Relationen intrinsisch erhalten bleiben (vgl. PALMER 1978 sowie REHKÄMPER 1995a).

Unterschiedliche Typen von Karten

Karten liegen in sehr unterschiedlichen Formen vor. Die üblichen Karten sind topografische Karten, in denen ein Geländeausschnitt (mehr oder weniger) maßstabsgetreu abgebildet wird. Neben den allgemeinen topologischen Karten gibt es zahlreiche spezielle Kartentypen, die entweder an einem bestimmten Zweck ausgerichtet sind – wie die Navigationskarten – oder einen thematischen Schwerpunkt besitzen (vgl. SCHMAUKS/NÖTH 1998). Bei den thematischen Karten – beispielsweise bei Wetterkarten oder politischen Karten – werden die topologischen Darstellungen mit zusätzlichen Symbolen überlagert, sodass eine Zuordnung der verschiedenen Eigenschaftsdimensionen möglich wird.

Die verschiedenen Kartentypen kombinieren in der Regel die verschiedenen Formen der isomorphen Abbildungen in unterschiedlicher Weise. Insbesondere die Umrisse von Territorien lassen sich als konkrete Isomorphien erster Ordnung ansehen. Dagegen sind die farblichen Informationen, die politische oder kulturelle Gebiete kennzeichnen, abstrakte Isomorphien erster Ordnung, und die farblichen Informationen, die Geländemerkmale anzeigen, abstrakte Isomorphien zweiter Ordnung, da es hier primär um die Codierung von Höhenunterschieden – also von Relationen – in einer anderen Eigenschaftsdimension geht.

Das besondere Merkmal von Karten besteht (im Unterschied zu Landschaftsbildern) darin, dass sie keinen perspektivischen Betrachterstandpunkt besitzen. Daher weisen sie auch keine (oder kaum) perzeptuelle Ähnlichkeiten mit dem Abgebildeten auf. Dennoch (bzw. gerade deshalb) ist das Verhältnis von Karte und kartografiertem Gegenstand in der Regel erheblich strenger als bei darstellenden Bildern, denn es verdankt sich einem genau definierten Projektionsverfahren. Nur deshalb ist es möglich, Karten als Navigationsinstrumente einzusetzen. Das heißt auch, dass Karten ganz wesentlich indexikalischer Natur sind (vgl. NÖTH 1998: 35f.). Denn um mich anhand einer Karte im Raum zu orientieren und die Richtung zu bestimmen, in der das gewählte Ziel liegt, muss ich zunächst die Karte entsprechend ausrichten, was durch die Richtungsangabe der Karte ermöglicht wird, die sich in der Regel auf den geografischen Norden bezieht. Zudem muss ich den eigenen Standpunkt sowie den Zielpunkt auf der Karte ausmachen. Liegen keine markanten Geländemerkmale vor, die eine eindeutige Zuordnung zu einem Punkt auf der Karte erlauben, muss die Positionsbestimmung durch den Kompass auf die Karte übertragen werden. Dies erleichtern Karten durch die als Linien eingetragenen Längen- und Breitengrade. Allerdings ist eine exakte Orientierung durch spezielle Navigationskarten nur möglich, wenn auch der Maßstab und das verwendete Projektionsverfahren bekannt sind, das die Verzerrungen in systematischer Weise ausgleicht, die mit der Übertragung der dreidimensionalen, kugelförmigen Erdoberfläche auf eine zweidimensionale Fläche entstehen (vgl. KEATES 1982: 86ff.).

Die Orientierungsfunktion der Karten lässt sich durch die Verwendung verschiedenster Symbole unterstützen, die teilweise bildhaft, teilweise abstrakt sind. Sie erfordern eine Legende, in der die Bedeutung der Symbole aufgeschlüsselt wird. Auch die indexikalische Funktion von Karten wird in der Regel durch Beschriftungen sichergestellt, vor allem durch die Nennung der relevanten Eigennamen. Karten sind folglich gemischte Zeichen, die sich ganz wesentlich auf Text-Bild-Beziehungen stützen und deren angemessene Verwendung einen nicht unerheblichen Lernprozess voraussetzt. Deshalb heißt es alltagssprachlich auch, dass wir Karten *lesen* können müssen, um sie angemessen zu verwenden.

Das Beispiel des Bildtyps der Karte verdeutlicht, wie die Wahrnehmungskomponenten zugunsten semiotischer Aspekte erheblich eingeschränkt werden. Durch den Verzicht auf perzeptuelle Ähnlichkeit wird es jedoch möglich, die Abbildung anhand einer mathematisch exakten Ähnlichkeitsrelation zu realisieren. Die dadurch gewonnene Genauigkeit erfordert im

Gegenzug umfangreiche Kenntnisse sowohl über die verwendeten grafischen Elemente als auch über die speziellen Projektionsverfahren. Wie bei darstellenden Bildern besteht also eine systematische Beziehung zwischen Bild- und Gegenstandswahrnehmung; die Entscheidung, welche Eigenschaftsdimensionen abbildungsrelevant sind, lässt sich aber nicht mehr mit Bezug auf die Wahrnehmungskompetenzen fällen, sondern bringt verstärkt konventionelle Aspekte ins Spiel. Um etwa eine Straßenkarte als Straßenkarte ›lesen‹ zu können, muss ich vorher wissen, was die einzelnen Linien repräsentieren. Ist dies geklärt, dann kann ein Benutzer in der Regel aber alle Karten dieses Typs verstehen und ihnen zahlreiche Informationen in unmittelbarer (also in wahrnehmungsnaher) Weise entnehmen.

In Verbindung mit ihrer indexikalischen Funktion sind Karten nicht nur Veranschaulichungen von Begriffen, sondern Charakterisierungen konkreter Gegenstände. Ihre illokutionäre Funktion besteht primär im veranschaulichenden Darlegen individueller topologischer und metrischer Sachverhalte. Die große Variabilität von Karten eröffnet jedoch viele Möglichkeiten, zusätzliche Intentionen mit der Herstellung der Karten zu verfolgen bzw. zu verstehen zu geben. Ähnlich wie bei der Skizze lassen sich diese Intentionen durch die Darstellungsweise manifest machen. Aus diesem Grunde werden Karten oft nach ästhetischen Gesichtspunkten hergestellt und auch beurteilt. Die Möglichkeit, zusätzliche illokutionäre Funktionen über den Kartenstil anzuzeigen, heißt aber immer auch, dass einige Funktionen nur vorgetäuscht oder andere verschleiert werden können. Das zeigt besonders die Verwendung von Karten als Mittel der Propaganda (vgl. KEATES 1982: 106f.); ein rhetorischer und kulturell geprägter Gebrauch liegt aber auch dann schon vor, wenn etwa Weltkarten einen bestimmten Kontinent ins Zentrum setzen.

Unterschiedliche Typen von Plänen

Für Karten mit relativ großem Maßstab und kleinem Abbildungsbereich können die Verzerrungen, die sich mit der Projektion der dreidimensionalen Erdoberfläche auf eine zweidimensionale Ebene einstellen, vernachlässigt werden. Diese Karten werden ›Pläne‹ genannt. Geläufig sind die Stadtpläne. Auch Stadtpläne weisen oft Verzerrungen auf, die aber aus ihrer besonderen Zwecksetzung resultieren. Insbesondere wenn sie als touristische Karten dienen sollen, werden die entsprechend interessanten Gebiete vergrößert gezeigt. Der uneinheitliche Maßstab ist für die bessere Orientierung des Touristen prinzipiell sinnvoll, natürlich lassen sich dadurch aber die relativen Entfernungen nicht mehr genau bestimmen.

Eine abstraktere Variante der Pläne liefern U-Bahn-Pläne. Es gibt zudem zahlreiche speziellere Typen von Plänen – etwa den Gebäudeplan oder den Gebäudegrundriss –, in denen topologische und metrische Informationen konkreter (oder auch fiktiver) Objekte in sehr schematischer Form verzeichnet sind. Einen Grenzfall hin zu den Diagrammen bildet die Gruppe der funktionalen Pläne – etwa der Schaltpläne. Die räumliche Anordnung der einzelnen Elemente dieser Pläne bildet mitunter zwar noch die räumliche Anordnung entsprechender Schaltelemente ab, wesentlich sind jedoch ihre durch Linien und Pfeile gekennzeichneten funktionalen Zusammenhänge.

Die U-Bahn-Pläne liefern einen Grenzfall der Karten, insofern sie – analog zu den Ideogrammen – lediglich eine abbildungsrelevante Eigenschaftsdimension aufweisen, nämlich die Reihenfolge der durch eine Linie verbundenen Punkte. Dies trifft zumindest für die in den Zügen verwendeten Teilpläne zu, die nur die befahrene Stecke anzeigen. Die Punkte stehen hierbei für die einzelnen Haltebahnhöfe und ihre Reihenfolge für die Abfolge der Stationen. Verständlich sind diese Pläne vor allem, weil die einzelnen Punkte mit den Eigennamen der Bahnhöfe beschriftet sind, sodass diese Pläne im Grunde genommen Listen sind. Ihre Funktion erschöpft sich darin, die mit der Namensliste gegebene Information visuell zu unterstützen. Analog zu den Piktogrammen liefern sie also keine Information, die nicht auch sprachlich gegeben werden könnte, sie machen diese Information aber besser zugänglich. Dies ist ein Vorteil besonders bei komplexen U-Bahn-Plänen, da sie nicht nur die Abfolge, sondern auch die Umsteigemöglichkeiten visualisieren. Allerdings legen sie dadurch den Fehlschluss nahe, dass zugleich topologische und metrische Informationen gezeigt werden. Das ist jedoch nur sehr begrenzt der Fall: Die relative Lage der Punkte entspricht nicht der relativen Lage der einzelnen Stationen, sodass mitunter zwei entfernte Punkte auf benachbarte oder benachbarte Punkte auf weiter entfernt liegende Stationen referieren.

Unterschiedliche Typen von Diagrammen

Die Strukturbilder im engeren Sinne werden auch als logische Bilder oder als *Charts* und *Graphs* bezeichnet (vgl. SCHNOTZ 1994). Historisch gesehen haben sie sich aus den Karten entwickelt und umfassen die unterschiedlichen Diagrammtypen. Oft sind nur geringfügige Änderungen nötig, um eine Karte in ein Diagramm zu verwandeln. Das lässt sich an historischen Karten veranschaulichen, die verschiedenen Orten einen Längen- und Breitengrad zuzuordnen erlauben. Die Karte wird zum Streudiagramm, sobald der Benutzer von den räumlichen Aspekten absieht. Hierzu muss er die geografischen Skalen lediglich durch beliebige Intervallskalen und die Orte durch beliebige Merkmalsträger ersetzen (vgl. SCHNOTZ 1995: 89).

Die diagrammatischen Darstellungen lassen sich weiter untergliedern, je nachdem ob sie die Relationen zwischen qualitativen Eigenschaften oder zwischen quantitativen (bzw. zwischen qualitativen und quantitativen) Eigenschaften visualisieren. Qualitative Relationen, insbesondere begriffliche Merkmalsrelationen, werden entweder durch Graphen (bzw. Strukturdiagramme) oder durch Venn-Diagramme visuell dargestellt. Graphen beziehen sich dabei auf die intensionalen, Venn-Diagramme dagegen auf die extensionalen Zusammenhänge. Neben den begrifflichen Relationen können Graphen auch komplexe strukturelle und funktionale Zusammenhänge konkreter oder abstrakter Gegenstände sowie prozedurale oder zeitliche Verläufe veranschaulichen.

Bei der Interpretation von Graphen oder Venn-Diagrammen spielt die perzeptuelle Ähnlichkeit selbstverständlich keine Rolle mehr, denn die veranschaulichten Zusammenhänge bestehen oft gar nicht zwischen wahrnehmbaren Eigenschaften, sondern sind beispielsweise logischer Natur. Dementsprechend kann die Übertragung in visuelle Relationen nicht verstanden werden ohne die explizite Erläuterung, was die verwendeten visuellen Elemente – etwa Rechtecke oder Striche – im Einzelnen darstellen sollen. Bei der Darstellung einer Abstraktionshierarchie in einem Strukturdiagramm scheint diese Beziehung weitgehend verständlich zu sein. Werden aber abstraktere Zusammenhänge veranschaulicht – etwa das Prinzip der Gewaltenteilung nach Montesquieu (vgl. SCHNOTZ 1994: 100) –, dann bedarf jedes grafische Element – etwa die Pfeile, mit denen die hierbei wichtigen Elemente verbunden werden müssen – einer genauen Erläuterung. Diagramme sind daher noch weniger als Karten unabhängig von sprachlichen Zeichen verständlich. Sie visualisieren lediglich sprachlich oder mathematisch Vorgegebenes. Das gilt in gleicher Weise für diejenigen Typen von Diagrammen, mit denen Zusammenhänge zwischen quantitativen und anderen Eigenschaften visualisiert werden, beispielsweise für die Kreis- oder Liniendiagramme (vgl. ZELAZNY 1986: 9). Zusammenfassend lässt sich daher zur Interpretation von Strukturbildern die folgende allgemeine Konvention formulieren, die je nach Typ durch speziellere Vorgaben zu spezifizieren wäre:

(SB) Abbildungsrelevant sind bei Strukturbildern nur die Relationen der explizit ausgezeichneten (oder implizit durch das entsprechende Bildspiel etablierten) Eigenschaftsdimensionen.

Zur Charakterisierung von Strukturbildern

Strukturbilder weisen keine perzeptuelle Ähnlichkeit auf, sondern eine Strukturähnlichkeit zwischen Eigenschaftsrelationen, die als Strukturisomorphie oder Isomorphie zweiter Ordnung bezeichnet wird.

Eine historisch frühe Form der Strukturbilder sind die indexikalisch interpretierbaren Landkarten. Eine reduzierte Form der Landkarte ist der Plan. Strukturbilder im engen Sinne sind Diagramme. Sie lassen sich weiter untergliedern in Graphen (Zusammenhänge zwischen qualitativen Eigenschaften) und Kreis-, Balken- oder Streudiagramme (Zusammenhänge zwischen quantitativen und weiteren Eigenschaften).

7.3 Reflexive Bilder: Vom abstrakten zum ungegenständlichen Bild

Sofern die relevanten Eigenschaftsdimensionen bekannt sind, lässt sich der Bildinhalt auch von Strukturbildern trotz der vielen konventionellen Vorgaben wahrnehmungsnah erfassen. Der Unterschied zwischen darstellenden Bildern und Strukturbildern ergibt sich daher wesentlich aus der Entscheidung, welche Eigenschaftsdimensionen abbildungsrelevant sind. Bei darstellenden Bildern erfolgt sie unmittelbar aus der Wahrnehmungskompetenz. Dies ist bei Strukturbildern nicht der Fall, weil sie keine perzeptuelle Ähnlichkeit, sondern lediglich die abstraktere Form der Strukturähnlichkeit aufweisen. Anders als in beiden Fällen, verhält es sich jedoch mit der dritten Gruppe von Bildern, die als reflexive Bilder bezeichnet wurden. Der Grund, eine solche zusätzliche Gruppe überhaupt einzuführen, ergibt sich primär aus dem Vorhandensein ungegenständlicher Bilder, die üblicherweise ähnlichkeitstheoretischen Positionen größere theoretische Probleme bereiten. Da diese Bilder keine Gegenstände abbilden, kann ihr Inhalt nicht durch perzeptuelle Ähnlichkeit ermittelt werden. Auch Strukturähnlichkeit scheidet aus, weil die nötige Korrelation zwischen Eigenschaftsrelationen fehlt. Gemäß dem entwickelten Ansatz sollen sie dennoch wahrnehmungsnahe Zeichen sein. Daher ist nun zu klären, in welcher Weise sich ihre Wahrnehmungsnähe spezifizieren lässt, wenn die bereits formulierten Prinzipien zur Abbildungsrelevanz hier nicht greifen.

Grundaspekte der reflexiven Bilder

Die Annahme, dass auch ungegenständliche Bilder wahrnehmungsnahe Zeichen sind, besagt, dass wir ihnen einen Inhalt relativ zu unseren Wahrnehmungskompetenzen zuweisen. Nach dem Vorschlag, der den Ausdruck ›reflexive Bilder‹ motiviert hat, besteht der Inhalt dieser Bilder in den bildspezifischen Darstellungsformen und -eigenheiten. Sie heißen also reflexive Bilder, weil ihr Inhalt die Möglichkeiten und Grundlagen des bildhaften Darstellens zum Thema macht (vgl. hierzu SEEL 1997; WELSCH 1997). Ein solches Phänomen ist nicht notwendig auf das Ästhetische beschränkt, es liegt aber natürlich insbesondere in den Werken der modernen Kunst vor, für die Reflexivität konstitutiv ist. Der reflexive Charakter steht dabei nicht im Gegensatz zur Abbildungsfunktion. Zu den reflexiven Bildern zählen durchaus auch darstellende Bilder. Dennoch ist es berechtigt, die reflexiven Bilder als distinkte Klasse aufzufassen, weil die Abbildungsfunktion bei den darstellenden Bildern dieses Typs sekundär ist. Daher haben die bislang am Abbildungsbegriff orientierten Erläuterungen nur wenig zum Verständnis ästhetischer Bilder beigetragen.

Der Bereich der reflexiven Bilder wirft besonders durch die kunsttheoretischen Komplikationen zahlreiche Probleme auf, die hier jedoch ausgeblendet bleiben. Denn es geht im Folgenden nicht darum, eine Kunsttheorie aufzustellen oder kunstgeschichtliche Zusammenhänge zu erforschen, sondern allein um die bildtheoretische Frage, wie sich ungegenständliche Bilder sinnvoll in den vorgeschlagenen Theorierahmen einfügen lassen. Sie als reflexive Bilder anzusehen, bietet hier insofern eine Möglichkeit, als das Thematisieren der bildhaften Darstellungsformen eine Form der anschaulichen Charakterisierung ist und reflexive Bilder damit auf die Wahrnehmungskompetenz bezogen bleiben. Dies entspricht dem Phänomen, das Max Imdahl unter den Titel *Ikonik* untersucht hat (vgl. IMDAHL 1994).

Beim ungegenständlichen Veranschaulichen sind zwei Aspekte zu unterscheiden. Ausgehend von der prädikativen Funktion von Bildern, lassen sich reflexive Bilder (und ungegenständliche Bilder ganz speziell) einmal als Hinwendung zu den für die Malerei besonders relevanten abstrakten Begriffen – etwa dem Begriff der reinen Farbe – auffassen. Es ist aber auch möglich, den Bezug auf einen Begriff bewusst in der Schwebe zu halten oder den Interpretationsprozess systematisch zu stören. Damit wird der zunächst auf Klassifikation angelegte Wahrnehmungsprozess thematisch. Es wird also einmal auf die Darstellungsformen, das andere Mal auf die Wahrnehmungsbedingungen fokussiert. Insofern Darstellungsformen und Wahrnehmungsweisen in hohem Maße korrelieren, behandeln reflexive Bilder ganz allgemein die ›Ordnungen des Sichtbaren‹ (vgl. WALDENFELS 1994), betonen dabei aber mitunter zeichentheoretische oder wahrnehmungstheoretische Probleme. Beide Aspekte lassen sich radikalisieren, indem sie mit einer Verunsicherung des Bildstatus verbunden werden. Insbesondere die moderne Kunst des 20. Jahrhunderts hat die sich hieraus ergebenden Themen der Grenzerfahrung und Grenzüberschreitung zum Gegenstand. Der Zusammenhang von Reflexivität und Wahrnehmungsnähe wird im Folgenden (in sehr schematischer Weise) zunächst an einem darstellenden und dann an einem ungegenständlichen Bildtyp demonstriert.

Das Beispiel der fotorealistischen Malerei

Der Fotorealismus ist ein geeignetes Beispiel, um die reflexive Komponente von Bildern zu illustrieren, die zugleich eine darstellende Funktion ausüben. In den 1960er-Jahren in den USA kreiert, steht er in der Tradition der realistischen Malerei des 19. Jahrhunderts und der Neuen Sachlichkeit, die sich über die Ash Can School (z. B. Hopper) besonders in Amerika weiterentwickelte. Teilweise findet er sich auch im Magischen Realismus, den starke Bezüge zum Surrealismus auszeichnen. Nach Ansicht einiger Interpreten – und vor allem der Künstler selbst – hat der Fotorealismus seine Wurzeln ebenfalls in der Pop Art und vor allem im Abstrakten Expressionismus. Folgt man dieser zunächst überraschenden Interpretation, dann ist er zugleich gegenständlich und abstrakt (vgl. MEISEL 1981: 22).

Fotorealistische Bilder werden durch das Reproduzieren einer fotografischen Vorlage hergestellt (vgl. MEISEL 1981: 13ff.). Mit der Wahl bzw. Herstellung des Fotos sind die meisten Entscheidungen bereits gefallen: Das Motiv liegt damit wie die Perspektive oder die Beleuchtung fest. In einem zweiten Schritt wird das Foto vergrößert auf die Leinwand projiziert und dort kopiert. Die fotorealistischen Bilder sind daher Bilder von Bildern, sie bilden Fotografien ab. Trotz der Vorgabe durch die Fotografie bestehen bei den Kopiertechniken aber zahlreiche Möglichkeiten, einen individuellen fotorealistischen Stil zu entwickeln. Als beliebte Verfahren werden hierzu Tiefenschärfenwechsel, Weitwinkel, Farbintensivierung oder -reduktion sowie wechselnde Brennweiten eingesetzt (vgl. MEISEL 1981: 16ff.). Unabhängig von der speziellen Maltechnik lassen sich drei Formen des fotorealistischen Ansatzes unterscheiden (vgl. LUCIE-SMITH 1997: 265). Das Foto kann als *Ready-made* aufgefasst werden, das möglichst genau zu kopieren ist. Das Motiv lässt sich auch als repräsentativ, etwa für ein bestimmtes Milieu, betrachten. Schließlich können die kameraspezifischen Anomalien hervorgehoben werden, z.B. die in verschiedenen Bildteilen unterschiedliche Schärfe.

Ein fotorealistisches Bild insbesondere der dritten Variante ist nur sekundär denotierend. Primär exemplifiziert es eine bestimmte Sichtweise, nämlich die fotografische. Es zeigt mit den Mitteln der Malerei, wie Wirklichkeit durch Fotografien zur Darstellung kommt. Daher erscheint immer eine Bildebene besonders scharf, in der Regel der (teilweise durch Spiegeleffekte hervorgehobene) Bildvordergrund. Die übergroßen Gemälde von Close haben zudem den Effekt, dass sich der Bildinhalt bei naher Betrachtung in die einzelnen Pixelpunkte aufzulösen beginnt. Das Ziel zumindest dieser Variante des Fotorealismus kann deshalb darin gesehen werden, das Verhältnis von Realität, Fotografie und Malerei durch Übersteigerung anschaulich zu machen. Das mag man dann auch als Anknüpfungspunkt für einen appellativen Aspekt des Bildes nehmen, sich kritisch der eigenen, teilweise konventionalisierten Sehweisen bewusst zu werden.

Darstellungsformen und Sichtweisen

Der Fotorealismus ist ein ästhetisch sicherlich nicht allzu hoch einzuschätzendes Phänomen. Die dort skizzierte Reflexivität auf die Formen bildhafter Darstellung mit den Mitteln der Malerei lässt sich aber in ähnlicher Weise auch für andere Kunststile darlegen. Sie entspricht im Grunde genommen der Position der formalen Ästhetik, wie sie vor allem Konrad Fiedler im 19. Jahrhundert entwickelt hatte: »Der Inhalt des Kunstwerks ist nichts anderes als die Gestaltung selbst« (FIEDLER 1876: 37). Diese Höherbewertung der Form hatte dann Wölfflin zu einer Theorie der Sichtweisen ausgearbeitet (vgl. auch WIESING 1997: 118ff., 146ff.). Damit war impliziert, dass Darstellungsformen mit Anschauungsformen korrespondieren. Die Anschauungsformen (und damit die elementaren Wahrnehmungsfunktionen) lassen sich folglich insbesondere über Bilder studieren, weil sie im Medium des Bildes sichtbar gemacht werden können. Für die Kunststile der klassischen Moderne – etwa für den Impressionismus oder für den Kubismus – ist dieser Zusammenhang von Anschauungs- und Darstellungsformen betont worden.

Nicht selten verbindet sich auch gegenwärtig die formale Ausrichtung der ästhetischen Theorie mit der Auffassung, dass eine wesentliche Funktion der Kunst darin besteht, über die Darstellung von Anschauungsformen zugleich neue Sichtweisen der Welt zu erfinden (vgl. SEEL 1991: 44). Besonders der bekannte Theoretiker des Kubismus, Daniel-Henry Kahnweiler, hat die Ansicht vertreten, dass mit der künstlerischen Darstellung zugleich die historisch jeweils aktuellen Sehkategorien geschaffen und bereitgestellt werden (vgl. KAHNWEILER 1946, vgl. hierzu auch BISCHOFF/STRUCH 1995).

Obschon die Bilder des Impressionismus oder des Kubismus die Bildfläche gegenüber dem imaginären Bildraum betonen, besitzen sie in der Regel doch noch figürliche Züge. Das gilt für viele Werke der abstrakten Malerei, die daher jeweils unterschiedliche Weisen veranschaulichen, Gegenstände darzustellen bzw. wahrzunehmen. Anders liegt der Fall bei ungegenständlichen Bildern. Wird der Prozess einer zunehmenden Abstraktion von Eigenschaftsdimensionen so weit geführt, dass schließlich auch die minimalen Eigenschaften fehlen, die eine gegenständliche Interpretation des Bildes erlauben, dann werden die Bildeigenschaften als Eigenwerte des Bildes – also nicht in Abbildungsfunktion – wahrgenommen. Ein monochromes Bild denotiert sicherlich keinen Gegenstand. Dennoch können wir es aber als Visualisierung bildhafter Darstellungsmittel auffassen, denn solche Visualisierungen sind nicht an die Abbildungsfunktion gebunden. Das gilt für die meisten Darstellungsqualitäten, die sich vor allem aus Form, Farbe oder auch Textur ergeben.

Je nach dem speziellen Darstellungsmittel, das visualisiert werden soll, gibt es natürlich zahlreiche unterschiedliche Gestaltungsmöglichkeiten. So betonen Werke des Informel gegenüber einer Darstellung abstrakter Gestaltungsprinzipien – der es (wie bei Kandinsky) eher um die interne Logik oder Regelhaftigkeit geht – stärker die Eigenwerte von Farbe und Textur. Dadurch kann durchaus wieder Gegenständliches in unbestimmter Weise mitschwingen – wie in den späten abstrakten (dem Informel zugehörigen) Werken von Dubuffet, die teilweise Assoziationen von Erde, Himmel oder Meer hervorrufen. Die zentrale Zielsetzung dieser Werke lässt sich aber gleichwohl insofern in der Rückwendung auf die Wahrnehmungsprozesse sehen, als visuelle Darstellungsformen in einer Weise thematisch werden, dass sie keine Reduktion auf logische oder, wie es oft heißt, reine Ordnungsprinzipien erlauben.

Akzeptiert man die Annahme, dass mit der bildhaften Charakterisierung malerischer Darstellungsformen zugleich spezielle Sicht- oder Wahrnehmungsweisen thematisch werden, dann ergibt sich daraus auch eine Erklärung des Anspruchs auf Transzendenz, der mit den Werken der Minimal Art oft einhergeht (vgl. zur Kritik dieser Ansprüche BRANDT 1999: 263ff.). Denn insofern diese Bilder – etwa von Mark Rothko oder von Cy Twombly – eine Entkoppelung der Wahrnehmungsprozesse von den ihnen üblicherweise inhärenten Klassifikationsprozessen erzwingen, laufen die (mit der Wahrnehmung automatisch aktivierten) begrifflichen Tendenzen des Betrachters zur Identifizierung und Strukturierung gleichsam ins Leere und lenken den Wahrnehmungsprozess so auf sich selbst zurück. Die Erfahrung des Unbestimmten und klassifikatorisch nicht Einholbaren scheint die von den Künstlern der Minimal Art intendierte Erfahrung zu sein, die sie oft mit den Metaphern des Mystischen oder auch mit buddhistischen Theoremen erläutern.

Das Beispiel der Schnittbilder Fontanas

Ein besonderes Darstellungsmittel, das ebenfalls einer visuellen Charakterisierung unterworfen werden kann, ist der materielle Bildträger selbst. Diese Variante einer bildeigenen Reflexivität, die den Bildstatus in elementarer Weise zum Thema macht, kann abschließend an einigen Werken von Lucio Fontana verdeutlicht werden, insbesondere an den Bildern aus dem Zyklus *Concetto spaziale*, zu deutsch vielleicht ›räumliches Konzept‹ oder besser ›Raumentwurf‹. Solche Schnittbilder hat Fontana seit 1959 hergestellt, zuvor aber schon das Konzept des *Spazialismo* in verschiedenen Manifesten entwickelt, das, nicht-geometrisch und abstrakt orientiert, einen Verzicht auf Bildmotive und formale oder kompositionelle Regeln der Gestaltung fordert. Der Spazialismo könnte als Verbindung von konkreter Malerei und Dadaismus beschrieben werden. Ursprünglich kommt er von der Art Concret als einer Form der abstrakten Kunst her. Die Art Concret war nicht so streng ausgerichtet wie diejenige Richtung der abstrakten Kunst der Stijl-Gruppe um Mondrian. Dies ermöglichte die Vereinigung vieler Arten der abstrakten Kunst in der berühmten Pariser Ausstellung der Abstraction-Création von 1934. Fontana bildet zusammen mit Soldati und Veronesi die Mailänder Gruppe der *Abstraction-Création*. Die Verbindung, die die Art Concret (besonders durch Alberto Magnelli vertreten) in Italien mit dem Spazialismo Fontanas einging, begünstigte experimentelle und provokante Verfahren und beeinflusste besonders die Minimal Art und die Environmental Art. Fontana hat neben Yves Klein und Jean Tinguely die Gruppe Zero beeinflusst. Allen dreien ist der Versuch gemeinsam, Raum,

Zeit und Bewegung in das Kunstobjekt zu integrieren. Hierdurch entsteht zugleich der meditative Grundcharakter, der ihren Kunstwerken eigen ist.

Fontana ging es in seinen Arbeiten ursprünglich um Raumgestaltung, z. B. in Form von frei schwebenden Lichtplastiken. Seit den 1940er-Jahren versuchte er, seine Raumvorstellungen auf die Malerei zu übertragen. Er verfolgte diese Idee in verschiedenen Varianten. Zunächst schlug er mit in Farbe getauchten Werkzeugen Löcher in die Leinwände. Mit den Löchern und in Verbindung mit den Farbspritzern wurde so eine Bildstruktur erzeugt, die nicht mehr den typischen Formen der Art Concret entsprach. Die Perforationsbilder wurden dann durch die Schnittbilder abgelöst. Sie waren in der Regel monochrom grundiert, erhielten durch die sich wölbende Fläche und die entsprechenden Licht- und Schatteneffekte aber eine leichte Modulation. Die Schnittbilder stellen keinen imaginären Raum mehr dar, sondern verkörpern ihn gewissermaßen und integrieren durch die Wölbung und durch den im Schnitt erkennbaren Hintergrund Fläche und Raum.

Fontanas Schnittbilder gelten trotz ihrer extremen Reduktion (berechtigter Weise) als Bilder und nicht als bloße Leinwände. Dies hat mehrere Gründe. Zum einen ist der Schnitt, indem er die Bildfläche gliedert, ein dem Pinselstrich durchaus ebenbürtiges Gestaltungsmittel. Zum anderen (und vor allem) thematisieren Fontanas Schnittbilder aber – durch den Titel *Raumentwurf* bereits nahegelegt – das bildtypische Verhältnis von Fläche und Raum. Sie sind von besonderem Interesse, weil sie damit eine der elementaren Bedingungen des Bildstatus betonen, nämlich die Eigenschaft, einen in der Regel nicht transparenten Bildträger zu besitzen. Der Schnitt weist so auf die Materialität von Bildern hin, er stellt ihre Dinghaftigkeit dar. Dennoch ist der Bildträger mehr als ein Ding, weil mit ihm zum einen auch gezeigt wird, dass er ein Ding ist, und weil dieser Hinweis zum anderen in Beziehung zum Bildstatus gestellt wird. Fontanas Schnittbilder sind zwar keine Bilder im gewöhnlichen Sinne und würden vermutlich außerhalb des Museums nicht als Bilder beurteilt werden. Im ästhetischen Kontext (und innerhalb der Tradition der Bildenden Kunst) lässt sich aber recht eindeutig sowohl das Problem als auch die Intention erschließen, die zur Präsentation der aufgeschnittenen Leinwände geführt hat. Raumdarstellung geht hier in Raumgestaltung über. Das macht auch die Unterschiede der verschiedenen Schnittbilder verständlich, die in je eigener Weise einen Bezug zum Kontext herstellen. Dieses Moment, auf die unmittelbare Umgebung zu wirken, wird oft als konstitutiv zumindest für die großformatigen Werke der Minimal Art angesehen (vgl. LUCIE-SMITH 1995: 88).

Fontanas Schnitte lassen zahlreiche Assoziationen zu und haben auch entsprechend viele Deutungen erfahren. Problematisch scheint zu sein, sie als »Schlußstrich unter die Bildkunst« (BRANDT 1999: 263) zu verstehen, weil sie die Möglichkeit bildhafter Darstellungen nicht negieren, sondern ihre Grundlagen thematisieren, indem sie – durchaus positiv – mit dem Verhältnis von Bildraum und Sehraum experimentieren, das durch die Metapher vom Bild als Fenster (Alberti) eine lange Tradition besitzt. Der Betrachter mag sich auch an die erste Sequenz von Buñuels Film *Ein andalusischer Hund* (1928) erinnern, in der in schockierender Weise ein Auge aufgeschnitten wird, nicht um auf die Unsinnigkeit des Sehens hinzuweisen, sondern um eine andere Weise des Sehens zu fordern bzw. zu fördern. Der Schnitt wird damit zur Chiffre der Schwierigkeiten, aber auch zur Kritik der geläufigen Darstellungs- und Wahrnehmungsformen.

Der Zweck reflexiver Bilder liegt nach diesen Ausführungen wesentlich in der bildhaften Darstellung malerischer Darstellungsformen und -mittel. Hierbei sollen die Wahrnehmungskompetenzen konstitutiv sein, weil die entsprechenden Darstellungsformen und -mittel nicht beschrieben, sondern veranschaulicht werden. Insofern die Abbildungsfunktion aber sekundär ist, gibt es kein systematisches Prinzip, nach dem wir unsere Wahrnehmungskompetenz ausrichten können, um zu entscheiden, welche Eigenschaften im Einzelnen interpretationsrelevant sind. Das ist einer der wesentlichen Gründe, der die Interpretation von Werken der Bildenden Kunst so schwierig macht. In der Regel müssen wir daher genauere Kenntnisse der Kunstgeschichte und der Kunsttheorien besitzen, um die thematischen Schwerpunkte ausmachen zu können, mit denen sich die einzelnen Werke auseinandersetzen. Entsprechend lässt sich für die reflexiven Bilder nur das folgende, sehr allgemeine Prinzip formulieren:

(RB) Bedeutungsrelevant sind bei reflexiven Bildern alle Eigenschaftsdimensionen, deren Ausprägungen sich in exemplarischer Weise als Darstellung von Darstellungsformen interpretieren lassen.

Zur Charakterisierung reflexiver Bilder

Reflexive Bilder thematisieren die Möglichkeiten und Grundlagen des bildhaften Darstellens. Sie erfordern keine Abbildungsfunktion, schließen sie aber auch nicht aus. Das Thematisieren der bildhaften Darstellungsformen ist eine Form der anschauli-

chen Charakterisierung, die insbesondere die Werke der Bildenden Kunst aufweisen. Hierbei kann auf die Darstellungsformen oder auf die Wahrnehmungsbedingungen fokussiert werden.

7.4 Zusammenfassung und Ausblick: Exemplifikation und Medialisierung

Stimmt die These, dass Bilder wahrnehmungsnahe Zeichen sind, dann erfolgt ihre Interpretation mit Bezug auf unsere Wahrnehmungskompetenzen. Diese besitzen insbesondere bei der Bestimmung des Bildinhaltes eine konstitutive Funktion. Da Bilder mitunter aber auch auf der Ebene des Bildinhaltes vieldeutig sind, müssen die beteiligten Wahrnehmungskompetenzen in kontextuell verankerte Schlussverfahren eingebettet sein. Als Kontext können hierbei sehr unterschiedliche Aspekte dienen. Einer dieser Aspekte ergibt sich aus dem jeweiligen Typ des verwendeten Bildes. Wenn wir wissen, um welchen Bildtyp es sich handelt, dann können die Wahrnehmungskompetenzen nach den relevanten Prinzipien oder Konventionen ausgerichtet werden. Ein Zeichen interpretieren wir folglich unterschiedlich, je nachdem ob wir es als darstellendes Bild, als Strukturbild oder als reflexives Bild auffassen. Daher sind die Ausführungen zu den unterschiedlichen Bildtypen als Konkretisierung der Bildpragmatik zu verstehen.

Das organisierende Prinzip der vorgeschlagenen Bildtypologie ergibt sich aus der Unterscheidung von wahrnehmungstheoretischen und zeichentheoretischen (bzw. pragmatischen) Aspekten im Bildbegriff. Danach ist der Übergang von den darstellenden Bildern über die Strukturbilder zu den reflexiven Bildern gekennzeichnet durch eine Zunahme an zeichentheoretischen Aspekten und damit durch ihre erhöhte kontextuelle Einbindung. Während die Interpretation von darstellenden Bildern anhand perzeptueller Ähnlichkeit wesentlich eine Frage der Wahrnehmungskompetenzen ist, erfordert das Verständnis von Strukturbildern genauere Kenntnisse sowohl der spezifischen Darstellungsregeln als auch der jeweiligen Verwendungszwecke. Dies gilt in einem noch höheren Maße für die reflexiven Bilder. Soweit sie keine Abbildungsfunktion mehr besitzen, besteht ihr Inhalt ausschließlich in den visuell charakterisierten Darstellungsformen und -mitteln. Zwar ist auch hier der Wahrnehmungsbezug zum Verständnis konstitutiv, aber er wird durch kein Prinzip mehr geleitet, das die Möglichkeiten der Interpretation einschränkt. Daher finden wir einen Zugang zur modernen Kunst in der Regel nur in dem Maße, in dem wir mit der Tradition vertraut sind, in der die reflexiven Bilder stehen bzw. gegen die sie sich absetzen. Eine Beurteilung der verschiedenen Interpretationen, die im Bereich des Ästhetischen üblicherweise miteinander konkurrieren, setzt folglich Kennerschaft voraus.

Imaginärer Bildraum und plastische Bildfläche

Die Unterscheidung von wahrnehmungstheoretischen und zeichentheoretischen Aspekten fällt nicht zusammen mit der Unterscheidung von Abbildungswerten und Eigenwerten des Bildes bzw. zwischen imaginärem Bildraum und plastischer Bildfläche. Die zweite Unterscheidung, der insbesondere bei Werken der modernen Kunst entscheidende Bedeutung zukommt, ist vielmehr ein Spezialfall der ersten. Denn auch um die visuellen Eigenschaften eines Bildes ausschließlich als Eigenschaften der Bildfläche zu würdigen, sind gleichermaßen Wahrnehmungs- und Zeichenkompetenzen nötig. Der Ausdruck ›wahrnehmungsnah‹ bezieht sich also nicht nur auf die im engeren Sinne abbildungsrelevanten Eigenschaften, sondern schließt beispielsweise die unterschiedlichen Weisen der Flächengestaltung oder der Farbkontraste ein.

Die Isolierung der bildeigenen Eigenschaften, die innerhalb der Kunst des 20. Jahrhunderts betrieben wurde, ist der bemerkenswerte Versuch, mit den Mitteln der bildnerischen Gestaltung eine anschauliche Verständigung über diese Mittel herbeizuführen. Reflexive Bilder lancieren demnach eine Art visuelle Metakommunikation, indem mit ihnen die unterschiedlichen Möglichkeiten erkundet werden, Welt darzustellen und wahrzunehmen. Darüber hinaus thematisieren bedeutende Kunstwerke nicht nur vorhandene Darstellungsformen, sondern kreieren zugleich neue Darstellungsformen. Die moderne Kunst kann demnach als visuelles Laboratorium gelten. Die Erkundung neuer ›Blickwinkel‹ ist eine konstitutive Eigenschaft von Kunstwerken, die auch als Stil bezeichnet wird (vgl. STEINBRENNER 1996: 148ff.). Sie sichert den Kunstwerken ihren Modellcharakter. Über den Stil können diese Bilder dann auch als Ausdruck von Lebensformen verstanden (vgl. WIESING 1991: 116ff.; zur Geschichte des Stilbegriffs vgl. MÜLLER 1981) und als kulturelle Identifikations- und Integrationsmedien verwendet werden (vgl. SCHELSKE 1997).

Prädikation als Exemplifikation

Die Möglichkeit, reflexive Bilder derart als Veranschaulichungen grundlegender Darstellungs- wie Sehformen aufzufassen, lässt sich recht gut mit dem von Goodman eingeführten Begriff der Exemplifikation beschreiben. Goodman unterscheidet Denotation und Exemplifikation als zwei Weisen der Bezugnahme. Während wir bei der Denotation mit einem Etikett auf einen Gegenstand Bezug nehmen, dient bei der Exemplifikation ein Gegenstand als zeichenhaftes Muster, mit dem wir auf ein Etikett verweisen. Ein Gegenstand kann nur dann als Muster oder als Probe zur Veranschaulichung eines bestimmten Etiketts verwendet werden, wenn er die Eigenschaft, die das Etikett denotiert, selbst besitzt. Das Verständnis der Bildexemplifikation hängt daher von der Entscheidung ab, welche der vielen Bildeigenschaften zur Exemplifikation vorgesehen ist. Produktionsästhetisch entspricht dieser Unsicherheit ein Prozess der Probennahme, mit der ein Teil eines Ganzen ausgewählt wird, um auf das Ganze zu verweisen. Nicht jede Probe ist hierzu tauglich, daher muss ihre Brauchbarkeit jeweils im Einzelfall erwiesen werden. Das hierzu nötige Verfahren bezeichnet Goodman als Verankerung (vgl. STEINBRENNER 1996: 61).

Im Rahmen der entwickelten prädikativen Bildauffassung kann die Exemplifikation (auf jeden Fall im ästhetischen Kontext) als die grundlegende Bildfunktion gelten, denn wenn bildhafte Denotation über die Veranschaulichung eines Begriffs erfolgt, dann setzt sie die Exemplifikation des entsprechenden Prädikatausdrucks bzw. Etiketts bereits voraus. Insofern sind Bilder gemischte Symbole, die sich als »sensuelles Probierfeld für Signifikationsfunktionen« (GERHARDUS 1997: 126) eignen. Diese Verschränkung von Exemplifikation und Simplifikation ist im Bereich der ungegenständlichen Kunst mit besonderen Schwierigkeiten verbunden. Denn während die exemplifizierende Funktion in abbildenden Darstellungen ein Korrektiv in unserer Wahrnehmungskompetenz findet (sodass wir unmittelbar beurteilen können, ob ein Bild ein bestimmtes Etikett [etwa Bäume] in angemessener Weise exemplifiziert), liegt bei ungegenständlichen Bildern das Etikett noch nicht vor, das mit dem Bild exemplifiziert werden soll (vgl. GERHARDUS 1995: 735f.). Die Exemplifikation ist der notwendige erste Schritt auf dem Weg zur Bildung höherstufiger Symbole. Hierbei ist das Bild notwendig an die semiotisch gestaltete Materialität des Bildträgers oder Bildmediums gebunden. Während die sprachliche Kommunikation auf Invarianzbildung abzielt, geht es bei der exemplifizierenden Verwendung von Bildern vornehmlich um Medienbildung (vgl. GERHARDUS 1985: 72; 1999: 115). Deshalb sind die Fragen zur Medialität und zur »Materialität der Kommunikation« (vgl. GUMBRECHT/PFEIFFER 1988) vor allem im Kontext der Bildkommunikation relevant.

Die exemplifizierende Funktion von Bildern ist insbesondere im Kontext der ungegenständlichen Kunst wichtig. Auch darstellende reflexive Bilder veranschaulichen malerische Darstellungsformen, indem mit ihnen die relevanten Etiketten exemplifiziert, d. h. visuell erfahrbar vorgeführt werden; bei den ungegenständlichen Bildern überlagert oder verdrängt der exemplifizierende Handlungszusammenhang aber den abbildenden. Zudem muss die Exemplifikation nach Goodman dabei nicht buchstäblich, sondern kann auch metaphorisch erfolgen. Die Eigenschaften, auf die das Etikett verweist und die eine Exemplifikation besitzt, lassen sich demnach in einem uneigentlichen Sinne verwenden bzw. verstehen. So können wir nach Goodman eine graue Leinwand sowohl verwenden, um das Etikett ›grau‹ zu exemplifizieren, als auch um das Etikett ›traurig‹ metaphorisch zu exemplifizieren. Dabei ist es, wie gesagt, nicht notwendig, dass ein entsprechendes Etikett bereits besteht. Insbesondere ist das Phänomen des Stils in der Regel ein Phänomen der metaphorisch exemplifizierenden Bildverwendung, bei der faktisch oft (noch) keine Etiketten zur Verfügung stehen, auf die sich die Exemplifikation bezieht, also noch keine erschöpfende sprachliche Artikulation der thematischen Eigenschaften stattgefunden hat. Hierbei kommt es weniger auf den gegenständlichen Inhalt an, als vielmehr auf die Art und Weise der Darstellung, die zum eigentlichen Bildinhalt avanciert. Mit ihr wird zugleich eine Einstellung vermittelt, die den kommunikativen Gehalt des Bildes maßgeblich bestimmt. Der Stil ist also ein wichtiges malerisches Mittel, um die Intentionen, die mit der Bildverwendung verfolgt werden, manifest zu machen. Da dies bei gegenständlich reduzierten Darstellungen nur begrenzt möglich ist, muss kompensierend der kunstgeschichtliche Verwendungskontext die nötigen Anhaltspunkte liefern.

Zur Materialität des Bildes

Reflexive Bilder liefern eine Art visueller Metakommunikation: Sie visualisieren die unterschiedlichen Möglichkeiten, Welt darzustellen und wahrzunehmen. Hierbei dient ein Gegenstand als zeichenhaftes Muster, mit dem wir einen begrifflichen Zusammenhang anschaulich ins Spiel bringen. Daher weisen reflexive Bilder in besonderer Weise darauf hin, dass Bildverwendungen ganz wesentlich an die semiotisch gestaltete Materialität ihres Mediums gebunden sind.

8. BILDER ALS MEDIEN

Die Möglichkeiten des visuellen Charakterisierens mit Bildern reichen von der illusionistischen Darstellung eines Gegenstandes bis hin zur reflexiven Veranschaulichung grundlegender Darstellungsformen und Sichtweisen. Wie ein konkretes Bild angemessen zu interpretieren ist, hängt dabei entscheidend davon ab, dass der Bildkontext korrekt bestimmt und berücksichtigt wird. Die unterschiedlichen Bildtypen habe ich im letzten Kapitel als eine Form des Kontextes aufgefasst, weil sich mit ihnen konkrete, interpretationsleitende Vorgaben verbinden. Zur Bestimmung des Inhalts wie des kommunikativen Gehalts eines Bildes muss ich also wissen, um welchen Bildtyp es sich handelt. Insofern sind auch illusionistische und realistische Bilder zumindest partiell in einen pragmatischen Rahmen eingebunden. Weit mehr gilt dies aber für die reflexiven Bilder. Wir müssen diese oft erst als solche klassifizieren, um sie dann in ästhetischer Einstellung zu betrachten bzw. ihre Eignung zu beurteilen, Modelle von Darstellungsformen oder Sichtweisen zu liefern.

Neben den Bildtypen liefern auch die Bildmedien regulierende Interpretationsvorgaben (vgl. SACHS-HOMBACH/SCHIRRA 2009). Unter ›Medium‹ wird hierbei primär der physische Bildträger verstanden. Seine Beschaffenheit beeinflusst die Interpretation sowie die bildnerischen Gestaltungsmöglichkeiten insofern, als sie eine jeweils spezifische Aufteilung in abbildungsrelevante und medial bedingte Eigenschaften enthält. Prinzipiell besitzen alle Bildmedien – das klassische Tafelbild genauso wie der Holzschnitt oder die Fotografie – charakteristische Eigenschaften, die medial bedingt sind. Sie eröffnen spezifische Interpretations- und Ausdrucksmöglichkeiten, weil sie zur stilistischen Charakterisierung der Abbildungsfunktion genutzt werden können und entsprechend geeignet sind, kommunikative Absichten manifest zu machen.

Für die empirische Untersuchung der Bildmedien ist es unverzichtbar, auch die verschiedenen Produktions-, Distributions- und Rezeptionsstrukturen sowie ihre institutionelle Verankerung einzubeziehen (vgl. HUBER 1997). Die Geschichte der Bildmedien ist ebenfalls maßgeblich durch die technische Entwicklung bestimmt (vgl. HIEBLER u.a. 1998 und FAULSTICH 1994). Diese Aspekte bleiben im Folgenden jedoch ausgeblendet. Zudem beschränkt sich die Erörterung auf drei technische Bildmedien, die das zentrale Thema der Medienwissenschaft sind: auf das fotografische, das filmische und das elektronische Bild. Die Fotografie zeichnet sich insbesondere durch ihren kausalen Ursprung aus. Wir weisen ihr oft Objektivität zu und verwenden bzw. interpretieren sie mit den entsprechenden Erwartungen. Eine Erörterung der Fotografie wird sich daher wesentlich um ihren indexikalischen Charakter drehen. Da der Film hinsichtlich einiger Aspekte eine Weiterentwicklung der Fotografie ist, besitzt der Begriff des Dokumentarischen auch beim Film besondere Relevanz. Auf Grund seiner weiteren Ursprünge ist für den Film jedoch der zeitliche (und damit der narrative) Aspekt entscheidender. Das digitale Bild markiert schließlich den Übergang des technischen Bildes vom Indexikalischen zum Interaktiven.

Thesen zur Medialität der Bilder

(8) Neben den Bildtypen liefern auch die Bildmedien kontextuelle Interpretationsvorgaben.

(8.1) Die Besonderheit des Bildmediums Fotografie verdankt sich der Verbindung zweier Aspekte: Indexikalität und Ikonizität.

(8.2) Für das Bildmedium Film ist der zeitliche (und damit der narrative) Aspekt wesentlich.

(8.3) Das elektronische (oder digitale) Bildmedium markiert den Übergang des technischen Bildes vom Indexikalischen zum Interaktiven.

(8.4) Bildkompetenz ist folglich im erheblichen Maße Medienkompetenz.

8.1 Das fotografische Bild

Die Besonderheit der Fotografie verdankt sich nach vorherrschender Meinung einer Verbindung zweier unterschiedlicher Aspekte: der Indexikalität und der Ikonizität. Die Indexikalität der Fotografie ergibt sich aus dem physikalischen bzw. chemischen Prozess, der ihr zugrunde liegt: Relativ zu den Lichtverhältnissen und den optischen Gesetzen zeichnet sich auf einem lichtempfindlichen Material, dem fotografischen Negativ, ein Licht- oder Strahlenmuster in Form einer Hell-Dunkel-Verteilung ab. Auf Grund der Naturgesetzlichkeit dieses Prozesses galt die Fotografie zunächst als eine objektive (d. h. subjekt-unabhängige) Darstellungsform. Sie wurde zuweilen auch als Abdruck oder als Zeichnung ohne Zeichner betrachtet (vgl. BUDDEMEIER 1981: 18), die keinen Unterschied zwischen wichtigen und unwichtigen Details aufweise.

Der indexikalische Charakter der Fotografie

Eine adäquate Interpretation der Fotografie im Sinne eines indexikalischen Zeichens beruht auf einer Kenntnis der relevanten kausalen Zusammenhänge, die für die Veränderungen des Negativs verantwortlich sind. Eine Fotografie ist folglich der Anzeige eines Messinstrumentes vergleichbar, das bestimmte Zustände in der Welt unparteiisch registriert. Auf Grund dieser Eigenschaft hat die Fotografie Eingang in und Bedeutung für die wissenschaftliche Forschung gefunden. Wie jedes Auswerten eines Messverfahrens ist allerdings auch eine nach kausalen Gesichtspunkten erfolgte Interpretation der Fotografie täuschungsanfällig. Beispielsweise kann der zum Entwickeln des Negativs nötige chemische Prozess vielfältig gestört werden (vgl. GEIMER 2002a: 320ff.). Ein Fleck auf einem lichtempfindlichen Material repräsentiert daher nicht unbedingt einen Gegenstand. Hierfür kann ebenso gut eine Verunreinigung des Objektivs oder auch ein Fehler verantwortlich sein, der während des Entwickelns des Negativs aufgetreten ist. Bei darstellenden fotografischen Bildern lässt sich auf Grund ihrer Wahrnehmungsnähe in der Regel problemlos entscheiden, welche Anteile auf Störungen des Verfahrens zurückzuführen sind. Bei Fotografien von unter normalen Umständen unsichtbaren Gegenständen ist eine solche Entscheidung aber problematischer, wie eine fotografische Platte mit zwei Scheiben verdeutlichen kann, die 1890 von dem Physiker Goodspeed im Rahmen eines Experiments zur Funkenentladung angefertigt wurde. Weil es keine Erklärung für die Scheiben gab, wurde die Platte ausgesondert; später erwies sie sich als erste Röntgenaufnahme (vgl. GEIMER 2002a: 331f.). Zweifellos besitzt die Fotografie daher zwar eine naturgesetzliche Komponente; mitunter ist es aber völlig unklar, welcher kausale Prozess es im Einzelnen ist, der das fotografische Ergebnis zu verantworten hat.

Trotz ihrer physikalisch-chemischen Grundlage lässt sich das konkrete Referenzobjekt einer Fotografie also zuweilen nur schwer und niemals durch das Betrachten der Fotografie allein ermitteln. Wollen wir wissen, welcher von zwei Zwillingen für eine Fotografie Modell gestanden hat, müssen wir die genaueren Umstände kennen, die zur Fotografie geführt haben. Die kausale Einbettung ist bei der Interpretation also nur hilfreich, wenn wir den Herstellungsprozess genau kontrollieren können. Sie liefert nicht schon den Referenten, sondern verbürgt nur, dass es irgendwelche Gegenstände oder Ereignisse als kausale Ursache gegeben hat.

Sofern die Interpretation einer Fotografie sich ausschließlich auf den Aspekt ihrer kausalen Verursachung beschränkt, handelt es sich nach semiotischer Terminologie um ein Anzeichen. Im Unterschied zum Anzeichen liegt die Besonderheit der Fotografie jedoch darin, dass sie zugleich eine in der Regel wirklichkeitsgetreue Abbildung einer Sache liefert. Die wesentliche Eigenschaft der Fotografie liegt daher in der Verknüpfung von Indexikalität und Ikonizität. Der Aspekt der Indexikalität wirkt hierbei gewissermaßen als Beglaubigung der ikonischen Darstellung, sodass wir sie üblicherweise nicht nur prädikatorisch, sondern immer zugleich nominatorisch betrachten. Genau hieraus ergibt sich der (zumindest während ihrer frühen Entstehungsgeschichte oft erhobene) Objektivitätsanspruch der Fotografie. Sie wurde als objektive Abbildung eines existierenden Sachverhaltes gesehen, weil das Dargestellte durch einen subjekt-unabhängigen Herstellungsprozess verbürgt schien.

Von Seiten der etablierten bildenden Künstler war der Fotografie die unterstellte Objektivität allerdings zum Vorwurf gemacht worden (vgl. zur Geschichte der Fotografie KOSCHATZKY 1984 und zur Geschichte der Theorie der Fotografie KEMP 1980). Wenn die Fotografie auch die kleinsten Details nicht ausspare und eine Formung unterlasse, verliere sie sich im Unwichtigen und könne so keinen künstlerischen Anspruch erheben, der sich erst aus einem abstrahierenden und komponierenden Verfahren ergebe. Paradoxerweise setzten sich die frühen Theoretiker der Fotografie nicht durch eine Verteidigung der fotografischen Detailgenauigkeit zur Wehr, sondern übernahmen die Maßstäbe der ›hohen‹ Kunst und bemühten sich, deren Anwendbarkeit auf die Fotografie zu erweisen (vgl. KEMP 1980: 13ff.). Damit entstand gegen Ende des 19. Jahrhunderts unter dem Einfluss des Impressionismus die sogenannte piktorialistische Fotografie, als deren Begründer Emerson gilt und die eine Weiterführung in der symbolistischen Fotografie fand. Eine solche Identifikation mit den Zielen der bestehenden, bereits etablierten Medien lässt sich übrigens generell bei der Durchsetzung neuer Medien feststellen. Zur Legitimierung der Fotografie wurden mit diesem Prozess im Piktorialismus bereits sehr früh all die verschiedenen Verfahren der technischen Bearbeitung entwickelt und perfektioniert, die den fotografischen Objektivitätsanspruch dann bald fraglich werden ließen (vgl. FRIZOT 1994: 300). Die Fotografie ist daher gleichermaßen in Wissenschaft, Technologie und Kunst beheimatet (vgl. GEIMER 2002b) und kann – wie auch das filmische und das elektronische Bild – in den unterschiedlichen Gestalten von den darstellenden bis zu den reflexiven Bildtypen auftreten.

Formen der medienspezifischen Gestaltungsmöglichkeiten der Fotografie

Die Möglichkeiten der bewussten Einflussnahme beschränken sich bei der Fotografie keineswegs nur auf die Formen der nachträglichen Bearbeitung – etwa durch die Retusche –, der im Zuge der Digitalisierung praktisch keine Grenzen mehr gesetzt sind. Eine interne Gliederung der Fotografie ist bereits auf der Objektebene (Auswahl, Arrangement, Beleuchtung, Pose, Perspektive etc.) sowie auf der Apparateebene (Schärfeeinstellung, Belichtungszeit, Bildausschnitt etc.) möglich. So lassen sich durch die Wahl des Bildausschnitts und durch die Schärfeeinstellung (Vordergrund/Hintergrund) Gegenstände hervorheben und ordnen, was bei normaler Gegenstandswahrnehmung einer besonderen Fokussierung bedürfte (vgl. BUDDEMEIER 1981: 88). Insbesondere die fotografiespezifischen Parameter (wie Blendegröße, Belichtungszeit oder Körnung des fotografischen Positivs) liefern medial bedingte Eigenschaften, die es erlauben, zusätzliche kommunikative Gehalte in den Abbildungen manifest werden zu lassen.

Der semiotischen Bildtheorie ist diese Spannung zwischen Indexikalität und Ikonizität, die der Piktorialismus verstärkt hat, immer bewusst gewesen (vgl. NÖTH 2000: 496ff.). Insofern die Fotografie als ikonisches Zeichen (und damit als Artefakt) galt, wurde ihr daher (wie allen Zeichen) ein Code unterstellt. Somit war auch die Fotografie arbiträr und hoch konventionalisiert und konnte, wie anthropologische Studien versicherten, keineswegs von selbst – d.h. ohne den entsprechenden Lernprozess – verstanden werden. Einen ideologischen Charakter erhielt die Fotografie nicht zuletzt, weil sie den gegenteiligen Anschein erweckte (vgl. etwa BUDDEMEIER 1981 oder FLUSSER 1983: 41).

Zugleich gab es aber auch immer wieder Versuche, Fotografien als transparent aufzufassen (vgl. WALTON 1984: 251ff.), um so einen fotografischen Realismus zu verteidigen bzw. zu begründen (vgl. etwa ARNHEIM 1974). Die realistische Auffassung der Fotografie verband sich oft mit ihrem sozialdokumentarischen Einsatz, der teilweise mit sehr hohen Erwartungen hinsichtlich ihrer aufklärerischen und emanzipatorischen Qualitäten verbunden war und gleichermaßen Missstände beweisen und gegen sie mobilisieren sollte (vgl. GÜNTER 1977).

Eine vermittelnde Position liefert die klassisch gewordene Analyse von Roland Barthes, der die Fotografie zwar als ein »perfektes Analogon« der Wirklichkeit und daher als eine Botschaft ohne Code bezeichnet, ihr aber zugleich eine (etwa auf Objektwahl, Perspektive und technische Bearbeitung beruhende) konnotative Ebene zuweist, deren Code den ideologischen Einsatz der Fotografie ermöglicht. Auf dem Hintergrund seiner strukturalistischen Zeichentheorie erachtete Barthes dieses Ineinander von uncodierter und codierter Ebene als so auffällig, dass er vom »fotografischen Paradox« (BARTHES 1961: 15) sprach.

Auf Grundlage der genannten Bestimmungen gab es Bemühungen, für die Fotografie ein Betätigungsfeld abzustecken, auf dem sie ihren medialen Bedingungen besonders gerecht wird. Im Bereich der ästhetischen (also reflexiven) Bilder besteht ein solcher (nicht unkontroverser) Vorschlag darin, die Fotografie nicht als reine Bildkunst, sondern als eine eher literarische Kunstgattung aufzufassen. Nach Clement Greenberg, von dem dieser Vorschlag stammt, ist die Fotografie daher vor allem eine historische Kunst, die mit einer dokumentarischen Absicht verbunden sein sollte. Ihre besondere Leistung besteht dann in dem Bericht, in der Anekdote oder in der Beobachtung (vgl. GREENBERG 1964: 336). Um als gelungen bzw. als künstlerisch anspruchsvoll zu gelten, muss eine Fotografie allerdings mehr als eine Dokumentation sein, was etwa der Schnappschuss leistet, indem er durch seine besondere Darstellungsform das Dokumentarische mit dem Flüchtigen und Stimmungshaften verbindet.

Der Theorie wahrnehmungsnaher Zeichen zufolge sehen wir auch in Fotografien – sofern es sich um gegenständliche Fotografien handelt – die entsprechenden Gegenstände, weil das Bild dem Betrachter ein vergleichbares Lichtmuster liefert wie der reale Gegenstand es unter einer bestimmten Perspektive liefern würde. Das Besondere der (nicht-digitalen) Fotografie liegt zwar darin, dass in der Regel existierende Gegenstände bzw. Ereignisse das konkrete Lichtmuster verursacht haben. Soweit es um die inhaltliche Bestimmung der Fotografie geht, brauchen wir die kausalen Bezüge des Bildes aber gar nicht zu bemühen. Der Bildinhalt konstituiert sich ausschließlich gemäß der beteiligten Wahrnehmungskompetenzen. Dies schließt natürlich nicht aus, dass die Fotografie viele (auch medienspezifische) Möglichkeiten besitzt, die Ebene der inhaltlichen Bedeutung durch kommunikative Gehalte anzureichern. Hier gelten aber dieselben Regeln wie bei allen darstellenden Bildern. Die naturgesetzliche Grundlage der Fotografie ist also vor allem für die Frage nach der Bildreferenz relevant, aber selbst hier nur in dem Maße, in dem der verursachende Gegenstand tatsächlich der kommunikativ intendierte Referent ist. Das ist in der wissenschaftlichen Fotografie natürlich der Fall, bei der Werbefotografie verhält es sich in der Regel aber nicht so, weil der fotografierte Gegenstand lediglich inszeniert wird, um eine kommunikative Botschaft zu vermitteln, bei der es um ganz andere Referenten geht. Das Bildmedium Fotografie zeichnet sich demnach gegenüber anderen Medien zwar durch eine indexikalische Ebene aus, die eine dokumentarische Verwendung ermöglicht, die aber auch ganz in den Hintergrund treten kann.

(FoB) Fotografische Bilder beruhen auf einem kausalen Entstehungsprozess. Die dadurch mögliche (doch irrtumsanfällige) indexikalische Rekonstruktion des Referenten ist im Kontext dokumentarisch-behauptender Kommunikationsakte relevant.

Zur Charakterisierung des Bildmediums Fotografie

Die Fotografie verbindet indexikalische und ikonische Momente. Historisch gesehen wurde ihr der indexikalische Charakter von Seiten der bildenden Künstler zunächst zum Vorwurf gemacht. Dies führte innerhalb der piktorialistischen Fotografie zur Entwicklung zahlreicher medienspezifischer Verfahren der technischen Bearbeitung. Die Diskussion um eine Theorie der Fotografie betont oft eines der beiden Momente: Entweder gelten Fotografien auf Grund ihres indexikalischen Charakters als transparent oder auf Grund ihrer ikonischen Qualitäten als traditionelle Bilder, die kulturellen Codes unterliegen.

8.2 Das filmische Bild

Der Film ist ein überaus komplexes Zeichensystem. Es umfasst sprachliche und ikonische Ausdrucksformen, die zudem in visueller wie in akustischer

Weise dargeboten werden können. Das gilt selbst für den Stummfilm. Sprache erscheint hier zwar lediglich als Kommentar in Form eingeblendeter Tafeln; wie sehr sich Bild und Musik aber gegenseitig verstärken und maßgeblich zur atmosphärischen Dichte beitragen, wird unmittelbar erfahrbar, wenn man sich etwa Murnaus *Nosferatu* zunächst ohne und dann mit Ton anschaut. Film ist folglich ein universaleres Medium, das sehr unterschiedliche Medien in sich integriert. Die filmtheoretischen Diskussionen während der Frühzeit des Kinos, ob das Phänomen Film eher dem Theater oder eher der Bildenden Kunst zuzurechnen sei, greifen folglich zu kurz, weil der Film diese Gattungen in wichtigen Aspekten umfasst. Das schließt keineswegs aus, dass der Film eigene Charakteristika aufweist, die ihn von anderen Medien unterscheiden. Diese Charakteristika liefern aber nur in ihrer Verbindung eine hinreichende Bestimmung. So ist der zentrale Aspekt der Kameraperspektive, der einen Betrachterstandpunkt zum Geschehen vorgibt, ein für den Film notwendiger Aspekt, den er mit der Fotografie gemeinsam hat. Der ebenfalls notwendige zeitliche Aspekt unterscheidet ihn dagegen von der Fotografie, verbindet ihn aber mit dem Theater und der Musik.

Der Film als synästhetisches und zweistufiges Medium

Der Film ist daher ein synästhetisches Medium (und in dieser Hinsicht der Oper vergleichbar), das sehr verschiedene Komponenten und damit auch sehr verschiedene Ursprünge besitzt (vgl. SACHS-HOMBACH 2006). Demgemäß haben sich berechtigterweise unterschiedliche Disziplinen mit ihm beschäftigt, wobei in der Filmtheorie allerdings immer Positionen dominant waren, die sich an der Sprachwissenschaft (vgl. z. B. METZ 1968) oder an der Literaturwissenschaft (vgl. z. B. FAULSTICH 1980) orientierten. Film wurde folglich primär als narratives Phänomen betrachtet, weniger als Phänomen der Bildenden Kunst. Die wenigen bedeutenden kunstgeschichtlichen Arbeiten zum Film – etwa von Panofsky oder von Arnheim – haben bis heute kaum Nachfolger gefunden.

Wie die Fotografie lässt sich auch der Film als wahrnehmungsnahes Zeichen auffassen und anhand der allgemeinen Bestimmungen zum Bildbegriff erläutern. Eine Nähe zum Bildbegriff ergibt sich für den Film schon dadurch, dass sein physisches Substrat aus zahlreichen Einzelfotografien besteht und insofern auch als Weiterentwicklung der Fotografie verstanden werden kann. Diese Ansicht hat insbesondere Kracauer vertreten (vgl. KRACAUER 1960: 38ff.). Das Spezifische des Films, das ihn als Film auszeichnet, besteht dagegen in seiner zeitlichen Ausdehnung. Er stellt Bewegung durch Bewegung dar. Der Film ist daher nicht zwei-, sondern dreidimensional, wobei die dritte Dimension allerdings nicht die räumliche Tiefe, wie bei der Plastik, sondern die zeitliche Ausdehnung ist. Insofern Comics (und insgesamt die Bild-Erzählungen) ebenfalls zeitliche Prozesse darstellen, ohne aber selbst zeitlich zu sein, liefern sie ein interessantes Zwischenphänomen zwischen Bild und Film (vgl. MCCLOUD 1993: 94ff.).

Die zeitliche Dimension des Films ist keine Eigenschaft des Zeichenträgers, denn sein physisches Substrat – die in einer Filmrolle zusammengefassten Einzelbilder – unterscheidet sich nicht wesentlich von einem Bilderbuch. Eine zeitliche Dauer erhält der Film erst durch seine Vorführung. Deshalb lässt sich der Film als ein zweistufiges Medium verstehen. Im Unterschied auch zum Foto tritt beim Film die Vorführung zwischen Zeichenträger und Zeicheninhalt. Denn das, was wir auf der Leinwand sehen, besitzt eine ganz andere Qualität als die einzelnen Bilder, aus denen sich ein Film zusammensetzt. Insofern ist der Film einer Theateraufführung vergleichbar. Die enge Beziehung von Film und Theater haben die frühen Filmtheoretiker oft hervorgehoben (vgl. etwa PUDOWKIN 1940 oder BALÁZS 1938).

Auf Grund seiner Zeitlichkeit kann der Film Bewegung in unmittelbarer Weise darstellen. Indirekt und begrenzt ist dies auch mit statischen Bildern möglich, indem etwa verschiedene Bewegungsphasen in einem Bild verbunden werden. Im Unterschied hierzu vermag der Film aber ein Wahrnehmungserlebnis zu erzeugen, das der Wahrnehmung von Bewegung vergleichbar ist und daher nicht erschlossen werden muss. Das macht seine Wahrnehmungsnähe aus. Die im Film erfahrene Bewegung ist dabei strikt von der Bewegung der einzelnen Filmbilder während der Vorführung zu trennen. Natürlich mussten ›die Bilder laufen lernen‹, um das Filmerlebnis zu ermöglichen. Obwohl Voraussetzung zur filmischen Bewegungsdarstellung, sehen wir im Film aber nicht, wie die einzelnen Bilder im Projektor abgespult werden, sondern wie sich etwa ein Zug auf die Kamera zubewegt.

Das Verhältnis von Filmvorführung und Filmerlebnis weist auf eine allgemeine Besonderheit wahrnehmungsnaher Zeichen hin, die im Film besonders deutlich wird: Das, was wir auf der Leinwand sehen – die verschiedenen Bewegungsabläufe, die für uns zum Filminhalt gerinnen –, lässt sich nicht aus den Eigenschaften des Zeichenträgers allein ableiten, sondern konstituiert sich erst im Wahrnehmungserlebnis, denn bekanntermaßen sehen wir die einzelnen Bilder als Bewegungsfolgen nur auf Grund der Trägheit unserer Wahrnehmung. Es ist deshalb gerade in diesem Zusammenhang berechtigt, den von Gombrich in die Bilddiskussion eingebrachten Begriff der Illusion aufzugreifen. Beim Film bestehen gegenüber dem statischen Bild sehr viel größere Möglichkeiten, partielle illusionistische Effekte zu erzielen, weil mit der zeitlichen Dimension des Films eine Disambiguierung der Darstellung erfolgt, die viele Unbestimmtheiten ausräumt und zu einem unmittelbareren – also sehr wahrnehmungsnahen – Erkennen des Bildinhaltes führt. Obwohl der extreme Fall einer Verwechslung des Bildes mit dem dargestellten Gegenstand wohl kaum auftritt (und wir in der Regel sehr genau wissen, dass die dargestellten Gegenstände oder Landschaften nicht faktisch im Kinosaal anwesend sind), erleben wir die imaginären Bewegungen im Bildraum mitunter als so plastisch, dass wir zuweilen (nicht anders als es den zeitgenössischen Betrachtern von Lumières *L'Arrivée d'un train en gare de la Ciotat* nachgesagt wird) unwillkürlich zusammenzucken.

Filmisches Erzählen als mimetisches Erzählen

Die illusionistischen Effekte des Films verstärken naturgemäß seine Abbildungsfunktion, was in der Filmtheorie als filmischer Realismus immer betont worden ist (vgl. KRACAUER 1960). Etwas allgemeiner formuliert besteht die Besonderheit des Films daher in der wahrnehmungsnahen Gestaltung von zeitlichen Ereignissen: im ›mimetischen Erzählen‹. Dies gelingt, indem nicht nur (wie beim statischen Bild) typische Eigenschaften des Gegenstandes zur Darstellung kommen, sondern ebenfalls typische Zeitabschnitte, die es den Zuschauern ermöglichen, den Gesamtzusammenhang der unterschiedlichen Abläufe zu rekonstruieren. Nur im allereinfachsten Fall (filmhistorisch durch das sogenannte Kino der Attraktionen dokumentiert) decken sich die zeitlichen Verhältnisse des Films mit denen der gefilmten Ereignisse. Im Normalfall kommen die verschiedensten, inzwischen auch kognitionswissenschaftlich erforschten Verfahren der Komprimierung (oder auch Dehnung) zur Anwendung (vgl. SCHWAN 2001: 66ff.), durch die erzählte Zeit und Erzählzeit auseinander treten (vgl. auch WUSS 1993).

Wie jedes Erzählen erfolgt auch das mimetische Erzählen relativ zu einer Perspektive, die in diesem Fall ganz wörtlich zu verstehen ist als ein physisch lokalisierbarer Standpunkt, von dem aus etwas betrachtet wird.

In der filmischen Darstellung wird die Betrachterperspektive durch die Kameraperspektive realisiert. Wenn wir uns einen Film anschauen, betrachten wir deshalb ein Geschehen aus der Perspektive dessen, der die Kamera bedient hat. Da unser normales Wahrnehmungserlebnis immer unser eigenes Erlebnis ist, identifizieren wir unseren Standpunkt tendenziell mit dem Standpunkt der Kameraposition und interpretieren eine Bewegung im Bildraum entsprechend. Die Bewegung wird folglich als auf den Zuschauer gerichtet erfahren, wenn sich das Objekt der Kameraposition nähert. Weil die filmische Darstellung eine Perspektive nicht nur beinhaltet, sondern damit zugleich eine Form der filmischen Darstellung exemplifiziert, kann der distanzierte Zuschauer seine Aufmerksamkeit hierbei von der Inhaltsebene zur Darstellungs- und zur Wahrnehmungsebene wenden. Insbesondere der Experimentalfilm hat versucht, eine solche Wendung beim Zuschauer zu erzwingen oder zumindest zu befördern. Die innerfilmische Reflexivität auf bestimmte Darstellungs- und Wahrnehmungsformen galt als wichtiges Kriterium auch für den künstlerischen Anspruch des Films.

Das wesentliche Gestaltungsmittel des mimetischen Erzählens ist die Montage. Bereits das Verbinden von Einzelbildern in der Filmvorführung könnte als Montage angesehen werden. Üblicherweise wird mit ›Montage‹ aber das Schneiden und Zusammenfügen längerer Bildfolgen bezeichnet. Dies geschieht in sehr unterschiedlicher Weise und erfüllt auch sehr unterschiedliche Funktionen (siehe etwa HICKETHIER 1993: 144ff.). Bekannt geworden sind etwa die Parallel-Montage oder die von Eisenstein kreierte Attraktionsmontage (vgl. auch BORDWELL 2001: 21ff.). Filmgeschichtlich gesehen sind die sich wandelnden Auffassungen bzw. Einschätzungen der Montage wesentliche Antriebskräfte bei der weiteren Ausdifferenzierung der filmischen Gestaltung gewesen (zur Geschichte des Films vgl. GREGOR/PATALAS 1976). Dieses Bemühen leitete zum Unsichtbarwerden der Montage im Hollywood-Kino über, gegen das sich der Experimentalfilm mit dem erneuten Sichtbarmachen der Montage dann gewendet hat. Mehr noch als bei der Fotografie waren die Anfänge des Films dabei durch den Versuch gekennzeichnet, Film als Filmkunst zu etablieren (vgl. ARNHEIM 1931). Besonders der expressionistische Film zeigt, wie sehr dies durch Rückgriffe auf die in der Bildenden Kunst entwickelten Strategien des Bildaufbaus erfolgte.

Während die Montage mit Beginn des Stummfilms programmatisch als die wesentliche Gestaltungsweise des Films betrachtet wurde, verstärkte sich mit einer Wendung zum filmischen Realismus (und durch die Perfektionierung der Tiefenschärfe ermöglicht) die Gestaltung des Tiefenraums als zweites wichtiges filmisches Gestaltungsmittel. Bereits im frühen Stummfilm lässt sich eine geschickte Kombination beider Verfahren feststellen (vgl. BORDWELL 2001: 43ff.). Edwin Porters Film *The Great Train Robbery* veranschaulicht etwa, wie der Tiefenraum dramaturgisch genutzt werden kann: Ein Ereignis lässt sich betonen, indem eine Bewegung aus der Raumtiefe zur Kamera hin erfolgt und sie dabei in den Bildmittelpunkt gebracht wird. In demselben Film finden sich zugleich Beispiele für die filmgeschichtlich sehr bedeutsame Parallel-Montage.

Filmische Referenz und Dokumentarfilm

Wie bei allen Bildern sind auch beim Film die verschiedenen Ebenen des Zeichenträgers, des Zeicheninhalts und des Zeichenreferenten zu unterscheiden. Zuweilen ist die Ebene des Filminhalts unzulässig (oder zumindest sehr missverständlich) mit der Referenzebene verbunden worden, etwa durch den Realismusbegriff innerhalb der Filmtheorie. Diese Diskussion hat jedoch nichts mit der erkenntnistheoretischen Realismusdebatte zu tun. Ihr geht es ausschließlich um einen perzeptuellen Realismus. Sie bezieht sich daher auf den Bildinhalt und nicht auf die Bildreferenz. Fragen der Bildreferenz gehören dagegen ausschließlich in den Bereich des Dokumentarfilms.

Soweit der Film letztlich aus fotografischen Einzelbildern besteht, lassen sich die Ausführungen zur Referenzfunktion der Fotografie auf den Film anwenden. Es besteht folglich ein kausaler Zusammenhang zwischen den verschiedenen Filmbildern und den entsprechenden Dingen und Ereignissen, die gefilmt worden sind. Auch schon vor dem Entstehen des computeranimierten Films mussten dies allerdings nicht die Dinge sein, wie sie uns im Film erscheinen, denn innerhalb eines Films können sehr gezielt Wahrnehmungseindrücke erzeugt werden, die dem Gefilmten nur bedingt entsprechen. Indem sich die Vorführung zwischen Zeichenträger und Zeicheninhalt schiebt, verschwimmen gleichsam die kausalen Bezüge. So genügt es, eine Kulisse zu filmen, um den Eindruck einer Stadt zu erzeugen. Der Referent des Filmbildes ist in diesem Beispiel kraft der bestehenden kausalen Relation eindeutig die Kulisse. Auf der Grundlage des Filmerlebnisses können wir das aber oft nicht genau bestimmen. Zudem bezieht sich die Kausalrelation eigentlich nur auf die einzelnen Filmbilder, während wir aber eine Bildfolge wahrnehmen. Mehr noch als bei der Fotografie ist der Referent des Films trotz seiner kausalen Grundlage also nur sehr bedingt verbürgt. Die filmtheoretische Realismusdiskussion sollte daher den Ausdruck ›realistisch‹ nicht auf das Verhältnis von Zeichen und Referent beziehen, sondern auf das Verhältnis von Zeichen und (wahrnehmungsvermitteltem) Bildinhalt. Als Programm verstanden geht es dem filmischen Realismus folglich darum, Wirklichkeit in einer Weise zu filmen, dass die filmische Darstellung einen Eindruck zu erzeugen vermag, der unserem alltäglichen Wahrnehmungserlebnis nahe kommt.

Im Unterschied zu einem realistischen Film erhebt der Dokumentarfilm den Anspruch, dass die gezeigten Ereignisse tatsächlich bestehen. Mit dem Dokumentarfilm ist also ein Wahrheitsanspruch verbunden, der sich auf die konkrete außerfilmische Wirklichkeit bezieht. Offensichtlich ist ein solcher Anspruch in naturwissenschaftlichen Zusammenhängen sinnvoll. Beispielsweise wissen wir von vielen Sachverhalten im Tierreich nur über geschickt aufgezeichnete Filmaufnahmen. Ein Wahrheitsanspruch ist aber nur dann einem Film berechtigterweise zuzusprechen, wenn sich zum einen die hierzu nötige propositionale Struktur ausmachen lässt und zum anderen ein entsprechender illokutionärer Akt vorliegt (vgl. ARRIENS 1999: 84ff.). Die propositionale Struktur besteht – wie im bildpragmatischen Kapitel bereits ausgeführt – aus der Verbindung von Prädikatoren und Nominatoren. Der Film hat (wie alle Bilder) zwar primär eine prädikatorische Funktion, kraft des kausalen Herstellungsprozesses können wir die Filmbilder aber zugleich indexikalisch verwenden und dann einen entsprechenden Referenten innerhalb der Einschränkungen ermitteln, die in gleicher Weise für die Fotografie gelten. In Verbindung mit dem illokutionären Akt des Behauptens ergibt sich dann der Wahrheitsanspruch des Dokumentarfilms, den wir folglich nur den Filmen zusprechen sollten, bei denen die entsprechende illokutionäre Rolle auch manifest wird.

Die pragmatischen Zusammenhänge, die sich beim Dokumentarfilm zeigen, gelten ganz allgemein für den Film. Im Rahmen ihrer sprechakttheoretischen Erforschung liefert beispielsweise das Genre einen wichtigen pragmatischen Rahmen, der die Rezeption konkreter Filme steuert (oder zumindest beeinflusst), indem er sie in den Kontext typischer narrativer Verläufe stellt (vgl. WULFF 1999). Zur Beschreibung der hierbei vorausgesetzten kommunikationstheoretischen Grundlagen ist in Anlehnung an die Sprechakttheorie der Begriff des Vertrages eingeführt worden (vgl. CASETTI 2001 und WULFF 2001), der die Prozesse der Filmproduktion und Filmrezeption aufeinander bezieht und in den größeren Kontext einer institutionalisierten und medial vermittelten Verständigungspraxis stellt.

(FiB) Filmische Bilder sind wesentlich ein narratives Phänomen. Daher ist ihr kausaler Entstehungsprozess nur im explizit gemachten Kontext des Dokumentarfilms relevant.

Zur Charakterisierung des Bildmediums Film

Der Film ist ein synästhetisches Medium und nur teilweise eine Weiterentwicklung der Fotografie. Seine Besonderheit liegt in der wahrnehmungsnahen Gestaltung zeitlicher Ereignisse: im ›mimetischen Erzählen‹, in der die Erzählerperspektive durch die Kameraperspektive realisiert ist. Das wesentliche Gestaltungsmittel des mimetischen Erzählens ist neben der Montage die Tiefenraumgestaltung.

Mehr noch als bei der Fotografie ist der Referent des Filmbildes (trotz seiner kausalen Grundlage) nur sehr eingeschränkt verbürgt. Daher dreht sich die Diskussion um den filmischen Realismus ausschließlich um Fragen des perzeptuellen Realismus. Die mit dem Dokumentarfilm erhobenen Wahrheitsansprüche setzen immer einen kommunikativen Rahmen und entsprechende illokutionäre Akte voraus.

8.3 Das elektronische Bild

Das elektronische Bild – im Folgenden auch in der üblichen (aber etwas missverständlichen) Weise als digitales Bild bezeichnet – ist nicht lediglich ein weiteres Bildmedium, sondern Teil eines universalen Mediums, in dem die unterschiedlichsten Formen der Informationsvermittlung zusammenlaufen. Zudem integriert bzw. imitiert es die bestehenden Bildmedien und prägt – etwa in Gestalt der digitalen Fotografie oder des digitalen Films – entscheidend deren Produktions- und Distributionsstrukturen. Die charakteristische Eigenschaft des elektronischen Bildes, die durch die Imitation der bestehenden Bildmedien oft verdeckt wird, sollte in der Interaktivität gesehen werden. Das elektronische Bild markiert daher den Übergang des technischen Bildes vom Indexikalischen zum Interaktiven. Es wird zum sensitiven Feld, zum ›Hyper-Bild‹, das beliebig weitere Bilder oder Bildabschnitte und Bildräume abrufbar macht. Demnach sollte weder die Bilddatei noch der auf Papier erfolgte Ausdruck als elektronisches Bild bezeichnet werden, denn die auf einer Pixelmatrix beruhende Bilddatei enthält nur eine Beschreibung der Farbwerte der einzelnen Bildpunkte, aus der das elektronische Bild auf einem Bildschirm erst erzeugt (oder visualisiert) werden muss, und der Ausdruck ist lediglich ein *elektronisch erzeugtes* Bild, das keine prinzipiellen Unterschiede zu anderen gedruckten Bildern aufweist. So besitzen zwar alle Abbildungen im vorliegenden Buch eine elektronische Grundlage, hierzu wurden aber lediglich bereits vorliegende Bilder mittels eines Scanners eingelesen und von der so entstandenen (digital gespeicherten und teilweise bearbeiteten) Pixelmatrix dann gedruckt. Die Besonderheit des am Bildschirm erscheinenden elektronischen oder digitalen Bildes besteht dagegen in der Verknüpfung mit einer entsprechenden Datenstruktur, die es erlaubt, Pixelbilder auch relativ zu programminternen Befehlsfolgen zu bearbeiten und zu erzeugen.

Kurze Einführung in die Computergrafik

Bei der Präsentation von digitalen Bildern lassen sich einige Fälle deutlich unterscheiden. Ein digitales Bild kann zunächst einfach mit weiteren Bildern verlinkt sein und so zur Bildergalerie avancieren. Ein digitales Bild kann auch, zugleich oder alternativ, durch verschiedene Darbietungsformen (etwa durch Beleuchtungsänderung oder durch diverse Verzerrungstechniken) oder Darstellungsstile (etwa anhand abstrahierender Verfahren) sehr unterschiedliche Ansichten einer Szene präsentieren. Auch dies lässt sich als Linkstruktur auffassen. Es kann zudem, ebenfalls zugleich oder alternativ, eine Fokussierung auf Bildausschnitte durch Vergrößerung oder durch Perspektivenwechsel erlauben. Hier wäre etwa an einen Zoom in die Bildtiefe zu denken, der durch die Rekonstruktion des Bildraumes anhand eines 3D-Modells ermöglicht wird. Schließlich lassen sich alle genannten Verfahren innerhalb einer Animation verwenden, sodass die Grenze vom Bild zum interaktiven Film verschwindet. Neue Bildkontexte werden auch durch die vielfältigen Text-Bild-Verknüpfungen geschaffen. Diese unterschiedlichen Fälle werde ich im Folgenden anhand einiger allgemeiner Bemerkungen zur Entwicklung der Computergrafik sukzessive erläutern.

Die Computergrafik beschäftigt sich als Teilgebiet der Informatik primär mit Verfahren der automatisierten Erzeugung digitaler Bilder (vgl. FOLEY u. a. 1990 oder FELLNER 1988 als Standardwerke zur Computergrafik). Als der Computergrafik verwandte Gebiete gelten die Bildverarbeitung und die Mustererkennung, bei denen es nicht um die Erzeugung, sondern um die Transformation und um die Analyse von Bildern geht. Gegenwärtig beginnt sich die Computervisualistik als diese Bereiche übergreifende Disziplin zu etablieren (vgl. SACHS-HOMBACH/SCHIRRA 2000).

Die mit den Werkzeugen der Computergrafik hergestellten Bilder können einem sogenannten fotorealistischen oder, in beliebiger Abstufung, auch abstrakteren Darstellungsstilen nachempfunden sein. In einfachen 2D-Verfahren werden diese Bilder beispielsweise durch Montage vorhandener Grafiken erzeugt. Die Regel bei allen anspruchsvolleren computergrafischen Ansätzen ist jedoch ein zweistufiges Verfahren. Ausgangspunkt ist dabei eine formale, mehr oder weniger detaillierte Beschreibung der relevanten geometrischen und optischen Eigenschaften der abzubildenden Gegenstände, die als geometrisches Modell bezeichnet wird. Geometrische Modelle können dreidimensionale Volumeninformationen (Voxelmodelle) oder auch nur Oberflächenmerkmale enthalten. Auf das Modell greift der sogenannte Renderer zu, ein Programm, das aus dem dreidimensionalen Modell eine zweidimensionale Ansicht dieses Modells, das Pixelbild, erzeugt, das uns im Umgang mit Computern vertraut geworden ist. Dies geschieht, indem aus dem Modell nach spezifizierten Parametern eine Pixelmatrix errechnet und auf einen Bildschirm projiziert wird.

Unter einem Renderer ist hierbei ein System von algorithmischen Verfahren zu verstehen, das die Berechnung der einzelnen Bildpunkte anhand automatisierter Befehlsfolgen vornimmt. Die zur Verfügung stehenden Algorithmen sind überaus vielfältig. Auf einer elementaren Ebene erlauben sie etwa durch den sogenannten z-Buffer die Ermittlung sichtbarer Kanten von einem bestimmten Blickwinkel aus oder durch das sogenannte Raytracing-Verfahren die Berechnung der Licht- und Schattenverhältnisse in einem Pixelbild relativ zur Lichtquelle und zum Blickpunkt. Auf einer höheren Ebene können anhand entsprechender Renderer unterschiedliche Stilparameter eingestellt werden.

Die Qualität einer Computergrafik hängt in gleicher Weise von der Beschaffenheit des Modells und der Beschaffenheit des Renderers ab. Wird ein Objekt ohne feinere Details modelliert, können solche Details zumindest nicht ohne weiteres vom Renderer im Pixelbild erzeugt werden. Da die Erzeugung der Pixelbilder, also der Ansichten des geometrischen Modells, sehr hohe Rechnerkapazitäten beansprucht (die Grafikprogramme müssen jeden einzelnen Bildpunkt hinsichtlich der unterschiedlichen Parameter berechnen), ist der noch handhabbare Detaillierungsgrad des Modells durch die vorhandenen Rechnerkapazitäten prinzipiell eingeschränkt. Zumindest bei komplexeren Objekten werden dadurch zahlreiche Verfahren nötig, den Detaillierungsgrad gewissermaßen vorzutäuschen.

Ein mit den beschriebenen Werkzeugen der Computergrafik erzeugtes und dann auf Papier ausgedrucktes Bild unterscheidet sich hinsichtlich Form und Begrenzung nicht wesentlich von einem traditionellen Bild. Die in unserem Zusammenhang wichtige Eigenschaft der am Bildschirm erscheinenden digitalen Bilder ergibt sich jedoch aus den verschiedenen Interaktionsmöglichkeiten (vgl. als Überblick PREIM 1999). Sie lassen sich grob nach den beteiligten Komponenten des Modells oder des Renderers gliedern. Verändert sich das zugrunde liegende geometrische Modell, etwa einer Pflanze, dann wird sich automatisch auch die vom Renderer erzeugte Ansicht des Modells wandeln. Verbinde ich das Modell zudem mit generativen Verfahren, die das Modell schrittweise transformieren, lassen sich entsprechende Transformationen der Ansichten erzeugen. Üblicherweise spielen Fragen der Modellierung für den gewöhnlichen Benutzer eines Grafikprogramms eine untergeordnete Rolle. Auch der Computergrafiker greift oft auf teilweise schon kommerziell erhältliche Modelle zurück. Seine Aufgaben bestehen eher darin, geeignete Algorithmen zu formulieren und zu einem Gesamtprogramm zu integrieren.

Die Interaktionsmöglichkeiten, die mit der zweiten Komponente – mit dem Renderer oder (allgemeiner) dem Grafikprogramm – eröffnet werden, variieren erheblich je nach Art und Leistungsfähigkeit der darin verwendeten Algorithmen. Sie erlauben dem Benutzer in der Regel die Variation zahlreicher Parameter. Aus ein und demselben Modell lassen sich mit dem entsprechenden Renderer etwa Ansichten in sehr unterschiedlichen Darstellungsstilen erzeugen (vgl. z. B. DEUSSEN 1998). Durch Kontraste, Texturen oder Vergrößerungen können bestimmte Partien des Bildes auch hervorgehoben werden. Speziellere Algorithmen erlauben zudem, Bildpartien zu verzerren, etwa auseinander zu ziehen, wobei sich die übrigen Bildpartien entsprechend verkleinern (vgl. STROTHOTTE 1998: 137ff.). Diese interaktiven Prozesse lassen sich durch adaptive Verfahren, die das Grafiksystem den jeweiligen Gegebenheiten der Hardware oder auch den Präferenzen der Benutzer anpassen, oder durch virtuelle Agenten unterstützen, die eine Kommentierung des Prozesses vornehmen.

Tele-Rendering, Animationen und Virtuelle Realitäten

Einen weiteren Fall bilden die webbasierten digitalen Bilder. Alle beschriebenen Verfahren lassen sich prinzipiell auch im World Wide Web zugänglich machen. Das Verfügbarmachen interaktiver Computergrafiken ändert zunächst nichts an Form und Qualität der einzelnen Bilder. Es macht keinen Unterschied, ob ich diese vom Netz herunterlade oder von der eigenen Festplatte starte. Neuartig ist jedoch, dass die Offenheit des Zugangs durch den Benutzer in die Produktion der Bilder eingeht und so zielgruppenneutrale und situationsoffene Bildformen entstehen, in denen beispielsweise alle Aspekte ausgeblendet bleiben, die programmspezifisch sind oder kulturelle Kodierungen aufweisen. Das Phänomen des Tele-Rendering greift darüber hinaus in die Rezeptionsformen ein (vgl. SCHIRRA/SCHOLZ 1998a: 387ff.). Im Tele-Rendering werden die beiden Komponenten der computergrafischen Bildgenerierung, Modell und Renderer, getrennt. Es ist denkbar, dass im Netz nur die Modelle verfügbar sind, die Erzeugung der Bilder jedoch durch einen auf die individuellen Bedürfnisse des Benutzers zugeschnittenen Renderer erfolgt. Netzbasierte digitale Bilder wären dann in Form der verfügbaren Modelle nur als potenzielle Bilder vorhanden, bei denen prinzipiell offen bleibt, ob und wie sie aktualisiert werden.

Indem alle genannten Prozesse stufenlos ausgeführt werden können, ergibt sich zudem die Möglichkeit der Animation (vgl. KERLOW 1996). Unter ›Animation‹ ist die grafische Darstellung simulierter Prozessabläufe zu verstehen. Anhand eines Zoom-Navigators lässt sich etwa innerhalb eines interaktiven Medizinatlanten eine Kamerafahrt in die Mikrostruktur eines menschlichen Organs ausführen. Genau genommen werden hier eine Vielzahl von neuen Ansichten erzeugt, die sich aus der Fokussierung eines Teiles des gerade betrachteten Bildschirmbildes ergeben. Durch geeignete Simulationsverfahren lassen sich so mitunter auch Objekte aus bisher nicht erreichbaren Perspektiven betrachten. Können die Ansichten schnell genug erzeugt werden, entsteht der Eindruck der Bewegung, also ein interaktiver Film. Besondere Anwendung hat dies in den Computerspielen gefunden.

Insbesondere durch die Interaktionsmöglichkeiten, die Grafikprogramme zur Verfügung stellen, hat sich das digitale Bild in ein sensitives Feld verwandelt, das sich mit seiner Exploration verändert und daher nicht mehr statisch ist. Es ist damit aber weniger die mit dem Rahmen festgelegte äußere Bildgrenze erweitert worden als vielmehr die innere Grenze des als imaginär geltenden Bildraumes. Dies wurde innerhalb sogenannter Virtueller Realitäten perfektioniert, in denen sich die unterschiedlichen Möglichkeiten der computergrafischen Bilderzeugung integrieren lassen (vgl. etwa CADOZ 1994). Ein Beispiel hierfür ist die virtuelle Rekonstruktion des Behrenshauses, die es erlaubt, den visuellen Eindruck eines historisch bedeutsamen, in ursprünglicher Form aber nicht mehr bestehenden Gebäudes wieder zugänglich zu machen (vgl. BUCHHOLZ/SCHIRRA 2001).

Der Ausdruck ›Virtuelle Realität‹ hat Anlass zu einigen Missverständnissen gegeben. Zuweilen ist ein Gegensatz zwischen Virtualität und Realität gesehen worden, etwa in der Annahme, dass die Virtualität die Realität verdränge. Eine virtuelle Realität ist prinzipiell insofern real, als dass sie von einer komplexen physischen Apparatur abhängt. Virtuell ist dagegen der Bildraum. Dass dieser nicht nur imaginär ist, wie jedes darstellende Bild, sondern virtuell real, ergibt sich wesentlich aus den Interaktionsmöglichkeiten. Die virtuelle Rekonstruktion eines Gebäudes ist entsprechend ›begehbar‹, weil beliebige Bildfolgen erzeugt und gesteuert werden können, um so Details in einer Weise zu betrachten, wie es analog auch in dem realen Gebäude geschähe. Die Virtuellen Realitäten werden daher in erster Linie nur deshalb als ›Realitäten‹ bezeichnet, weil sich hier die Bildwahrnehmung der normalen Gegenstandswahrnehmung in wichtigen Hinsichten angenähert hat.

Wird eine virtuelle Rekonstruktion eines Gebäudes auf dem Bildschirm dargeboten, kommen niemals Zweifel daran auf, dass es sich um eine Darstellung des Gebäudes und nicht um das Gebäude selbst handelt. Wie beim illusionistischen Bild der Rahmen, verhindert hier die Monitorbegrenzung jede Verwechslung. Eine solche käme nur dann zustande, wenn die Bildwahrnehmung von der Gegenstandswahrnehmung nicht mehr unterscheidbar wäre. Versuche einer solchen Angleichung werden durch verschiedenste Apparaturen – etwa durch elektronisch vernetzte ›Brillen‹ – unternommen. Diese Annäherung an die normale Gegenstandswahrnehmung ist aber bisher überaus unvollkommen. Bereits unser üblicherweise stereoskopisches Sehen bietet einige Probleme für die virtuelle Adaption. Berücksichtigt werden müssten zudem die übrigen Wahrnehmungsqualitäten in ihrer jeweiligen Besonderheit. Außerdem ist für die visuelle Wahrnehmung eine enge Verbindung zur Motorik von entscheidender Bedeutung. Schließlich dürften die nötigen Apparaturen nicht mehr bemerkbar sein. Um all diese Bedingungen erfüllen zu können, müssten die Apparaturen vermutlich neurophysiologisch installiert werden.

Wie immer es mit der Realisierung dieser von Stanislaw Lem viel beschworenen Fiktionen beschaffen sein mag (vgl. LEM 1964), eine Aufhebung des Bildbewusstseins ist in den faktisch bestehenden virtuellen Realitäten – etwa der virtuellen Rekonstruktion eines Gebäudes – gar nicht intendiert. Zwar verhalten wir uns gegenüber diesen Bildern in besonderer Weise, indem wir mit Hilfe eines illusionistisch wirkenden Bildträgers eine andere Wahrnehmungssituation imitieren. Wir nehmen hierbei gegenüber dem Bildträger aber einen besonderen Reflexionsmodus ein. Wir tun gewissermaßen absichtlich so, als ob wir mit einem realen Gegenstand konfrontiert wären.

(EB) Elektronische Bilder zeichnen sich durch Interaktivität aus. Neben der Möglichkeit, andere Bildmedien zu imitieren, eröffnen sie damit den Bereich Virtueller Realitäten.

Zur Charakterisierung des digitalen Bildmediums

Das digitale Bild ist ein sensitives Feld, das beliebig weitere Bilder, Bildabschnitte oder Bildräume verfügbar macht. Anspruchsvollere computergrafische Ansätze sind zweistufig: Ausgehend von einem geometrischen Modell wird mithilfe des Renderers eine zweidimensionale Ansicht erzeugt. Die mit Grafikprogrammen ermöglichten Interaktionen erlauben dem Benutzer die Variation zahlreicher Parameter wie Darbietungsform und Darstellungsstil. Indem die Prozesse stufenlos ausgeführt werden können, ergibt sich die Möglichkeit der Animation: der grafischen Darstellung simulierter Prozessabläufe.

Die unterschiedlichen Möglichkeiten der computergrafischen Bilderzeugung lassen sich innerhalb Virtueller Realitäten integrieren und perfektionieren. Virtuelle Realitäten gelten als Realitäten, weil sich die Bildwahrnehmung hier der Gegenstandswahrnehmung annähert.

8.4 Zusammenfassung und Ausblick: Medialisierung und Virtualisierung

Wie die unterschiedlichen Bildtypen etablieren auch die Bildmedien spezielle Verwendungskontexte. Bildkompetenz ist daher teilweise Medienkompetenz: Ein adäquates Verständnis der Bilder setzt eine Kenntnis der jeweiligen medialen Besonderheiten voraus. Für die Interpretation einer Fotografie ist es beispielsweise wichtig, um ihren kausalen Herstellungsprozess und um ihre physikalisch-chemisch bedingten Bildeigenschaften zu wissen. Da insbesondere die technischen Bildmedien sehr vielfältig eingesetzt werden und in der Regel eine Imitation (und Reproduktion) der nicht-technischen Medien erlauben, sind ihre medialen Besonderheiten in unterschiedlichem Maße relevant. Ihr indexikalischer Charakter spielt daher nur in bestimmten kommunikativen Kontexten eine Rolle. Zudem greifen die Differenzierungen in Bildtypen und Bildmedien ineinander, sodass die Interpretation jedes Bildes die Vorgaben beider Ebenen berücksichtigen muss. In welchem Verhältnis dies zu erfolgen hat, wird sich nur innerhalb der konkreten Kommunikationssituation anhand der Hinweise entscheiden lassen, mit denen derjenige, der mit einem Bild kommunizieren will, seine jeweiligen Absichten manifest macht.

In allen beschriebenen Fällen wurden Besonderheiten hervorgehoben, deren Kenntnis als pragmatische Vorgaben zu verstehen sind, die das Verständnis eines Bildes befördern. Die pragmatische Einbindung setzt das für die Bildinterpretation als konstitutiv behauptete Moment der Wahrnehmungsnähe aber nicht außer Kraft, sondern modifiziert es lediglich. Bei den verschiedenen Bildtypen und Bildmedien erfolgt diese Modifikation in unterschiedlicher Weise und in unterschiedlichem Maße. Als übergeordnete Regel gilt, dass wir einen Bildinhalt desto unmittelbarer und allein auf Grund unserer Wahrnehmungskompetenzen erfassen, je mehr ein Bild eine der Gegenstandswahrnehmung vergleichbare Wahrnehmung erzeugt. Als Folge hiervon löst sich die Fähigkeit, ein Bild überhaupt als Bild wahrzunehmen, in dem Moment auf, in dem sich Bildwahrnehmung und Gegenstandswahrnehmung ununterscheidbar annähern. Diese in den Virtuellen Realitäten diagnostizierte Tendenz zur Aufhebung des Bildes, die gegenwärtig oft kritisiert wird (vgl. etwa BOEHM 1994a: 35), ist allerdings sehr viel schwieriger zu erreichen, als gewöhnlich angenommen wird. Ungeachtet der ästhetischen Mängel bestehender Virtueller Realitäten ergibt sich dies einerseits aus den Schwierigkeiten, Bildwahrnehmung und Gegenstandswahrnehmung perfekt anzugleichen, andererseits aus den spezifischen Rezeptionshaltungen, die das moderne Bewusstsein im Umgang mit digitalen Bildern mittlerweile prägen.

Unterschiedliche Modi der Bildrezeption

Die besondere Haltung Virtuellen Realitäten gegenüber lässt sich als spezifischer Reflexionsmodus beschreiben. Nach einem Vorschlag von Jörg Schirra (vgl. SCHIRRA 2000) können hierbei zunächst einmal zwei grundsätzliche Modi unterschieden werden: der symbolische Modus und der dezeptive Modus. Der symbolische Modus ist der übliche Modus, bei dem wir uns bewusst sind, dass das Bild etwas anderes darstellt, als es selbst ist. Das Bild symbolisiert oder steht für dies andere. Hier nimmt der Bildrezipient das Bild somit ganz bewusst als verschieden von dem, was es darstellt, auf. Das Bild tritt damit als ein Zeichen auf, das, analog zu sprachlichen Äußerungen, in einem kommunikativen Kontext als Mittel dient, um eine Zeichenhandlung auszuführen. Um diesen Modus angemessen zu verstehen, müssen wir stets die vollständige Zeichenhandlung betrachten, nicht allein die verwendeten Zeichen. Zum Verständnis einer Zeichenhandlung gehört daher der kommunikative Kontext genauso wie die entsprechenden Regeln des Zeichensystems, in das der Rezipient ein Zeichen einordnet.

Beim dezeptiven Modus reagieren wir dagegen auf einen Bildträger in einer Weise, als wäre das im Bild Dargestellte tatsächlich anwesend. Es mag sich ereignen, dass wir ein naturalistisches Bild einer Person irrtümlich für eine tatsächliche Person nehmen und uns über die merkwürdige Haltung jener Person wundern, die wir zu sehen meinen. Hierbei ist nicht wichtig, dass wir uns darin irren, welche Person wir sehen, denn die irrtümliche Zuschreibung eines bestimmten Referenzobjektes ist ein ganz allgemeines Phänomen, das jede Form der Kommunikation kennt. Wichtig ist die Verwechslung des Bildgegenstandes mit einem realen Gegenstand. Von einem dezeptiven Modus sollte nur gesprochen werden, wenn die komplexen Fähigkeiten zur Zeichenhandlung (noch) nicht vorhanden oder in einer speziellen Situation – etwa auf Grund einer Halluzination – nicht verfügbar sind. Er schließt aus, dass der thematische Gegenstand überhaupt als bildhaftes Zeichen für etwas Abwesendes betrachtet wird. Daher sollte der dezeptive Modus auch nicht mit dem Begriff eines magischen Bildes verbunden werden. Die Qualität des Magischen haben Bilder, wenn ihnen die Fähigkeit zugesprochen wird, eine Sache nicht nur abzubilden, sondern zu verkörpern (vgl. BREDEKAMP 1995). Dieser Fall unterscheidet sich grundlegend von den hier behandelten Fällen. Ein gutes Beispiel für den dezeptiven Modus ist etwa die Verwendung von Attrappen in der Ethologie.

Der Fall der Virtuellen Realitäten liefert jedoch eine spezifische Mischform, die besonders zum Verständnis des Illusionismus beitragen kann. Innerhalb einer Virtuellen Realität verhält sich eine Person zumindest teilweise so, als wäre ein bestimmtes Bild ein tatsächlich vorhandener Gegenstand, ohne aber das Bewusstsein der Zeichenhaftigkeit des Bildes aufzugeben. Die Person tut gewissermaßen so, als ob sie mit realen Gegenständen konfrontiert ist. Je perfekter die technischen Möglichkeiten sind, desto mehr gelingt es hierbei, die einzelnen Zeichen zu einer geschlossenen Zeichenwelt zu verdichten. Damit entfällt der Rahmen und somit ein wesentliches Hindernis der illusionistischen Wirkung.

Um eine solche Mischform begrifflich zu fassen, bietet es sich nach Schirra an, zusätzlich einen immersiven Modus einzuführen. Gegenüber dem dezeptiven Modus liegt beim immersiven Modus eine komplexere Struktur vor, die auf der Möglichkeit bzw. Fähigkeit zur Verwechslung aufbaut. Wenn wir einer Person den immersiven Modus zuschreiben, schließt dies daher ein, dass die entsprechende Person um die Illusion weiß und mit ihr *als Illusion* umgeht. Deshalb muss die Fähigkeit zum Zeichengebrauch im immersiven Modus bereits vorliegen und aktualisiert sein. Insofern unterscheidet sich der immersive Modus vom dezeptiven Modus ganz grundlegend. Er setzt hinsichtlich des internen Differenzierungsgrades wesentlich umfassendere Kompetenzen voraus.

Parallel zur Auflösung der internen Bildgrenze durch die Vernetzungsstruktur von digitalen Bildern wird in den Virtuellen Realitäten damit zwar auch die externe Bildgrenze in bemerkenswerter Weise verschoben, denn in dem Maße, in dem ein externer Rahmen mit der entsprechenden Apparatur weniger wahrnehmbar ist, verschwindet der physische Bildkontext tendenziell, sodass die Bildwahrnehmung nicht mehr kontrastierend in die Gegenstandswahrnehmung integriert werden kann. Erhalten bleibt aber selbst in dieser Situation der spezifische immersive Rezeptionsmodus, der in der Regel eine klare Identifizierung und Unterscheidung des Bildstatus sichert. Die knappe Betrachtung der Grundzüge der verschiedenen Reflexionsstufen bei der Bildverwendung bestätigt hierbei erneut, dass ein Gegenstand immer nur kraft der entsprechenden Verwendung zum Bild wird. Bilder stehen, anders gesagt, als Zeichen notwendig in einem kommunikativen Kontext und setzen Zeichenverwender mit entsprechenden Kompetenzen, Überzeugungen und Absichten voraus. Soweit diese Fähigkeit zur Kommunikation erhalten bleibt, besteht kaum Gefahr, dass die Differenz von Bild und Abgebildetem verschwindet.

Was ist der immersive Reflexionsmodus?

Es lassen sich zwei grundsätzliche Rezeptionsmodi unterscheiden: der symbolische und der dezeptive Modus. Beim symbolischen Modus sind wir uns bewusst, dass das Bild etwas anderes darstellt, beim dezeptiven reagieren wir auf einen Bildträger, als wäre das im Bild Dargestellte tatsächlich anwesend. Eine bei Virtuellen Realitäten relevante Sonderform des symbolischen Rezeptionsmodus ist der immersive Modus, bei dem sich eine Person so verhält, als wäre das im Bild Dargestellte tatsächlich anwesend, ohne aber die Unterscheidung von Bild und Abgebildetem zu verlieren.

9. Zur Medialität mentaler Bilder

Der Begriff des mentalen oder internen Bildes ist wie der Begriff des materiellen oder externen Bildes ein spezieller Bildbegriff. Anders als die Begriffe der Zeichnung oder der Fotografie, die eine Klassifikation nach medialen Eigenschaften vornehmen, und anders auch als die Begriffe des illusionistischen Bildes oder des abstrakten Bildes, die Darstellungstypen charakterisieren, ist der Begriff des internen Bildes gewissermaßen ontologisch ausgerichtet. Er bezieht sich auf die Sphäre des Mentalen und scheint damit ein psychisches Gegenstück der unterschiedlichen physischen Bildvorkommnisse zu sein. Sicherlich sind mentale Bilder nicht als spezieller Bild*typ* zu charakterisieren, denn sie umfassen unterschiedliche Darstellungsweisen. Sie lassen sich aber als ein spezielles, psychisches Bild*medium* ansehen, insofern sie eine Vermittlung zwischen Absichten und Handlungen übernehmen, wenn wir uns – etwa zur Orientierung in einer fremden Stadt – eine Karte nicht zur Hand nehmen, sondern in Erinnerung rufen. Orientierung wäre hier folglich in spezieller Weise medial realisiert und würde durch die jeweiligen medialen Besonderheiten auch entsprechend beeinflusst werden. Im Rahmen der entwickelten bildtheoretischen Systematik ist diese eher ungewöhnliche Herangehensweise an das Problem der mentalen Bilder durchaus konsistent. Da mentale Bilder aber unter anderem all die Komplikationen erben, die der Begriff des Mentalen besitzt, verbindet sich mit ihnen eine spezifische Form der Medialität, die eine ausführlichere und eigenständige Erörterung verlangt.

Ein besonderes Problem für den vorgeschlagenen bildwissenschaftlichen Theorierahmen ergibt sich mit dem Begriff des mentalen Bildes insofern, als die hiermit angesprochenen Phänomene nur eingeschränkt über die entsprechenden Experimente einen intersubjektiven Zugriff erlauben. Der Status kognitionswissenschaftlicher Aussagen ist auf Grund dieser Einschränkung ganz allgemein bis heute strittig. Insofern sich die Entwicklung allgemeiner Begriffe aber in der Regel an paradigmatischen Fällen orientiert, d. h., über eine Verallgemeinerung spezieller Phänomene erfolgt, hat sich die vorgeschlagene Bildtheorie zunächst an den externen Bildern orientiert. Ein solches Vorgehen wird nahegelegt, weil für den Bereich der internen Bilder teilweise infrage steht, dass diese Phänomene überhaupt Bilder sind, während doch niemand Zweifel an dem Bildstatus etwa von Illustrationen in einem medizinischen Atlas hegt. Werden die externen Bilder als paradigmatische Fälle angesehen, dann besteht jedoch die Gefahr, Merkmale ins Spiel bringen, die den Bereich der mentalen Bilder bereits definitorisch ausschließen. Um einer solchen Konsequenz entgegenzuwirken, muss geprüft werden, ob der an den externen Bildern entwickelte Bildbegriff wirklich ein allgemeiner Bildbegriff ist. Ließe sich nachweisen, dass er nur ein spezieller Bildbegriff ist, und ein befriedigender allgemeiner Bildbegriff also noch aussteht, dann müsste die Suche nach einem allgemeinen Bildbegriff erneut aufgenommen oder aber anerkannt werden, dass der Phänomenbereich eine einheitliche Theorie nicht zulässt.

Der Begriff des internen Bildes ist schon deshalb keiner der üblichen speziellen Bildbegriffe, weil er für die gesamte kognitive Seite des Bildhaften Verwendung findet und von etlichen Forschern darüber hinaus als Voraussetzung zum Verständnis der externen Bilder angesehen wird (vgl. etwa JONAS 1961 oder FELLMANN 1995a; 1998). Innerhalb der Lebensphilosophie besteht sogar die Tendenz, alle Vorstellungen (und Wahrnehmungen insbesondere) als Bilder aufzufassen, sodass das interne Bild zur erkenntnistheoretischen Schnittstelle des menschlichen Weltverhältnisses wird und den Status eines Urbildes erhält, aus dem sich das externe Bild erst herausdifferenzieren muss. Zudem schließt die Diskussion um die internen Bilder (in der Regel und unter anderem) den gesamten Bereich des Körper-Geist-Problems ein. Durch die angenommene Konstitutivität der Wahrnehmungsnähe für Bilder wird auch im Folgenden ein Bezug des Bildbegriffs auf kognitive Begriffe wesentlich sein. Es ist aber zu betonen, dass die Überlegungen zu einem allgemeinen bildwissenschaftlichen Theorierahmen nur mittelbar von der Frage berührt werden, ob das Kognitive selbst bildhaft verfasst ist. Denn auch wenn sich mentale Bilder als ein Epiphänomen erweisen sollten, bleiben die gegebenen bildtheoretischen Erläuterungen gültig, weil sie bisher von der konkreten Beschaffenheit der kognitiven Interpretationsmechanismen ganz abgesehen haben.

Thesen zum Begriff des mentalen Bildes

(9) Mentale Bilder sind ein spezielles Bildmedium.

(9.1) Der Begriff des mentalen Bildes hat mit dem Entstehen der Kognitionswissenschaft erneut allgemeinere Beachtung erfahren.

(9.2) Die logisch-begrifflichen Einwände gegen mentale Bilder scheitern, weil sie einerseits einen bestimmten Bildtyp unterstellen, andererseits ungerechtfertigt annehmen, dass mentale Bilder und externe Bilder alle Eigenschaften gemeinsam haben.

(9.3) Die methodologische Kritik schließt die Theorie mentaler Bilder lediglich auf Grund eines bestimmten wissenschaftlichen Paradigmas aus.

(9.4) Die piktorialistische Position ist gegenüber alternativen Theorien die empirisch plausiblere.

9.1 Die Imagery Debate

Das Thema der mentalen Bilder beschäftigte die abendländische Philosophie seit ihren antiken Anfängen (vgl. zur Geschichte WHITE 1990). Im Mittelalter ist es über die neuplatonische Schule allgegenwärtig und auch zu Beginn der Neuzeit wird ihm eine mitunter entscheidende Bedeutung – etwa bei Giordano Bruno (vgl. FELLMANN 1991b) – zugewiesen. Eine weitreichende Kritik mentaler Bilder erfolgte jedoch im Rationalismus. Sie war vor allem erkenntnis- und wissenschaftstheoretisch motiviert. Seit Descartes gehörte es zum philosophischen Allgemeingut, dass Bilder die Ansprüche an Klarheit und Unterscheidbarkeit nicht erfüllen können, die üblicherweise an wissenschaftliche Begriffe gestellt wurden, wenn sie als Maßstäbe mit Begründungsfunktion auftreten sollten. Die Kritik mentaler Bilder war vermutlich auch durch den seit Leibniz intensiv unternommenen Versuch motiviert, kognitive Prozesse zu formalisieren. Hierzu eignet sich das Phänomen bildhafter Vorstellungen denkbar schlecht. Aussichtsreicher war die Annahme einer propositionalen Wissensspeicherung, da sie sich mit der Ausarbeitung logischer Kalküle verbinden ließ. Das Phänomen mentaler Bilder wurde damit zwar nicht bestritten, blieb wegen seiner Komplexität und mangelnden Eindeutigkeit aber ausgeklammert und geriet in der Folgezeit zunehmend unter den Verdacht des Subjektiv-Beliebigen.

Der Wiederaufstieg mentaler Bilder in der Kognitionswissenschaft

Mit dem Entstehen der Kognitionswissenschaft in den 1950er-Jahren erhielten (als Folge der Überwindung des Behaviorismus) mentale Begriffe erneut allgemeinere Beachtung. Der Informationsverarbeitungsansatz, der hierbei das Paradigma auch für die experimentelle Psychologie wurde, nahm zentral eine Repräsentationstheorie des Geistes an (und korrigierte damit die behavioristische Kritik des Mentalen), behielt die Beschränkung auf sprachliche Phänomene vorerst aber bei. Ein steter Wiederaufstieg des Themas der mentalen Bilder vollzog sich dann mit seiner zunehmenden Ablösung von den ursprünglich erkenntnistheoretischen Ambitionen seit den 1960er-Jahren. Zunächst wurden mentale Bilder im bescheidenen Rahmen in ihrer Rolle als Gedächtnishilfe untersucht, schließlich als spezieller Verarbeitungsmodus innerhalb genau spezifizierter Problemlösungen (vgl. STEINER 1980). Sie galten hierbei weder als hinreichende noch als notwendige Größen. Sie waren eher zufällige Formen des Kognitiven, die sich allerdings innerhalb ihres Einsatzbereichs als sehr leistungsfähig erwiesen.

Allgemeines Aufsehen erregten dann die bereits erwähnten, 1971 durchgeführten Rotationsexperimente von Metzler und Shepard (vgl. SHEPARD/COOPER 1982). Sie sind in ihrem Aufbau faszinierend einfach und in ihrem Ergebnis genauso faszinierend weitreichend. Versuchspersonen werden jeweils zwei schematische Abbildungen eines dreidimensionalen geometrischen Körpers mit der Aufforderung dargeboten, zu entscheiden, ob die dargestellten Gegenstände identisch sind. In einigen Fällen zeigten die Darstellungen denselben Gegenstand, jedoch mehr oder weniger verdreht. Es ergab sich, dass die Versuchspersonen desto länger brauchten, dies festzustellen, je mehr die Darstellung verdreht war. Anders gesagt: Die Reaktionszeit korrelierte signifikant mit dem verwendeten Rotationswinkel. Dies entsprach genau der introspektiven Intuition, nach der wir bei der geforderten Aufgabe zwei mentale Bilder formen und eines solange drehen, bis es entweder mit dem anderen zusammenfällt oder sich als inkongruent erweist. Innerhalb dieser Intuition lässt sich die mitunter längere Reaktionszeit unmittelbar einsehen, denn das Drehen eines Bildes, sei es auch ein mentales, benötigt Zeit. Würden wir diese Aufgaben hingegen lösen, indem unser kognitives System zuerst Merkmalslisten aufstellte und diese dann vergliche, blieben die längeren Reaktionszeiten unverständlich.

Kosslyn hat die Rotationsexperimente durch zahlreiche eigene Studien ergänzt und aus den Befunden sein bekannt gewordenes Gesamtmodell entwickelt, das den besonderen Eigenschaften des Bildes dadurch Rechnung trägt, dass es sie als analoge Datenstrukturen auffasst, die sich mit dem entsprechenden Programm auf einem Computer simulieren lassen (vgl. REHKÄMPER 1991). Da Kosslyn davon ausgeht, dass mentale Bilder nur in ihren Auswirkungen untersucht werden können, stehen in seinem Modell die spezifischen Leistungen mentaler Bilder und die Beschaffenheit des unterstellten bildverarbeitenden Systems im Vordergrund. Vorausgesetzt ist dabei, dass verschiedene Verarbeitungssysteme Verhaltensunterschiede zur Folge haben, die sich insbesondere anhand ihrer spezifischen Verarbeitungszeiten quantifizieren lassen. Daher liefert die experimentelle Erforschung der entsprechenden Verhaltensunterschiede die nötigen wissenschaftlichen Belege, um die konkurrierenden Theorien zu bewerten. Auf diese Weise werden die introspektiv beobachteten Besonderheiten des Phänomens mentaler Bilder auf ein subpersonales, introspektiv nicht erfahrbares Verarbeitungssystem zurückgeführt.

Kosslyn hat für seine Theorie mentaler Bilder ein Modell in Form eines bildverarbeitenden Programmsystems geschaffen. Das Modell ist eine Umsetzung der Theorie. Es enthält damit auch Eigenschaften, die in der Theorie keine Rolle spielen, etwa die Besonderheiten des Computerbildschirms. Der visuelle Arbeitsspeicher, ein bildspezifischer Interpretationsmechanismus und der Langzeitspeicher bilden jedoch drei wesentliche Komponenten des Modells, für die Entsprechungen auf mentaler Ebene angenommen werden. Wie die Eigenschaften dieser drei Komponenten die besonderen Qualitäten der auf dem Bildschirm erscheinenden Bilder bestimmen, so sind auch die analogen kognitiven Komponenten für die Beschaffenheit der anschaulichen Vorstellungen verantwortlich. Ein kognitiver visueller Arbeitsspeicher wird beispielsweise dafür verantwortlich gemacht, dass bestimmte Begrenzungen im aktuellen Vorstellungsbild bestehen. Entsprechend gibt es Untersuchungen über die Größe, Form und Auflösung unseres Vorstellungsfeldes (vgl. FINKE 1989: 29ff.).

Für das Modell grundlegend ist die Annahme eines visuellen Arbeitsspeichers, in dem auch der visuelle Input, der die Grundlage unserer Wahrnehmungen bildet, einen Interpretationsprozess durchläuft. Daher unterliegen Wahrnehmungen und mentale Bilder in zahlreichen Hinsichten denselben Beschränkungen. Ist die visuelle Information interpretiert, wird sie auf einer tiefer liegenden Ebene in zweifacher Weise gespeichert: sowohl propositional als auch piktorial. Die interpretierten visuellen Informationen können bei Bedarf erneut im visuellen Arbeitsspeicher aktualisiert werden. Auch dies kann in zweifacher Form erfolgen. Mentale Bilder lassen sich entweder über die propositionale oder über die piktoriale Enkodierung reaktivieren. Zu beachten ist hierbei, dass auch die piktoriale Enkodierung einen als Klassifikation zu verstehenden Interpretationsprozess voraussetzt. Dennoch besitzen sie ein eigenes Repräsentationsformat, dessen analoge Qualität bei der erneuten Generierung eines Vorstellungsbildes direkt verfügbar ist und spezielle Verarbeitungsprozeduren erlaubt.

Grundsätzliche Positionen und Begrifflichkeiten in der Diskussion um mentale Bilder

Dass mentale Bilder mit der Theorie von Kosslyn wieder ein Thema der Forschung geworden waren, zog nicht schon ihre allgemeine Anerkennung nach sich (vgl. KOSSLYN u. a. 1979 oder STERELNY 1986). Es bildeten sich vielmehr unter den Titeln ›Deskriptionalismus‹ und ›Piktorialismus‹ zwei unterschiedliche Lager heraus. In ihrer bis heute anhaltenden Auseinandersetzung lassen sich – wie im geschichtlichen Kapitel bereits sehr kurz dargestellt – zwei Typen von Argumenten unterscheiden: Zunächst herrschte eine logisch-begriffliche Kritik vor, dann ging man zu methodologischen Einwänden über. Dennett erneuerte noch die Argumente des logischen Behaviorismus, die besonders Ryle vorgetragen hatte, verband sie aber mit neueren Ergebnissen in der Künstlichen Intelligenz, der Computersimulation und einer allgemeinen Theorie zur Informationsverarbeitung (vgl. DENNETT 1969 oder ähnlich PYLYSHYN 1973; die Gegenargumente hierzu sind im Einzelnen aufgeführt bei KOSSLYN/POMERANTZ 1977). Die methodologische Kritik an den Piktorialisten hat vor allem Pylyshyn vorgebracht (vgl. PYLYSHYN 1981). Die beiden folgenden Abschnitte stellen exemplarisch jeweils ein Argument aus den beiden Bereichen detaillierter dar.

Ganz allgemein lässt sich bereits vorausschicken, dass eine Entscheidung der Fragen zum Begriff des mentalen Bildes erschwert wird, weil die allgemeinen Probleme im Verhältnis von Körper und Geist bisher ungelöst sind und auch hinsichtlich der übergeordneten Begriffe – vor allem hinsichtlich des Begriffs der mentalen Repräsentation bzw. des mentalen Modells – sehr unterschiedliche Auffassungen bestehen (vgl. zum Begriff der mentalen Repräsentation aus kognitionspsychologischer Sicht ENGELKAMP/PECHMANN 1993). Es stehen sich entsprechend in der Diskussion um die mentalen Bilder insbesondere zwei grundsätzliche Lesarten gegenüber: Der Ausdruck ›mentale Bilder‹ bezeichnet zum einen anschauliche Vorstellungen. Die Existenz von anschaulichen Vorstellungen ist ein eher unstrittiger Tatbestand. Fraglich ist hier aber, ob sie berechtigterweise als Bilder anzusehen sind (vgl. etwa SCHOLZ 1995). Zum anderen werden mentale Bilder aber (vor allem innerhalb der Kognitionswissenschaft) im Sinne von neurobiologischen Korrelaten der anschaulichen Vorstellungen verstanden. Da in diesem Fall die entsprechenden Ausdrücke physische Entitäten bezeichnen, denen auf Grund spezifischer Prozesse Bedeutung zukommen soll, liegt mit der Verwendung des Bildbegriffs zumindest kein Kategorienfehler vor. Stattdessen besteht nun aber das Problem, in welchem Sinne und mit welcher Berechtigung hier davon gesprochen werden kann, dass diese physischen Entitäten eine Bedeutung haben.

Im Folgenden sollen die neurobiologischen Korrelate als Bildträger auf subpersonaler Ebene und die anschaulichen Vorstellungen als Bildinhalt aufgefasst werden, ohne allerdings eine Lösung für die bedeutungstheoretischen Probleme anzubieten. Wenn ein Gegenstand nur durch die Einordnung in ein Zeichensystem durch einen Zeichenbenutzer zum Bild wird, dann fehlt mentalen Bildern ein entsprechender Betrachter. Mentale Bilder besitzen demnach nicht alle, aber durchaus einige wichtige Eigenschaften externer Bilder. Wesentlich ist hierbei, dass kognitive Prozesse angenommen werden, die Informationen auf Grund ihrer Gestalteigenschaften verarbeiten. Damit ist nicht gesagt, dass etwa räumliche Informationen auch analog zu externen Bildern anhand der räumlichen Beziehungen gespeichert werden müssen. Kosslyn bezeichnet mentale Bilder aus diesem Grunde als funktionale Bilder. Wichtig ist allein, dass die visuellen Informationen an den Repräsentationen selbst abgelesen werden können, ohne auf zuvor erstellte Beschreibungen dieser Repräsentationen zurückgreifen zu müssen.

Der Begriff des mentalen Bildes in der Kognitionswissenschaft

Aufbauend auf die 1971 durchgeführten Rotationsexperimente von Metzler und Shepard hat erstmals Kosslyn ein umfassenderes Modell mentaler piktorialer Repräsentationen in Form eines bildverarbeitenden Programmsystems entwickelt. Für das Modell grundlegend ist ein visueller Arbeitsspeicher, der auch die Grundlage des sensorischen Inputs bildet. Ausgehend vom Arbeitsspeicher wird die visuelle Information interpretiert und auf einer tiefer liegenden Ebene sowohl propositional als auch piktorial gespeichert. Entsprechend können mentale Bilder über eine propositionale oder piktoriale Enkodierung reaktiviert werden.

Der Begriff des mentalen Bildes ist zweideutig: Er meint zum einen anschauliche Vorstellungen, zum anderen ihre neurobiologischen Korrelate. Im Folgenden werden die neurobiologischen Korrelate als Bildträger und die anschaulichen Vorstellungen als Bildinhalt verstanden.

9.2 Bild und Determinismus

Diejenigen Argumente gegen mentale Bilder, die sich auf prinzipielle Gründe stützen, gehen davon aus, dass der Begriff des mentalen Bildes logisch inkonsistent und deshalb kein wissenschaftlich brauchbarer Begriff ist. Der Vorwurf logischer Inkonsistenz richtet sich hierbei in der Regel gegen die sogenannte ›picture theory‹ des mentalen Bildes. Danach sind mentale Bilder Nachbildungen oder Kopien der Wahrnehmungsaktivität, die gespeichert und wieder zurückgeholt werden können. Ein prominentes Argument gegen diese Theorie basiert auf dem Determinismusproblem. Ich nenne es also das Determinismusargument (vgl. DENNETT 1969: 136f.).

Das Determinismusargument

Das Determinismusargument lässt sich folgendermaßen zusammenfassen:

1. Wenn mentale Bilder wirklich Bilder sein sollen, müssen sie dieselben Eigenschaften wie externe Bilder aufweisen.
2. Externe Bilder sind immer bestimmt. Deshalb zeigt das Bild eines Tigers notwendig eine bestimmte Anzahl der Streifen.
3. Wir können in den seltensten Fällen konkrete Informationen (wie die Anzahl der Streifen) vom mentalen Bild eines Tigers ablesen.
4. Deshalb sind mentale Bilder keine externen Bilder, und damit nicht wirklich Bilder.
5. Alternativ könnte gesagt werden, dass bei Beschreibungen diese Bestimmtheit nicht vorliegt. Es liegt daher nahe, mentale Bilder als durch Beschreibungen erzeugte Vorstellungen aufzufassen.

Alle drei Prämissen des Argumentes sind problematisch und durch eine Vielzahl von Gegenargumenten kritisiert worden. Gegen Prämisse (3) lässt sich einwenden, dass wir nur darum keine genau bestimmten Informationen von mentalen Bildern ablesen können, weil wir durch ihr schnelles Verblassen in der Regel nicht genug Zeit haben, um dies tatsächlich zu tun (vgl. FODOR 1975: 188.). Die Probleme beim Erfassen bestimmter Informationen können also auch durch den flüchtigen Charakter von mentalen Bildern verursacht sein.

Sodann kann gegen Prämisse (2) bestritten werden, dass externe Bilder immer bestimmt sind. Es gibt viele Fälle – Fodor führt den Fall des Verschwimmens bzw. der Unschärfe an –, bei denen selbst Fotografien Eigenschaften des dargestellten Objekts unbestimmt lassen. Das unscharfe Bild einer Maschinenschriftseite bestimmt nicht die Anzahl von Buchstaben. Allerdings nimmt Fodor an, dass Dennett insofern Recht hat, als es immer irgendeine Beschreibung gibt, unter der ein Bild bestimmt ist, letztlich die Zuschreibung eines Hell- oder Dunkelwertes zu jedem der Punkte, aus denen ein Bild zusammengesetzt ist.

Block bezeichnet die Annahme, dass Bilder in jeder Hinsicht determiniert sind, als »photographic fallacy« (vgl. BLOCK 1983a: 651). Über Fodors Kritik hinaus wendet er ein, dass das Problem des Determinismusargumentes nicht in eventuellen Verzerrungen liege, sondern grundsätzlicher darin, dass es viele Bildtypen mit geringem Bestimmtheitscharakter gibt. Block weist auf das Beispiel der Strichmännchenzeichnungen hin. Aber ebenso sind etwa Schwarz-Weiß-Bilder unbestimmt hinsichtlich der Farbe. Der Verweis auf eine Reihe von Grenzfällen läuft darauf hinaus, dass die Unbestimmtheit mentaler Bilder kein Argument gegen die piktoriale Auffassung mentaler Bilder liefert, weil auch externe Bilder oft viele Eigenschaften unbestimmt lassen.

Es lässt sich schließlich gegen Prämisse (1) auch generell infrage stellen, dass mentale Bilder *alle* Eigenschaften externer Bilder teilen müssen. Für die Abbildungsfunktion sind vermutlich viele Unterschiede zwischen externen Bildern und internen Bildern unerheblich. Es gibt beispielsweise kein mentales Äquivalent für das Abreißen einer Ecke eines externen Bildes. Auch wenn viele Informationen verloren gehen, scheinen mentale Bilder immer vollständige Bilder zu sein. Vermutlich besitzen mentale Bilder viele der physischen Eigenschaften externer Bilder nicht. Sie haben sicherlich keine Farbe, können nicht zerkratzt werden und wiegen nicht unterschiedlich viel. Die Ansicht, dass wir Bilder im Kopf haben, die wir im Gehirn tatsächlich betrachten könnten, vertritt aber auch niemand. Mentale Bilder sollen nur quasibildlich sein. Sie funktionieren wie Bilder, indem sie externen Bildern vergleichbare Leistungen ermöglichen. Dazu ist es erforderlich, dass die entsprechenden Operationen an dem Repräsentationsmedium ausgeführt werden. Diese direkte Bindung an das Medium ist von entscheidender Bedeutung.

Funktionale Bilder

Die prinzipielle Möglichkeit funktionaler Bilder hat Ned Block mit dem Beispiel der Rotation einer Linie veranschaulicht (vgl. BLOCK 1983b). Nehmen wir an, dass ein räumliches Feld in einer Region des visuellen Kortex durch Spannung und Stromstärke repräsentiert wird. Eine Linie lässt sich dann bildhaft repräsentieren, wenn an verschiedenen Punkten dieser Region die Spannung die Entfernung vom Nullpunkt und die Stromstärke den Winkel der Linie angibt. Das elektrische Feld bildet so eine Matrix, die eine unbewegte Linie repräsentiert, solange beide Werte konstant bleiben. Ändert sich lediglich die Spannung an einigen Punkten, entsteht eine unterbrochene Linie, ändert sich dagegen die Stromstärke allmählich und an allen Punkten gleichmäßig, dann entsteht eine langsame Rotation der Linie, weil die Stromstärke ja den Winkel angibt. Dieses Beispiel zeigt also, wie etwas als Bild funktionieren kann, ohne selbst ein externes Bild im üblichen Sinne zu sein. Im Kortex dreht sich ja nichts, dennoch repräsentiert die Operation eine Drehung und kann entsprechend auch als Drehung erlebt werden. Entscheidend ist folglich nicht, ob das mentale Bild, in diesem Fall eine Zellregion mit bestimmten elektrischen Eigenschaften, alle Eigenschaften eines externen Bildes besitzt, sondern nur, ob es Operationen erlaubt, mit denen am Repräsentationsmedium selbst Informationen entnommen werden können.

Es gibt demnach zwei grundsätzliche Einwände gegen das Determinismusargument der Deskriptionalisten und gegen die a priori Argumente allgemein: Zum einen unterstellen sie immer einen bestimmten Bildtyp, an dem sie die mentalen Bilder dann messen. Zum anderen nehmen sie ungerechtfertigt an, dass mentale Bilder und externe Bilder alle Eigenschaften gemeinsam haben. Geht man mit Kosslyn von einem funktionalen Bildbegriff aus, dann greifen die begrifflich-logischen Argumente nicht mehr. Vorausgesetzt bleibt dabei allerdings, dass mentale Bilder immer schon interpretiert sind. Sie weisen keine Vieldeutigkeiten auf und lassen sich nicht relativ zum Verhältnis von Figur und Hintergrund unterschiedlich interpretieren. Dies ist sicherlich eine Besonderheit mentaler Bilder, spricht aber nicht gegen ihren Bildstatus. Ohnehin wird niemand behaupten wollen, dass der Interpretationsprozess bei mentalen Bildern dem Wahrnehmungsprozess vergleichbar ist. Die für externe Bilder nötige Wahrnehmungskompetenz muss bei mentalen Bildern mit der Interpretation des visuellen Inputs als bereits geleistet gelten.

Logisch-begriffliche Argumente gegen den Begriff des mentalen Bildes

In der Auseinandersetzung um die Berechtigung der piktorialistischen Position lassen sich logisch-begriffliche und methodologische Einwände unterscheiden. Ein prominentes logisch-begriffliches Argument gegen den Piktorialismus ist das Determinismusargument. Logisch-begriffliche Argumente unterstellen, dass mentale Bilder nur als Bilder gelten können, wenn sie dieselben Eigenschaften wie externe Bilder aufweisen. Da mentale Bilder viele Eigenschaften externer Bilder nicht besitzen, sind sie diesem Argument zufolge nicht wirklich Bilder, sondern eher aus Beschreibungen erzeugte Vorstellungen.

Kritisch ist hiergegen einzuwenden, dass mentale Bilder funktionale Bilder sind. Ein Gegenstand ist ein funktionales Bild, wenn er Operationen am Repräsentationsmedium selbst erlaubt, mit denen Informationen in analoger Form entnommen werden können.

9.3 Bild und kognitive Durchdringung

Den Begriff des mentalen Bildes hat vor allem Pylyshyn aus methodologischen Gründen abgelehnt, weil er sich nicht als kognitionswissenschaftliches Erklärungsprinzip eigne. Bildhafte Prozesse sind nach Pylyshyn durch unser Hintergrundwissen bestimmt. Wir wissen, wie wir mit bestimmten Objekten umgehen und imitieren diesen Umgang bei unserem kognitiven Problemlösen. Auf Grund dieser tacit-knowledge-These sind mentale Bilder nur scheinbar bildhaft. Sie werden zwar subjektiv als Bild erfahren, sind tatsächlich aber ein durch Wissensvorgaben gesteuertes Epiphänomen, das mit Bezug auf die allgemeinen kognitiven Prinzipien im Sinne von Beschreibungen zu verstehen ist.

Das tacit-knowlegde-Argument

Innerhalb dieser methodologischen Kritik spielt der Begriff der kognitiven Durchdringbarkeit die entscheidende Rolle. Ein Prozess ist nach Pylyshyn kognitiv durchdringbar, wenn er von semantischen Interpretationen abhängt und sich mit der jeweiligen Interpretation in systematischer Weise verändert. Der Begriff der kognitiven Durchdringung liefert ein Kriterium, um generell zwischen verschiedenen Ebenen der kognitiven Architektur zu unterscheiden. Nur die Prozesse, die von semantisch interpretierten Repräsentationen – von Überzeugungen, Wünschen etc. – abhängen, können überhaupt als kognitive, regelgeleitete Prozesse beschrieben werden. Alle Prozesse dagegen, die kognitiv undurchdringbar sind, gehören der nomologisch zu beschreibenden Ebene der Hardware an. Sie werden durch neurobiologische Gesetze, nicht durch kognitive Regeln bestimmt, da ihre Eigenschaften intrinsische Eigenschaften des Repräsentationsmediums sind. Deshalb entziehen sie sich dem Bereich psychologischer Erklärbarkeit.

Pylyshyns Argument ist ein wissenschaftsstrategisches Argument, das den systematischen Anspruch spezifisch psychologischer Erklärungen sicherstellen will. Danach bietet nur eine interne Sprache des Geistes systematisierbare Regeln, während mentale Bildhaftigkeit allenfalls morphologisch beschrieben werden könnte. Sie gehorcht nicht den systematisierbaren Regeln, mit denen vor allem im Computermodell des Geistes der Zusammenhang der mentalen Repräsentationen erfasst werden soll, und muss deshalb aus dem Bereich mentaler Phänomene ausgeklammert werden. Ihren autonomen Status kann die kognitive Wissenschaft nach Pylyshyn nur erhalten, wenn sie die mentalen Verarbeitungsprozesse als eine Funktion des Wissens über die repräsentierte Welt auffasst und nicht durch die intrinsischen Eigenschaften des Repräsentationsmediums bestimmt. Dieses methodologische Argument lässt sich in der folgenden Weise prägnanter strukturieren:

1. Die Piktorialisten fassen die Eigenschaften mentaler Bilder (z.B. Räumlichkeit) als physische Eigenschaften des Repräsentationsmediums (der neurobiologischen Struktur) auf. Trifft dies zu, sind mentale Bilder kognitiv undurchdringbar.
2. Kognitiv undurchdringbare Phänomene fallen nicht in den Bereich psychologischer Erklärungen.
3. Es gibt andererseits gute Gründe, mentale Bilder als kognitiv durchdringbar anzusehen.
4. Wenn mentale Bilder kognitiv durchdringbar sind, dann setzen sie ein nicht explizit gemachtes Wissen (tacit knowledge) voraus.
5. Wenn wir beim Problemlösen anhand mentaler Bilder unseren Umgang mit bestimmten Objekten imitieren, sollten mentale Bilder besser als strukturierte Beschreibungen aufgefasst werden.

Eine Kritik des methodologischen Arguments von Pylyshyn kann zunächst Prämisse (3) bestreiten, nach der mentale Bilder immer kognitiv durchdringbar sind. Dies ließe sich im Wesentlichen auf empirische Experimente stützen, in denen ausgeschlossen wird, dass ein entsprechendes Wissen schon mit der Aufgabenstellung gegeben wurde. Teilweise stehen die Ergebnisse sogar im Widerspruch zum Wissen der Versuchspersonen. Sicherlich setzen aber nicht alle Experimente ein Wissen voraus, wie bestimmte Objekte oder Bilder zu benutzen sind. Beispielsweise wurde nachgewiesen, dass vertikale Streifen gegenüber horizontalen Streifen sowohl in der Wahrnehmung als auch in der anschaulichen Vorstellung erst mit größerer Entfernung verschwimmen (vgl. FINKE 1989). Da hierüber in der Regel kein Wissen vorlag, kann der beobachtete Effekt nicht von bestehenden Überzeugungen abgeleitet werden. Gegen Pylyshyns Deutung spricht auch, dass wir uns etwa keine vierte Dimension bildhaft vorstellen können, obwohl wir ein entsprechendes Wissen haben (vgl. hierzu TYE 1991: 64ff.).

Von diesen Gegenargumenten ausgehend ist es nahe liegend, mentale Bilder an die neurobiologischen Grundlagen des Kognitiven zu binden, wie es Pylyshyn in Prämisse (1) durch den Hinweis auf intrinsische Eigenschaften eines analogen Repräsentationsmediums auch vorschlägt. Dies liefe aber zugleich darauf hinaus, den Bereich der funktionalistischen Beschreibung des Computermodells zu begrenzen, denn viele der für das Kognitive wichtigen Prozesse ließen sich dann nicht mehr – wie im funktionalistischen Computermodell des Geistes üblich – durch den Bezug auf ein kognitives Programm erklären, sondern lägen vielmehr im Zuständigkeitsbereich der Neurobiologen.

Soll der Begriff der mentalen Repräsentation auch für die Kognitionswissenschaft fruchtbar gemacht werden, ist es daher nötig, weitergehend zu bestreiten, dass das Kriterium der kognitiven Durchdringbarkeit in Prämisse (2) überhaupt geeignet ist, den Bereich des Kognitiven bzw. der kognitionswissenschaftlichen Erklärung abzustecken. Denn auf diese Weise wird einfach definitorisch ausgeschlossen, dass mentale Repräsentationen bildhafte Komponenten beinhalten können, weil sie den Bedingungen des vorausgesetzten Begriffs einer Kognitionswissenschaft nicht entsprechen. Die methodologische Kritik schließt die Theorie mentaler Bilder folglich auf Grund eines bestimmten wissenschaftlichen Paradigmas aus. Gegen das Kriterium der kognitiven Durchdringung müsste deshalb gezeigt werden, dass auch kognitiv undurchdringbare Phänomene eine für das Kognitive wichtige Funktion besitzen können und daher in die kognitive Theorie einbezogen werden müssen. Dies ist möglich, indem einerseits belegt wird, dass nicht alle Eigenschaften der mentalen Bilder kognitiv undurchdringbar sind – was sich unter anderem schon dadurch ergibt, dass sie immer nur in interpretierter Form auftreten. Anderseits könnte der Nachweis unternommen werden, dass die konkreten Eigenschaften mentaler Bilder auf Grund ihrer kognitiven Undurchdringbarkeit zwar nicht durch unsere Überzeugungen, Absichten und Wünsche beeinflusst werden, sie aber sehr wohl umgekehrt einen Einfluss auf unsere Überzeugungen haben können.

Das Argument zum geistigen Auge

Um die Konsequenzen dieser Auffassung für die Kognitionswissenschaft zu verdeutlichen, ist der Hinweis auf ein weiteres Argument hilfreich: auf das Argument zum geistigen Auge. Dieses Argument betrifft in gleicher Weise die deskriptionalistischen Theorien. Es kann daher den Streit innerhalb des kognitionswissenschaftlichen Rahmens nicht entscheiden, legt aber einen Paradigmenwechsel nahe, weil es die teilweise nicht genügend deutlich gemachte Annahme vor Augen führt, dass eine Anbindung an neurobiologische Prozesse ganz wesentlich auch zum traditionellen Computermodell des Geistes gehört.

Das Argument zum geistigen Auge besagt, dass die Annahme mentaler Bilder im Sinne realer Bilder die Annahme eines mentalen Auges (mind's eye) erfordert. Dies ist jedoch eine absurde Annahme. Vor allem aber ergibt sich ein infiniter Regress, wenn auch das Wahrnehmen bildhaft verstanden wird, weil das innere Auge (und der innere Sinn allgemein) ein eigenes Verarbeitungs- oder Interpretationssystem benötigen würde, das seinerseits wiederum ein eigenes Auge besitzen müsste, um die zu interpretierenden Bilder wahrzunehmen. Daher können nach diesem Argument die sogenannten mentalen Bilder keine Bilder sein.

Zur Kritik dieses Argumentes ließen sich einige Bemerkungen gegen das Determinismusargument wiederholen. Entscheidend ist aber, dass auch die deskriptionalistische Theorie mentaler Bilder begreiflich machen können muss, wie Repräsentationen ›gelesen‹ und ›interpretiert‹ werden. Dass Repräsentationen satzartig sind, beseitigt das Problem nicht. Hier scheint eine Antwort nur plausibler, weil der Umgang mit Computern ein konkretes Modell für solche Prozesse bereitstellt. Es ist aber nicht einzusehen, warum eine ähnliche Antwort nicht auch für Piktorialisten offen stehen sollte.

Die Reichweite dieses Argumentes (bzw. der Kritik an ihm) zeigt sich, wenn der Begriff des primitiven Prozessors einbezogen wird (vgl. BLOCK 1983b). Ein primitiver Prozessor zeichnet sich dadurch aus, dass er nur nomologisch beschrieben werden kann. Fragen wir etwa, wie eine Maschine multipliziert, dann lässt sich noch auf der Programmebene durch die Angabe einer Regel antworten: Indem sie entsprechend häufig die eine Zahl zu sich selbst addiert. Auf die Frage, wie die Maschine addiert, ist aber nur noch der Verweis auf die elektronischen Mechanismen möglich. Diese Ebene liegt der Programmebene zugrunde und kann auf sehr unterschiedliche Weisen realisiert werden. Weil die einzelnen Prozesse hier nach den in der Hardware fest installierten Vorgaben ablaufen, brauchen wir keine weiteren ›Augen‹ anzunehmen, um die Informationsverarbeitung verständlich zu finden.

Als wesentliche Strategie der Kognitionswissenschaft kann generell gelten, eine kognitive Architektur zu entwerfen, in der die Programmebene – die Ebene kognitiver Regeln – schließlich mit der Ebene der nomologischen Prozesse in Bezug gesetzt wird. Das Computermodell des Geistes, wie es Fodor entwickelt hat, enthält diesen Bezug sehr deutlich. Da insbesondere die piktorialen Repräsentationen kognitiv undurchdringbar sein sollen, ergibt sich, dass die neurobiologische Ebene bei der Erklärung unserer Kognitionen in dem Maße eine wichtigere Rolle spielt, in dem der Funktionsbereich der piktorialen Repräsentationen erweitert wird. Folglich erhält die neurobiologische Ebene eine erheblich größere Bedeutung, als die klassische Kognitionswissenschaft ihr zugestanden hat. Die Diskussion um den Begriff des mentalen Bildes führt damit zu dem allgemeineren Problem, in welchem Maße das Mentale überhaupt im Sinne der funktionalistischen Überzeugung – wie das Computermodell des Geistes sie zum Ausdruck gebracht hat – als einem Programm analog beschrieben werden kann bzw. ob es nicht viel entscheidender durch die neurobiologischen Aspekte beeinflusst wird.

Ein methodologisches Argument gegen den Begriff des mentalen Bildes

Ein prominentes methodologisches Argument gegen den Begriff des mentalen Bildes ist das tacit-knowledge-Argument. Es formuliert ein Dilemma: Wenn mentale Bilder kognitiv undurchdringbar sind (d. h. von semantischen Interpretationen unabhängig), dann fallen sie nicht in den Bereich psychologischer Erklärungen. Wenn mentale Bilder kognitiv durchdringbar sind, dann setzen sie ein Wissen (tacit knowledge) voraus und müssen als strukturierte Beschreibungen gelten. Dieses Argument von Pylyshyn ist ein wissenschaftsstrategisches Argument, nach dem nur eine propositional verfasste interne Sprache des Geistes systematisierbare psychologische Gesetze zu formulieren erlaubt. Die Diskussion um dieses Argument führt zu dem allgemeineren Problem, in welchem Maße das Mentale funktionalistisch (als einem Programm vergleichbar) beschrieben werden kann.

9.4 Zusammenfassung und Ausblick: Mentale Bilder und Künstliche Intelligenz

Mit der experimentellen Erforschung der visuellen Vorstellungen ergab sich die These, dass viele Phänomene des Kognitiven nur verständlich werden, wenn wir ein besonderes, nämlich piktoriales Repräsentationsformat annehmen, in dem die entsprechenden Informationen gespeichert sind bzw. abgerufen werden können. Diese These richtete sich gegen den Deskriptionalismus, der in der kognitiven Psychologie und in der Kognitionswissenschaft lange Zeit unter dem Banner des Computermodells des Geistes dominant war und sehr strikt ausschließlich satzartige Wissensspeicherungen zuließ. Er richtete sich in zweiter Linie – allerdings nicht bei allen Piktorialisten – gegen die philosophische Basis dieses Modells im Allgemeinen: gegen den Funktionalismus. Wird der Bildbegriff im alternativen Modell nur fundamental genug angesetzt, dann entsteht mit ihm ein ganz neues Paradigma in der Philosophie des Geistes, das sich gegen den Intellektualismus funktionalistischer Erklärungen wendet.

Vom Konnektionismus zur Kritik der Künstlichen Intelligenz

Wie die dargestellte Kritik der deskriptionalistischen Argumente nahe legt, lässt sich die piktoriale Position weder a priori noch methodologisch ausschließen. Positiv gewendet liegt ihre Stärke in ihrer Fähigkeit, eine Erklärung bestimmter Phänomene anzubieten, die im deskriptionalistischen Ansatz nur über komplizierte Zusatzannahmen zu erreichen wäre. Damit ist nicht schon bewiesen, dass die piktorialistische Position eine zutreffende Beschreibung der Phänomene liefert. Gegenüber alternativen Theorien ist sie aber die empirisch plausiblere Position. Innerhalb der paradigmatischen Umorientierung der Kognitionswissenschaft hin zum Konnektionismus konnte sie insofern von den konnektionistischen Modellen profitieren, als diese den neurobiologischen Ansätzen eine größere Bedeutung zumessen. Neben den Versuchen, die neurobiologische

Theorie zur Unterstützung piktorialistischer Annahmen aufzunehmen, entstanden im Umkreis des Konnektionismus allerdings auch Ansätze, die den Begriff der mentalen Repräsentation ganz verwerfen wollten. Die Auseinandersetzung zwischen Deskriptionalisten und Piktorialisten wurde daher schließlich durch diejenige zwischen Repräsentationalisten und Nicht-Repräsentationalisten überlagert.

Die Diskussion um den Bildbegriff lässt sich auch in dem Zusammenhang der Kritik an den Grundlagen der Forschungen zur Künstlichen Intelligenz sehen. Sehr verkürzt zusammengefasst lautet das Fazit der 1970er- und 1980er-Jahre hierzu: Künstliche Intelligenz ist von Subjektivität und menschlicher Intelligenz grundsätzlich verschieden und vermag ihre Leistungen nicht einmal annäherungsweise zu erbringen. Dies zeigen weniger die abstrakten Denkleistungen, sondern eher der Alltagsverstand, der dem diskursiven Regelwissen als unmittelbare Handlungskompetenz vorgeschaltet ist. Ganz wesentlich sind hier Unschärfen, die Festlegungen erforderlich machen, die ein Computer in seiner digitalen Bauweise (bisher) nicht leisten kann. Um die spezifisch subjektive Fähigkeit, Wesentliches zu bestimmen, erklären zu können, rücken daher zumindest bei einigen Kritikern der Künstlichen Intelligenz Kompetenzen wie etwa Randbewusstsein, Ambiguitätstoleranz oder Kontextualität in den Vordergrund (vgl. DREYFUS 1972: 50ff.). Es sind genau diese Kompetenzen, die auch für die Prozesse der Mustererkennung und ebenfalls für die Verarbeitung interner Bilder zuständig sind (vgl. DREYFUS 1972: 10) und die im Unterschied zu rational-schlussfolgernden Verfahren dem mentalen Bild eine elementare Orientierungsfunktion zusichern. Deshalb ist der Begriff des mentalen Bildes (in indirekter Weise) auch innerhalb der Kontroverse zur Künstlichen Intelligenz bedeutsam. Er ist verknüpft mit der Betonung derjenigen Kompetenzen, die – wie bei der Mustererkennung – ohne die explizite Darstellung von Regeln und Merkmalslisten auskommen. Daher eignete er sich auch zur pragmatischen und systemtheoretischen Kritik bzw. Erweiterung des rationalistischen Subjektivitätsmodells, die in der Kognitionswissenschaft mitunter an den gedanklichen Systemen von Heidegger und Maturana orientiert waren (vgl. WINOGRAD/FLORES 1987: 89). In vergleichbarer Weise hatte aber beispielsweise schon Hans Jonas vom homo pictor gesprochen: Das Merkmal des Menschlichen liegt nicht erst in der Fähigkeit zum Begriff, sondern fundamentaler schon in der Fähigkeit zum Bild, mit der eine »adaequatio imaginis ad rem« (JONAS 1961: 174) intendiert sei bzw. vorliege (vgl. SCHIRRA/SACHS-HOMBACH 2011).

Mentale Bilder im Konnektionismus

Die piktorialistische Position wird in der Diskussion um die Künstliche Intelligenz durch das konnektionistische Paradigma unterstützt. Randbewusstsein, Ambiguitätstoleranz oder Kontextualität gelten als wichtige (mit dem Alltagswissen verbundene) Fähigkeiten, die eher bildhaft verfassten kognitiven Prozessen zugeschrieben werden und dem diskursiven Regelwissen vorgeschaltet sind.

10. Bildfunktionen und Bildumgebungen

Der Theorie wahrnehmungsnaher Zeichen zufolge verdankt sich die Interpretation bildhafter Darstellungen (vor allem hinsichtlich ihres Inhaltsaspekts) grundsätzlicher Wahrnehmungskompetenzen, die wir in ähnlicher Weise für die Gegenstandswahrnehmung in Anspruch nehmen. Da Bilder aber immer auch kommunikativ verwendete Zeichen sind, setzt ein adäquates Bildverständnis (vor allem des kommunikativen Gehaltes) eine Ergänzung durch semiotische Kompetenzen voraus. Die semiotischen Kompetenzen wurden wesentlich als pragmatisch bestimmte Kompetenzen charakterisiert. Sie bestehen in der Fähigkeit, durch den Rekurs auf den Kontext die jeweiligen kommunikativen Absichten zu erschließen, die zur Produktion bzw. Präsentation des Bildes geführt haben.

Kontexte treten in sehr vielfältiger Gestalt auf. Bildunterschriften und sprachliche Erläuterungen sind Kontexte, in denen die relevanten Verstehenshinweise explizit gegeben werden. Dagegen liefern die verschiedenen Bildtypen und Bildmedien kontextuelle Anhaltspunkte in impliziter Weise. Daher wurden die Kapitel des dritten Teils als Konkretisierungen der Bildpragmatik aufgefasst. Die Kapitel des abschließenden, vierten Teils liefern weitere Konkretisierungen der zu berücksichtigenden Bildkontexte. Im Unterschied zu den Bildtypen und Bildmedien handelt es sich nun aber um Bestimmungsfaktoren, die in den Bildern selbst nicht manifest werden und die folglich nicht nur implizit, sondern zudem bildextern bleiben. Zwar sind auch die Kenntnisse über die Besonderheiten der verschiedenen Bildtypen und Bildmedien (wie alle Kenntnisse) insofern externe Faktoren, als es sich um kognitive Kompetenzen handelt, die ein Betrachter zuvor erworben haben muss. Sonst wäre dieser Bereich gar nicht der Pragmatik zuzurechnen. Liegen solche Kenntnisse aber vor, dann ist eine Klassifikation der Bilder nach Typen und Medien anhand ihrer jeweils typischen Eigenschaften möglich, die eine Fotografie oder eine Grafik genauso besitzen wie das illusionistische Bild oder das Diagramm.

Die bildexternen (im Bild selbst nicht manifest werdenden) kontextuellen Bestimmungsfaktoren lassen sich nach den jeweils relevanten Kontexten weiter differenzieren. Die im Folgenden zu behandelnden Bildzwecke bzw. Bildfunktionen bilden eine Gruppe von Faktoren, die sich (wie alle Bestimmungsfaktoren) sprachlich explizit machen lassen, in der Regel aber aus der Bildumgebung – d. h. aus dem physischen Kontext, in dem das Bild steht – erschlossen werden. Bildwörterbücher, Lehrbücher oder auch Museen sind solche Bildumgebungen, mit denen wir ganz bestimmte Funktionen verbinden. Auch diese bildexternen Bestimmungsfaktoren setzen umfangreiche Kenntnisse voraus. Im Unterschied zu den ausschließlich kognitiven Kontexten, die der Gegenstand des nächsten Kapitels sind, wird mit der Bildumgebung die Bildkommunikation aber noch durch physisch realisierte Anhaltspunkte gesteuert.

Im Unterschied zu einigen differenzierteren, aber nicht sehr systematischen Aufzählungen der grundsätzlichen Bildfunktion bzw. Bildverwendungsweisen (vgl. etwa HUTH 1985 oder DOELKER 1997) wird im Folgenden zunächst nur zwischen kognitiven, epistemischen und normativen Bildfunktionen unterschieden. Als kognitiv werden diejenigen Verwendungsweisen zusammengefasst, in denen Bilder zum Erwerb bzw. zur Änderung von Überzeugungen, Präferenzen und emotionalen Einstellungen dienen. Hier geht es um den Einfluss, den Bilder auf mentale Zustände im Allgemeinen besitzen. Dagegen sollen als epistemisch alle Bildverwendungsweisen bezeichnet werden, in denen das Bild einen konstitutiven Erkenntnisbeitrag leistet. Damit sind folglich Geltungsfragen angesprochen. Schließlich sind diejenigen Bildverwendungen normativ, in denen Bilder für unser Handeln grundlegende Maximen prägen. Auch diese Klasse von Bildverwendungen umfasst vor allem Bilder im engeren Sinne und nicht uneigentliche Bildphänomene, wie beispielsweise Personen, die als Vorbilder dienen. Insofern die Normen, zu deren Bildung bzw. Änderung sie beitragen, als Geltung beanspruchende Überzeugungen charakterisiert werden können, ließe sich die normative Bildfunktion auch, je nachdem ob der Geltungsaspekt oder der Überzeugungsaspekt betont wird, entweder der kognitiven oder der epistemischen Bildfunktion unterordnen. Der Grund, dass dieser spezielle Unterbereich dennoch separat behandelt wird, ergibt sich aus dem Universalitätsanspruch der normativen Bilder, die sich gewissermaßen auf das Ganze der Erfahrung beziehen und damit eine fundamentalere Stellung beanspruchen.

Thesen

(10) Bildfunktionen werden oft bildextern durch die jeweiligen Bildumgebungen bestimmt. Es lassen sich kognitive, epistemische und normative Funktionen unterscheiden.

(10.1) Bilder übernehmen eine kognitive Funktion, wenn sie zum Erwerb bzw. zur Änderung von Überzeugungen, Präferenzen, emotionalen Einstellungen dienen.

(10.2) Bilder übernehmen eine epistemische Funktion, wenn sie einen konstitutiven Erkenntnisbeitrag leisten.

(10.3) Bilder übernehmen eine normative Funktion, wenn sie für unser Handeln bzw. für unser Selbst- und Weltverhältnis grundlegende Maximen prägen.

(10.4) Die Bestimmung der spezifischen Bildfunktionen ist insbesondere für die Frage nach der Leistungsfähigkeit bildhafter Darstellungen wichtig.

10.1 Die kognitive Funktion von Bildern

Der im weiten Sinne kognitive Aspekt von Bildern ist der am intensivsten untersuchte und wohl auch der unstrittigste Bereich, dem sich seit längerer Zeit zahlreiche experimentelle Studien angenommen haben. Dieser Bereich lässt sich erneut in viele Unterbereiche gliedern, aus denen lediglich drei ausgewählt und knapp skizziert werden: Lernen, Aufmerksamkeit und Emotion.

Bild und Lernen

Im Rahmen der Mnemotechnik besitzen bildhafte Darstellungsverfahren eine lange Tradition (vgl. VOIGT 2001). Ihre besondere Eignung beim Wissenserwerb hat seit längerem auch die Gedächtnispsychologie mit vielen experimentellen Belegen bestätigt (ANDERSON 1980: 106ff.). Menschen sind danach nicht nur in besonderer Weise in der Lage, Bilder wiederzuerkennen. Darüber hinaus können Bilder signifikant besser als sprachliche Termini erinnert werden. Dieser Effekt wird nach Paivio als Bildhaftigkeitseffekt oder Bildüberlegenheitseffekt bezeichnet (vgl. auch WIPPICH 1984: 122ff.). Paivio erklärt ihn im Rahmen seiner dualen Kodierungstheorie damit, dass abstrakte Begriffe nur verbal, Bilder dagegen zweifach gespeichert werden, nämlich imaginal und verbal (vgl. PAIVIO 1986). Dies gilt allerdings vor allem für Bilder, die sich sinnvoll interpretieren lassen. Abweichend von Paivio haben viele Forscher (vgl. etwa ENGELKAMP 1998) daher unterschiedliche sensorische Eingangssysteme angenommen, die mit einem weiteren, konzeptuellen System verbunden sind. Die Bildhaftigkeitseffekte ergeben sich nach diesem Modell, weil Bilder sensorisch und semantisch kodiert werden.

Mit einem solchen Modell (und mit dem skizzierten Vorschlag, Bilder in elementarer Verwendung analog zu Prädikaten aufzufassen) kompatibel ist die Beobachtung von Weidenmann (vgl. 1998: 247f.), dass die optimale Wirksamkeit von Bildern in Lernkontexten erst gewährleistet ist, wenn sie mit bildbezogenen Instruktionen versehen werden. Dieser Tatbestand legt nahe, dass Bilder nicht selbsterklärend sind. Um dem Betrachter das Verständnis etwa einer Illustration zu erleichtern, muss darauf hingewiesen werden, was mit ihr dargestellt werden soll und wie sie aufzufassen ist. Bildverstehen erfordert daher immer sowohl einen Darstellungscode, der regelt, wie etwas darzustellen ist, als auch einen Steuerungscode, der regelt, wie eine Darstellung aufzufassen ist (vgl. WEIDENMANN 1994a: 12ff.). Im Prinzip kann auch der Steuerungscode bildhaft sein, wie auch hierzu entwickelte computergrafische Techniken verdeutlichen (vgl. STROTHOTTE 1998: 412ff.). So lässt sich durch Vergrößerung die Bedeutung eines Details hervorheben. Jedoch ist anders als bei sprachlichen Interpretationshinweisen der bildhafte Steuerungscode selbst mit dem Problem der Vieldeutigkeit belastet. Hinsichtlich Eindeutigkeit sind Bilder sprachlichen Darstellungen also eindeutig unterlegen.

Eine Erklärung der Vor- und Nachteile, die sich mit dem Einsatz externer bildhafter Repräsentationen beim Wissenserwerb einstellen, wird in der Psychologie üblicherweise mit der Annahme verknüpft, dass diese Bilder zur Generierung mentaler Modelle beitragen, wobei die bildhaften mentalen Modelle – etwa in Form von kognitiven Landkarten oder als Prototypen – strukturierende Rahmeninformationen für bestimmte Objektbereiche bereitstellen. Eine spezielle kognitive Funktion externer Bilder besteht also zudem darin, die Speicherung sensorischer Informationen zu strukturieren. Entsprechend gilt die Verwendung von Bildern in der Wissensvermittlung nur dann als Vorteil, wenn mit den bildhaft vermittelten Rahmeninformationen auch die Tiefenstrukturen eines Objektbereichs erfasst sind (vgl. WEIDENMANN 1994a: 39). Sie wird jedoch berechtigterweise Unbehagen verursachen, wenn sie sich auf eine Darstellung der Oberflächenmerkmale beschränkt.

Bild und Aufmerksamkeit

Mit dem Thema der Wissensvermittlung eng verwandt ist das Phänomen der Aufmerksamkeit. Der Lernerfolg hängt entscheidend von dem Maß der Aufmerksamkeit ab, mit dem die entsprechenden Materialien rezipiert werden. Eine Abhängigkeit von Aufmerksamkeitsprozessen gilt für die Wahrnehmung insgesamt als gesichert. In einem interessanten Experiment hat Sperling nachgewiesen, dass sich die kognitive Verarbeitung sensorischer Daten, wie sie etwa auf Grund einer Präsentation einfacher Symbole erfolgt, eine vollständige Speicherung erlaubt, ohne damit eine Reproduktion der einzelnen Symbole zu gewährleisten (vgl. SPERLING 1960). Sperling bot hierzu Buchstaben in Reihen dar (50 Millisekunden). Die Versuchspersonen berichteten, dass sie zwar alle Buchstaben gesehen haben, sie konnten aber nicht mehr als die Hälfte aufzählen. Sperling kombinierte dann die Darbietung mit einem Ton, der sich an die Darbietung einer bestimmten Reihe unmittelbar anschloss. Nach der zuvor gegebenen Instruktion sollten die Buchstaben dieser Reihe wiedergegeben werden. Dies gelang durchweg für alle einzelnen Reihen, nur konnten dann die übrigen Reihen nicht mehr erinnert werden (vgl. SPERLING 1960: 11).

Zur theoretischen Erklärung dieses Phänomens unterscheidet die Psychologie bei der visuellen Wahrnehmung die bewusste Betrachtung von einer prä-attentiven Rezeption (vgl. WEIDENMANN 1994a: 28). Innerhalb einer Zehntelsekunde wird demzufolge der Reiz vor allem nach Gestaltgesetzen geordnet und mit bestehenden mentalen Schemata verglichen. Der damit entstandene überblicksartige Eindruck kann Informationen für weitere Selektionen zur Verfügung stellen. Dieser Sachverhalt ließe sich auch mit der allerdings nicht unstrittigen Unterscheidung von phänomenalem Bewusstsein und Zugriffsbewusstsein (»access-consciousness«) erläutern (vgl. BLOCK 1995): Zwar waren alle durch prä-attentive Rezeption präsentierten Symbole phänomenal bewusst, aber bewusst im Sinne der Möglichkeit rationalen Zugriffs konnte lediglich auf einige besondere Symbole fokussiert werden. Auch hierbei hängt die prä-attentive Rezeption entscheidend davon ab, dass das Bild prägnant organisiert ist. Dies ist in der Regel bei schematisierten Bildern der Fall. Anwendungen hiervon lassen sich etwa in der Werbung finden. Bei ungenügend organisierten oder sehr komplexen Bildern sind dagegen bewusste Strukturierungs- und Interpretationsleistungen nötig, um gute Gedächtnisleistungen zu erhalten.

Kombiniert man die Annahme einer prä-attentiven Rezeption mit der Annahme eines nur phänomenalen Bewusstseins, dann wird es möglich, eine Verarbeitung sensorischer Daten ohne rationale Kontrolle anzunehmen. Dies würde bedeuten, dass insbesondere prägnant organisierte Bildinhalte unabhängig von einer attentiven Verarbeitung psychisch wirksam werden können. Obschon dies in überlebenswichtigen Wahrnehmungssituationen als unschätzbarer Vorteil gelten darf, ist diese Möglichkeit doch problematisch, wenn sie in Film und Fernsehen gezielt zur Manipulation eingesetzt wird (vgl. STURM 1984). Vermutlich ist die Möglichkeit einer prä-attentiven Verarbeitung von Bildern eine der Ursachen ihrer häufig anzutreffenden politischen Instrumentalisierung (vgl. SACHS-HOMBACH/SCHIRRA 1999). Hier besteht übrigens eine Parallele zum Freud'schen Begriff der Verdrängung, der nicht eine vollständige Beseitigung der psychischen Kräfte annimmt, sondern nur ihre Trennung vom rationalen Zugriff.

Bild und Emotion

Die enge Beziehung zwischen phänomenalem Bewusstsein und Wahrnehmung weist auf einen weiteren besonders charakteristischen Zusammenhang hin: Bilder, insbesondere Großaufnahmen, sind oft mit Erlebnisaspekten gekoppelt und können in besonderem Maße Gefühle auslösen. Dies lässt sich durch visuelle Schlüsselattribute noch verstärken (vgl. KROEBER-RIEL 1996: 146ff.). Innerhalb der Kunstphilosophie galt es seit je als Allgemeinplatz, dass die ästhetische Funktion von Bildern in subtiler Weise – etwa über ein interesseloses Wohlgefallen – auf die Emotionen abzielt. Es gibt experimentelle Belege, dass die Erzeugung von Emotionen wie die Änderungen von Einstellungen im Bildmedium schneller erfolgen und mit einer besonderen Glaubhaftigkeit verbunden sind (vgl. LEVIE 1987: 22ff. und KROEBER-RIEL 1996: 84f.). Die unterschiedlichen Formen und Aspekte der emotionalen Bildwirkungen sind von Kommunikations- und Medienwissenschaftlern insbesondere für die politische Bildkommunikation experimentell untersucht worden (vgl. etwa KEPPLINGER 1987 oder die verschiedenen Studien in KNIEPER/MÜLLER 2001), aber naheliegenderweise bilden sie auch einen besonderen Gegenstand der Werbungsforschung (vgl. KROEBER-RIEL 1996: 14).

Die emotionale Wirksamkeit des Wahrnehmungseindrucks lässt sich im Bildmedium durch Hervorhebung oder Akzentuierung noch steigern. Dies haben auch die Forschungen im Bereich der Ethologie bestätigt (vgl. TINBERGEN 1951). Danach ist der Erfolg beim Einsatz von Attrappen – wie auch bei den verschiedenen Formen der Mimikry im Tier- und Pflanzenreich – keineswegs daran gebunden, dass die Bilder möglichst naturalistisch sind; vielmehr eignen sich in der Regel am besten schematisierte Darstellungen, die neben der ungefähren Wiedergabe der Größe und der Gestalt vor allem ein wesentliches arttypisches Merkmal aufweisen müssen (vgl. auch GOMBRICH 1982: 25f.). Sie zeigen prototypische Gestalten. In ihnen ist die Strukturierungs- und Interpretationsleistung der normalen Wahrnehmung damit teilweise vorweggenommen, sodass die kognitive Verarbeitung erleichtert bzw. gelenkt wird. Natürlich bedeutet das den Ausschluss alternativer Verarbeitungsweisen, was ihre ideologische Anfälligkeit erhöht.

In den Bereich der emotionalen Bildfunktion gehört auch der oft betonte Zusammenhang insbesondere von Film und Sucht, der auf wahrnehmungsphysiologische Eigenheiten zurückgeführt wird: Bei der normalen Wahrnehmung müssen sich unsere Augen beständig auf das Objekt ausrichten; dieser aktiven Fixierung steht beim Film ein quasihypnotisches »Starren« gegenüber, das passiv bleibt und über Spannungseffekte gefesselt wird (vgl. BUDDEMEIER 1987: 34ff.). Nach Ansicht vieler Kritiker wird damit eine Tendenz zur Verdrängung gefördert. Denn die Rezeption von Bildern löst zwar in besonderer Weise emotionale Erlebnisse aus, zugleich kann sie aber eine Distanzierung von den realen Problemen und eine Flucht in imaginäre Welten begünstigen (vgl. BUDDEMEIER 1987: 48ff.).

Kognitive Funktionen mentaler Bilder

Bei den dargestellten Aspekten, die Bilder in den verschiedenen kognitiven Funktionen aufweisen, handelt es sich ausschließlich um Aspekte externer Bilder. Innerhalb der angesprochenen psychologischen Modelle zur Erklärung dieser Aspekte wird jedoch oft ein enger Zusammenhang zum Begriff des internen Bildes hergestellt. Der Gedanke ist hierbei, dass sich die auffälligen Bildhaftigkeitseffekte am besten verständlich machen lassen, wenn auf der dem Verhalten zugrunde liegenden Mikroebene ebenfalls bildhafte Prozesse und Strukturen angenommen werden. Insbesondere der in der Kognitionspsychologie wichtige Begriff des mentalen Modells wird von vielen Forschern zu diesem Zweck im Sinne einer analogen, bildhaften Repräsentation aufgefasst. Diese Annahmen tragen mittelbar dazu bei, das jeweilige Leistungsprofil zu erfassen, das bestimmte Bildformen relativ zu den spezifischen Funktionen aufweisen, indem sie helfen, seine kognitiven Ursachen zu bestimmen. Denn eine genauere Kenntnis dieser Ursachen fördert die systematischere Erfassung des Zusammenhangs von Bildgestaltung und Bildrezeption (und damit auch die Optimierung der Bildherstellungsstrategien).

Nach einer kognitiven Funktion interner Bilder lässt sich auch unabhängig von den Problemen der Bildrezeption fragen (vgl. SACHS-HOMBACH 1995a). Eine besondere Bedeutung kommt internen Bildern etwa innerhalb der Psychotherapie zu, in der sie bei speziellen Tagtraumtechniken relevant sind. Das von Hanscarl Leuner beschriebene katathyme Bild-Erleben wird beispielsweise als Technik aufgefasst, um die Befindlichkeit eines Patienten mit hoher Unmittelbarkeit zum Ausdruck zu bringen. Unter Anleitung des Therapeuten soll das Imaginieren von Objekten hierbei eine kontrollierte Verarbeitung psychischer Konflikte und entsprechende Änderungen der Verhaltensdispositionen erlauben (vgl. STEPHAN 1995). Generell kommt internen Bildern im ›mentalen Training‹ eine besondere Bedeutung zu, die für zahlreiche Bereiche auch empirisch bestätigt ist. So hat sich beim Erlernen komplizierterer Bewegungsabläufe ein sowohl enaktiver wie ikonischer Nachvollzug wahrgenommener Bewegungen als Vorteil erwiesen (vgl. FUHRER 1995).

In der psychologischen Literatur wird den internen Bildern zudem eine wichtige Funktion bei der Herstellung externer Bilder zugewiesen (vgl. WEIDENMANN 1994a: 41). Externe Bilder lassen sich demnach als externalisierte interne Bilder auffassen. Diese Annahme steht in enger Verbindung mit der These, dass die internen Bilder ursprünglicher sind als die externen Bilder. Sie geht letztlich auf die These zurück, dass bereits auf der Wahrnehmungsebene isomorphe Abbildungsprozesse bestehen, die zum Aufbau von bildhaften mentalen Prototypen führen (vgl. REHKÄMPER 1991: 127ff.).

Bilder im Kontext von Lernen, Aufmerksamkeit und Emotion

Lernen, Aufmerksamkeit und Emotion sind drei wichtige Unterbereiche der kognitiven Bildfunktion, in denen sich spezifische Bildhaftigkeitseffekte aufweisen lassen. Empirischen Befunden zufolge können Bilder signifikant besser erinnert und wiedererkannt werden als sprachliche Termini (Lernen). Ihre prä-attentive Verarbeitung erlaubt eine vollständige Speicherung, ohne damit ihre vollständige Reproduktion zu gewährleisten (Aufmerksamkeit). Die Erzeugung von Emotionen und die Änderung von Einstellungen erfolgen im Bildmedium schneller und sind mit einer besonderen Glaubhaftigkeit verbunden (Emotion).

10.2 Die epistemische Funktion von Bildern

Eine epistemische Funktion übernehmen Bilder, wenn sie für die Erkenntnisgewinnung relevant sind und damit in irgendeiner Weise zur Rechtfertigung von Erkenntnisansprüchen beitragen. Seit der platonischen Bilderkritik wird diese Möglichkeit allgemein eher negativ beurteilt. Ein wesentlicher Gedanke ist hierbei, dass Bilder nur visuelle Eigenschaften zur Darstellung bringen, die zudem abhängig sind von zahlreichen Randbedingungen, wie Lichtverhältnissen und Perspektive. Dadurch können Bilder insbesondere den für Begriffe typischen Abstraktheitsgrad nicht erreichen. Außerdem ist es zumindest schwierig, logische Zusammenhänge – wie die Negation – zu visualisieren. All dies ist natürlich das Ergebnis ihrer Wahrnehmungsnähe. Insofern ist es auch nicht verwunderlich, dass sich die klassischen erkenntnistheoretischen Argumente gegen eine Aufwertung der visuellen Erfahrung, wie sie im Empirismus vorgebracht wurden, in ähnlicher Form in der Bilddiskussion wiederfinden lassen. Analog zur Rede von der Theoriegeladenheit der Beobachtung weisen viele Theoretiker darauf hin, dass auch Bildern eine epistemische Funktion höchstens unter einer entsprechenden Interpretation oder Beschreibung zukommt (vgl. etwa FODOR 1975: 189ff.). Damit verlieren sie zwar einen Teil ihrer Eigenständigkeit, leisten aber dennoch einen begrenzten Beitrag innerhalb komplexer Begründungsverfahren. Dies soll im Folgenden anhand von drei Fragen erörtert werden: Inwieweit dienen Bilder in der Wissenschaft als empirische Basis? Besitzen Bilder Wahrheitswerte? Können Bilder argumentative Zusammenhänge herstellen bzw. abbilden?

Bilder als empirische Basis

Eine epistemische Funktion kommt Bildern innerhalb der Wissenschaft offensichtlich insofern zu, als sie einen Wahrnehmungsersatz für diejenigen Bereiche liefern, die uns mit bloßem Auge nicht zugänglich sind. In dieser Funktion übernehmen sie primär den Nachweis der Existenz singulärer Gegenstände bzw. Ereignisse. Ein bekanntes Beispiel liefern die in den 1880er-Jahren zu wissenschaftlichen Zwecken angefertigten Reihenfotografien von Eadweard Muybridge, in denen einzelne Phasen der Bewegungsabläufe von Pferden erfasst wurden. Sie sollten zur Klärung der Frage beitragen, ob Pferde im Galopp zeitweise alle Hufe vom Boden heben (vgl. BAATZ 1997: 63). Mit der Hochgeschwindigkeitsfotografie haben diese Verfahren eine enorme Verbesserung erfahren. Wichtig waren solche bildgebenden Verfahren nicht nur, um die zeitliche Trägheit des menschlichen Auges zu überwinden; auch seine räumliche Begrenztheit sowie der relativ geringe Auflösungsgrad des menschlichen Sehvermögens lassen sich technisch vielfach kompensieren. Die Hinweise auf globale klimatische Probleme, die mit dem sogenannten Ozonloch verbunden sind, besaßen beispielsweise erst durch die entsprechenden Satellitenaufnahmen eine akzeptierte Basis. Ebenso sind uns viele interstellare wie auch molekulare Zusammenhänge erst durch die entsprechenden bildgebenden Verfahren zugänglich geworden.

Die Bilder, die in diesen Zusammenhängen als Grundlage wissenschaftlicher Theorien dienen, verdanken sich physikalisch-chemischen Verfahren, wie sie zunächst in der Fotografie entwickelt wurden. Diese Bilder entsprechen folglich indexikalischen Zeichen und können ihre Funktion als empirische Basis der Wissenschaft nur ausüben, weil sie sich als Element komplexer kausaler Zusammenhänge interpretieren lassen. Hierbei müssen zahlreiche Randbedingungen bekannt sein. Folglich bleibt die Interpretation solcher Bilder von vielen theoretischen Vorgaben abhängig, auch wenn eine Kalibrierung die korrekte Interpretation etwa von Farbtönen sicherstellen kann. Das gilt um so mehr für indirekte Aufnahmeverfahren, die mit zunehmender Technisierung weitere Verarbeitungsschritte erforderlich machen. Je komplexer die bildgebenden Verfahren aufgebaut sind, desto mehr verliert sich ihr indexikalischer Charakter gewissermaßen. Die Interpretation von Röntgen- oder Ultraschallaufnahmen ist daher für den Laien sehr fehleranfällig.

Dienen Bilder als empirische Basis auf Grund der kausalen Zusammenhänge, in denen sie stehen, werden sie streng genommen nicht als Bilder, sondern – wie im Abschnitt zur Fotografie erläutert – als eine Art Messinstrument verwendet. Sollen Bilder dagegen als Bilder eine epistemische Funktion besitzen, so müssen sie nicht nur – analog zu Eigennamen – die Existenz singulärer Gegenstände oder Ereignisse anzeigen, sondern – analog zu Sätzen – eine propositionale Struktur besitzen, d. h., zugleich einen Bezug auf Gegenstände und eine Charakterisierung derselben enthalten. Damit kommt ihnen dann auch ein Wahrheitswert zu (vgl. SCHIER 1986: 148f.).

Bild und Wahrheitswert

Forscher, die Bilder als wahrheitsfähig betrachten, müssen sie also analog zu Sätzen auffassen. Die Eigenschaft der Wahrheit bzw. Falschheit wird hierbei in der Regel dem logischen Gehalt oder der Proposition des Bildes zugeschrieben, die wahrheitswertindifferent in sehr unterschiedlichen Zeichenarten ausgedrückt werden könne (vgl. OESTERMEIER 1998: 259ff.). Der materielle Bildträger ist demnach nur einer unter vielen möglichen Zeichenträgern zur Kommunikation propositionaler Gehalte. Bildern in dieser Weise eine Wahrheitsfähigkeit zuzusprechen, ist gemäß der vertretenen Ansicht, dass Bilder in elementarer Verwendung analog zu Prädikaten funktionieren, erläuterungsbedürftig. Der Grund hierfür besteht nicht darin, dass Wahrheit einfach per definitionem als Eigenschaft von Sätzen bestimmt wird, sondern vielmehr darin, dass sich ein Wahrheitswert erst mit der Verknüpfung eines Nominators mit einem Prädikator oder von Prädikatoren mit Quantoren und gebundenen Variablen ergibt. Folglich müssen wir auch bei Bildern zunächst einen Nominator ausmachen, um mit ihnen eine entsprechende propositionale Struktur zum Ausdruck zu bringen. Dies ist im Prinzip natürlich möglich; auf Grund der konstitutionellen Vieldeutigkeit der Bilder muss aber in erheblich höherem Maße als bei sprachlichen Zeichen der Bildverwendungskontext – etwa eine Bildunterschrift – sicherstellen, um welchen Gegenstand es sich im Einzelnen handelt. Zum besseren Verständnis dieses Sachverhaltes sollten einige Fälle unterschieden werden.

Für eine prädikative Bildauffassung unproblematisch sind diejenigen Fälle, in denen wir Bilder analog zu begriffserläuternden Sätzen verwenden, etwa zur Darstellung von logischen Zusammenhängen oder von geometrischen Beweisen. So hat etwa Spencer-Brown eine grafische Symbolisierung logischer Axiome und deduktiver Ableitungen entwickelt (vgl. SPENCER-BROWN 1979). In der darstellenden Geometrie finden sich zudem zahlreiche Visualisierungen abstrakter Objekte und ihrer Beziehungen, die in einigen Fällen auch eine algorithmische Bearbeitung erlauben (vgl. SCHREIBER 2002). Dies entspricht einer prädikativen Bildverwendung, weil solche Visualisierungen abstrakter Zusammenhänge (im Unterschied zur Verwendung sprachlicher Prädikate) neben dem bildhaften Prädikat zugleich eine visuelle Charakterisierung des thematischen begrifflichen Sachverhaltes enthalten. Das macht die Besonderheit bildhafter Darstellungen aus. Erst über diese Charakterisierung werden begriffliche Sachverhalte zum Ausdruck gebracht. Daher können logisch widersprüchliche Aussagen wie ›Dreiecke haben vier Ecken‹ auch nicht bildhaft dargestellt werden, denn die grafische Darstellung etwa eines Dreiecks bringt den Begriff des Dreiecks zum Ausdruck, indem sie wesentliche Merkmale dieses Begriffs (vor allem das Merkmal, drei Ecken zu besitzen) veranschaulicht. Kommen vier Ecken zur Darstellung, handelt es sich eben nicht mehr um eine Veranschaulichung des Begriffs des Dreiecks, sondern des Begriffs des Vierecks. Werden Bilder in dieser Weise analog zu begriffserläuternden Sätzen verwendet, sagen sie nichts über konkrete Gegenstände aus, sondern gewissermaßen nur darüber, welche (visuellen) Aspekte für den jeweiligen Begriff zu berücksichtigen sind. Sie sollten daher genau genommen nicht als wahr oder falsch, sondern als angemessen oder als unangemessen bezeichnet werden.

Anders verhält es sich mit Bildern, die analog zu singulären oder generellen Sätzen verwendet werden. Bei dieser Art des Bildeinsatzes werden nicht nur Eigenschaften veranschaulicht, sondern zudem konkrete Gegenstände bzw. Gegenstandsklassen herausgehoben, denen die Eigenschaften zukommen sollen. Auch die Bezugnahme erfolgt hier allerdings prädikativ, nämlich analog zu Kennzeichnungen anhand visueller Charakterisierungen. So kann nicht nur mit einer Fotografie, sondern auch mit einer Zeichnung auf eine ganz konkrete Person Bezug genommen werden, wenn die Charakterisierung so treffend ist, dass für den intendierten Betrachter kein anderer Gegenstand infrage kommt. Ebenso können wir (in der Regel durch weniger konkrete Charakterisierungen) auf bestimmte Personengruppen Bezug nehmen. Damit solche Bilder analog zu singulären oder generellen Sätzen funktionieren, müssen im Bild die unterschiedlichen Veranschaulichungen begrifflicher Sachverhalte aber in eine komplexe Beziehung zueinander gesetzt werden. Insofern dies offensichtlich in vielen Fällen gelingt, ist es berechtigt, diese Bilder als wahr oder falsch anzusehen. Damit sollten aber die vielfältigen Probleme nicht aus dem Blick geraten, die sich aus der prinzipiellen Vieldeutigkeit der Bilder ergeben und das Gelingen solcher ›Bildbehauptungen‹ an zahlreiche kontextuelle Voraussetzungen binden, die bei sprachlichen Behauptungen in diesem Maße nicht erforderlich sind. Vor allem wird zumindest in vielen Fällen erst durch den Kontext sichergestellt, um welchen Gegenstand es sich im Einzelnen handelt. Der Kontext muss zudem regeln, ob auf einzelne Gegenstände oder auf eine Gegenstandsklasse Bezug genommen wird. Schließlich ist nur über den Kontext zu entscheiden, welche der Charakterisierungen des Bildes eine nominatorische und welche eine prädikatorische Funktion haben. All diese mangelnden Bestimmtheiten sind dafür verantwortlich, dass wir Bilder sehr unterschiedlich interpretieren können, sie also in der Regel vieldeutig bleiben.

Bilder als visuelle Argumente

Die Entscheidung der Frage, ob Bilder eine epistemische Funktion besitzen, hängt auch davon ab, was genau unter ›epistemisch‹ verstanden wird. Als wissenschaftliche Basis bzw. als Wahrnehmungsersatz können indexikalische Bilder, wie Fotografien, natürlich empirische Fakten zur Sicherung von Erkenntnisansprüchen liefern. Davon ist eine argumentative Rechtfertigung von Behauptungen durch die Angabe von Gründen zu unterscheiden. Auch in diesem Zusammenhang wird Bildern eine wichtige Funktion zugesprochen (vgl. TUFTE 1997). Weidenmann (vgl. 1994a: 12) hat hierzu den Ausdruck ›visuelles Argument‹ geprägt (vgl. auch KIBÉDI VARGA 1990), der einzelne Bilder bezeichnet, sofern diese einen komplexeren, intern strukturierten Inhalt aufweisen, der zudem eine adäquate Visualisierung erfahren hat.

Der Ausdruck ›Argument‹ ist vieldeutig. In der Logik bezeichnet er einen Zusammenhang von Sätzen, wobei ein Satz als Schlussfolgerung und mindestens ein weiterer Satz als Prämisse dient. Der Ausdruck ›Argument‹ wird jedoch teilweise auch synonym mit ›Prämisse‹ verstanden. Oft wird Bildern in dieser Bedeutung von Argument eine argumentative Funktion zugeschrieben. Zuweilen werden aber auch ganz unspezifisch solche Visualisierungen als visuelle Argumente gefasst, die einen Inhalt in angemessener Weise und auf eine Mitteilungsabsicht abgestimmt vermitteln. Besteht beispielsweise bei Gebrauchsanweisungen der Darstellungsinhalt in einer Handlungsanweisung, dann wäre für das entsprechende visuelle Argument lediglich gefordert, dass die korrekte Abfolge der einzelnen Handlungsschritte erkennbar ist. Dies macht den zusätzlichen Einsatz von Steuerungscodes, beispielsweise von Pfeilen, nötig. Solche Visualisierungen besitzen sicherlich eine mitunter wertvolle kognitive Funktion, sie leisten aber keinen erkenntnisbegründenden Beitrag.

Über eine visuelle Vermittlung zum Teil recht komplexer Zusammenhänge hinaus wird Bildern eine erkenntnisbegründende Funktion zugeschrieben, wenn sie Behauptungszusammenhänge veranschaulichen und so ihre Plausibilität steigern. Diese Art der Bildkommunikation lässt sich auch anhand der Grice'schen Konversationsmaximen beschreiben (vgl. OESTERMEIER u.a. 2001). Von einem speziell visuell-argumentativen Beitrag sollte hier allerdings erst dann die Rede sein, wenn das Bild allein durch die Verwendung visueller Mittel einen bisher unklaren Zusammenhang verständlich werden lässt. Nur so liefert das Bild – über seine didaktische Funktion hinaus – eine zusätzliche Prämisse zur Unterstützung einer Behauptung. Eine visuelle Argumentationsfunktion übernehmen Bilder in diesem Sinne etwa in den grafischen Darstellungen geometrischer Theoreme, die mitunter komplexe begriffliche Beziehungen unmittelbar einsichtig zu machen helfen.

Eine interessante Variante, Visualisierungen in argumentativer Funktion einzusetzen, bilden einige visuelle Gebäude-Rekonstruktionen, bei denen in die rekonstruierte Ansicht eine grafische Darstellung der archäologischen Funde integriert wird, die der Rekonstruktion als empirische Basis dienten (vgl. MARTIN SCHOLZ 2000: 153ff.). Durch unterschiedliche Darstellungsformen der vorausgesetzten und der gefolgerten Elemente, die sich zudem nach Wahrscheinlichkeitsgraden differenzieren lassen, treten solche Darstellungen explizit als Illustration von Behauptungszusammenhängen auf. Zu ihrem Verständnis kann vermutlich auf zusätzliche sprachliche Formulierung nicht verzichtet werden; dennoch tragen sie zur besseren Beurteilung der Rekonstruktion bei.

Besonders im englischen Empirismus wurde auch den internen Bildern eine grundlegende epistemische Funktion zugeschrieben. Als elementare kognitive Einheiten lieferten sie den Ausgangspunkt jeder Erkenntnis. Zugleich dienten sie oft im Sinne von mentalen Mustern als Bezugspunkte der jeweiligen Rechtfertigungsverfahren. Die Geschichte der neueren theoretischen Philosophie ist zu großen Teilen die Geschichte der Kritik dieser Ansichten gewesen. Neben den bereits dargestellten Problemen mit dem Begriff des internen Bildes lassen sich hier auch alle Bemerkungen übernehmen, die zur epistemischen Funktion externer Bilder vorgebracht wurden. Insbesondere besteht auch bei internen Bildern das grundsätzliche Problem, dass sie nicht abstrakt genug sind, um die Funktion von Begriffen zu übernehmen, und dass sie zugleich zu unbestimmt sind, um als Grundlage rational nachvollziehbarer bzw. intersubjektiv überprüfbarer Begründungsverfahren dienen zu können. Inwiefern ihnen dennoch eine wichtige epistemische Funktion zukommt, wird zum Ende des nächsten Abschnitts im Zusammenhang ihrer normativen Funktion erörtert werden.

Bild und Erkenntnis

Eine epistemische Funktion kommt kausal verursachten Bildern als empirischer Basis zu: Sie liefern einen Wahrnehmungsersatz für die mit bloßem Auge nicht zugänglichen Bereiche. Bilder besitzen zudem einen Wahrheitswert, wenn sie analog zu singulären oder zu generellen Sätzen interpretiert werden. Eine solche Interpretation muss aber im erheblichen Maße kontextuelle Vorgaben einbeziehen. Schließlich können Bilder als ›visuelle Argumente‹ zur Rechtfertigung von Behauptungen dienen, indem sie Behauptungszusammenhänge veranschaulichen und damit ihre Plausibilität steigern.

10.3 Die normative Funktion von Bildern

Eine normative Verwendung im weiten Sinne liegt bei Bildern bereits vor, wenn sich aus dem Bild eine Handlungsanweisung ableiten lässt, wie dies bei Gebrauchsanweisungen der Fall ist. Im Folgenden soll es nicht um solche relativ einfachen Fälle gehen, sondern um komplexere Phänomene, bei denen Bilder unser grundsätzliches Selbst- und Weltverständnis beeinflussen, indem sie Normen vermitteln, die gewissermaßen als ›Idealbilder‹ oder ›Leitbilder‹ fungieren (vgl. SACHS-HOMBACH 2011b). Dies wird sehr skizzenhaft an einigen Bildphänomenen aus den Bereichen Religion, Kunst und Wissenschaft verdeutlicht werden. Bei ihnen ist die erwähnte Spannung von Veranschaulichung und Begriff besonderes relevant, weil Bilder als wahrnehmungsnahe Zeichen einerseits immer (mehr oder weniger) konkret sind, den mit ihnen vermittelten Normen aber andererseits ein hoher Allgemeinheitsgrad zugesprochen wird.

Bild und Religion

Einen wichtigen Einfluss auf die allgemeinen Handlungsmaximen, die unser Selbst- und Weltbild prägen, üben Bilder traditionell im kultischen und religiösen Bereich aus (vgl. BELTING 1990). Oft beruhen heidnische Kulte ganz zentral auf einer Verehrung von Bildnissen. Diese dienen etwa als Fruchtbarkeitsidole oder finden innerhalb von Beschwörungsriten Verwendung. Besonders in polytheistischen Religionen hat sich der kultische Hintergrund erhalten und im Laufe der Zeit eine ikonografisch beschreibbare Formung erfahren. Das veranschaulicht besonders gut die überaus reichhaltige Bilderwelt des Hinduismus, in der die eher bilderlosen vedisch-brahmanischen Opferkulte mit dem auf Animismus, Schamanismus und Fetischismus beruhenden Volksglauben verschmolzen wurden (vgl. KEILHAUER/KEILHAUER 1983: 32ff.) und eine sehr symbolische Bildersprache hervorbrachten. In den Darstellungen der einzelnen Aspekte und Funktionen der verschiedenen Gottheiten, die zunächst sinnbildlich verfahren, schließlich aber anthropomorphe Züge tragen, kommen die Annahmen der unterschiedlichen mythologischen bzw. theologischen Systeme zum Ausdruck. Diese liefern ebenso einen bildhaften Ausdruck kosmologischer Entwürfe wie der jeweiligen Gesellschaftsformen und -normen (vgl. SACHS-HOMBACH 2012).

Mit dem Entstehen der monotheistischen Religionen, die sich als Buchreligionen etablierten (vgl. BRUMLIK 1994: 30ff.), setzte eine heftige Kritik der Bilderkulte ein. In der Folgezeit traten die monotheistischen Religionen ganz explizit mit einem Bilderverbot auf. Das Christentum nimmt unter den monotheistischen Religionen eine besondere Stellung ein. Bedingt durch das alttestamentarische Bilderverbot stand die Undarstellbarkeit und damit auch die Unverfügbarkeit Gottes prinzipiell außer Frage. Mit der Lehre der Menschwerdung Gottes wurde jedoch eine Vermittlungsinstanz eingeführt, die sich so in anderen Religionen nicht findet und die schließlich vor allem im byzantinischen Reich eine besondere Hochschätzung des Bildes zur Folge hatte und mit sehr strengen Darstellungsformen verbunden war. Als Ikonen lieferten die Darstellungen von Christus und den Heiligen nun eine Veranschaulichung derjenigen Attribute, die mit dem christlichen Erlösungsgedanken verbunden waren. In der Ikonenverehrung, etwa in den beliebten Marienkulten, sollte dies den Gläubigen in besonderer Weise befähigen, der Barmherzigkeit Gottes teilhaftig zu werden.

Mit der in den *Libri Carolini* festgehaltenen Stellungnahme zum byzantinischen Bilderstreit unter Karl dem Großen verlor diese Bildauffassung jedoch ihre politische Unterstützung. Für die christlich-abendländische Kultur wurde die religiöse Bildfunktion damit im Wesentlichen auf ihre didaktischen Momente reduziert, während die normative Kraft der Bilder ihre Wirkung nun verstärkt in den Bereichen Politik und Kunst entfaltete (vgl. LIPPOLD 1993). Für die Politik war vor allem das Herrscherbildnis wichtig, das ohnehin mit dem religiös begründeten Bilderverbot nie in Konflikt stand. Durch die sich verändernde Stellung politischer Führer haben sich die Inhalte dieser Bilder im Laufe der Zeit stark gewandelt, ihre normative Funktion blieb aber in Form von politischen Werbekampagnen und politischer Imagepflege grundsätzlich erhalten (siehe WARNKE 1987: 497ff.).

Bild und Bildende Kunst

Im Gegensatz zum politischen Bereich wurde im Bereich der Bildenden Kunst der normativen Bildfunktion oft eine utopische Qualität zugesprochen. In diesem Sinne normativ waren zumindest einige der kanonisierten Werke der Bildenden Kunst insofern, als sie lebensweltlich wichtige Begriffe, wie ›Welt‹, ›Mensch‹, ›Liebe‹, ›Tod‹, ›Krieg‹ oder ›Hoffnung‹, in appellativer Weise mit einem anschaulichen Inhalt versorgten und so einen bildhaften, mehr oder weniger allegorischen Ausdruck der menschlichen Verfasstheit bereitstellten, mit dem sich eine grundsätzliche Lebensstimmung und Lebenshaltung verbinden ließ. Die Bedeutung solcher säkularisierten Ikonen hat sich bis in die Gegenwart und unabhängig vom künstlerischen Medium erhalten. Sie finden sich in der Malerei, in der Fotografie oder auch in der Grafik und bedienen sich positiver wie negativer Ausdrucksformen. Delacroix' *Die Freiheit führt das Volk* oder Warhols Monroe-Bilder sind wie Uts Fotografie *Terror of War* moderne Ikonen, die in jeweils spezifischer Weise als (auch appellativ verstandener) Ausdruck einer bestimmten Lebensstimmung aufgefasst werden (vgl. BLUM/SACHS-HOMBACH/SCHIRRA 2007).

Der das Selbstbild und Weltbild prägende Charakter bestimmter Werke der Bildenden Kunst beschränkt sich nicht auf die Darstellung eines Sujets. Wie im Abschnitt über die reflexiven Bilder dargestellt, werden der Kunst spätestens mit der klassischen Moderne zunehmend weitere bzw. alternative Funktionen zugeschrieben. Hierbei betont die kognitivistische Ästhetik die Bedeutung der Kunst für die Ausbildung und Verfeinerung der symbolischen Mittel zur Kategorisierung unserer Erfahrungen und schreibt ihr damit eine wichtige Erkenntnisfunktion zu (vgl. GOODMAN 1968; s.a. STEINBRENNER 1996). Die Werke der Bildenden Kunst dienen nach dieser Auffassung der Generierung oder Spezifizierung grundlegender Unterscheidungsfähigkeiten. Andere Theoretiker heben dagegen die Funktion bestimmter Kunstwerke hervor, auf Besonderheiten der menschlichen Wahrnehmungskompetenz aufmerksam zu machen (etwa GOMBRICH 1982). Diese Auffassung geht auf die kunstwissenschaftlichen Arbeiten von Wölfflin und Fiedler zurück, mit denen sich die Ästhetik erneut der ursprünglichen Bedeutung von ›aisthesis‹ zuzuwenden begonnen hatte (vgl. WIESING 1997: 118ff.). Das Bild wird hier zum Instrument, Darstellungsformen visuell zu reflektieren und neue Sichtweisen zu erzeugen (vgl. WALDENFELS 1994: 233).

Eine materialistische Variante dieses Gedankens liefert die Kunstauffassung Benjamins, nach der insbesondere mit den technischen Kunstformen, wie Fotografie und Film, eine Beeinflussung bzw. Formung der perzeptiven Fähigkeiten einhergeht. Insofern dieser Einfluss eher unbewusst bleibt, kann hier nur bedingt von einer normativen Bildfunktion die Rede sein. Immerhin führen die hiermit verbundenen Umgestaltungen elementarer Wahrnehmungsfähigkeiten aber auch zu einer veränderten Einschätzung unserer Lebenswelt und damit zu einem veränderten Verhalten ihr gegenüber. Dies ist besonders für die Medien der Fotografie und des Films gezeigt worden, die erheblich dazu beigetragen haben, einerseits die Beweglichkeit und Tiefenauflösung, andererseits die Reaktionsgeschwindigkeit der Wahrnehmung zu verbessern und so neue Wahrnehmungsmuster auszubilden (vgl. KEMP 1978: 86ff., 98).

Bild und Wissenschaft

Während weitgehend unstrittig ist, dass zumindest einige der als künstlerisch wertvoll eingestuften Bilder einen Einfluss auch auf unsere elementaren Überzeugungen und damit auf die Weisen unseres Selbst- und Weltverhältnisses haben, ist dies im Bereich der Wissenschaft eher strittig. Natürlich finden hier Bilder in sehr vielfältiger Weise Verwendung (vgl. ROBIN 1992), aber oft haben sie keine normative Funktion, sondern dienen vor allem entweder als empirischer Beleg oder aber, etwa in Lehrbüchern, der Illustration komplexer Sachverhalte. Zur Begründung wissenschaftlicher Erkenntnisansprüche tragen sie damit nicht bei. In der Wissenschaft dominieren deutlich sprachliche Kommunikations- und Argumentationsformen.

Anders verhält es sich aber, wenn nicht der Begründungs-, sondern der Entstehungszusammenhang wissenschaftlicher Theorien betrachtet wird. Seit den wissenschaftsgeschichtlichen Arbeiten von Thomas Kuhn ist zunehmend in den Blick gekommen, dass die Wissenschaftsentwicklung nicht unerheblich durch Paradigmen bestimmt wird, die in normativer Funktion einen Rahmen für Theorien in der Forschungspraxis bereitstellen, selbst aber nicht ohne weiteres durch die üblichen Begründungsverfahren gesichert werden können. Hier spielen eine Vielzahl von Prinzipien eine Rolle – etwa das Prinzip der Einfachheit –, die traditionell eher als ästhetische Kategorien angesehen worden sind. Zwar ist mit dieser Annäherung von Kunst und Wissenschaft noch nichts über die Funktion von Bildern gesagt (denn viele zu diesem Zweck bemühte ästhetische Kategorien, wie die des Stils, sind nicht bildspezifisch), doch gibt es auch eine Vielzahl von Ansätzen, die insbesondere bildhaften Aspekten eine irreduzible Funktion zuweisen. Prominent ist in diesem Zusammenhang die von Hans Blumenberg vertretene Ansicht, dass auch die wissenschaftliche Rationalität auf Metaphern beruht und die Bedeutung der theoretischen Grundbegriffe daher ein entsprechend bildhaftes Fundament besitzt (vgl. auch FELLMANN 1991a: 135ff.). Einen ähnlichen Gedanken, jedoch mit entgegengesetzter Einschätzung, äußert auch Wittgenstein, wenn er schreibt: »Ein Bild hielt uns gefangen. Und heraus konnten wir nicht, denn es lag in unserer Sprache und sie schien es uns nur unerbittlich zu wiederholen.« (WITTGENSTEIN 1953: 115)

Wittgenstein geht es primär um sprachliche Bilder, die eine normative Funktion übernehmen. Dies lässt sich aber auf externe Bilder übertragen, wenn sie im Sinne anschaulicher Modelle (etwa in der Darstellung der DNS-Spirale durch Watson und Crick oder in der Darstellung des Benzolringes durch Kekulé) Verwendung finden. Insbesondere ist in diesem Zusammenhang das Analogiemodell wichtig, mit dem anhand eines konkreten Gegenstandes bzw. der bildhaften Darstellung dieses Gegenstandes eine komplexe Struktur von einem theoretisch bereits erfassten Bereich auf einen bisher unerforschten Bereich übertragen wird (vgl. STACHOWIAK 1983). Entsprechend hat Rutherford die Darstellung des Sonnensystems als Vorlage für sein Analogiemodell des Atoms verwendet, das in der Folgezeit zahlreiche Variationen erfahren hat.

Auch wenn präzisiert wird, worin genau die Entsprechungsverhältnisse bestehen sollen, ist der Nutzen solcher Analogiemodelle prinzipiell begrenzt: Mit solchen Modellen – die mit allen genannten Einschränkungen und Problemen auch für den Bereich des Mentalen angenommen werden – werden keine Geltungsansprüche begründet, sondern strukturelle Ähnlichkeiten unterstellt. Darin liegen aber nicht nur die Grenzen anschaulicher Modelle, sondern auch ihre Stärken, weil die unterstellten Analogien in normativer Funktion als Anweisung dienen können, thematische Bereiche anhand analoger Hypothesen genauer zu untersuchen. Ihnen kommt also eine wichtige Orientierungsfunktion zu, die noch einmal die Besonderheit bildhafter Darstellungen verdeutlicht: Sie dienen als wahrnehmungsnahe Zeichen der Veranschaulichung und bleiben prinzipiell an Wahrnehmungskompetenzen gebunden, können aber durch Akzentuierung und Perspektive den Blick auch auf abstraktere begriffliche Zusammenhänge erheblich beeinflussen oder lenken.

Bilder als Handlungsmaximen

Einen wichtigen normativen Einfluss auf unsere allgemeinen Handlungsmaximen üben Bilder traditionell im kultischen und religiösen Bereich aus. Die bildhafte Darstellung von Gottheiten dient als Ausdruck kosmologischer Entwürfe und gesellschaftlicher Normen. Im Bereich der Bildenden Kunst wirken Bilder normativ, indem sie lebensweltlich wichtige Begriffe mit anschaulichen Inhalten versorgen und in appellativer Weise einen bildhaften Ausdruck der menschlichen Lebensstimmungen und -haltungen schaffen. In der Wissenschaft übernehmen Bilder schließlich eine normative Funktion vor allem in Entdeckungszusammenhängen. Hierbei ist das Analogiemodell wichtig, bei dem über das Bild komplexe Strukturen in orientierender Funktion auf bisher unerforschte Bereiche übertragen werden.

10.4 Zusammenfassung und Ausblick: Zur Leistungsfähigkeit der Bilder

Eine Gruppe der bildexternen Bestimmungsgrößen ergibt sich aus den Bildfunktionen und -verwendungszwecken. Ein angemessenes Verständnis von Bildern setzt voraus, dass wir im Einzelfall entscheiden können, in welcher Funktion und zu welchem Verwendungszweck ein Bild präsentiert wird. Dies lässt sich nicht am Bild selbst bestimmen, sondern erst im Rekurs auf den unmittelbaren Handlungskontext. Zudem ist eine Kenntnis der Regeln nötig, die mit den verschiedenen Funktionen und Zwecken verbunden sind, und die – wie der Umgang mit den spezifischen Bildmedien – erlernt werden müssen.

Die Skizze einiger Aspekte der kognitiven, epistemischen und normativen Bildfunktionen war von zwei grundsätzlichen Annahmen ausgegangen, deren Sinnhaftigkeit auf diese Weise belegt werden sollte: nämlich erstens, dass Bilder wahrnehmungsnahe Zeichen sind, und zweitens, dass sie in elementarer Verwendung analog zu Prädikaten funktionieren. Aus diesen beiden Annahmen lassen sich die ambivalenten Beurteilungen verständlich machen, die Bilder oft erfahren haben, denn beide Annahmen weisen auf Besonderheiten hin, aus denen sich spezifische Stärken, aber auch spezifische Schwächen von bildhaften Darstellungen ergeben. Die Besonderheit, die mit der ersten These verbunden ist, ergibt sich daraus, dass einerseits die Interpretation von Bildern auf Wahrnehmungskompetenzen beruht, sodass mitunter der Eindruck unmittelbarer und allgemeiner Verständlichkeit entsteht, dass andererseits Bilder aber ihren Zeichenstatus doch nie ablegen können und ihre Interpretation deshalb immer auch von mehr oder weniger vielen und mehr oder weniger bewussten kulturrelativen Konventionen abhängt. Die Besonderheit, die mit der zweiten Annahme verbunden ist, besteht darin, dass einerseits Bilder auf Grund ihrer Wahrnehmungsnähe mitunter sehr konkret sind und nicht die Abstraktheit von Begriffen erreichen, dass andererseits Bilder aber eine Veranschaulichung der visuellen Merkmale der begrifflichen Sachverhalte liefern. Die beiden Besonderheiten bewirken, dass Bilder in einer auffälligen Spannung stehen sowohl zwischen dem Intuitiven und dem Konventionellen als auch zwischen dem Konkreten und dem Abstrakten.

Was ist ein ›gutes‹ Bild?

Die Bestimmung der spezifischen Bildfunktionen ist insbesondere für die Frage nach der Leistungsfähigkeit bildhafter Darstellungen wichtig. Die Frage, was ein gutes – d. h. leistungsfähiges – Bild ist, hängt zwar mit der allgemeinen Frage zusammen, was überhaupt ein Bild ist. Dennoch sollten beide Fragen genau getrennt werden. Die zweite Frage ist primär eine philosophische Frage, die sich nur im Rahmen reflektierender Verfahren beantworten lässt. Die erste Frage ist dagegen eine empirische Frage. Deshalb ist eine aussagekräftige Antwort auf diese Frage nur zu erwarten, wenn sie hinreichend präzise gestellt wird. Wird sehr allgemein gefragt, was ein Bild leisten kann, gibt es keine befriedigende Antwort außer dem Hinweis, dass es je nach dem Kontext, in dem es verwendet wird, mehr oder weniger leistet. Es mag sein, dass Bilder in didaktischen, nicht aber in epistemischen Kontexten geeignet sind. Auch die Frage »Was kann das Bild in einem spezifischen Verwendungskontext leisten?« ist zumindest noch sehr missverständlich, wenn nicht zusätzlich gesagt wird, von welchen Bildern die Rede ist. Das heißt, dass die Leistungsfähigkeit der Bilder nicht nur kontextabhängig, sondern auch typ- und medienspezifisch ist. Zum Beispiel wird eine Liniengrafik vermutlich in einem spezifischen Kontext leistungsfähiger sein als eine Fotografie.

Je konkreter die Fragen aber formuliert werden, desto weniger ist es noch sinnvoll, Antworten allein auf Grund begrifflicher Überlegungen, etwa auf Grund von Konsistenzerwägungen, zu erwarten. Um zur Klärung der oft ambivalenten Einschätzungen der Leistungen von Bildern beizutragen, sind zwar einige allgemein-philosophische Charakterisierungen hilfreich, diese liefern aber nur die Basis für die zusätzlich erforderlichen empirischen Spezifikationen. Daher war mit dem Kapitel zu den Bildfunktionen primär ein Überblick intendiert, mit dem weitere Aspekte des Bildes vorgestellt und in die entwickelte Rahmenkonzeption integriert werden können. Relativ zu den ausgewählten Bildfunktionen wurden dabei einige empirische Befunde angesprochen, die in Übereinstimmung mit den behaupteten Thesen der Wahrnehmungsnähe und der prädikativen Natur der Bilder stehen. Diese Befunde liefern natürlich keine Beweise der vorgestellten Thesen, können aber als Beleg der prinzipiellen Vereinbarkeit des spezifizierten Theorierahmens mit den empirischen Befunden dienen.

Zur Evaluation von Bildern

Die Frage nach der Leistungsfähigkeit von Bildern ist eine empirische Frage. Ihre Beantwortung ist kontextabhängig und typ- wie medienspezifisch. Um zur Klärung der oft ambivalenten Einschätzungen von Bildern beizutragen, sind allgemeinphilosophische Charakterisierungen nur als Basis für die zusätzlich erforderlichen empirischen Spezifikationen hilfreich.

11. Kognitive Aspekte der Bildverwendung

Neben den intendierten Bildzwecken und Bildfunktionen (bzw. den damit verbundenen Bildumgebungen) bilden die in der Bildkommunikation wirksamen kognitiven Prinzipien eine weitere Gruppe von Faktoren, die in der Regel nicht im Bild selbst manifest werden und daher ebenfalls als bildexterne Bestimmungsfaktoren gelten können. Genau genommen enthalten alle bildpragmatischen Bestimmungen entsprechende Prinzipien, denn die in der Bildpragmatik thematische Relation von Bild und Bildverwender schließt die psychischen Voraussetzungen ein, die ein Bildverwender in den jeweiligen Verwendungssituationen zum angemessen Umgang mit Bildern mitbringen muss. Auch die Verwendung spezifischer Bildformen und Bildmedien ist demnach an zahlreiche kognitive Bedingungen gebunden. Als kognitive Aspekte im engeren Sinne sollen hiervon aber diejenigen Aspekte getrennt werden, die in sehr allgemeiner Weise das Bildverstehen lenken, ohne selbst von Kenntnissen oder Hinweisen zur konkreten Bildverwendungssituation abzuhängen. Es handelt sich bei diesen Aspekten um kognitive Vorgaben, die für alle Bilder gleichermaßen wirksam sind und die vor allem von denjenigen nicht vernachlässigt werden dürfen, die mit Bildern erfolgreich kommunizieren wollen.

Die kognitiven Aspekte im engeren Sinne unterliegen kulturellen sowie gesellschaftlich-historischen Einflüssen, sind aber relativ zu einem vorgegebenen kulturellen Standard invariant. Sie können in zwei Bereiche unterteilt werden: in die auf die Wahrnehmungskompetenz bezogenen und in die auf die semiotische bzw. kommunikative Kompetenz bezogenen Aspekte. Die auf die Wahrnehmungskompetenz bezogenen Aspekte werden im Folgenden am Begriff des (mentalen) Prototyps erläutert, die auf die semiotische Kompetenz bezogenen Aspekte am Begriff der (kommunikativen) Relevanz. Damit liefern sie die Ausführungen nach, die bereits in früheren Kapiteln angekündigt wurden und die für die Explikation des Ähnlichkeitsbegriffs wichtig waren. Zugleich skizzieren sie die subjektiven (d. h. psychischen) Bedingungen, unter denen ein Individuum überhaupt imstande ist, einen Gegenstand als Bild zu klassifizieren und ihm eine bestimmte Bedeutung zuzuschreiben. Überblicksartig werden zunächst die unterschiedlichen Verstehensbedingungen im Rahmen eines hermeneutischen Stufenmodells zusammengefasst. Wie in der Hermeneutik üblich, steht hierbei die Bildrezeption im Vordergrund. Diese Vorrangstellung der Rezeption ist kennzeichnend für die gegenwärtige Zeichentheorie im Allgemeinen, sollte aber nicht in Konkurrenz zu produktionstheoretischen Ansätzen gesehen werden. Natürlich gibt es zahlreiche (im Folgenden jedoch nicht erörterte) Prinzipien, die speziell auf die Herstellung bzw. auf den Einsatz von Bildern abzielen, die aber nicht unabhängig von den Bedingungen sind, die einer adäquaten Rezeption zugrunde liegen.

Thesen zu den kognitiven Voraussetzungen des Bildverstehens

(11) Kognitive Prinzipien der Bildkommunikation sind bildexterne Bestimmungsfaktoren.

(11.1) Als kognitive Aspekte im engeren Sinne sollten die hermeneutischen Aspekte gelten, die sich als Stufenmodell darstellen lassen.

(11.2) Für die auf die Wahrnehmungskompetenz bezogenen kognitiven Aspekte ist der Begriff des (mentalen) Prototyps wichtig.

(11.3) Für die auf die semiotische Kompetenz bezogenen kognitiven Aspekte ist der Begriff der (kommunikativen) Relevanz wichtig.

(11.4) Kommunikatives Verstehen kann als imaginatives Simulieren beschrieben werden.

11.1 Stufen des Bildverstehens

Eine Verstehenslehre (oder Hermeneutik) im philosophischen Sinne hat es weder mit einer konkreten Auslegungskunst noch mit dem Entwurf eines fachspezifischen Regelwerks zu tun, sondern primär mit einer Analyse des Begriffs des Verstehens und damit zugleich mit einer Analyse der entsprechenden Kriterien und Normen, die dem Verstehensprozess zugrunde liegen bzw. gelegt werden sollten. Dies ermöglicht (noch) nicht, konkretere Regeln für die fachspezifischen Hermeneutiken zu formulieren – etwa für eine kunstgeschichtliche Verstehenslehre –, es lässt sich aber so zumindest der Bereich einschränken, in dem solche Regeln im Einzelfall gesucht werden können. Eine ausgeführte philosophische Bestimmung des Verstehensbegriffs würde daher einen Katalog von Bedingungen liefern, in dem die notwendig zu berücksichtigenden Aspekte erfasst wären. Hiervon ausgehend könnte auch die (wahrscheinlich nur eingeschränkt mögliche) Algorithmisierung von Verstehensprozessen bzw. ihre entsprechende Operationalisierung und Implementierung profitieren (vgl. FELLMANN 2003: 111ff.).

Formen des Verstehens

Der Begriff des Verstehens ist (wie der Bedeutungsbegriff) notorisch vieldeutig und wird (auf Grund seiner behaupteten zentralen methodischen Stellung innerhalb der Geisteswissenschaften) in den verschiedenen philosophischen Positionen überaus kontrovers diskutiert. In einer sehr allgemeinen Verwendung schließt der Ausdruck ›verstehen‹ die Fähigkeit, eine entsprechende Erklärung zu geben, ein (KUTSCHERA 1981: 86). Die Begriffe des Verstehens und des Erklärens bedingen sich hierbei also gegenseitig: Etwas erklären heißt, es verständlich zu machen; etwas verstehen heißt, es erklären zu können. Versucht man nun den Begriff einer bestimmten Form des Verstehens genauer zu analysieren, so kann dies erfolgen, indem man die Art und Weise der geforderten Erklärung präzisiert. Ein Verstehen bestimmter Naturzusammenhänge wird beispielsweise dann vorliegen, wenn es möglich ist, eine angemessene kausale Erklärung zu geben.

Vor diesem Hintergrund können zwei übergeordnete Typen von Verstehens- bzw. Erklärungsbegriffen unterschieden werden: die kausalen und die teleologischen. Das kommunikationstheoretisch relevante Zeichenverstehen – zu dem nicht nur das Bild- und Text-, sondern auch das Verstehen von Gesten oder von Mimik gehört – fällt in den zweiten Bereich. Es ist nahe liegend – allerdings durchaus kontrovers –, in diesen Bereich generell alle menschlichen Handlungen einzuordnen und das Verstehen von schriftlich oder bildhaft fixierten Zeichenhandlungen als spezielle Klasse des Handlungsverstehens aufzufassen. Das bedeutet, dass die Charakterisierung des Handlungsverstehens bereits allgemeine Bedingungen für das Text- oder Bildverstehen bereitstellt. Sie liefert daher einen ersten

Schritt zur Explikation auch des Bildverstehens. Weitere Schritte ergeben sich dann aus dem Vergleich der verschiedenen Handlungstypen und aus der Analyse der spezifischen Verstehensbedingungen, unter denen das Bildhandeln steht.

Zu der allgemeinen Charakterisierung des Zeichenverstehens als Handlungsverstehen gehört insbesondere die Intentionalitätsproblematik (vgl. MEGGLE 1981). Die Verwendung eines Zeichens als eine spezielle Handlung zu verstehen heißt, die Absichten und Ziele, die zu dieser Zeichenverwendung geführt haben, erkennen und den Zusammenhang, der zwischen diesen Absichten und Zielen einerseits und der Zeichenproduktion andererseits besteht, erklären zu können. Ein wesentlicher Teil des Handlungsverstehens ist folglich das Erfassen der jeweiligen Überzeugungen und Wünsche, die gleichsam hinter den Zeichen oder dem Verhalten des zu Verstehenden liegen und unverzichtbarer Bestandteil der intentionalen Erklärung sind.

Von einer gelungenen Kommunikation sollte nur dann die Rede sein, wenn die Intention des Zeichenverwenders tatsächlich erfasst wurde. Das schließt aber nicht aus, dass es Formen des Bildverstehens gibt, für die diese Bedingung weder notwendig noch hinreichend ist. Auch wenn ich nicht verstehe, was mir jemand mit einem Bild mitteilen will, so verstehe ich das Bild doch in einem eingeschränkten Sinne, sofern ich erkenne, was es darstellt. Entsprechend kann ich ein Bild korrekt als Hundedarstellung auffassen, ohne dass mir klar würde, dass es als Warnung vor einem bissigen Hund gemeint ist. In diesem Fall verstehe ich es nur teilweise. Ebenfalls ist es möglich, etwas im Bild zu erkennen, das zu zeigen nicht intendiert war. Der Bildproduzent könnte etwa ungeschickt gewesen sein oder einige der möglichen Bedeutungen übersehen haben. In diesem Fall erfasse ich eine Bedeutung, die nicht intendiert ist, die das Bild aber durchaus aufweist. Daher ist es auch in der Bildkommunikation möglich, den Bildverwender besser zu verstehen, als er sich selber verstanden hat. Er mag beispielsweise unbewusst auf Kompositionsprinzipien zurückgegriffen haben, die dem kunsthistorischen Kenner zahlreiche Anspielungshorizonte eröffnen.

Diese sehr grobe Explikation des Verstehensbegriffs soll die unfruchtbare Gegenüberstellung von Verstehen und Erklären vermeiden, aber dennoch verständlich machen, warum das Verstehen (etwa nach Dilthey) in besonderer Weise als ein geisteswissenschaftliches Verfahren betrachtet wurde. Hierzu dient der Bezug auf die kommunikativen Intentionen, die aber nicht für alle Formen der Bildinterpretation relevant sind. Wie jedes

Verstehen ist auch das Bildverstehen ein gradueller Prozess. Die hierbei wichtigen Aspekte können in einem Stufenmodell dargestellt werden. In Anknüpfung an Wolfgang Künne (vgl. 1981) hat Oliver Scholz einen entsprechenden Vorschlag für das Sprachverstehen entwickelt (vgl. SCHOLZ 1999b: 294ff.) und auf das Bildverstehen übertragen (vgl. SCHOLZ 1998b). Die analytische Trennung der einzelnen Aspekte ist hierbei nicht (notwendig) im Sinne eines Konstitutionsprozesses zu verstehen, der bei der Bildrezeption zu immer komplexeren Verstehensleistungen führt. Faktisch greifen die verschiedenen Teilkompetenzen (mitunter zeitgleich) ineinander. Wie dies im Einzelnen erfolgt, ist eine der interessanten Fragen, die nur im Rahmen der empirischen Forschung beantwortet werden können. Die folgende Übersicht unterschiedlicher Stufen des Verstehens liefert zugleich eine knappe Zusammenfassung der bisher zum Bildbegriff entwickelten Bestimmungsfaktoren.

Elementares Bildverstehen

Auf einer sehr elementaren Ebene lässt sich von einem perzeptiven Verstehen sprechen. Um ein Bild zu verstehen, muss zunächst der als Bildträger dienende Gegenstand angemessen wahrgenommen werden. Das perzeptive Verstehen wird bei jedem Zeichengebrauch vorausgesetzt und sollte daher nicht mit den spezifischen Wahrnehmungskompetenzen identifiziert werden, die im Zusammenhang mit der für Bilder konstitutiven Wahrnehmungsnähe relevant sind. Da bei Bildern (im Unterschied zur Sprache) die internen Strukturen des Zeichenträgers jedoch von entscheidender Bedeutung sind, kommt der jeweiligen Präsentation des Bildträgers bereits ein besonderes Gewicht zu. Entsprechend ist die Präsentation (und ebenfalls die Übermittlung) bildhafter Zeichen sehr störanfällig. Die Wahrnehmung des Bildträgers kann beispielsweise durch ungünstige Lichtverhältnisse oder – im Fall der elektronischen Übermittlung – durch Verzerrungen erheblich verfälscht werden. Zudem wirken sich Wahrnehmungsschwächen – etwa Weitsichtigkeit oder Farbenblindheit – auf das perzeptive Verstehen aus.

Dem perzeptiven Verstehen entspricht eine allgemeine Wahrnehmungskompetenz, wie sie auch bei der üblichen Wahrnehmung von Gegenständen nötig ist. Für das Bildverstehen ist zudem eine spezielle Wahrnehmungskompetenz erforderlich, die es uns nicht nur erlaubt, einen Gegenstand als diesen zu sehen (beispielsweise dunkle Flecken am Himmel als Wolken), sondern zudem etwas anderes in ihm zu sehen als er selber ist (beispielsweise eine Landschaft in der Wolkenstruktur). Auch die spezielle Kompetenz, etwas in etwas zu sehen, kann unabhängig von der Bildwahrnehmung auftreten; die zugrunde liegenden Mechanismen sind in beiden Fällen aber vergleichbar. Sie beruhen auf kognitiven Vergleichsprozessen, die ich im nächsten Abschnitt im Rahmen einer Erörterung des Prototypenbegriffs genauer vorstellen werde. Der visuelle Prototyp umfasst hierbei die jeweils relevanten Eigenschaften, die ein Gegenstand in der Wahrnehmung aufweisen muss, um einer bestimmten Gegenstandsklasse zugeordnet werden zu können. Sehen wir einen Gegenstand nicht nur als diesen Gegenstand, sondern in ihm zudem etwas anderes, sind unterschiedliche visuelle Prototypen am Klassifikationsprozess beteiligt.

Im Unterschied zum Phänomen der Wolkenbilder, das ein projektives Wahrnehmen einschließt, müssen wir uns beim Bildverstehen sowohl über die Differenz zwischen dem Gegenstand und dem, was wir in ihm sehen, als auch über den Zeichenstatus des Gegenstandes bewusst sein. Während Wolkenbilder gewissermaßen zufällige Formationen sind, mit denen unsere Phantasie sehr spielerisch umgehen kann, unterstellen wir bei einem Zeichen, dass es absichtsvoll präsentiert wird und damit in der Regel auch Korrektheitsmaßstäben unterliegt. Dies impliziert nicht unbedingt eine bewusste Bearbeitung oder Erzeugung des Zeichenträgers. Es ist auch möglich, dass wir beispielsweise in einem Holzstück mit einer bestimmten Maserung eine Gestalt erkennen und dieses Holzstück dann (etwa zur Dekoration des Wohnzimmers) an die Wand hängen. In diesem Fall würde das Holzstück seinen Zeichenstatus bereits auf Grund einer entsprechenden Positionierung erhalten. Ob ein Gegenstand als Zeichen anzusehen ist, lässt sich keineswegs immer klar entscheiden. Unter Umständen kann eine solche Klassifikation auf spezifische Eigenschaften zurückgreifen. Bei Bildern ist der Rahmen eine auffällige Eigenschaft, mit der (unter anderem) zu verstehen gegeben wird, dass es sich bei dem Gegenstand um ein Zeichen handelt. Zuweilen ermöglichen uns auch die Kenntnisse bestimmter Verwendungsweisen und Verwendungsumgebungen, den Zeichenstatus von Gegenständen zu erkennen. Wie immer dies im Einzelnen aber auch vonstatten gehen mag, es setzt auf jeden Fall einen eigenen Klassifikationsprozess voraus. Er ist nicht erforderlich, um etwas in etwas zu sehen, er schließt aber eine Verwechslung des Gegenstandes mit dem, was wir in ihm sehen, aus.

Sind die genannten Bedingungen erfüllt, verstehen wir, dass es sich bei einem Gegenstand um ein Bild handelt, mit dem etwas anschaulich zur Darstellung kommt. Hierbei fällt die Bestimmung eines Gegenstandes als bildhaftes Zeichen mit der Bestimmung des Bildinhaltes teilweise zusammen, denn in der Regel fasse ich einen Gegenstand in erster Linie darum als bildhaftes Zeichen auf, weil ich etwas in ihm erkennen kann, also bereits eine zumindest ungefähre Vorstellung des Bildinhaltes besitze. Das unterscheidet Bilder von sprachlichen Zeichen, bei denen es sinnvoll ist, den Status des sprachlichen Zeichens von der Bestimmung des Zeicheninhalts ganz zu trennen. Oft wissen wir, dass es sich um sprachliche Zeichen einer uns fremden Sprache handelt – auf jeden Fall, wenn das lateinische Alphabet verwendet wird –, ohne doch ihre Bedeutung verstehen zu können. Eine solche Trennung scheint bei Bildern unangemessen. Allerdings lässt sich die ungefähre Vorstellung des Bildinhaltes in vielfacher Hinsicht präzisieren. Sie hängt einmal davon ab, ob wir den dargestellten Gegenstand bereits kennen. Zum Teil wird auch die Darstellungsweise das Verständnis des Bildinhaltes begünstigen oder erschweren. Schließlich kann auch die nötige Wahrnehmungsfähigkeit in unterschiedlichem Maße ausgebildet bzw. differenziert sein.

Komplexere Formen des Bildverstehens

Innerhalb kommunikativer Zusammenhänge bildet der Bildinhalt (oder der perzeptuelle Bildsinn) die Informationsgrundlage, auf die eine Bildbotschaft zurückgreift. Hierbei besteht die elementare Verwendung in der Veranschaulichung oder visuellen Charakterisierung. Ein Bild lässt sich aber auch nominatorisch verwenden. In diesem Fall muss zusätzlich signalisiert werden, ob auf einen einzelnen Gegenstand oder auf eine Gegenstandsklasse Bezug genommen wird. Das Verstehen der Bildreferenz bildet daher eine weitere Verstehensebene, die einer kontextuellen Unterstützung bedarf.

Ein Bild kann zudem uneigentlich – etwa allegorisch – verstanden werden. Auch eine Karikatur ist insofern uneigentlich, als sie nicht realistisch gemeint ist (und entsprechend missverstanden werden könnte). Zu den uneigentlichen Verwendungen in einem weiten Sinne zählen ebenfalls alle konnotativen Aspekte sowie die Aspekte der Exemplifikation und des Ausdrucks. Diese überaus komplexe Verstehensebene schließt alle Formen der Anspielung ein. Sie hängt ganz offensichtlich von einer genaueren Kenntnis eines jeweils kulturspezifischen Bilderkanons ab und lässt sich in fast beliebiger Weise zur Kennerschaft verfeinern.

Als eine eigenständige Verstehensebene, auf der es ebenfalls zu spezifischen Missverständnissen kommen kann, sollte auch die Bestimmung des

Bildtyps und des Bildmediums gelten. Diese Bestimmungen setzen teilweise eine Kenntnis der jeweils charakteristischen Eigenschaften voraus, teilweise sind sie auf ein Wissen um die entsprechenden Verwendungsumgebungen und Verwendungsgebräuche angewiesen. Die Bedeutsamkeit dieser Ebene wird deutlich bei dem reflexiven Bildtyp oder bei dem fotografischen Bildmedium, da in diesen Fällen die jeweilige Bestimmung Konsequenzen für die übrigen Verstehensebenen besitzt.

Eine weitere Ebene bildet schließlich das Verstehen der Bildfunktion und der entsprechenden illokutionären Rollen, die den kommunikativen Gehalt entscheidend prägen. Besonders auf dieser Ebene, auf der sich ebenfalls die Perlokution ansiedeln ließe, ist eine Kenntnis der Intentionen des Bildverwenders nötig. Da Bildkommunikation wesentlich indirekte Kommunikation ist, muss der Bildrezipient den kommunikativen Gehalt oft erschließen. Das hierbei wichtige Prinzip der kommunikativen Relevanz wird Gegenstand des übernächsten Abschnitts sein.

Was ist Bildverstehen?

Das Verstehen von Zeichenhandlungen mit Bildern ist eine spezielle Klasse des Handlungsverstehens. Von einer gelungenen Kommunikation sollte nur dann die Rede sein, wenn die Intention des Zeichenverwenders tatsächlich erfasst wurde. Bildverstehen ist jedoch graduell und daher als Stufenmodell darstellbar. Auf der elementaren Ebene ist ein perzeptives Verstehen nötig, das beim Bildverstehen die spezielle Wahrnehmungskompetenz, etwas in etwas zu sehen, erfordert, sodass die Bestimmung des Zeichenstatus mit der Bestimmung des Bildinhaltes zusammenfällt. Komplexere Stufen des Bildverstehens bilden das Erfassen der Bildreferenz, der uneigentlichen Bildbedeutungen sowie des Bildtyps und Bildmediums. Diese Ebenen sind in der Regel vorausgesetzt für das Verstehen des kommunikativen Gehalts anhand der Bildfunktionen und der illokutionären Rollen.

11.2 Zum Begriff des Prototyps

Wie die Bestimmungen des Bildbegriffs von den allgemeinen Vorgaben des Zeichenbegriffs abhängen, sind auch bei den Fragen zur Bildhermeneutik Prinzipien einer allgemeinen Verstehenslehre vorgeschaltet. Die spezifische Differenz des Bildverstehens ergibt sich dann aus den Besonderheiten, die sich mit der geforderten Wahrnehmungskompetenz sowie ihrer Verbindung mit der Zeichenkompetenz einstellen. Der entwickelten Bildtheorie zufolge sind die für die Wahrnehmungskompetenz relevanten kognitiven Aspekte wesentlich diejenigen Mechanismen, die für die Ähnlichkeitsstandards verantwortlich sind. Was uns als ähnlich erscheint, ist mitunter zwar von der Bildumgebung abhängig; durch den Bezug auf die Wahrnehmungskompetenzen gilt aber zumindest einschränkend, dass ein Bild nur dann als ein Bild von x zu verstehen ist, wenn der Bildträger und x wesentliche oder relevante Eigenschaften gemeinsam haben. Was hierbei wesentlich oder relevant ist, regelt (nicht nur bei illusionistischen Bildern) ein Standard, der sich als Prototyp beschreiben lässt und der insbesondere die charakteristischen visuellen Eigenschaften einer Gegenstandsklasse umfasst.

Grundannahmen der Prototypentheorie

Der Begriff des Prototyps (und seine Funktion innerhalb der Fragen zur Objektkategorisierung) geht vor allem auf die kognitionspsychologischen Arbeiten von Eleanor Rosch zurück (vgl. ROSCH/LLOYD 1978), hat inzwischen aber weitere Verbreitung gefunden (vgl. etwa LAKOFF 1987) und unter anderem in der Linguistik eine Prototypensemantik inspiriert (vgl. KLEIBER 1990). Der Prototyp dient zur internen Strukturierung des Kategoriebegriffs. Er ist in diesem Zusammenhang nicht umgangssprachlich als ein erstes, noch nicht serienmäßig produziertes Produkt zu verstehen, sondern (zumindest in der ursprünglichen Fassung der Prototypentheorie) im Sinne eines besonders repräsentativen Exemplars einer Kategorie, das die kategoriale Einordnung von Gegenständen regelt. Die Zugehörigkeit eines Exemplars zu einer Kategorie richtet sich hierbei nach dem Grad der Ähnlichkeit mit dem entsprechenden Prototyp (vgl. KLEIBER 1990: 33f.). Nach der Prototypentheorie wird diese Entscheidung also nicht durch Verifikation (anhand notwendiger und hinreichender Eigenschaften) entschieden, sondern durch einen Vergleich mit dem Prototyp. Auf Grund der kognitiven Implikationen wurde der Prototyp auch als abstrakter Gegenstand aufgefasst, der aus den typischen Eigenschaften zusammengesetzt ist, die eine Kategorie kennzeichnen. Der Prototyp ist in diesem Fall nicht mehr der physisch realisierte beste Vertreter einer Kategorie. Es ist sogar denkbar, dass er als physisches Exemplar gar nicht existiert. Entscheidend ist allein der Maßstab, der sich aus der Zusammenstellung der typischen Eigenschaften ergibt und die entsprechenden kognitiven Operationen bestimmt.

Nach Rosch untersteht das Kategoriensystem zwei wesentlichen Prinzipien. Zum einen soll es ein Maximum an Informationen mit dem geringsten kognitiven Aufwand bereitstellen, zum anderen soll die Information bereits in einer Weise aufbereitet sein, dass die wahrgenommene Welt als strukturiert erscheint (vgl. ROSCH 1978: 28). Die Kategorien sind hierbei vertikal und horizontal gegliedert. Für die vertikale Gliederung gibt es eine Basisebene. Der Ausdruck ›Tisch‹ liegt beispielsweise auf der Basisebene; dagegen entstammt ›Möbel‹ der nächst übergeordneten und ›Küchentisch‹ der nächst untergeordneten Ebene. Eine weitere vertikale Reihe ist ›Baum‹, ›Kastanie‹ und ›Esskastanie‹. Die horizontale Gliederung wird dagegen durch die Prototypen organisiert. Der Prototyp ist ein besonders typisches oder möglichst unproblematisches Exemplar der jeweils untergeordneten Ebene. So galt in der ursprünglichen Theorie etwa ein Spatz als prototypischer Vogel. Vorsichtiger formuliert ist der Spatz (wie der Adler) eine Erscheinungsform des Prototyps. Der Prototyp selbst ist dagegen ein abstrakter Gegenstand, der zudem nicht bildhaft repräsentiert werden muss, sondern durch Merkmalslisten charakterisiert werden kann. Dennoch gilt aber: Je mehr ein Exemplar einen Prototyp verkörpert, desto mehr Eigenschaften teilt er mit den übrigen Exemplaren der eigenen Kategorie. Zugleich gilt nach Rosch, dass er um so weniger Eigenschaften mit Exemplaren kontrastierender Kategorien gemeinsam hat. Dieser Zusatz geht auf die strukturalistische Linguistik zurück, nach der sich die Bedeutung eines Ausdrucks immer auch relativ zur Bedeutung der benachbarten Ausdrücke ergibt.

Die Organisation einer Kategorie anhand eines Prototyps ist kompatibel mit dem auf Wittgenstein zurückgehenden Begriff der Familienähnlichkeit. In neueren Arbeiten zur Prototypentheorie wird die Annahme der Kategorisierung durch einen Ähnlichkeitsvergleich mit dem Prototyp aber zunehmend zugunsten des Begriffs der Familienähnlichkeit aufgegeben (vgl. KLEIBER 1990: 111ff.). Der Tendenz nach gilt der Ausdruck ›Prototyp‹ damit als eine verkürzte Redeweise für bestimmte kognitive Effekte, nämlich für Prototypizitätsgrade, und bezeichnet demnach nicht mehr eine direkte Repräsentation von Begriffen.

Der Begriff des Prototyps in der Bildtheorie

Im Rahmen der Bildtheorie ist der Begriff des Prototyps insbesondere in der kognitiv orientierten Semiotik von den Theoretikern im Umkreis der Groupe μ aufgenommen worden (vgl. Groupe μ 1992; siehe vor allem BLANKE 2003: 49ff.). Ein entscheidendes Moment des Prototyps, wie er in diesem Zusammenhang (und in den folgenden Ausführungen) verstanden wird, sind seine visuellen Eigenschaften. Der Prototyp ist danach gewissermaßen der Begriff der visuellen Erscheinung eines Gegenstandes oder (nach Blanke) der »einer Basiskategorie zugeordnete sensorische Typ« (BLANKE 2003: 56). In den üblichen definitorischen Bemühungen um einen Begriff spielen die visuellen Eigenschaften eine untergeordnete Rolle. Die wahrgenommene Ähnlichkeit ist aber wichtig, um die Zugehörigkeit eines Exemplars zu einer Kategorie allein auf Grund seiner äußeren Erscheinung zu bestimmen. Dies ist bei bildhaften Darstellungen der Fall.

Der für die wahrnehmungsbasierten Klassifikationsprozesse nötige visuelle Prototyp ist durch Redundanz ausgezeichnet (vgl. auch zum Folgenden BLANKE 2003: 55ff.). Er besitzt also Eigenschaften, die nicht alle Exemplare der Kategorie in ihrem Erscheinungsbild aufweisen. Um zu einer Kategorie zu gehören, muss das Exemplar daher eine Kategorisierungsschwelle überschreiten. Eine wichtige Voraussetzung hierzu ist, dass das Exemplar möglichst viele Eigenschaften des Prototyps besitzt. Die Überprüfung dieser Voraussetzung erfolgt jedoch immer im Verhältnis zu den übrigen Kategorien. Gibt es viele verwandte Klassen, die ähnliche prototypische Bestimmungen aufweisen, wird die Kategorisierungsschwelle entsprechend langsamer erreicht. Die Zugehörigkeit eines Exemplars kann daher schwanken und gehört oft nur tendenziell zu der einen oder anderen Kategorie. Zudem sind die Prototypen unterschiedlich gut zugänglich. Uns vertraute Gegenstände werden einfacher kategorisiert als uns unvertraute. Dies ist auch als lebensweltliche Hierarchie der Prototypen beschrieben worden (vgl. SONESSON 1989: 30ff.). Der anhand eines Prototyps vollzogene Klassifikationsprozess ist also von mehreren Faktoren abhängig. Neben der Anzahl der ikonisch relevanten Eigenschaften ist der Grad ihrer ikonischen Relevanz sowie die Zugänglichkeit des jeweiligen Prototyps wichtig (vgl. BLANKE 2003: 96). Insbesondere der letzte Aspekt kann in hohem Maße sowohl individuell als auch kulturell variieren und in Folge auch den Grad der ikonischen Relevanz der einzelnen visuellen Eigenschaften beeinflussen. Zudem ist die Zugänglichkeit des Prototyps kontextabhängig. Insbesondere bei ikonisch schwach relevanten Eigenschaften beeinflusst der Kontext, welcher Prototyp aktiviert wird.

Prototypizität als das wesentliche Kriterium zur Klassifikation von Gegenständen anhand visueller Eigenschaften ergibt sich demnach nicht einfach als die Summe übereinstimmender Eigenschaften; vielmehr sind bereits die einzelnen Eigenschaften gewichtet und mehr oder weniger zur Kategorisierung geeignet. Auf die nahe liegende Frage, was eine Eigenschaft zu einer für den Prototyp relevanten Eigenschaft werden lässt, gibt es noch keine abschließende Antwort. Eine der möglichen Antworten bezieht sich auf die Häufigkeit: Eine Eigenschaft ist danach um so relevanter, je mehr Exemplare einer Kategorie sie aufweisen. Eine sicherlich bessere Antwort unterstellt eine Kombination von Häufigkeit und Distinktivität (aus der sich nach Rosch die sogenannte *cue validity* ergibt): Danach ist eine Eigenschaft dann besonders relevant, wenn sie möglichst viele Exemplare einer Kategorie besitzen, aber zudem möglichst wenige Exemplare anderer Kategorien. Die Eigenschaft, Federn zu haben, ist eine solche Eigenschaft, die insbesondere auf die Exemplare der Kategorie ›Vögel‹, und auf keine Exemplare anderer Kategorien zutrifft. Das Prinzip der optimalen Distinktivität trifft nach Rosch sowohl (horizontal) auf die Relevanz der Eigenschaften als auch (vertikal) auf die Qualität der Kategorienebenen zu. Insbesondere die lebensweltlich entscheidenden Basiskategorien – etwa ›Hund‹, nicht aber ›Tier‹ oder ›Dackel‹ – zeichnen sich durch hohe Informativität und zugleich durch maximale Distinktivität aus.

Der Begriff des Prototyps sollte nicht mit dem Begriff des Begriffs identifiziert werden. Insbesondere in den bildtheoretischen Zusammenhängen bezeichnet der Prototyp nur die relevanten *visuellen* Eigenschaften, die einen Gegenstand auszeichnen, die in der Regel aber weder notwendig noch hinreichend für seine Klassifikation sind. Der in den vorliegenden Ausführungen entwickelte Vorschlag besteht darin, die Konzeption des Begriffs um eine wahrnehmungsbasierte Komponente zu ergänzen. Diese systematisch implikationsreiche Ergänzung ermöglicht eine vorläufige Kategorisierung eines Gegenstandes allein auf Grund seiner äußeren Erscheinungsweise. Gemessen an den strengeren definitorischen Verfahren ist diese Form der Kategorisierung natürlich prinzipiell fehleranfällig. Dennoch enthält sie ein wichtiges epistemisches Potenzial, denn der Mangel an begrifflicher Exaktheit wird durch eine hohe kognitive Effizienz in lebensweltlichen Zusammenhängen kompensiert: Die Prototypen organisieren unsere Wahrnehmungswelt in einer Weise, dass sie uns relativ zu den kulturellen Anforderungen (in der Gegenstands- wie in der Bildwahrnehmung) ein Höchstmaß an unmittelbarer Orientierung gewähren. Sie liefern folglich visuelle Standards zur kategorialen Strukturierung unserer Lebenswelt. Dies entspricht der bei Menschen auffälligen Dominanz des Sehsinns, ist aber prinzipiell auf die übrigen Wahrnehmungsmodalitäten übertragbar.

Was ist ein Prototyp?

Der Begriff des Prototyps dient zur internen Strukturierung des Kategoriebegriffs. Kategoriensysteme unterstehen zwei wesentlichen Prinzipien: Sie müssen ein Maximum an Informationen mit einem Minimum an kognitivem Aufwand bereitstellen und die Information in möglichst strukturierter Weise zur Verfügung stellen. Hierzu sind die Kategorien vertikal (auf eine Basisebene bezogen) und horizontal (durch die Prototypen) gegliedert. Prototypizität ergibt sich aus der Kombination von Häufigkeit und Distinktivität: Eine Eigenschaft ist besonders relevant, wenn sie möglichst viele Exemplare einer Kategorie besitzen, aber zugleich möglichst wenige Exemplare anderer Kategorien.

Im Rahmen der Bildtheorie bestimmt der Prototyp die charakteristischen visuellen Eigenschaften einer Gegenstandsklasse. Die Zugehörigkeit eines Exemplars zu einer Kategorie richtet sich nach dem Grad der Ähnlichkeit mit dem entsprechenden Prototyp. Der anhand eines Prototyps vollzogene Klassifikationsprozess hängt von der Anzahl der ikonisch relevanten Eigenschaften, vom Grad ihrer ikonischen Relevanz sowie von der Zugänglichkeit des jeweiligen Prototyps ab.

11.3 Zum Begriff der kommunikativen Relevanz

Die am Begriff des Prototyps erläuterten wahrnehmungsbasierten Standards regeln insbesondere die Interpretation des Bildinhaltes. Sie garantieren, dass der gegenständliche Bezug eines Bildes erhalten bleibt, obwohl mit der bildhaften Darstellung notwendig eine Reduktion auf einige relevante Eigenschaften einhergeht. Der hierbei wichtige Begriff der ikonischen Relevanz ist wesentlich ein auf die Wahrnehmung bezogener kognitiver Begriff. Er übernimmt die zentrale Funktion bei der Erklärung derjenigen Standards, die im Rahmen der Ähnlichkeitstheorie dem Bereich des Arbiträren gegenübergestellt wurden und die insofern ›natürlicher‹ als konventionelle Standards sind, als sie weitgehend mit den üblichen Wahrnehmungsstandards zusammenfallen. Bildhafte Zeichen sind aus diesem Grunde motiviert, wie es in semiotischer Terminologie heißt. Viele komplexere Aspekte der Bildkommunikation und des Bildverstehens sind damit aber noch nicht befriedigend erklärt. Insbesondere der kommunikative Gehalt, der mit dem Präsentieren eines Bildes übermittelt werden soll, lässt sich (in der Regel) nicht allein durch genaues Wahrnehmen erfassen. Bedeutende Werke der Bildenden Kunst mögen hier eine Ausnahme bilden, indem es ihnen gelingt, die intendierte Botschaft über die Darstellungsweise manifest werden zu lassen. Im üblichen Fall des Verstehens von Gebrauchsbildern ist das Bildverstehen aber zu großen Teilen auf inferentielle Prozesse angewiesen. Besonders in diesem Zusammenhang spielt der Begriff der Relevanz in einem sehr allgemeinen Sinne eine zentrale Rolle.

Elemente der intentionalistischen Kommunikationstheorie

Den Begriff der Relevanz haben insbesondere Sperber und Wilson als kommunikationstheoretischen Grundbegriff ausgearbeitet (vgl. SPERBER/WILSON 1986). Er geht auf die intentionalistische Semantik von Grice zurück (vgl. GRICE 1957), nach der Kommunikation allgemein ein inferentieller Prozess ist. Auch für die sprachliche Kommunikation gilt nach diesem Modell, dass die vom Sender intendierte Äußerungsbedeutung erschlossen werden muss. Hier kann der Hörer aber auf einen Code zurückgreifen, mit dem sich ihm die Satzbedeutung als eine wichtige Prämisse ergibt, die einen wesentlichen Beitrag zur Rekonstruktion der Sprecherintention leistet. Im Falle uncodierter Zeichen – etwa bei spontanen Gesten, bei Zeigehandlungen oder auch in der Bildkommunikation – gibt es dagegen keine der Satzbedeutung vergleichbare Einheit, die in kontextunabhängiger Weise vorliegt und den weiteren Verstehensprozess leitet. Das ist insbesondere innerhalb der vertretenen prädikativen Bildauffassung nicht der Fall, nach der Bilder in elementarer Verwendung visuelle Charakterisierungen liefern und erst im jeweiligen Verwendungszusammenhang eine propositionale Struktur erhalten, die dann beispielsweise als Behauptung aufgefasst werden kann. Daher besitzt der relevanztheoretische Ansatz besondere Bedeutung für die Erfassung der Verstehensprozesse innerhalb der Bildkommunikation.

Ein bekanntes (und zunehmend anerkanntes) Lehrstück der intentionalistischen Semantik ist die Grice'sche Theorie der Implikaturen. Eine Implikatur ist das vom Sprecher nicht wörtlich Gesagte, das gleichwohl durch das wörtlich Gesagte erschlossen werden kann. Sofern sich das nur Implizierte aus der konventionellen Bedeutung der Wörter (bzw. aus der grammatischen Konstruktion) ergibt, handelt es sich um konventionelle Implikaturen, zu denen in der Regel alle Präsuppositionen gehören. Der Satz »Die Anemonen sind verblüht« impliziert beispielsweise, dass sie zuvor geblüht haben. Dagegen handelt es sich um konversationelle Implikaturen, wenn das Implizierte nur auf Grund der sogenannten Konversationsmaximen erschlossen werden kann. Das ist etwa bei der Ironie der Fall. Konversationelle Implikaturen setzen zudem einen Kontext voraus, der jeweils spezifische Prämissen für den Schluss vom wörtlich Gesagten auf die intendierte Bedeutung bereitstellt. Der Satz »Hier ist es aber stickig« kann entsprechend relativ zum Kontext als bloße Feststellung, als Aufforderung, ein Lokal zu verlassen, oder auch als Bitte, ein Fenster zu öffnen, verstanden werden.

Um die Intentionen eines Senders zu erschließen, verbindet dem Grice'schen Modell zufolge der Empfänger einer Botschaft sehr allgemeine Erwartungen mit dem Kommunikationsprozess. Diese Erwartungen gehen, wie die jeweiligen kontextuellen Vorgaben, gewissermaßen als Prämissen in den Schlussfolgerungsprozess ein. Die allgemeinste Erwartung des Empfängers besteht darin, dass der Sender überhaupt etwas kommunizieren will. Wird diese Erwartung durch den Sender nicht bestätigt, bricht die Kommunikation ab. Darüber hinaus ist (gemäß den Grice'schen Konversationsmaximen) unterstellt, dass der kommunikative Beitrag informativ, wahr, relevant und deutlich ist (und das Verhalten des Senders dementsprechend rational). Diese Bedingungen sind ganz offensichtlich nicht immer (oder sogar selten) erfüllt. Dennoch orientieren wir uns an ihnen, um aus der Vielfalt der möglichen Annahmen, die sich mit einer Äußerung verbinden lassen, die faktisch intendierten auszuwählen. Sagt jemand überraschender Weise etwas völlig Triviales, unterstellen wir demnach zunächst einen anderen als den wörtlichen Sinn.

Am Verstehensprozess sind nach dem Gesagten immer drei deutlich unterscheidbare Aspekte beteiligt: die unterstellten allgemeinen Erwartungen oder Maximen, die kontextuellen Rahmenbedingungen und die im Verhalten des Senders bzw. in der Zeichenverwendung mehr oder weniger manifest werdenden Informationsinhalte. Um den kommunikativen Gehalt einer Zeichenverwendung – also das vom Sender Intendierte – zu erfassen, muss der Empfänger aus den vielen möglichen Botschaften diejenige auswählen, die mit den unterstellten Maximen und mit den kontextuellen Rahmenbedingungen am besten im Einklang stehen. Die Frage, was jemand (etwa mit dem Präsentieren eines Bildes) gemeint oder bezweckt hat, erfordert also das Abwägen zwischen zahlreichen Vermutungen. Der kommunikationstheoretische Relevanzbegriff, wie Sperber und Wilson ihn entwickelt haben, soll das theoretische Instrument liefern, um diesen Abwägungsprozess zu erfassen. Danach werden diejenigen Annahmen als die intendierten ausgewählt, die im höchsten Maße relevant sind.

Relevanz als kognitiver Grundbegriff

Die Kommunikationstheorie von Sperber und Wilson hängt ganz wesentlich von einem kognitionswissenschaftlich inspirierten Modell ab (vgl. SPERBER/WILSON 1986 sowie BLANKE 2003: 153ff.), dem zufolge das Ziel jeder kognitiven Aktivität die Maximierung von Relevanz ist. Hierbei wird davon ausgegangen, dass das kognitive System zahlreiche Annahmen aus verschiedenen Quellen mit unterschiedlicher Zugänglichkeit enthält, die gemäß Relevanzgesichtspunkten verarbeitet werden. Die zu verarbeitenden Informationen stammen aus der Wahrnehmung, dem Kurzzeit- und dem Langzeitgedächtnis. Mit dieser Reihenfolge ist auch ihre Zugänglichkeit bezeichnet. Sie nimmt vom direkten Arbeitsspeicher des Wahrnehmungsapparates hin zu dem Langzeitgedächtnis ab und erhöht damit den kognitiven Aufwand für die Bearbeitung der vorliegenden Annahmen. Eine neu hinzutretende Information ist desto relevanter, je geringer der Verarbeitungsaufwand für diejenigen bestehenden Informationen ist, die für ihre Beurteilung hinzugezogen werden (müssen).

Die Inferenzprozesse greifen auf eine konzeptuelle Basis des Individuums zurück, die mit logischen, lexikalischen sowie enzyklopädischen Einträgen versehen ist. Anhand der logischen Einträge werden die Begriffe durch notwendige Merkmale charakterisiert. Die lexikalischen Einträge betreffen vor allem die syntaktischen Besonderheiten bzw. die Verwendungsregeln der Begriffsausdrücke. Die enzyklopädischen Einträge enthalten schließlich das jeweilige Weltwissen des Individuums hinsichtlich der bestehenden konzeptuellen Basis. Unter dem Begriff ›Buch‹ werden etwa Einträge zu finden sein wie ›Bücher können in Buchhandlungen erworben werden‹, ›Seltene Bücher sind unter Umständen in Antiquariaten zu erhalten‹, ›Einige der eigenen Bücher sind in Kisten im Keller verstaut‹ oder auch ›Die Bücher im Keller sind bei Hochwasser gefährdet‹. Zusätzlich zu diesen propositionalen Gehalten steht das Weltwissen in Form von Annahmeschemata zur Verfügung, etwa der als Ablaufmodell gespeicherte typische Buchbestellvorgang per Internet. Da die verschiedenen Einträge hinsichtlich ihrer Relevanz strukturiert sind, werden häufig verwendete oder besonders ertragreiche Annahmen besser zugänglich gemacht und eventuell verbunden.

Im Rahmen der Relevanztheorie ist die beschriebene kognitive Architektur bereits im Wahrnehmungskontext wichtig. Auch Wahrnehmungseindrücke werden nach dem Prinzip der Relevanz organisiert bzw. verarbeitet. Dazu muss zunächst ein kognitiver Kontext geschaffen werden, der aus allen Annahmen besteht, die das jeweilige Individuum mit einer neuen Annahme in Beziehung setzen kann. Eine neue Annahme hat einen kognitiven Effekt (und ist damit relevant), wenn sie zur Generierung weiterer Annahmen beiträgt. Unter den möglichen Effekten, also unter den Annahmen, die sich aus der Kombination von neuer Information und bestehender Information ergeben, zeichnen sich die besonders relevanten Annahmen aus, die zur Lösung eines Zieles beitragen. Diese können aber verschiedene Gestalten annehmen. Eine sich neu ergebende Annahme ist eine kontextuelle Implikation, wenn sie sich nicht aus den einzelnen Annahmen, sondern nur aus ihrer Kombination herleiten lässt. Sie ist eine kontextuelle Verstärkung, wenn sie die Wahrscheinlichkeit einer anderen Annahme vergrößert, und eine kontextuelle Tilgung, wenn sie eine bestehende Annahme aufhebt.

Im Prinzip kann jeder Reiz relevant sein. Ob er von einem Individuum tatsächlich als relevant beurteilt wird, hängt dem Gesagten zufolge von etlichen Faktoren ab. Besonders wichtig sind zum einen der kognitive Kontext und zum anderen die konkret verfolgten Ziele. Zudem besitzt der Verarbeitungsaufwand sowie der kognitive Effekt einer neuen Information einen entscheidenden Einfluss. Die jeweilige Relevanzbeurteilung ergibt sich aus dem optimalen Ausgleich der einzelnen Faktoren zu einem bestimmten Zeitpunkt. Sie liegt allen kognitiven Prozessen gleichermaßen zugrunde. Im Unterschied zur üblichen Gegenstandswahrnehmung besteht in kommunikativen Kontexten aber ein sehr viel konkreteres Ziel, nämlich das Erfassen der intendierten Botschaft. Dadurch sind die Grenzen für die jeweils relevanten Annahmen sehr viel enger gezogen. Zudem kann unterstellt werden, dass der Sender verstanden werden will. Dies ist im Verhältnis zu den Grice'schen Implikaturen wichtig. Denn diese führen Sperber und Wilson auf das Prinzip der kommunikativen Relevanz zurück. Um verstanden zu werden, muss der Sender zu verstehen geben, dass seine Mitteilung für den Empfänger relevant ist. Es kommen also ohnehin nur diejenigen Annahmen als kommunikative Intentionen infrage, die vom Empfänger tatsächlich für relevant gehalten werden. Auch so bleiben zahlreiche Alternativen bestehen. Aus diesen wird nun einfach diejenige mit dem geringsten Verarbeitungsaufwand ausgewählt. Stellt sich kein unmittelbarer Sinn ein, muss der aktuelle kognitive Kontext so lange erweitert werden, bis sich eine Interpretation einstellt, die mit der unterstellten Relevanz des Kommunikationsaktes vereinbar ist.

Gemäß dieser Theorie ist es für den Sender, will er verstanden werden, von entscheidender Bedeutung, das kommunikative Zeichen gemäß dem Relevanzprinzip zu gestalten bzw. zu wählen. Besonders in der Bildkommunikation muss er also bereits sehr genau und zielgruppenspezifisch den jeweiligen kognitiven Kontext einplanen. Insofern die bildhaften Mittel – anders als in der wortsprachlichen Kommunikation – nur begrenzt erlauben, die Intentionen explizit zu machen, besitzt die Bildkommunikation in der Regel zwar einen hohen Informationsgehalt, hinsichtlich ihrer kommunikativen Ziele muss sie aber als eine riskante Kommunikationsform gelten. Bildverstehen hierbei als Schlussfolgerungsprozess aufzufassen bietet eine Alternative insbesondere gegenüber den klassischen strukturalistischen Modellen, die sich primär auf codierte (sprachliche), nicht aber auf uncodierte (bildhafte) Kommunikationsformen beziehen.

Bildverstehen als inferentieller Prozess

Innerhalb der intentionalistischen Semantik gilt Kommunikation als inferentieller Prozess, bei dem drei Aspekte wesentlich sind: die kommunikativen Maximen, die kontextuellen Rahmenbedingungen und die Informationsinhalte. Um den kommunikativen Gehalt einer Äußerung zu erfassen, muss der Empfänger Hypothesen bilden, die mit den Maximen und kontextuellen Rahmenbedingungen möglichst gut im Einklang stehen. Der kommunikationstheoretische Relevanzbegriff beschreibt diesen Prozess der Hypothesenwahl, mit der die relevanteste Hypothese als die intendierte Botschaft bestimmt wird. Eine neue Information ist hierbei um so relevanter, je geringer der Verarbeitungsaufwand für benötigte zusätzliche Informationen bleibt. Da Bildverstehen als uncodierte Kommunikation oft auf inferentielle Prozesse angewiesen ist, bietet das Relevanzmodell eine Alternative gegenüber strukturalistischen Modellen, die sich oft nur auf codierte Kommunikationsformen beziehen.

11.4 Zusammenfassung und Ausblick: Verstehen und Imaginieren

Das Verstehen einer Zeichenhandlung ist ein Prozess, der nur an konkreten, physisch realisierten Zeichenträgern ansetzen kann. Ich muss zunächst eine Schrift, ein Bild oder auch eine Geste genau betrachten, um dann die Intentionen, die hierzu geführt haben, in angemessener Weise rekonstruieren zu können. Das Bildverstehen zeichnet sich zwar dadurch aus, dass zahlreiche Informationen mit dem Zeichenträger selbst unmittelbar vorliegen. Oft wird die Mitteilungsabsicht aber nicht explizit artikuliert bzw. gezeigt. Als ein eher poetisches Beispiel für diese Ansicht mag die Zeichnung dienen, über die Saint-Exupéry den kleinen Antoine gleich zu Beginn seiner Erzählung vom kleinen Prinzen reden lässt (Abb. 7a). Sie entsteht nach der Lektüre eines Buches über den Urwald, in dem von Boas berichtet wurde, die ihre Beute als Ganzes verschlingen. Im weiteren Verlauf der Erzählung wird diese Zeichnung noch durch den bekannten Satz erläutert werden, den Saint-Exupéry den Fuchs zum kleinen Prinzen sagen lässt: »Das Wesentliche ist für die Augen unsichtbar«, denn »man sieht nur mit dem Herzen gut« (SAINT-EXUPÉRY 1942: 98). Was den Augen des normalen Erwachsenen verborgen bleibt, der kleine Prinz aber sofort erkennen wird, ist, dass die Zeichnung keineswegs einen Hut darstellt, sondern eine Riesenschlange (eine Boa, um genau zu sein), die gerade einen Elefanten verschlungen hat. Da es den ›großen Leuten‹ solche Schwierigkeiten bereitet, dies zu erkennen, hatte der kleine Antoine noch eine zweite Zeichnung angefertigt. Diese zeigt, was zuvor unsichtbar war (vgl. Abb. 7b).

ABBILDUNG 7 a+b
Abenteuer des Dschungels

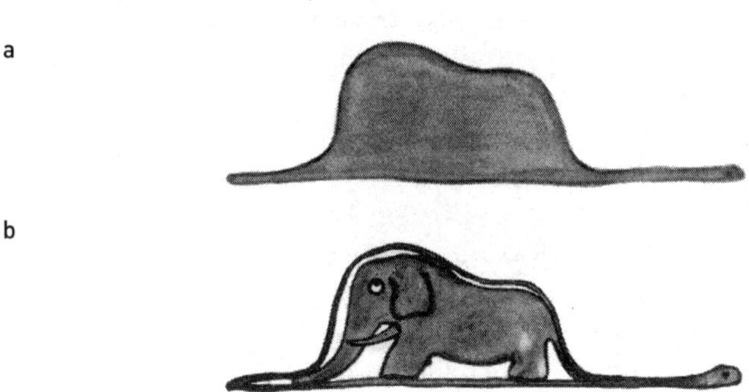

Verstehen im Rahmen der Simulationstheorie

Der Ausdruck ›mit dem Herzen sehen‹ ist hierbei eine poetische Metapher für die besonderen Intuitionen oder Imaginationen, die ein angemessenes Verständnis symbolischer Äußerungen oft voraussetzen. Eine der bekannteren Theorien, die das Verstehen in ähnlicher Weise charakterisiert und die kontrastiv zum Abschluss des Kapitels kurz vorgestellt werden soll, ist die Simulationstheorie. Eine erste Version hatte Richard Grandy 1973 entworfen und damit das von Quine und Davidson vorgeschlagene hermeneutische Grundprinzip der Nachsicht (»Principle of Charity«) um das Prinzip der Humanität (»Principle of Humanity«) ergänzt (vgl. auch SCHOLZ 1999b: 122ff.). Diese Theorie ist einigen Überzeugungen Diltheys verpflichtet und kann insbesondere zur Klärung des umstrittenen Begriffs der Einfühlung beitragen. Als historische Vorläufer der Simulationstheorie werden Collingwood und die hermeneutische Tradition genannt. Seit den späten 1980er-Jahren hat sie durch die Arbeiten von Gordon und Goldman größere Verbreitung gefunden (vgl. GORDON 1986, 1992; GOLDMAN 1989; DAVIES/STONE 1995).

Der Simulationstheorie geht es um die elementare menschliche Fähigkeit, sich in den anderen mit der Absicht hineinzuversetzen, sein Verhalten zu verstehen oder auch vorherzusagen. Die Vertreter der Simulationstheorie behaupten, dass wir dabei nicht theoriegeleitet oder schlussfolgernd verfahren, sondern praktisch-simulativ. Wir verwenden also nicht notwendig ein Repertoire psychologischer Regeln, um unser Gegenüber zu verstehen – wie der Funktionalismus annimmt –, sondern vollziehen oft eine Simulation des anderen auf dem eigenen kognitiven System, d.h., wir nehmen unser kognitives System mit seinem gesamten intentionalen Kontext als Simulationsmodell.

Die Auseinandersetzung um die Simulationstheorie weist einige sachliche wie argumentative Parallelen zur Diskussion um die mentalen Bilder auf. Die Vertreter der Simulationstheorie betonen allerdings, dass Imagination wie Simulation ohne bildhaftes Vorstellen erfolgen kann, und beanspruchen deshalb, ein fundamentaleres Problem zu behandeln. Eine sinnvolle Unterscheidung beider Debatten könnte die nach Medium und Prozess sein. In der Diskussion um die mentalen Bilder wird vor allem das Problem unterschiedlicher Formen der internen Repräsentationen behandelt. Das kognitive Medium kann propositional oder piktorial aufbereitet sein. Der Simulationstheorie geht es dagegen um die Frage, wie die kognitiven Prozesse ablaufen und durch welche Prinzipien sie gesteuert werden, unabhängig vom jeweils verwendeten Medium. Hier ließe sich ein theoriegeleitetes Verfahren oder ein praktisch-hypothetisches Vorgehen denken.

Unterschiedliche Formen und Ansprüche des simulativen Verstehens

Nach Gordon geht die Simulationstheorie von einer elementaren Form der Simulation aus: von der Selbstvorhersage. In der Selbstvorhersage imaginiere ich eine Situation und sage mein Verhalten dann wie eine unmittelbare Handlungsintention vorher, mit dem Unterschied, dass ich mein Entscheidungssystem lediglich im Vorstellungsmodus benutze. Die Simulation eines fremden Verhaltens erfolgt im Sinne einer Übertragung der eigenen kognitiven Ausgangssituation auf den anderen. Gordon nennt sie totale Übertragung. Sie gilt als »default mode« (GORDON 1992: 13), als diejenige Einstellung unseres kognitiven Systems, die wir beständig und automatisch einnehmen. Wird sie für die 3.-Person-Perspektive angewendet, muss ich imaginative Angleichungen für relevante Unterschiede, also Änderungen der ›egozentrischen Karte‹, vornehmen. Gordon führt den Begriff der imaginativen Identifikation ein, der besagt, dass ich in einem gewissen Sinne der andere bin, während ich ihn simuliere. Die Vorhersage oder das Verstehen ist natürlich nur in dem Maße verlässlich, in dem es gelingt, die Situation des anderen mit dem eigenen kognitiven System in den relevanten Aspekten zu imitieren. Dieses Verfahren schließt wesentlich praktisch-emotionale Merkmale ein, denn wir imaginieren die Situation nach *verhaltenswirksamen* Gesichtspunkten, die oft von theoretischen Aspekten abweichen. Deshalb übertragen wir (ganz im Einklang mit der Simulationstheorie) zuweilen Irrationalität (vgl. GORDON 1992: 15).

Mit dem Begriff der imaginativen Identifikation will Gordon sicherstellen, dass wir, um Verhalten zu erklären, nicht von unserer Simulation auf den anderen *schließen* müssen; denn wäre ein Schluss nötig, ließe sich argumentieren, dass die Simulation eine theoretisch fundierte Tätigkeit ist, und dann würde zweifelhaft sein, ob die Simulationstheorie überhaupt eine Alternative zur funktionalistischen Theorie (der sogenannten Theorie-Theorie) liefert. Erfolgreich ist der Begriff der imaginativen Identifikation allerdings nur in seiner Verbindung mit dem Begriff der Übertragung, der sicherstellt, dass im Simulationsprozess der kognitive Rahmen des eigenen Systems erhalten bleibt. Dies fordert auch die holistische Struktur des Geistes. Verhaltenserklärungen, selbst wenn sie Gesetze typischer Verursachung enthalten, setzen immer gleiche Umstände voraus (ceteris-paribus-Klausel); und wann gleiche Umstände vorliegen, ist nach Gordon nur innerhalb praktischen Simulierens festzustellen, nicht durch nomologische Verfahren.

Der fundamentale Charakter der Simulation legt nahe, die Natur des Mentalen sowie den Erwerb und das Verständnis mentaler Begriffe aus simulationstheoretischer Perspektive zu deuten. Die gesamte theoretische Struktur der Alltagspsychologie wird damit zu einem Produkt simulativer Fähigkeiten. Nach Gordon lässt sich dieser Anspruch einlösen, indem gezeigt wird, dass die Zuschreibung ›x glaubt, dass p‹ in eine x-Simulation zu übersetzen ist, die einfach ›p‹ enthält. Wir simulieren also eine Überzeugung, ohne sie mit Hilfe des Begriffs der Überzeugung zuschreiben zu müssen. Wir benötigen in der Simulation das Wissen über eine bestimmte Situation, wir benötigen aber nicht den Begriff der Überzeugung, um jemanden mit dieser Überzeugung ausgestattet zu simulieren. Die Zuschreibung einer Überzeugung gilt folglich als das Aufstellen einer Behauptung im Kontext einer praktischen Simulation (vgl. GORDON 1986: 168). Damit wird es möglich, auch die philosophische Frage nach den notwendigen Bedingungen des Besitzes mentaler Begriffe im Horizont der Simulationstheorie zu stellen.

Die Simulationstheorie zeichnet die 1.-Person-Perspektive aus und will so der beharrlichen Intuition eines besonderen Vertrautseins im Umgang mit uns selbst Rechnung tragen. Es ist aber sehr fraglich, ob die Simulationstheorie ihre sehr viel weitergehenden begriffstheoretischen Ansprüche einlösen kann. Im Unterschied zu Gordon hat daher beispielsweise Goldman eine abgeschwächte Variante der Simulationstheorie entwickelt, die auf den Begriff der imaginativen Identifikation verzichtet (vgl. GOLDMAN 1989). Nach Goldman nehmen wir uns als Modell bei der Interpretation und übertragen das Ergebnis dann in einem Analogieverfahren. Ich simuliere also, wie *ich* mich unter bestimmten Bedingungen verhalten würde, und schreibe dies dann dem anderen zu. Goldman nimmt an, dass ein solcher Analogieschluss als Mechanismus fest ins kognitive System eingebaut ist und deshalb bei unserer Interpretationspraxis nicht als theoretisches Verfahren bewertet werden muss. Nur durch diese naturalistische Interpretation des Analogieschlusses kann Goldman auf den Begriff der imaginativen Identifikation verzichten. Zudem nimmt Goldman eine natürliche Isomorphie der kognitiven Systeme an. So unterliege etwa die Gegenstandsbildung bestimmten anthropologischen Konstanten, für die Goldman beispielhaft die Gestaltgesetze anführt. Diese Konstanten sichern der Simulation einen intersubjektiven Rahmen und garantieren im Bereich des Kognitiven sowohl ähnliche Ausgangsbedingungen als auch ähnliche Prozesse. Simulationen des anderen gelingen folglich, weil Menschen sich in relevanten Aspekten sehr ähnlich sind.

Die Schwierigkeiten bei der Beurteilung der Simulationstheorie resultieren aus der fundamentalen Stellung bzw. aus der unzureichenden Klärung des Theoriebegriffs. Gegen die Simulationstheorie wird immer wieder eingewendet, dass auch Simulationen von theoretischen Vorgaben abhängen, sodass die Simulationstheorie gar keine Alternative bereitstelle. Es wäre deshalb nicht nur die Existenz simulativer Verfahren zu belegen, sondern ebenfalls plausibel zu machen, dass Simulationen ausschließlich prozessgeleitet ablaufen. Nur so lässt sich der Anspruch einlösen, dass Verstehensprozesse viel mit dem zu tun haben, was traditionell Einfühlung genannt wurde.

Bildverstehen im Horizont der Simulationstheorie

Der Simulationstheorie geht es nicht um das Medium (piktorial vs. propositional), sondern um den Prozess des Verstehens (theoriegeleitet vs. praktisch-simulativ), der ihr zufolge nicht notwendig ein inferentieller Prozess ist. Wird Verstehen als Simulation verstanden, dann lässt es sich als ein imaginatives Verfahren in der 1.-Person-Perspektive erläutern. Die Schwierigkeiten bei der Beurteilung dieses Ansatzes resultieren aus einer unzureichenden Klärung des Theoriebegriffs, sodass es sich vermutlich nicht um Gegensätze, sondern um ergänzende Gesichtspunkte handelt.

12. Bild und Gesellschaft

Die zahlreichen Bilderstreite und Bilderstürme, die sich wie ein roter Faden durch die menschliche Kulturgeschichte ziehen, dokumentieren eine tiefe Ambivalenz der Einstellung bildhaften Darstellungen gegenüber. Jede Erfindung neuer Bildmedien hat bisher in gleichem Maße Begeisterung und Skepsis hervorgerufen. In der Regel steht das Bild hierbei in Konkurrenz zur Schrift. Soweit es um den Ausdruck abstrakter Sachverhalte und rationaler Zusammenhänge geht, galt die Schrift traditionell als dem Bild überlegen; dagegen wurde bildhaften Darstellungen vermutlich seit den ersten Höhlenzeichnungen eine unentbehrliche Orientierungsleistung, zuweilen eine geradezu magische Kraft zugesprochen. Um zu einer Klärung dieser ambivalenten Haltung beizutragen und den Begriff des Bildes wie den Stellenwert der Bilder für unser Welt- und Selbstverständnis genauer zu bestimmen, sollten die zahlreichen Gründe, die sie bedingen, genau auseinander gehalten werden. Denn es ist beispielweise ein erheblicher Unterschied, ob Uneinigkeit bei der sachlichen Beurteilung der Leistungsfähigkeit der Bilder oder bei der eher moralischen Beurteilung ihres spezifischen Einsatzes besteht. Vermutlich wird es kaum einen Fortschritt in diesem Streit geben, ohne zuvor Einigkeit einerseits über die philosophischen Fragen zum Bildbegriff und andererseits über zumindest einige der zahlreichen empirischen Fragen zur Leistungsfähigkeit von Bildern zu erreichen. Eine solche sachliche Übereinkunft schließt keineswegs aus, dass der Einsatz von Bildern weiterhin aus praktischen Erwägungen sehr unterschiedlich bewertet wird. Immerhin erlaubt sie aber eine fundiertere Beurteilung der jeweiligen Entscheidung.

Die bisherige Darstellung hat sich ausschließlich mit den sachlichen Problemen der Bildtheorie beschäftigt. Der entwickelte Theorierahmen sollte einen Vorschlag zur Koordinierung der interdisziplinären Zusammenarbeit leisten, mit der die jeweiligen Ergebnisse systematisch aufeinander bezogen werden können. Das abschließende Kapitel behandelt einige Probleme aus dem praktischen Bereich. Insbesondere werden anhand ausgewählter Beispiele zunächst die unterschiedlichen kulturtheoretischen Einschätzungen vorgestellt, die Bildern gegenüber bestehen, und dann ein Vorschlag zur Klärung eines als besonders negativ hervorgehobenen Aspektes von Bildern gemacht, nämlich ihrer auffälligen Eignung zur Manipulation und damit zur politischen Instrumentalisierung. Hieraus ergibt sich die Empfehlung, eine Bildrhetorik zu entwickeln, um die Bedingungen des persuasiven Bildeinsatzes methodisch kontrolliert zu reflektieren.

Thesen zur gesellschaftlichen Bedeutung der Bilder

(12) Die ambivalente Einschätzung der Bilder verdankt sich maßgeblich einer bisher unzureichenden Klärung ihrer tatsächlichen Gefahren und Möglichkeiten.

(12.1) Die zahlreichen Bilderstreite und Bilderstürme dokumentieren eine tiefe Ambivalenz bildhaften Darstellungen gegenüber.

(12.2) Bildhafte Darstellungen besitzen eine ideologische Wirksamkeit, weil Wahrnehmungsmechanismen ihre Rezeption erleichtern, dadurch aber die Neigung fördern, zeichenbedingte Eigenschaften des Dargestellten unkritisch als Eigenschaften realer Gegenstände aufzufassen.

(12.3) Um den Gefahren des ideologischen Bildeinsatzes zu begegnen, muss das Bewusstsein der Verschränkung von Wahrnehmungsnähe und Zeichenstatus gestärkt werden.

(12.4) Um zu einer differenzierten Einschätzung des Bildphänomens zu gelangen, sollten die unterschiedlichen Bereiche stärker getrennt, die Integration der einzelnen Einschätzungen aber durch einen allgemeinen Theorierahmen verbessert werden.

12.1 Bild und Kultur

Das Bild ist innerhalb des entworfenen Theorierahmens wesentlich ein Kommunikationsmedium. Seine politische Funktion ergibt sich daraus, dass es auch komplexe Inhalte – etwa Weltanschauungen – in sinnlich erfahrbarer Weise (und daher sehr viel direkter) zu vermitteln erlaubt. Mit der zunehmenden Bedeutung des Bildmediums durch Film und Fernsehen – eigentlich seitdem die technischen Möglichkeiten eine massenhafte Reproduktion erlauben, also seit Aufkommen der Fotografie – haben verstärkt Reflexionen dieses Sachverhalts eingesetzt, deren ambivalente Wertungen auf die lange Tradition der Bilderstreite und Bilderstürme zurückgehen, teilweise aber in typisch moderner Diktion auftreten.

Konträre kulturtheoretische Einschätzungen zur Bilderfrage

Recht prominent und wirkungsgeschichtlich bedeutsam ist Benjamins Kunstwerk-Aufsatz von 1936 gewesen, in dem er den Wandel der Bilder hin zum technischen Medium unter dem Stichwort des ›Verlustes der Aura‹ analysiert hat. Die mit der Reproduzierbarkeit einsetzende Abkoppelung des Kunstwerks vom traditionellen Kunstverständnis bewertet er als Demokratisierung der Kunst, mit der ihre kultische Funktion in eine politische überführt und der Schein ihrer Autonomie zerstört werde (vgl. BENJAMIN 1936: 19-24). Während Benjamin traditionelle Begriffe der Kunsttheorie – etwa den Geniebegriff – für (insbesondere durch den Faschismus) politisch instrumentalisierbar hielt, beanspruchte er für seine ästhetischen Kategorien eine prinzipiell emanzipatorische Kraft. Paradigmatisch sieht er in der Fotografie und im Film die eigentlich zeitgemäßen Weiterentwicklungen der Kunst. Als Indiz für die Fortschrittlichkeit des Films führt er die besondere Rezeptionshaltung an: Der Zuschauer verehrt das Kunstwerk nicht mehr, an die Stelle der Versenkung tritt die »Ablenkung als eine Spielart sozialen Verhaltens« (BENJAMIN 1936: 43).

Genau dieses Charakteristikum vor allem des Films ist in der traditionellen Kunstkritik gegenteilig bewertet worden. Im bewegten Bild wurde die Verhinderung des kritischen Nachdenkens gesehen. Benjamin zitiert exemplarisch eine Äußerung Duhamels: »Ich kann schon nicht mehr denken, was ich denken will. Die beweglichen Bilder haben sich an den Platz meiner Gedanken gesetzt.« (zitiert nach BENJAMIN 1936: 44) Die Zerstreuung durch die schnelle Bildfolge ermöglicht, was Benjamin die Chock-Wirkung nennt und eine gesteigerte Geisteskraft verlange. Entscheidend ist, dass sich der Zuschauer nicht mehr in das Werk, sondern umgekehrt das Werk sich in den Zuschauer versenkt. Nur hierdurch könne die Kunst ihre eigentliche Funktion erfüllen, nämlich die Wahrnehmungsfähigkeiten den geschichtlichen Erfordernissen anzupassen. Eine solche Anpassung kann aber nicht durch Kontemplation, sondern nur durch die auf Gewöhnung angewiesene »taktile Rezeption« (BENJAMIN 1936: 47) erfolgen. Ganz wohl scheint es Benjamin hierbei nicht gewesen zu sein, denn er empfahl (etwas hilflos), Fotografien mit einer angemessenen Beschriftung zu versehen, um sie vor dem Modischen zu retten (BENJAMIN 1936: 93).

Eine ähnlich positive Einschätzung der Bilder vertritt Ferdinand Fellmann. Bilder ermöglichen neue Perspektiven im Wirklichkeitsbezug, die – gegen den Ontologismus Heideggers – nicht als Zugang zum, sondern als Unabhängigkeit vom Sein gelten sollen. Einen solchen Versuch der Überwindung des Ontologismus versuchte bereits Habermas in seiner Theorie des kommunikativen Handelns, scheiterte nach Fellmann aber, weil Sprache ein Moment der reflexiv nicht einholbaren Unverfügbarkeit besitzt. Die »postmoderne Ermächtigung der Bilder« stellt somit den »zweiten Versuch dar, sich vom Ontologismus zu befreien« (vgl. FELLMANN 1989: 32) und so die Macht der Wirklichkeit zu brechen. Diese Höherbewertung der Bilder vor dem Sein ist nach Fellmann allerdings nur dann legitim, wenn der Umgang mit den Bildwelten souverän bleibt. Die Verfügbarkeit der Bilder in den modernen Medien bewertet er als Ausdruck von Autarkie, nicht als Bildersucht. Ihre Kraft erhalten die Bilder aus anthropologischen Quellen: Menschliches Handeln wird wesentlich durch Bilder motiviert und reguliert. Allerdings nimmt auch Fellmann eine entscheidende Einschränkung vor: Die Bilder ermöglichen nur in dem Maße eine Distanz zum Sein, indem sie gegenüber dem Fluss der Wahrnehmungserlebnisse »den kritischen und fruchtbaren Moment am Bestehenden herausheben« (FELLMANN 1989: 34) und damit eine Orientierung gewährende Strukturierungsleistung erzielen (vgl. auch FELLMANN 1995b).

Eine negative Bewertung der Bilder beharrt dagegen auf ihrem uneigentlichen Charakter. Hierzu wurde von Platons Höhlengleichnis bis zu Heideggers Rede von der Seinsvergessenheit die Gefahr des Verlustes eines angemessenen Wirklichkeitsbezuges beschworen. Eine solche Einschätzung der Bilder zieht sich durch die gesamte abendländische Geschichte hindurch. Oft operiert sie mit der Metapher von Tiefe und Oberfläche. Die Oberfläche, das Bild, ist mit den raum-zeitlichen Erfahrungen verbunden und bleibt für sich leer und unverstanden. Ein für die traditionelle bildkritische Kulturtheorie sehr typisches Beispiel liefert Ernst Jünger: »In dem Maße, in dem wir uns bewegen, dringen Bildfluten auf uns ein. Warum kann der Bilderhunger nicht gestillt werden? Er ist ein Zeichen dafür, dass Bilder im letzten nicht befriedigen. Das wahre Ungenügen strebt über

Zeit und Raum hinaus. Nur wo dieser Hunger nicht mehr gefühlt wird, genügen die Bilder; es wird nichts mehr vermisst an ihnen, es wird nicht mehr über, unter oder hinter ihnen gesucht. Sie geben ihr Geheimnis nicht mehr preis. Nun wird die Zufriedenheit des ›Letzten Menschen‹ genossen, wie Nietzsche sie und nach ihm Huxley schilderten.« (JÜNGER 1970: 109)

Gegenüber Jüngers metaphysischer Ausrichtung betonen modernere Kritiker, dass der zunehmende Bildeinsatz die traditionellen Formen des rationalen Diskurses beeinträchtige und damit die Autonomie des Menschen gefährde. Bekannt geworden ist in diesem Umkreis die eher populärwissenschaftliche Kritik der Unterhaltungsindustrie von Neil Postman, der in der Tradition von McLuhan davon ausgeht, dass jedes Medium mit der Vermittlung von Inhalten zugleich die gesellschaftlichen Denk- und Diskursstrukturen formt. Während das Medium Buch eine analytische, am Begriff geschulte Verarbeitung von Wissen verlange, liefere etwa die Fotografie nur noch konkrete Einzelheiten, die weder wahr oder falsch seien, noch normative Ansprüche stellen können (vgl. POSTMAN 1985: 92ff.). Postmans negative Einschätzung der Bilder richtet sich in erster Linie gegen das Fernsehen, das ein neues Wirklichkeitsverhältnis schaffe, indem es virtuell alles in Unterhaltung verwandele; Bilder dienen hier als die eigentlichen Agenten der Fragmentierung der Wirklichkeit.

Das Bild in der Spannung von Werbung, Kunst und Politik

In einem aufschlussreichen Gespräch zwischen Neil Postman und Oliviero Toscani, dem Werbestrategen des Benetton-Konzerns, sind die Positionen der unterschiedlichen Lager in diesem modernen Bilderstreit pointiert herausgestellt worden (vgl. POSTMAN/TOSCANI 1992). Nach Postman gibt es zentrale Symbole, die einer Kultur aus überlebensnotwendigen Gründen heilig sind bzw. sein sollten. Ihr profaner Gebrauch zerstört sie und tendenziell ebenfalls die Kultur, in der sie entstanden sind. Zu solchen Symbolen gehören auch die Darstellungen tragischer Schicksale, die mit ihrer Instrumentalisierung in der Werbung entwertet werden. Weil dieses durch Werbung überhaupt möglich geworden ist, erachtet Postman die Vertreter der Werbebranche als die unlegitimierten Herrscher unserer Kultur, die über das Bewusstsein der Menschen, das sie durch die Massenmedien beeinflussen können, selbst die Politik zu bestimmen in der Lage sind. Gegen den (schon in den 1960er-Jahren von Hans Magnus Enzensberger erhobenen) Vorwurf der Bewusstseinsindustrie wendet Toscani ein, dass die für heilig gehaltenen Symbole oft eher der Ruin der Menschheit gewesen seien. Die übrigen Punkte entkräftet er durch seine Forderung, dass aktuell angemessene Werbung medienkritisch werden müsse und so zum Nachdenken anregen könne. Hierzu habe sie den gewohnten Rahmen der traditionellen Produktwerbung aber durch provokantere Darstellungsformen (vor allem moralisch brisanter Themen) aufzubrechen. Dem entspricht sicherlich die umstrittene Benetton-Werbung. Da es sich gleichwohl (und unstrittig) um Werbung handelt, war vom Bundesgerichtshof bereits zu klären, ob damit nicht eine Verletzung der Regeln des fairen Wettbewerbs vorliege.

In den seltensten Fällen schließt die kulturkritische Bildauffassung *alle* Bilder ein. Das gilt selbst für Platon als den philosophischen Prototyp des Bilderstürmers. In der Regel wird lediglich eine besondere Verwendung von Bildern oder auch eine bestimmte Bildgestaltung verworfen. Eine vehemente Kritik spezieller Bildphänomene ist also mit einer Hochschätzung anderer Bildphänomene vereinbar. Dies zeigt etwa die (mit einer charakteristischen Umkehrung verbundene) Kritik der Virtuellen Realitäten, wie sie Gottfried Boehm vorgebracht hat. Bilderfeindlich sind danach gar nicht die Bildkritiker, sondern im Gegenteil die Bildproduzenten: »Die Bilderfeindlichkeit der Medienindustrie ist ungebrochen, nicht weil sie Bilder verböte oder verhinderte, im Gegenteil: weil sie eine Bilderflut in Gang setzt, deren Grundtendenz auf Suggestion zielt, auf bildlichen Realitätsersatz, zu dessen Kriterien seit jeher gehörte, die Grenzen der eigentlichen Bildlichkeit zu verschleiern.« (BOEHM 1994a: 35)

Während Boehm eine Beurteilung der Bilder an ihre jeweilige Gestaltung bzw. ihren jeweiligen Einsatz knüpft, illustriert die Position von Susan Sontag (am Beispiel der Fotografie) eine innere Ambivalenz des Bildhaften. Ein und dasselbe Bild kann danach positive wie negative Effekte in sich vereinen. Dies trifft vor allem für die emotionalen Wirkungen von Bildern zu. Da nach Sontag ein Verständnis der Wirklichkeit auf Grund ihrer zunehmenden Abstraktheit heute ohnehin kaum noch über die Abbildung, sondern nur noch über die Einsicht in ihre Funktionen gelinge, bleibe die Fotografie prinzipiell an der Oberfläche. Sie könne daher auch keine politische oder moralische Erkenntnis vermitteln, sondern wirke ausschließlich emotional. Dass Bilder dadurch gelegentlich der moralischen Sensibilisierung dienen, widerlegt nicht, dass sie insgesamt eher die gegenteilige Tendenz haben. Sontag macht hierfür vor allem zwei Gründe verantwortlich: Zum einen besänftigen die Fotografien unsere Unzufriedenheit mit der Welt, indem sie ein Duplikat erzeugen, das sie verfügbar erscheinen lässt (nach der Devise: Wenn wir die Welt schon nicht verstehen können, sollten wir sie sammeln; vgl. SONTAG 1977: 83). Zum anderen bringt es die »letztlich ästhetisierende Wirkung der Fotografie [...] mit sich, dass das gleiche Medium, das das Leid vermittelt, es am Ende auch neutralisiert.« (SONTAG 1977: 107) Bilder rütteln auf, und zugleich lähmen und betäuben sie: Das Entsetzliche wird alltäglich. Darüber hinaus erzeugen Bilder das Bedürfnis nach mehr Bildern, der gesellschaftliche Wandel wird so ersetzt durch den Wandel der Bilder.

Unterschiedliche Bewertungen der Bilder

Positive Bewertungen der Bilder betonen, dass sie Demokratisierung und Autarkie unterstützen: Sie passen die Wahrnehmungsfähigkeiten den geschichtlichen Erfordernissen an und befreien vom Ontologismus. Negative Bewertungen heben dagegen ihren uneigentlichen Charakter hervor: Sie beinhalten die Gefahr des Wirklichkeitsverlustes und beeinträchtigen die Fähigkeit zum rationalen Diskurs. Eine vehemente Kritik spezieller Bildphänomene ist hierbei oft mit einer Hochschätzung anderer Bildphänomene vereinbar.

12.2 Bild und Manipulation

Die bildkritische Haltung findet Unterstützung in der langen Geschichte der manipulativen Instrumentalisierungen der Bilder. Auch in den konkreten politischen Zusammenhängen, in denen das Bild oft als Herrscherbildnis auftrat, war der Bildersturm ein beliebtes Instrument sowohl im revolutionären Sinne (als Kampf gegen illegitime Herrschaft) wie im imperialen Sinne (als Neuschreibung der Geschichte aus der Siegerperspektive). Beide Varianten teilen die Ansicht, dass politische Macht in einem engen Zusammenhang mit ihrer bildhaften Darstellung steht oder sogar von ihr abhängt. Die Zerstörung von Bildwerken (und von Kunst allgemein) ist natürlich keine Erfindung der Taliban und galt auch in der westlichen Welt erst in dem Moment als barbarisch und kulturnegierend, in dem die Bilder ihre politische Funktion einbüßten und die Bildende Kunst »aus den herrschaftlichen Legitimationsdiensten ausschied« (WARNKE 1973: 9). Voraussetzung hierfür war das Abstraktwerden der Herrschaft innerhalb der entstehenden Nationalstaaten, das daher als eine der Bedingungen der Autonomie der modernen Kunst verstanden werden kann. Während die

Bildende Kunst sich in der Folge vom Diktat der gegenständlichen Malerei zu lösen begann, wurde in politischen Zusammenhängen auf neue Bildmedien zurückgegriffen – nämlich Fotografie und Film –, die den traditionellen Abbildbegriff fortführten (oder vollendeten) und den Erfordernissen einer technisierten Informationsgesellschaft besser entsprachen. Das traditionelle Herrscherbildnis ersetzte damit die Werbekampagne und die Imagepflege.

Die Ambivalenz der Bilder

Die politische Funktion von Bildern sollte nicht nur negativ als Möglichkeit der Manipulation gesehen werden. Wie in den Anmerkungen zur normativen Bildfunktion bereits angesprochen, verbindet sich mit Bildern auch die positive Möglichkeit der Sinnstiftung. In den frühen Bilderkulten stand diese Funktion immer im Mittelpunkt; die verschiedenen Bilderstreite und Bilderstürme können als Kämpfe um solche Sinnstiftungspotenziale verstanden werden. Dies lässt sich zudem nach verschiedenen Ebenen differenzieren. Während die bekannten ›großen‹ Bilderstreite der Geschichte – beispielsweise der Byzantinische Bilderstreit – durch ihre enge Verbindung mit den jeweiligen politischen und ökonomischen Machtverhältnissen auf höchster politischer Ebene ausgetragen wurden, ereignet sich Vergleichbares etwa auf der Ebene der regionalen Denkmäler eher unscheinbar (vgl. DIERS 1997).

Die Ambivalenz insbesondere des fotografischen Bildes hat unter anderem Roland Barthes überaus fasziniert. Ausgehend von der Unterscheidung der denotativen und der konnotativen Ebene sieht er die Besonderheit der Fotografie im Übergewicht der denotativen Funktion. Die Fotografie scheint lediglich Vorhandenes zu zeigen. Dieser Anschein einer konnotativen Enthaltsamkeit (bzw. der fotografischen Insignifikanz) entsteht, weil die Konnotationsverfahren der Fotografie nach Barthes weitgehend unsichtbar bleiben. Auch wenn Fotografien (wie alle bildhaften Darstellungen) faktisch (und oft unbewusst) in kognitive und normative Bezüge eingebettet sind, wirken sie selbstgenügsam und ermöglichen damit ihre manipulative Instrumentalisierbarkeit: Indem »sich die konnotierte (oder codierte) Botschaft hier ausgehend von einer Botschaft ohne Code entfaltet« (BARTHES 1961: 15), werden die kulturellen und insbesondere die ideologischen Inhalte durch die dominante denotative Funktion überlagert. »Das denotierte Bild naturalisiert die symbolische Botschaft, es lässt den (vor allem in der Werbung) sehr differenzierten semantischen Trick der Konnotation unschuldig erscheinen. [...] Das Fehlen eines Codes desintellektualisiert die Botschaft, weil dadurch die Zeichen der Kultur als natürlich erscheinen. Hier liegt vermutlich ein wichtiges historisches Paradox: Je mehr die Technik die Verbreitung der Information (und insbesondere der Bilder) entwickelt, um so mehr Mittel steuert sie bei, den konstruierten Sinn unter der Maske eines gegebenen Sinns zu verschleiern« (BARTHES 1964: 40).

Barthes' Analyse der Fotografie kann als ein typisches Lehrstück der 1960er-Jahre angesehen werden, mit dem er die Universalität der gesellschaftlichen und kulturellen Formung auch für den Bereich der kommunikativen Prozesse nachweisen will. Obschon seine dem Strukturalismus nahe stehenden semiotischen Analysen in etlichen theoretischen Hinsichten problematisch sind und kritisiert wurden (vgl. SONESSON 1989: 113ff.), ist der grundlegende Befund doch zutreffend. Danach eignen sich Bilder (verglichen mit sprachlichen Darstellungen) in besonderem Maße zur Manipulation (etwa der politischen Meinung), weil sie mit dem Gestus des Faktischen auftreten und zumindest teilweise auch in dieser Weise rezipiert werden (vgl. SACHS-HOMBACH 1998b).

Das trifft keineswegs exklusiv auf das Bildmedium der Fotografie zu, die sich auch nur kurze Zeit durch den Anspruch auf objektive Wiedergabe der Wirklichkeit auszeichnete. Im Fall der Fotografie entstand der Objektivitätsanspruch einerseits durch den hohen Detaillierungsgrad, andererseits durch das Wissen um ihren kausalen Ursprung. Da der Manipulierbarkeit mit den Möglichkeiten der digitalen Fotografie aber praktisch keine Grenzen mehr gesetzt sind, hat sich dieser Anspruch mittlerweile verflüchtigt (vgl. WILLIAM JOHN MITCHELL 1992). Ohnehin ließ er sich angesichts der vielen bekannt gewordenen Fälschungen – denen unlängst eine Ausstellung gewidmet war (vgl. HAUS DER GESCHICHTE DER BUNDESREPUBLIK 1998) – bereits seit längerem nicht mehr aufrecht erhalten. Hinsichtlich der manipulativen Möglichkeiten unterscheidet sich die Fotografie also von den übrigen Bildmedien keineswegs.

Wenn der kausale Entstehungszusammenhang für die Eignung der Bilder zur Manipulation menschlicher Überzeugungen und Wünsche aber eine untergeordnete Rolle spielt (und ihre manipulative Kraft folglich nicht auf die Fotografie beschränkt ist), welcher genauere Zusammenhang besteht dann zwischen Bild und Manipulation? Die Antwort, die sich auf diese schon von Platon vorgebrachte Frage innerhalb des entwickelten

Theorierahmens ergibt, hebt als entscheidenden Aspekt erneut die Wahrnehmungsnähe der Bilder (und die mit ihr verbundenen Besonderheiten der kognitiven Verarbeitung) hervor. Sie lässt sich in der folgenden These zusammenfassen: Bildhafte Darstellungen besitzen eine eigentümlich ambivalente Wirksamkeit (die in besonderem Maße auch ideologisch instrumentalisierbar ist), weil ihre Rezeption einerseits durch die Mechanismen erleichtert wird, die wir für eine Interpretation der Wahrnehmungsprozesse ohnehin zur Verfügung haben, sie andererseits aber gerade dadurch die oft nicht bewusste Neigung fördert, auch die zeichenbedingten Eigenschaften des Dargestellten unkritisch als die Eigenschaften realer Gegenstände aufzufassen.

Argument zur Ambivalenz der Bilder

Etwas formaler gesagt, lässt sich das Argument zur Ambivalenz der Bilder in der folgenden Weise darstellen (vgl. auch SACHS-HOMBACH/SCHIRRA 1999):

(R) Die Rezeption eines Bildes von x beruht auf der Fähigkeit, x wahrzunehmen.

(S1) Die Bildrezeption profitiert von Wahrnehmungsautomatismen (positiver Wert: schnell und einfach).

(S2) Die Neigung, abgebildete Eigenschaften als real aufzufassen, wird dadurch verstärkt (negativer Wert: irrtümliche Zuschreibungen).

(T) Bildhafte Darstellungen besitzen eine eigentümlich ambivalente Wirksamkeit.

(S1) folgt aus (R), (S2) aus (S1), und aus (S1) und (S2) folgt schließlich (T). Zur Erklärung der besonderen Wirksamkeit des Bildes kommt insbesondere (S1) große Bedeutung zu. Eine weitergehende Analyse sollte demzufolge anhand der unterschiedlichen Rezeptionsformen und -mechanismen erfolgen. Die spezifischen Stärken und Schwächen der Bildverwendung hängen also wesentlich von den wahrnehmungspsychologisch zu beschreibenden Bildeffekten ab. Insbesondere die Schwächen entstehen vor allem dadurch, dass diese Effekte ungerechtfertigt dominieren und so der Zeichenstatus der Bilder aus dem Blick gerät. Zwar profitieren Bildwahrnehmung und Bildinterpretation in vielen Aspekten von der Gegenstandswahrnehmung, indem sie auf die Vorteile zurückgreifen, die sich mit den Wahrnehmungsmechanismen entwickelt haben. Weil der Zeichenstatus und die damit verbundene Artifizialität der Bilder bei mangelnder Schulung aber unzureichend berücksichtigt werden, kann dieser Vorteil all zu schnell ins Gegenteil umschlagen. Nach einem Befund von Uwe Pörksen lässt sich dies insbesondere bei den sogenannten Visiotypen feststellen (vgl. PÖRKSEN 1997: 28), die in ihrer schematisierten und emotionsgeladenen Prägnanz eine stark simplifizierte Sicht aktueller und gesellschaftlich bedeutsamer (in der Regel hochkomplexer) Phänomene vermitteln. Derartige Abbildungen sind – nach einem Ausdruck von Aby Warburg – auch als »Schlagbilder« bezeichnet worden (DIERS 1997: 7). Um den Gefahren ihres ideologischen Einsatzes zu begegnen, wäre es notwendig, das Bewusstsein der unvermeidlichen Verschränkung von Wahrnehmungsnähe und Zeichenstatus in der Bildkommunikation zu stärken. Die zunehmenden Bildanwendungen müssten also durch eine entsprechende reflexive Komponente ergänzt werden, die über den Hinweis auf die zahlreichen Bildfälschungen hinaus die Mechanismen bildhafter Meinungsbeeinflussung zu vermitteln hätte.

Bilder und der Gestus des Faktischen

Bilder eignen sich besonders zur Manipulation, weil sie mit dem Gestus des Faktischen auftreten und so zeichenbedingte Eigenschaften des Dargestellten unkritisch als Eigenschaften realer Gegenstände erscheinen lassen. Das trifft keineswegs exklusiv auf die Fotografie zu. So zeigt sich der Gestus des Faktischen auch bei den Visiotypen, die eine stark simplifizierte Sicht komplexer gesellschaftlicher Phänomene durch Schematisierung beglaubigen.

12.3 Bild und Bildrhetorik

Die Disziplin, die sich traditionell mit den Formen des persuasiven Zeichengebrauchs beschäftigt, ist die Rhetorik. Bis vor kurzem sah sie ihr zentrales Arbeitsgebiet primär in der sprachlichen Kommunikation. Obschon es keine prinzipiellen Gründe gibt, ebenfalls eine Bildrhetorik zu entwickeln, haben diese Bemühungen in jüngster Zeit eingesetzt (vgl. KNAPE 2000: 90ff.). Was hierbei unter dem Ausdruck ›Bildrhetorik‹ zu verstehen ist, hängt weitgehend davon ab, wie der Ausdruck ›Rhetorik‹ aufgefasst wird. Aristoteles hatte der Rhetorik die Poetik gegenübergestellt und entsprechend zwischen argumentativen und narrativen Textsorten unterschieden. Demgemäß wäre die Frage nach einer Bildrhetorik eine Frage nach der Möglichkeit, mit visuellen Darstellungsmitteln einen argumentativen Zusammenhang zu entwickeln oder zumindest zu unterstützen (vgl. KIBÉDI VARGA 1990). Hierbei ist der Begriff der Argumentation allerdings weniger im Sinne der Logik, sondern recht weit zu fassen, sodass er – analog auch zur gegenwärtigen Auffassung von Rhetorik – die Theorie und Praxis der menschlichen Beredsamkeit umfasst. Soll es der Rhetorik in diesem Sinne ganz allgemein um die Möglichkeiten der Erzeugung oder Änderung von Überzeugungen (bzw. um die entsprechenden Theorien hierzu) gehen, dann wird dem Bild niemand rhetorische Aspekte absprechen wollen. Denn bekannter- und erwiesenermaßen wird mit Bildern etwas in uns bewirkt. Entsprechend prägen Bilder (oft in unmittelbarer und affektiver Weise) unsere Überzeugungen. Die unterschiedlichen Formen und Aspekte der affektiven wie kognitiven Bildwirkungen sind von Kommunikations- und Medienwissenschaftlern insbesondere für die politische Bildkommunikation mittlerweile auch experimentell untersucht worden (vgl. FREY 1999 oder die verschiedenen Studien in KNIEPER/MÜLLER 2001).

Was ist ein rhetorisches Bildelement?

Bei der Bestimmung der rhetorischen Mittel sollte unterschieden werden, ob es sich primär um Bildkommunikation oder primär um sprachliche Kommunikation handelt (vgl. hierzu HARMS 1990; HEITMANN/SCHIEDERMAIR 2000). Gebräuchlicher ist sicherlich der zweite Fall, bei dem das Bild zur Illustration sprachlich vorgegebener Sachverhalte verwendet wird. Unter Umständen wird man bereits die Tatsache, dass überhaupt Bilder (als Beleg oder zur Illustration) eingesetzt werden, als rhetorisches Mittel werten. Hierbei handelt es sich aber nicht um ein genuin bildrhetorisches Verfahren. Innerhalb eines kommunikativen Kontextes können natürlich beliebige Gegenstände rhetorisch wirksam werden. So beeinflussen beispielsweise auch der Zeitpunkt, der Ort oder selbst ein zeitgleiches Ereignis an einem anderen Ort den Erfolg einer Rede (und lassen sich entsprechend rhetorisch nutzen). Von einem bildhaften rhetorischen Mittel im eigentlichen Sinne sollte nur dann geredet werden, wenn ein Bild auf Grund seiner bildinternen Eigenschaften kommunikativ wirksam wird. Dies lässt sich auch bei unterstützenden Bildfunktionen (wie der Illustration) feststellen; für eine Bildrhetorik ergiebiger sind aber die Fälle, in denen das Bild eine (vom sprachlichen Kontext tendenziell unabhängige) eigenständige

Funktion einnimmt, weil das Bild hier gewissermaßen seine rhetorische Kraft ganz allein mittels der bildeigenen Eigenschaften entfalten muss.

Bildkommunikation ohne jeden sprachlichen Bezug ist eher selten. Sie liegt am ehesten noch in den Werken der modernen Bildkunst vor. Die Übergänge sind hier allerdings fließend. Selbst wenn Bilder ohne Text erscheinen, stehen sie oft – wie etwa das Beispiel der sakralen Bildkunst zeigt – im Kontext eines sprachlichen Diskurses, sodass ihr Verständnis eine genauere Kenntnis der entsprechenden Texte voraussetzt. Bei der sakralen Kunst handelt es sich demnach oft um Illustrationen sprachlich bereits vorgestellter Sachverhalte. Dem trägt die Ikonografie Rechnung. Liegt eine Text-Bild-Kombination vor, dann handelt es sich nur dann primär um Bildkommunikation, wenn nicht das Bild die sprachlichen Zeichen, sondern umgekehrt die sprachlichen Zeichen das Bild erläutern. Der Text dient in diesem Fall also lediglich zur Verdeutlichung der Bildmitteilung und könnte eventuell auch fehlen. Bei den klassischen Printmedien – wie dem Buch oder der Zeitung – liegt primär sprachliche Kommunikation vor. Dagegen geht es in den modernen Medien – wie Fernsehen oder Video – primär um Bildkommunikation (vgl. STRASSNER 2002). Für eine Bildrhetorik sehr interessant ist der spezielle Bereich der Werbung, in der sich die zahlreichen visuellen Strategien beobachten und untersuchen lassen, mit denen einem Betrachter die kommunikativen Absichten (mehr oder weniger bewusst) nahe gebracht werden.

Um genauer zu bestimmen, was ein rhetorisches Bildmittel oder Bildelement ist, kann auf die Unterscheidung von Bildinhalt und Bildbotschaft zurückgegriffen werden. Ein Bildelement besitzt eine rhetorische Funktion, wenn es über die Darstellung eines Inhaltes hinaus zugleich zur Verdeutlichung der kommunikativen Intention beiträgt. Diese Verdeutlichung, mit der die kommunikative Absicht manifest gemacht wird, ergibt sich also nicht aus dem Inhalt allein, sondern aus der Art und Weise, wie der Inhalt präsentiert wird. Rhetorisch sind demnach primär die unterschiedlichen Darstellungsweisen, die (eventuell durch stilistische Marker verstärkt) die Rezeption des Bildes unterstützen und lenken. Das gilt auf jeden Fall für diejenigen Bilder, bei denen die Kommunikationsabsicht nicht explizit – etwa durch eine Bildunterschrift – zum Ausdruck gebracht wird, sondern anhand bildinterner Merkmale erschlossen werden muss. Über die jeweilige visuelle Präsentationsform eines Inhalts wird in diesem Fall präzisiert, was die Präsentation bezwecken soll. Darstellungsweise und Bildfunktion ergänzen sich dabei zur Steuerung der Bildinterpretation.

Wenn der Rhetorikbegriff entsprechend weit gefasst wird, besagt die Rede von der Bildrhetorik sehr allgemein, dass Bilder innerhalb kommunikativer Zusammenhänge persuasive Funktionen übernehmen können. Der konkretere Inhalt einer visuellen Rhetorik läge dann in der Erfassung der konkreten Bildmittel, mit denen im Einzelnen Überzeugungen generiert oder modifiziert werden. Offensichtlich kann dies in überaus vielfältiger Form (und unabhängig von den unterschiedlichen Bildtypen und Bildmedien) geschehen. Ein sehr einfaches Mittel wäre beispielsweise die Hervorhebung bestimmter Bildinhalte durch Vergrößerung oder durch zusätzliche Konturlinien. Teilweise lassen sich auch die klassischen rhetorischen Figuren bei Bildern identifizieren und beschreiben (vgl. etwa KENNEDY 1985; DOELKER 1997: 164ff.). Das ist etwa für das Phänomen der Bildmetapher intensiver unternommen worden (vgl. FORCEVILLE 1998).

Genuin visuelle Mittel der Bildrhetorik

Neben solchen Übertragungen aus dem Bereich der sprachlichen Redekunst in den Bildbereich gibt es aber auch zahlreiche genuin visuelle Mittel. Ein gutes Beispiel hierfür liefern die unterschiedlichen Formen der perspektivischen Darstellung, mit der die Bildrezeption relativ zur jeweiligen Kommunikations- bzw. Überzeugungsabsicht gesteuert werden kann. Zu den Einflussmöglichkeiten von Kameraperspektiven in der politischen Berichterstattung liegen bereits etliche empirische Untersuchungen vor (vgl. KEPPLINGER 1987: 92ff.). Das Phänomen insbesondere der ungewöhnlichen Darstellungsperspektiven – beispielsweise der extremen Untersicht – ist aber ein auch in der Bildenden Kunst bekanntes und häufig verwendetes Verfahren, das bis hin zu Verzerrungen – etwa in der Anamorphose – reicht und sich bewusst als Verfahren zur Irritation von Seherwartungen einsetzen lässt (vgl. BISCHOFF 1998).

Das Ineinander von Wahrnehmungs- und Zeichenkompetenz ist auch für das Verständnis der visuellen rhetorischen Mittel entscheidend. Im Beispiel der ungewöhnlichen Perspektive (vgl. SACHS-HOMBACH/WULFF 2005) wird der kommunikative Gehalt des Bildes maßgeblich durch die lebensweltlich erworbenen Wahrnehmungserfahrungen geprägt. Im Horizont dieser (unter Umständen im sozialen Kontext verstärkten) Erfahrungen vermitteln Formen der betonten Untersicht beim Betrachter tendenziell den Eindruck der eigenen Untergeordnetheit. Ein rhetorisches Mittel, das eher auf Darstellungskonventionen basiert und dessen Interpretation in geringerem Maße durch Wahrnehmungskompetenzen bestimmt wird, liefern etwa die (von Alois Riegl als kunstgeschichtliche Grundbegriffe der formalen Ästhetik eingeführten) Darstellungsqualitäten des Malerischen und des Haptischen (vgl. WIESING 1997: 60ff.). Die Ausdrücke ›malerisch‹ und ›haptisch‹ sind hierbei metaphorisch zu verstehen. Sie beziehen sich auf die Übergänge der einzelnen Formen, die entweder fließend oder scharf konturiert sind und auf diese Weise der Interpretation eines Bildes eine bestimmte Richtung geben.

Eine psychologisch unterstützte Untersuchung der bildrhetorischen Mittel eignet sich in besonderem Maße, um die spezifischen Stärken sowie die spezifischen Schwächen bildhafter Darstellungen festzustellen. In diesem Zusammenhang wurde der Ausdruck ›visual literacy‹ geprägt (vgl. MESSARIS 1994), der ebenfalls für die Diskussion um die *visual culture* bzw. *visual studies* (vgl. HOLERT 2000) bedeutsam ist (vgl. auch MITCHELL 1986a; 1992b). In dem Maße, in dem die hierzu nötige wissenschaftliche Forschung eine bessere Einschätzung ihrer Einsatzmöglichkeiten erlaubt, wird sich vermutlich auch ein nüchternerer Umgang mit ihnen einstellen. Die widersprüchlichen Einschätzungen der Bilder verdanken sich demnach maßgeblich einer bisher unzureichenden Klärung ihrer tatsächlichen Gefahren und Möglichkeiten. Da Bilder in naher Zukunft ohne Zweifel (und berechtigterweise) eine immer größere Bedeutung in Kultur wie Wissenschaft erhalten werden, sollte es zu einer Sensibilisierung für diese Gefahren und Möglichkeiten kommen. Eine (noch zu entwickelnde) Bildrhetorik würde hierzu nicht unerheblich beitragen, indem sie die visuellen rhetorischen Mittel systematisch untersucht und damit verständlich macht, wie Bilder in persuasiver Weise zum Einsatz gelangen können. Dies sollte nicht (nur) im Sinne einer Kritik – etwa an den Möglichkeiten der Bildmanipulation – verstanden werden, sondern auch im Sinne eines Nachweises der bildspezifischen Leistung sowie der Funktionen und Bereiche, in denen die Verwendung von Bildern besonders vorteilhaft ist. Zwischen Wahrheitsstreben und Überredung wird ohnehin nur derjenige einen Gegensatz sehen, der das Rationale mit dem Evidenten und Unzweifelhaften identifiziert.

Was ist Bildrhetorik?

Über den Hinweis auf Bildfälschungen hinaus sollte eine (noch zu schaffende) Bildrhetorik die Bedingungen und Mechanismen bildhafter Überredungsformen untersuchen.

Bildhafte rhetorische Mittel im eigentlichen Sinne liegen dann vor, wenn ein Bild auf Grund seiner bildinternen Eigenschaften kommunikativ wirksam wird. Rhetorisch wirksam sind hierbei vor allem die unterschiedlichen Darstellungsweisen. Teilweise lassen sich die klassischen rhetorischen Figuren bei Bildern identifizieren, zudem gibt es aber zahlreiche genuin visuelle rhetorische Mittel.

12.4 Zusammenfassung und Ausblick: Das Bild zwischen Reflexion und Anwendung

Die ambivalenten Einschätzungen der Bilder hängen in der abendländischen Geschichte oft mit einer Verquickung zweier Fragen zusammen, die genau auseinander gehalten werden sollten: zum einen die erkenntnistheoretische Frage nach den Kriterien zur Unterscheidung einer Erkenntnis von bloßer Meinung; zum anderen die zeichentheoretische Frage nach der besonderen Darstellungsbeziehung, durch die Bilder sich von anderen Zeichen unterscheiden. Wie Bilder bewertet wurden, resultierte oft aus einer Kombination dieser beiden Vorentscheidungen (vgl. hierzu Tab. 2).

TABELLE 2

Unterschiedliche Formen der Erkenntnisbeziehung (I.) und der Darstellungsbeziehung (II.)

	visuell	ideell
I. Erkenntnis (durch)	1. Anschauung/Empirie	2. Begriff/Reflexion
IIa. Repräsentation (durch) (Antike, MA.)	1. Mimesis	2. Magie
IIb. Repräsentation (durch) (Moderne)	1a. Bildstrukturen 1b. Suggestion	2a. Bildkonventionen 2b. Kausalität

Vertritt jemand die Auffassung, dass Erkenntnis etwas Begriffliches ist (Position I./2.), Repräsentation dagegen nur mimetisch verfahren kann (Position IIa./1.), dann wird er Bilder umso negativer bewerten, desto mehr ihm Erkenntnis als positiver Wert gilt. Dies entspricht der platonischen Position. Die jeweilige Einschätzung der Bilder hängt demnach nicht nur davon ab, was man unter einem Bild versteht, sondern ebenso davon, wie die Anwendungsmöglichkeiten (bzw. wie die speziellen Leistungsfähigkeiten) der Bilder aufgefasst und bewertet werden. Mit der zunehmenden Aufgliederung der Bilder in Bilder der Kunst, Bilder der Wissenschaft und Bilder der Medien hat auch die theoretische Reflexion jeweils eigene Formen von Bilderstreiten erzeugt. Die in Kunst und Kunstgeschichte dominanten Bildformen verbinden sich mit Fragen nach einem besonderen Bildsinn, der entweder aus bildimmanenten Strukturen oder über eine konventionalistische Symboltheorie hergeleitet wird. Dagegen steht bei den neuen Bildmedien ein Realismus im Vordergrund, der im Rahmen der wissenschaftlichen bildgebenden Verfahren über (Objektivität gewährleistende) kausale Relationen sehr positiv, innerhalb der Medien aber tendenziell negativ als illusionär und suggestiv bewertet wird. In den unterschiedlichen Diskussionen wird den Bildbefürwortern teilweise vorgeworfen, dass Bilder etwas vermögen – nämlich uns zu täuschen und zu manipulieren –, das besser nicht zur Wirksamkeit kommen sollte; teilweise wird jedoch kritisiert, dass Bilder gar nicht zu leisten in der Lage sind – nämlich uns Erkenntnisse zu vermitteln –, was leisten zu können sie vorgeben.

In dieser Situation besteht das Anliegen einer interdisziplinär verfassten, allgemeinen Bildwissenschaft darin, die unterschiedlichen Bereiche stärker zu trennen, um so zu einer differenzierteren Einschätzung der Bildphänomene zu gelangen, die Verständigung unter den einzelnen Fachdisziplinen aber durch einen übergeordneten Theorierahmen zu verbessern, um dennoch die Integration der einzelnen Einschätzungen zu gewährleisten (vgl. auch das Virtuelle Institut für Bildwissenschaft unter www.gibbildwissenschaft.org sowie die Buchreihe *Bildwissenschaft*). Das begriffskartografische Verfahren, das hierbei zur Verwendung kommt, stellt – metaphorisch gesprochen – eine Landkarte bereit, die eine zunächst überblicksartige Orientierung in den komplexen begrifflichen Zusammenhängen liefert. Dieses Verfahren liefert in seiner Allgemeinheit noch keine Antworten auf die konkreten empirischen Fragen, aber das kann auch nicht die Aufgabe der philosophisch-konzeptionellen Arbeit sein. Gelingt es erst einmal, eine gemeinsame Basis für die interdisziplinäre Zusammenarbeit zu formulieren – also eine theoretische Ebene, die den verschiedenen Kontroversen zur Bildtheorie vorgelagert ist und die Annahmen enthält, die den kontroversen Standpunkten gemeinsam sind –, dann lassen sich auch für die konkreteren Fragen die jeweils relevanten wissenschaftlichen Perspektiven in methodisch kontrollierter Weise zusammenführen und der empirischen Analyse unterwerfen.

Eine Klärung der konzeptionellen Grundlagen der Bildwissenschaft bietet nicht nur der empirischen Forschung Orientierung. Da eine allgemeine Bildwissenschaft aus begrifflichen Gründen interdisziplinär verfasst ist, eröffnet sie in besonderer Weise die Möglichkeit zur paradigmatischen Lösung des (seit Snows Diktum von den zwei Kulturen verstärkt ins Bewusstsein getretenen) Problems der Interdisziplinarität, das insbesondere das Verhältnis von Reflexion und Anwendung befruchten wird. Denn wie kaum ein anderes Thema zieht sich die Bildproblematik durch die verschiedensten gesellschaftlichen Bereiche und verbindet so Kultur und Technik oder Kunst und Wissenschaft. Im Unterschied zu vielen anderen Wissenschaften zeichnet sich die Bildwissenschaft (zumindest in der vorliegenden Konzeption) zudem dadurch aus, dass sie zwar wesentlich spezielle Formen des kommunikativen Miteinanders zum Thema hat, hierbei aber zugleich mit konkreten, teilweise sehr technischen oder informationstechnologischen Artefakten beschäftigt ist, die sich in ihrer jeweiligen Verwendung als Prüfstein für die entworfenen Theorien heranziehen lassen. Die bildwissenschaftlichen Reflexionen besitzen damit durch ihre zahlreichen Anwendungsgebiete in besonderem Maße ein empirisches Korrektiv.

Trifft die Überlegung zu, dass wir gegenwärtig einen *visualistic turn* erleben, der im Rahmen des zunächst als *linguistic turn* missverstandenen *symbolic* oder *semiotic turn* erfolgt, dann besitzen Bilder sicherlich nicht nur didaktische Funktionen. Allerdings wäre, soll die Analogie zum *linguistic turn* wirklich ernst genommen werden, noch zu präzisieren, in welchem Sinne Bilder ›unhintergehbar‹ sind. Da Bilder in vielen Kontexten keine unverzichtbare Rolle spielen und sie auch kein universelles Kommunikationsmedium bereitstellen, besteht eine der wichtigen (in Zukunft zu leistenden) philosophischen Aufgaben darin, den Sinn von ›unhintergehbar‹ in diesem Kontext genauer zu bestimmen. Im Rahmen der vorgestellten Konzeption ergibt sich dieser Sinn aus der Bildern inhärenten Orientierungsfunktion. Bilder sind »Kontext-Bilder« (SCHIRRA 2001). Sie bilden (im Sinne von ausbilden bzw. erschaffen) die Kontexte erst heraus, in denen wir uns dann (auch im Denken) selbstverständlich bewegen, ohne dass wir uns der orientierenden Basis des Bildhaften noch bewusst wären. Sie gliedern und vereinfachen unseren Zugang zur Welt also und sind damit – wie alle Vereinfachungen – gleichermaßen nützlich wie gefährlich.

Literaturverzeichnis

ALBERSMEIER, FRANZ-JOSEF (1979) (Hrsg.): *Texte zur Theorie des Films.* Stuttgart [Reclam], zit. nach der um ein Nachwort erweiterten und bibliografisch ergänzten Ausgabe von 1995

ANDERSON, JOHN R. (1980): *Cognitive Psychology and Its Implications.* New York/Oxford [Freeman and Company], zit. nach der deutschen Ausgabe: *Kognitive Psychologie. Eine Einführung.* Heidelberg [Spektrum Verlag] 1988

ARNHEIM, RUDOLF (1931): *Film als Kunst.* Berlin [Rowohlt], zit. nach der Neuausgabe: Frankfurt/M. [Suhrkamp] 2002

ARNHEIM, RUDOLF (1965): *Kunst und Sehen. Eine Psychologie des schöpferischen Auges,* zit. nach der 3., unveränderten Auflage, mit einem Vorwort von Michael Diers. Berlin/New York [de Gruyter] 2000

ARNHEIM, RUDOLF (1974): On the Nature of Photography. In: *Critical Inquiry,* 1, S. 149-161

ARRIENS, KLAUS (1999): *Wahrheit und Wirklichkeit im Film. Philosophie des Dokumentarfilms.* Würzburg [Königshausen und Neumann]

BAATZ, WILLFRIED (1997): *Geschichte der Fotografie,* zit. nach der 2. Auflage von 2000. Köln [DuMont]

BACH, KENT (1970): Part of What a Picture is. In: *British Journal of Aesthetics,* 10, S. 119-137

BALÁZS, BELA (1938): Zur Kunstphilosophie des Films. In: ALBERSMEIER 1979, S. 204-226

BARTHES, ROLAND (1961): Die Fotografie als Botschaft. In: BARTHES 1982, S. 11-27

BARTHES, ROLAND (1964): Rhetorik des Bildes. In: BARTHES 1982, S. 28-46

BARTHES, ROLAND (1982): L'obvie et l'obtus. Essais critiques III, Paris [Editions du Seuil], zit. nach der deutschen Ausgabe: *Der entgegenkommende und der stumpfe Sinn*. Kritische Essays III. Frankfurt/M. [Suhrkamp] 1990

BAUCH, KURT (1994): Imago. In: BOEHM 1994b, S. 275-299

BELTING, HANS (1990): *Bild und Kult. Eine Geschichte des Bildes vor dem Zeitalter der Kunst*. München [Beck], zit. nach der 2. Auflage von 1991

BELTING, HANS (2001): *Bild-Anthropologie. Entwürfe einer Bildwissenschaft*. München [Fink]

BENJAMIN, WALTER (1936): *Das Kunstwerk im Zeitalter seiner technischen Reproduzierbarkeit. Drei Studien zur Kunstsoziologie*. Zit. nach der 7. Auflage, Frankfurt/M. [Suhrkamp] 1974

BERGER, JOHN (1972): Ways of Seeing. Harmondsworth [Penguin], zit. nach der deutschen Ausgabe: *Sehen. Das Bild der Welt in der Bilderwelt*. Reinbek b. Hamburg [Rowohlt] 1974

BERNHARD, JEFF; GLORIA WITTHALM (1996): *Neurath. Zeichen*. Wien [Österreichische Gesellschaft für Semiotik]

BISANZ, ELIZE (2002): *Malerei als écriture. Semiotische Zugänge zur Abstraktion* (Reihe Bildwissenschaft, Band 7). Wiesbaden [Deutscher Universitätsverlag]

BISCHOFF, MICHAEL (1998): Nahdistanzkonstruktion und Bildwahrnehmung. In: SACHS-HOMBACH; REHKÄMPER 1998b, S. 143-151

BISCHOFF, MICHAEL; MATTHIAS STRUCH (1995): Kunst, Wahrnehmung und visuelle Erkenntnis. In: SACHS-HOMBACH 1995c, S. 307-320

BLACK, MAX (1972): Wie stellen Bilder dar? In: GOMBRICH; HOCHBERG; BLACK 1972, S. 115-154

BLANKE, BÖRRIES (1998a): Modelle des ikonischen Zeichens. In: BLANKE 1998b, S. 285-303

BLANKE, BÖRRIES (1998b) (Hrsg.): *Bildsemiotik, Zeitschrift für Semiotik*, Bd. 20 (3-4). Tübingen [Stauffenburg]

BLANKE, BÖRRIES (2003): *Vom Bild zum Sinn. Das ikonische Zeichen zwischen strukturalistischer Semiotik und analytischer Philosophie* (Reihe Bildwissenschaft, Bd. 4). Wiesbaden [Deutscher Universitätsverlag]

BLISS, CHARLES K. (1949): *Semantography – Blissymbolics*. Sydney [Semantography – Blissymbolics Publications] zit. nach der 3., erweiterten Ausgabe von 1978

BLOCK, NED (1981) (Hrsg.): *Imagery*. Cambridge, MA [MIT Press]

BLOCK, NED: (1983a): The Photographic Fallacy in the Debate about Mental Imagery. In: *Nous*, 17, S. 651-662

BLOCK, NED: (1983b): Mental Pictures and Cognitive Science. In: *Philosophical Review*, 92, S. 499-541

BLOCK, NED (1995): On a Confusion about a Function of Consciousness. In: *The Behavioral and Brain Sciences*, 18 (1), S. 227-247

BLUM, GERD; KLAUS SACHS-HOMBACH; JÖRG R. J. SCHIRRA (2007): Kunsthistorische Bildanalyse und Allgemeine Bildwissenschaft. Eine Gegenüberstellung am konkreten Beispiel: Die Fotografie Terror of War von Nick Ut. In: *Zeitschrift für Ästhetik und allgemeine Kunstwissenschaft* (Sonderheft 8: Ästhetik in metaphysikkritischen Zeiten. 100 Jahre »Zeitschrift für Ästhetik und allgemeine Kunstwissenschaft). Hamburg [Felix Meiner Verlag], S. 117-152

BOEHM, GOTTFRIED (1994a): Die Wiederkehr der Bilder. In: BOEHM 1994b, S. 11-38

BOEHM, GOTTFRIED (1994b) (Hrsg.): *Was ist ein Bild?* München [Fink], zit. nach der 2. Auflage von 1995

BOEHM, GOTTFRIED (2001) (Hrsg.): *Homo Pictor* (Colloquium Rauricum, Bd. 7). München/Leipzig [Saur]

BÖHME, GERNOT (1999): *Theorie des Bildes*. München [Fink]

BÖHME, HARTMUT; PETER MATUSSEK; LOTHAR MÜLLER (2000): *Orientierung Kulturwissenschaft. Was sie kann, was sie will*. Reinbek b. Hamburg [Rowohlt]

BOHN, VOLKER (1986) (Hrsg.): *Bildlichkeit. Internationale Beiträge zur Poetik*. Frankfurt/M. [Suhrkamp]

BORDWELL, DAVID (2001): *Visual Style in Cinema. Vier Kapitel Filmgeschichte*. Frankfurt/M./München [Verlag der Autoren]

BRANDT, REINHARD (1999): *Die Wirklichkeit des Bildes*. München/Wien [Hanser]

BREDEKAMP, HORST (1995): *Repräsentation und Bildmagie der Renaissance als Formproblem*. München [Carl Friedrich von Siemens Stiftung]

BROCK, BAZON (1973): Der byzantinische Bilderstreit. In: WARNKE 1973, S. 30-40

BRUMLIK, MICHA (1994): *Schrift, Wort und Ikone. Wege aus dem Bilderverbot*. Frankfurt/M. [Fischer]

BUCHHOLZ, KAI; JÖRG J. R. SCHIRRA (2001): Das Haus als Gesamtkunstwerk – eine Herausforderung an die Computervisualistik. In: SACHS-HOMBACH 2001b, S. 241-268

BUDDEMEIER, HEINZ (1981): *Das Foto. Geschichte und Theorie der Fotografie als Grundlage eines neuen Urteils*. Reinbek b. Hamburg [Rowohlt]

BUDDEMEIER, HEINZ (1987): *Illusion und Manipulation. Die Wirkung von Film und Fernsehen auf Individuum und Gesellschaft*. Stuttgart [Verlag Urachhaus], zit. nach der 2. Auflage von 1996

BURKART, ROLAND (1983): *Kommunikationswissenschaft. Grundlagen und Problemfelder. Umrisse einer Interdisziplinären Sozialwissenschaft*. Wien/Köln/Weimar [Böhlau], zit. nach der 3., überarbeiteten und aktualisierten Auflage

BUSCH, WERNER (1987) (Hrsg.): *Funkkolleg Kunst. Eine Geschichte der Kunst im Wandel ihrer Funktionen*, Bd. 2. München [Piper], zit. nach der 2. Auflage von 1991

CADOZ, CLAUDE (1994): Les réalités virtuelles. Paris [Flammarion], zit. nach der deutschen Ausgabe: *Die Virtuelle Realität*. Bergisch Gladbach [Verlagsgruppe Lübbe] 1998

CAMPENHAUSEN, CHRISTOPH VON (1993): *Die Sinne des Menschen. Einführung in die Psychophysik der Wahrnehmung*. 2., völlig neu bearbeitete Auflage, Stuttgart/New York [Georg Thieme Verlag]

CASETTI, FRANCESCO (2001): Filmgenres, Verständigungsvorgänge und kommunikativer Vertrag. In: *montage/av,* 10 (2), S. 155 - 173

CASSIRER, ERNST: (1944): *An Essay on Man. An Introduction to a Philosophy of Human Culture.* New Haven/London [Yale University Press] (deutsch: Versuch über den Menschen. Einführung in eine Philosophie der Kultur. Frankfurt/M. [Fischer] 1990)

CASSIRER, ERNST (1923 - 29): *Philosophie der symbolischen Formen*, 3 Bde. Berlin, zit. nach dem unveränderten Nachdruck der 2. Auflage, Darmstadt [Wissenschaftliche Buchgesellschaft] 1964

CHAMPOUX, BERNARD; K. FUJISAWA; T. INOUE; Y. IWADATE (2000): Transmitting visual information: Icons become words. In: *Proceedings of IEEE2000 Information Visualization*, London, S. 244 - 249

CHOMSKY, NOAM (1965): Aspects of the Theory of Syntax, Cambridge, MA [MIT PRESS], zit. nach der deutschen Ausgabe: *Aspekte der Syntaxtheorie*. Frankfurt/M. [Suhrkamp] 1973

CURTIUS, ERNST ROBERT (1947): *Europäische Literatur und Lateinisches Mittelalter.* Bern [Francke]

DAVIES, MARTIN; TONY STONE (1995) (Hrsg.): *Mental Simulation. Evaluations and Applications*. Oxford [Blackwell]

DAVIS, STEVEN (1991) (Hrsg.): *Pragmatics*. New York/Oxford [Oxford University Press]

DENCKER, KLAUS PETER (1995) (Hrsg.): *Weltbilder – Bildwelten. Computergestützte Visionen*. Hamburg [Verlag Hans-Bredow-Institut]

DENNETT, DANIEL C. (1969): *Content and Consciousness*. London [Routledge & Kegan Paul]

DEUSSEN, OLIVER: Pixel-Oriented Rendering of Line Drawings. In: STROTHOTTE 1998, S. 105 - 119

DIERS, MICHAEL (1997): *Schlagbilder. Zur politischen Ikonographie der Gegenwart*. Frankfurt/M. [Fischer]

DOELKER, CHRISTIAN (1997): *Ein Bild ist mehr als ein Bild: Visuelle Kompetenz in der Multimedia-Gesellschaft*. Stuttgart [Klett-Cotta]

DÖLLING, EVELYN (1999): Kategorialstruktur ikonischer Sprachen und Syntax der visuellen Sprache. In: SACHS-HOMBACH; REHKÄMPER 1999, S. 123 - 134

DREYFUS, HUBERT L. (1972): What computers can't do – The Limits of Artificial Intelligence. New York [Harper & Row], zit. nach der deutschen Ausgabe: *Die Grenzen künstlicher Intelligenz. Was Computer nicht können*. Königstein/Ts. [Athenäum] 1985

ECO, UMBERTO (1968): La struttura Assente. Milano [Casa editrice Bompiani], zit. nach der autorisierten deutschen Ausgabe von Jürgen Trabant: *Einführung in die Semiotik*. 7. Auflage. München [Fink] (UTB) 1991

ECO, UMBERTO (1973): Segno. Milano [Istituto Editoriale Internazionale], zit. nach der deutschen Ausgabe: *Zeichen. Einführung in einen Begriff und seine Geschichte*. Frankfurt/M. [Suhrkamp] 1977

EDELINE, FRANCIS (1998): Die Rhetorik des Umrisses: Wie man Grenzen schafft, und wie man sie überschreitet. In: BLANKE 1998b, S. 269 - 283

EHRENSPECK, YVONNE; BURKHARD SCHÄFFER (2003) (Hrsg.): *Film- und Fotoanalyse in der Erziehungswissenschaft. Ein Handbuch*. Opladen [Leske & Budrich]

ENGELKAMP, JOHANNES; THOMAS PECHMANN (1993): *Mentale Repräsentation*. Bern u. a. [Verlag Hans Huber]

ENGELKAMP, JOHANNES (1990): *Das Menschliche Gedächtnis*. Göttingen [Hogrefe], zit. nach der 2. Auflage von 1991

ENGELKAMP, JOHANNES (1998): Gedächtnis für Bilder. In: SACHS-HOMBACH; REHKÄMPER 1998b, S. 227 - 242

ERNST, GERHARD (2002): *Das Problem des Wissens*. Paderborn [Mentis]

FASSMANN, KURT (1985): Trompe-l'œil. In: *Kindlers Malerei Lexikon*, Bd. 14: Begriffe II, hrsg. von Wolf Stadler. München [Kindler Verlag], S. 297-300

FAULSTICH, WERNER (1980): *Einführung in die Filmanalyse*. 3., vollständig neu bearbeitete und erheblich erweiterte Auflage. Tübingen [Narr]

FAULSTICH, WERNER (1994): *Grundwissen Medien*. München [Fink], zit. nach der 2., verbesserten Auflage von 1995

FELLMANN, FERDINAND (1989): Der Mensch und die Bilder. In: *Mitteilungen der* TU *Braunschweig*, 26 (2), S. 31-34

FELLMANN, FERDINAND (1991a): *Symbolischer Pragmatismus. Hermeneutik nach Dilthey*. Reinbek b. Hamburg [Rowohlt]

FELLMANN, FERDINAND (1991b): Bild und Bewusstsein bei Giordano Bruno. In: HEINRICH; VETTER 1991, S. 200-222

FELLMANN, FERDINAND (1993): *Lebensphilosophie. Elemente einer Theorie der Selbsterfahrung*. Reinbek b. Hamburg [Rowohlt]

FELLMANN, FERDINAND (1995a): Innere Bilder im Lichte des imagic turn. In: SACHS-HOMBACH 1995c, S. 21-38

FELLMANN, FERDINAND (1995b): Einbildungskraft als virtuelle Bildlichkeit. In: DENCKER 1995, S. 264-272

FELLMANN, FERDINAND (1998): Von den Bildern der Wirklichkeit zur Wirklichkeit der Bilder. In: SACHS-HOMBACH; REHKÄMPER 1998b, S. 187-195

FELLMANN, FERDINAND (2000): Bedeutung als Formproblem – Aspekte einer realistischen Bildsemantik. In: SACHS-HOMBACH; REHKÄMPER 2000, S. 17-40

FELLMANN, FERDINAND (2003): Radikale Hermeneutik. Verstehen in der Erlebnisgesellschaft. In: KÜHNE-BERTRAM u. a. 2003, S. 97-116.

FELLNER, WOLF-DIETRICH (1988): *Computer-Grafik*. Mannheim u. a. [BI-Wissenschafts-Verlag], zit. nach der 2., vollständig überarbeiteten Auflage von 1992

FIEDLER, KONRAD (1876): Über die Beurteilung von Werken der bildenden Kunst. In: FIEDLER, KONRAD: *Schriften zur Kunst*, Bd. 1, 2. Auflage, hrsg. von Gottfried Boehm. München [Fink] 1991, S. 1-48

FINKE, ROLAND A. (1989): *Principles of Mental Imagery*. Cambridge, MA [MIT Press]

FLUSSER, VILÉM (1983): *Für eine Philosophie der Fotografie*. Göttingen [European Photography], zit. nach der 7. Auflage von 1994

FLUSSER, VILÉM (1985): *Ins Universum der technischen Bilder*. Göttingen [European Photography]

FODOR, JERRY (1975): *The Language of Thought*. New York [Thomas Y. Cromwell Company], zit. nach der Paperback-Ausgabe bei Harvard University Press von 1979

FODOR, JERRY (1981): Imagistic Representation. In: BLOCK 1981, S. 63-86

FOLEY, JAMES D.; ANDRIES VAN DAM; STEVEN K. FEINER; JOHN F. HUGHES (1990): *Computer Graphics: Principles and Practice*. Reading, MA [Addison-Wesley], zit. nach dem 9. Druck der 2. Auflage von 1995

FORCEVILLE, CHARLES (1998): *Pictorial metaphor in advertising*. London [Routledge]

FREGE, GOTTLOB (1892): Über Sinn und Bedeutung, zit. nach der Ausgabe in: FREGE, GOTTLOB: *Funktion, Begriff, Bedeutung*. Herausgegeben von G. Patzig, 6. Auflage, Göttingen [Vandenhoeck] 1986, S. 40-65

FREY, SIEGFRIED (1999): *Die Macht des Bildes. Der Einfluß der nonverbalen Kommunikation auf Kultur und Politik*. Bern u. a. [Hans Huber Verlag]

FRIZOT, MICHEL (1994) (Hrsg.): Nouvelle Histoire de la Photographie. Paris [Bordas S.A.], zit. nach der deutschen Ausgabe: *Neue Geschichte der Fotografie*. Köln [Könemann] 1998

FUHRER, URS (1995): Die Bedeutung enaktiver und ikonischer Repräsentation beim Lernen durch Beobachtung. In: SACHS-HOMBACH 1995c, S. 307-336

GEIMER, PETER (2002a): Was ist kein Bild? Zur »Störung der Verweisung«. In: GEIMER 2002b, S. 313-341

GEIMER, PETER (2002b) (Hrsg.): *Ordnungen der Sichtbarkeit. Fotografie in Wissenschaft, Kunst und Technologie*. Frankfurt/M. [Suhrkamp]

GERHARDUS, DIETFRIED (1985): Farbe als Bilderfindung. In: GERHARDUS; KLEDZIK 1985, S. 69-86

GERHARDUS, DIETFRIED (1995): »Aber ist es auch in derselben Weise traurig, in der es grau ist?« Goodmans Behandlung des Gegenstandes als Teil eines symbolischen Gegenstandes. In: *Deutsche Zeitschrift für Philosophie*, 43 (4), S. 731-741

GERHARDUS, DIETFRIED (1996): Artikel ›Symboltheorie‹. In: MITTELSTRASS, JÜRGEN (Hrsg.): *Enzyklopädie Philosophie und Wissenschaftstheorie*, Bd. 4. Stuttgart/Weimar [Metzler], S. 160-163

GERHARDUS, DIETFRIED (1997): Das Bild: ein Mischsymbol. Überlegungen mit Blick auf Goodmans Bildtheorie. In: *Philosophia Scientiae*, 2 (1), S. 119-130

GERHARDUS, DIETFRIED (1999): Die sensuelle Erschließung der Welt. In: BUCHHOLZ, KAI; SHAHID RAHMAN; INGRID WEBER (Hrsg.): *Wege der*

Vernunft. Philosophieren zwischen Tätigkeit und Reflexion. Frankfurt/M./ New York [Campus Verlag], S. 107 - 119

GERHARDUS, DIETFRIED; SILKE M. KLEDZIK (1985) (Hrsg.): *Vom Finden und Erfinden in Kunst – Philosophie – Wissenschaft*. Saarbrücken [Privatdruck], S. 69 - 86

GIBSON, JAMES J. (1979): The Ecological Approach to Visual Perception. Boston [Mifflin], zit. nach der deutschen Ausgabe: *Wahrnehmung und Umwelt*. München [Urban & Schwarzenberg] 1982

GOLD, PETER (1995): Bild und Negat. In: SACHS-HOMBACH 1995c, S. 235 - 255

GOLDMAN, ALVIN I. (1989): Interpretation Psychologized. In: *Mind & Language*, 4, S. 161 - 185

GOLDSTEIN, E. BRUCE (1996): Sensation and Perception. Pacific Grove [Brooks/Cole Publishing Company], zit. nach der von M. Ritter herausgegebenen deutschen Ausgabe: *Wahrnehmungspsychologie. Eine Einführung*. Heidelberg/Berlin/Oxford [Spektrum] 1997 (= Erscheinungsjahr der deutschen Ausgabe)

GOMBRICH, ERNST H. (1960): *Art and Illusion. A Study in the Psychology of Pictorial Representation*. Princeton, NJ [Princeton University Press], zit. nach dem 9. Druck der 2. Auflage von 1989

GOMBRICH, ERNST H. (1965): Visuelle Entdeckungen durch die Kunst. In: GOMBRICH 1982, S. 11 - 39

GOMBRICH, ERNST H. (1971): The Ideas of Progress and their Impact on Art. New York [The Cooper Union School of Art and Architecture], zit. nach der deutschen Ausgabe: *Kunst und Fortschritt. Wirkungen einer Idee*. Köln [DuMont Verlag] 2002

GOMBRICH, ERNST H. (1982): The Image and the Eye. Oxford [Phaidon Press Limited], zit. nach der deutschen Ausgabe: *Bild und Auge. Neue Studien zur Psychologie der bildlichen Darstellung*. Aus dem Englischen übertragen von Lisbeth Gombrich. Stuttgart [Klett-Cotta] 1984

GOMBRICH, ERNST H. (1994): *Das forschende Auge. Kunstbetrachtung und Naturwahrnehmung*. Frankfurt/M./New York [Campus Verlag]

GOMBRICH, ERNST H.; DIDIER ERIBON (1993): *Looking for Answers*. New York [A Times Mirrow Company]

GOMBRICH, ERNST H.; JULIAN HOCHBERG; MAX BLACK (1972): Art, Perception, and Reality. Baltimore/London [The Johns Hopkins Press], zit. nach der deutschen Ausgabe: *Kunst, Wahrnehmung, Wirklichkeit*. Übersetzt von Max Looser. Frankfurt/M. [Suhrkamp] 1977

GOODMAN, NELSON (1968): Languages of Art. An Approach to a Theory of Symbols. Indianapolis [Hackett], zit. nach der deutschen Ausgabe: *Sprachen der Kunst. Entwurf einer Symboltheorie*. Frankfurt/M. [Suhrkamp] 1997

GOODMAN, NELSON; CATHERINE Z. ELGIN (1988): *Reconceptions in Philosophy and Other Arts and Sciences*. London [Routledge]

GORDON, ROBERT M. (1986): Folk Psychology as Simulation. In: *Mind & Language*, 1, S. 158-171

GORDON, ROBERT M. (1992): The Simulation Theory: Objections and Misconceptions. In: *Mind & Language*, 7, S. 11-34

GRANDY, RICHARD E. (1973): Reference, Meaning and Belief. In: *The Journal of Philosophy*, 70, S. 439-452

GREENBERG, CLEMENT (1964): Four Photographers. In: New York Review of Books, 1 (11), 8ff., zit. nach der deutschen Ausgabe in: GREENBERG 1997, S. 336-343

GREENBERG, CLEMENT (1997): *Die Essenz der Moderne. Ausgewählte Essays und Kritiken*. Hrsg. von Karlheinz Lüdeking, aus dem Amerikanischen von Christopher Hollender. Amsterdam/Dresden [Verlag der Kunst]

GREGOR, ULRICH; ENNO PATALAS (1976): *Geschichte des Films*, 4. Bde. Reinbek b. Hamburg [Rowohlt]

GREGORY, RICHARD L. (1998): Eye and Brain. The Psychology of Seeing. Oxford [Oxford University Press], zit. nach der deutschen Ausgabe: *Auge und Gehirn. Psychologie des Sehens*. Reinbek b. Hamburg [Rowohlt] 2001

GRICE, HERBART PAUL (1957): Meaning. In: The Philosophical Review, 66, S. 377-388, zit. nach der deutschen Ausgabe: Intendieren, Meinen, Bedeuten. In: MEGGLE 1979, S. 2-15

GROEBEL, JO; PETER WINTERHOFF-SPURK (1989) (Hrsg.): *Empirische Medienpsychologie*. München [Psychologie Verlags Union]

GROUPE μ (1992): *Traité du signe visuel. Pour une rhétorique de l'image*. Paris [Seuil]

GUMBRECHT, HANS ULRICH; K. LUDWIG PFEIFFER (1988) (Hrsg.): *Materialität der Kommunikation*. Frankfurt/M. [Suhrkamp]

GÜNTER, ROLAND (1977): *Fotografie als Waffe. Geschichte und Dokumente der sozialdokumentarischen Fotografie*. Hamburg/Berlin [VSA]

HARMS, WOLFGANG (1990) (Hrsg.): *Text und Bild, Bild und Text* (DFG-Symposium 1988). Stuttgart [Metzler]

HARTH, MANFRED (2001): Bezugnahme bei Bildern. In: SACHS-HOMBACH 2001b, S. 41-53

HARRISON, ANDREW (1991): A Minimal Syntax for the Pictorial. The Pictorial and the Linguistic - Analogies and Disanalogies. In: KEMAL, SALIM; IVAN GASKELL (Hrsg.): *The Language of Art History*. Cambridge [Cambridge University Press], S. 213-239

HAUS DER GESCHICHTE DER BUNDESREPUBLIK DEUTSCHLAND (1998) (Hrsg.): *Bilder, die lügen*. Bonn [Bouvier], zit. nach der 2. Auflage von 2000.

HEITMANN, ANNEGRET; JOACHIM SCHIEDERMAIR (2000) (Hrsg.): *Zwischen Text und Bild. Zur Funktionsbestimmung von Bildern in Texten und Kontexten*. Freiburg i. Br./München [Rombach]

HEINRICH, RICHARD; HELMUTH VETTER (1991) (Hrsg.): *Bilder der Philosophie. Reflexionen über das Bildliche und die Phantasie*. Wien/München [Oldenbourg]

HICKETHIER, KNUT (1993): *Film- und Fernsehanalyse*. Stuttgart [Metzler], zit. nach der 3., überarbeiteten Auflage von 2001

HIEBLER, HANS H.; HEINZ HIEBLER; KARL KOGLER; HERWIG WALITSCH (1998): *Die Medien. Logik – Leistung – Geschichte*. München [Fink]

HIRNER, RENÉ (1997) (Hrsg.): *Vom Holzschnitt zum Internet. Die Kunst und die Geschichte der Bildmedien von 1450 bis heute*. Ostfildern-Ruit [Cantz Verlag] 1997

HOFMANN, WILHELM (1998) (Hrsg.): *Visuelle Politik: Filmpolitik und die visuelle Konstruktion des Politischen*. Baden-Baden [Nomos]

HOFMANN, WILHELM (1999) (Hrsg.): *Die Sichtbarkeit der Macht – Theoretische und empirische Untersuchungen zur Visuellen Politik*. Baden-Baden [Nomos]

HOGREBE, WOLFRAM (1971): Bild II. In: RITTER, JOACHIM (Hrsg.): *Historisches Wörterbuch der Philosophie*, Bd. 1, Basel [Schwabe & Co Verlag], S. 915-919

HOLERT, TOM (2000) (Hrsg.): *Imagineering. Visuelle Kultur und Politik der Sichtbarkeit* (Jahresring 47, Jahrbuch für moderne Kunst). Köln [Oktagon]

HOPKINS, ROBERT (1998): *Picture, Image and Experience*. Cambridge [Cambridge University Press]

HÖRMANN, HANS (1976): *Meinen und Verstehen. Grundzüge einer psychologischen Semantik*. Darmstadt [Wissenschaftliche Buchgesellschaft]

HORTON, WILLIAM (1994): *Das Icon-Buch: Entwurf und Gestaltung visueller Symbole und Zeichen*. Reading, MA/Bonn/Paris [Addison-Wesley]

HUBER, HANS DIETER (1997): Kommunikation in Abwesenheit. Zur Mediengeschichte der künstlerischen Bildmedien. In: HIRNER 1997,

S. 19-36

HUBER, HANS DIETER (1999): »Lets mix all feelings together!« – Ansätze zu einer Theorie multimedialer Systeme. In: SACHS-HOMBACH; REHKÄMPER 1999, S. 297-314

HUBER, HANS DIETER (2001): Irritierende Bilder – Wie verstehen wir, was wir sehen? In: SACHS-HOMBACH 2001b, S. 129-148

HUBER, HANS DIETER; BETTINA LOCKEMANN; MICHAEL SCHEIBEL (2002) (Hrsg.): *Bild, Medien, Wissen. Visuelle Kompetenz im Medienzeitalter*. München [Kopaed]

HUSSERL, EDMUND (1913): *Ideen zu einer reinen Phänomenologie und phänomenologischen Philosophie. Allgemeine Einführung in die Phänomenologie*, zit. nach der 4. Auflage, Tübingen [Niemeyer] 1980

HUTH, LUTZ (1985): Bilder als Elemente kommunikativen Handelns in den Fernsehnachrichten. In: *Zeitschrift für Semiotik*, 7 (3), S. 203-234

HUXLEY, ALDOUS (1954): *The Doors of Perception*. New York [Harper & Row]

HYMAN, JOHN (1989): *The Imitation of Nature*. Oxford [Blackwell]

IMDAHL, MAX (1994): Ikonik. Bilder und ihre Anschauung. In: BOEHM 1994b, S. 300-324

ISSING, LUDWIG J.; PAUL KLIMSA (1995) (Hrsg.): *Information und Lernen mit Multimedia*. Weinheim [Beltz, Psychologie Verlagsunion], zit. nach der 2., überarbeiteten Auflage von 1997

JANKE, WOLFGANG (1993): *Vom Bilde des Absoluten. Grundzüge der Phänomenologie Fichtes*. Berlin u. a. [de Gruyter]

JONAS, HANS (1961): Homo Pictor und die Differentia des Menschen. In: *Zeitschrift für philosophische Forschung*, 15 (2), S. 161-176

JONAS, HANS (1994): Homo Pictor. Von der Freiheit des Bildens. In: BOEHM 1994b, S. 105-124

JÜNGER, ERNST (1970): *Annäherungen. Drogen und Rausch*. Stuttgart [Klett-Cotta], zit. nach der ungekürzten dtv-Ausgabe von 1990

KÄMPF, HEIKE; RÜDIGER SCHOTT (1995) (Hrsg.): *Der Mensch als homo pictor? Die Kunst traditioneller Kulturen aus der Sicht von Philosophie und Ethnologie*. Beiheft 1 der Zeitschrift für Ästhetik und allgemeine Kunstwissenschaft. Bonn [Bouvier]

KAHNWEILER, DANIEL-HENRY (1946): Juan Gris: Sa vie son oeuvre, ses écrits, Paris [Gallimard], zit. nach der deutschen Ausgabe: *Juan Gris. Leben und Werk*. Stuttgart [Hatje] 1968

KANDINSKY, WASSILY (1926): *Punkt und Linie zu Fläche. Beitrag zur Analyse der malerischen Elemente*. München [Verlag Albert Langen], zit. nach der 7. Auflage, mit einer Einführung von Max Bill, Bern [Benteli] 1955

KANT, IMMANUEL (1787): *Kritik der reinen Vernunft* (KrV). 2. Auflage, Bd. 3 der Werkausgabe in 12 Bänden, hrsg. von Wilhelm Weischedel, Frankfurt/M. [Suhrkamp]

KEATES, JOHN S. (1982): *Understanding Maps*. Edinburgh [Longman], zit. nach der 2. Auflage von 1996

KEILHAUER, ANNELIESE; PETER KEILHAUER (1983): *Die Bildersprache des Hinduismus. Die indische Götterwelt und ihre Symbolik*. Köln [DuMont]

KELLER, RUDI (1995): *Zeichentheorie. Zu einer Theorie semiotischen Wissens*. Tübingen/Basel [Francke]

KEMP, WOLFGANG (1978): *Foto-Essays: Zur Geschichte und Theorie der Fotografie*. München [Schirmer]

KEMP, WOLFGANG (1980) (Hrsg.): *Theorie der Fotografie*, Bd. I.: 1839 - 1912. München [Schirmer-Mosel]

KENNEDY, JOHN M. (1985): Syllepse und Katachrese in Bildern. In: *Zeitschrift für Semiotik*, 7 (1 - 2), S. 47 - 62

KEPPLINGER, HANS MATHIAS (1987): *Darstellungseffekte. Experimentelle Untersuchungen zur Wirkung von Pressefotos und Fernsehfilmen*. Freiburg i. Br./München [Alber]

KERLOW, ISSAC VICTOR (1996): *The Art of 3-D Computer Animation and Imaging*. New York [International Thompson Publishing]

KIBÉDI VARGA, ARON (1990): Visuelle Argumentation und visuelle Narrativität. In: HARMS 1990, S. 356 - 367

KJØRUP, SØREN (1978): Pictorial Speech Acts. In: *Erkenntnis*, 12, S. 55 - 71

KLAGES, LUDWIG (1929 - 1932): *Der Geist als Widersacher der Seele*, zit. nach der 6. Auflage. Bonn [Bouvier] 1981

KLEE, PAUL (1925): *Pädagogisches Skizzenbuch*. Berlin [Gebr. Mann Verlag], zit. nach der 4. Auflage des Nachdrucks der Originalausgabe, hrsg. von Hans. M. Wingler. Mainz [Kupferberg] 1997

KLEIBER, GEORGES (1990): La sémantique du prototype. Catégories et sens lexical. Paris [Presses Universitaires de France], zit. nach der deutschen Ausgabe: *Prototypensemantik. Eine Einführung*. 2., überarbeitete Auflage, Tübingen [Narr Verlag] 1998

KNAPE, JOACHIM (1991): Wörterbücher zu Bildsymbolen. In: *Wörterbücher. Ein internationales Handbuch zur Lexikographie*, hrsg. von Franz Josef

Hausmann, Oskar Reichmann, Herbert Ernst Wiegand und Ladislav Zgusta, dritter Teilband, Berlin/New York [de Gruyter], S. 3148-3157

KNAPE, JOACHIM (2000): *Was ist Rhetorik?* Stuttgart [Reclam]

KNIEPER, THOMAS; MARION MÜLLER (2001) (Hrsg.): *Kommunikation visuell. Das Bild als Forschungsgegenstand – Grundlagen und Perspektiven.* Köln [Herbert von Halem]

KOPPE, FRANZ (1991) (Hrsg.): *Perspektiven der Kunstphilosophie. Texte und Diskussionen.* Frankfurt/M. [Suhrkamp]

KOSCHATZKY, WALTER (1975): *Die Kunst der Graphik.* München [dtv], zit. nach der 3. Auflage von 1977

KOSCHATZKY, WALTER (1984): *Die Kunst der Photographie. Technik, Geschichte, Meisterwerke.* Salzburg u.a. [Residenz-Verlag]

KOSSLYN, STEVEN (1980): *Image and Mind.* Cambridge, MA [Harvard University Press]

KOSSLYN, STEVEN (1996): *Image and Brain.* Cambridge, MA [MIT Press]

KOSSLYN, STEVEN M.; JAMES R. POMERANTZ (1977): Imagery, Propositions, and the Form of Internal Representation. In: Cognitive Psychology, 9, S. 52-76, zit. nach der deutschen Ausgabe: Bildliche Vorstellungen, Propositionen und die Form interner Repräsentation. In: MÜNCH, DIETER (Hrsg.): *Kognitionswissenschaften. Grundlagen, Probleme, Perspektiven.* Frankfurt/M. [Suhrkamp] 1992, S. 253-289

KOSSLYN, STEVEN M.; STEVEN PINKER; G. ELLIOT SMITH; S. P. SHWARTZ (1979): On the Demystification of Mental Imagery. In: *Behavioral and Brain Science,* 2, S. 535-581

KRACAUER, SIEGFRIED (1960): Theory of Film. The Redemption of Physical Reality. New York [Oxford University Press], zit. nach der deutschen Ausgabe: *Theorie des Films. Die Errettung der äußeren Wirklichkeit.* Vom Verfasser revidierte Übersetzung von Friedrich Walter und Ruth Zellschan. Frankfurt/M. [Suhrkamp] 1985

KROEBER-RIEL, WERNER (1996): *Bildkommunikation. Imagerystrategien für die Werbung.* München [Verlag Franz Vahlen]

KUHN, THOMAS (1962): The Structure of Scientific Revolutions, zit. nach der deutschen Ausgabe: *Die Struktur wissenschaftlicher Revolutionen.* 2., revidierte und um das Postskriptum von 1969 ergänzte Auflage. Frankfurt/M. [Suhrkamp] 1976

KÜHNE-BERTRAM, GUDRUN; HANS-ULRICH LESSING; VOLKER STEENBLOCK (2003) (Hrsg.): *Kultur verstehen. Zur Geschichte und Theorie der Geisteswissenschaften.* Würzburg [Königshausen und Neumann]

KÜNNE, WOLFGANG (1981): Verstehen und Sinn. In: *Allgemeine Zeitschrift für Philosophie,* 6, S. 1-16

KUTSCHERA, FRANZ VON (1981): *Grundfragen der Erkenntnistheorie.* Berlin/New York [de Gruyter]

LAKOFF, GEORGE (1987): *Women, Fire and Dangerous Things. What Categories Reveal about the Mind.* Chicago/London [University of Chicago Press]

LANGER, SUSANNE (1941): Philosophy in a New Key. Cambridge, zit. nach der deutschen Ausgabe: *Philosophie auf neuem Wege.* Mittenwald 1979

LEM, STANISLAW (1964): *Summa technologicae,* zit. nach der 3. Auflage der deutschen Ausgabe von 1986, aus dem Polnischen übersetzt von Friedrich Griese. Frankfurt/M. [Suhrkamp]

LEROI-GOURHAN, ANDRÉ (1964): La geste et la parole. Paris [Editions Albin Michel], zit. nach der deutschen Ausgabe: *Hand und Wort. Die Evolution von Technik, Sprache und Kunst.* 2. Auflage. Frankfurt/M. [Suhrkamp] 1995

LEVIE, W. HOWARD (1987): Research on Pictures: A Guide to the Literature. In: WILLOWS; HOUGHTON 1987, S. 1-50

LEVINSON, STEPHEN C. (1983): Pragmatics. Cambridge [Cambridge University Press], zit. nach der deutschen Ausgabe: *Pragmatik.* Ins Deutsche übersetzt von Ursula Fries. Tübingen [Niemeyer] 1994

LIPPOLD, LUTZ (1993): *Macht des Bildes – Bild der Macht. Kunst zwischen Verehrung und Zerstörung bis zum ausgehenden Mittelalter.* Leipzig [Edition Leipzig]

LOPES, DOMINIC (1992): Pictures, Styles and Purposes. In: *British Journal of Aesthetics,* 32 (4), S. 330-341

LOPES, DOMINIC (1996): *Understanding Pictures.* Oxford [Clarendon Press]

LUCIE-SMITH, EDWARD (1995): *Artoday.* London [Phaidon Press]

LUCIE-SMITH, EDWARD (1997): *Visual Arts in the Twentieth Century.* New York [Harry N. Abrams]

MAJETSCHAK, STEFAN (2002): »Iconic Turn«. Kritische Revisionen und einige Thesen zum gegenwärtigen Stand der Bildtheorie. In: *Philosophische Rundschau,* 49, S. 44-64

MCCLOUD, SCOTT (1993): *Understanding Comics. The Invisible Art.* New York [Harper Collins Publishers]

MEGGLE, GEORG (1979) (Hrsg.): *Handlung, Kommunikation, Bedeutung.* Frankfurt/M. [Suhrkamp], zit. nach der Taschenbuchausgabe von 1993

MEGGLE, GEORG (1981): *Grundbegriffe der Kommunikation*. Berlin/New York [de Gruyter], zit. nach der 2., aktualisierten Auflage von 1997

MEGGLE, GEORG (1990): Intention, Kommunikation und Bedeutung. Eine Skizze. In: *Intentionalität und Verstehen*, hrsg. vom Forum für Philosophie Bad Homburg. Frankfurt/M. [Suhrkamp], S. 88-108

MEIBAUER, JÖRG (1999): *Pragmatik. Eine Einführung*. Tübingen [Stauffenburg Verlag]

MEILI-SCHNEEBELI, ERIKA (2000): *Kinderbilder – innere und äußere Wirklichkeit*. Basel [Schwabe]

MEISEL, LOUIS K. (1981): *Photo-Realism*. New York [Abrams], zit. nach der Neuausgabe von 1989

MESSARIS, PAUL (1994): *Visual Literacy. Image, Mind, & Reality*. Boulder, Colorado [Westview Press]

METZ, CHRISTIAN (1968): Essais sur la signification au cinéma. Paris [Klincksieck], zit. nach der englischen Ausgabe: *A Semiotics of the Cinema*. Translated by Michael Taylor. Chicago [University of Chicago Press] 1991

METZLER, DIETER (1973): Bilderstürme und Bilderfeindlichkeit in der Antike. In: WARNKE 1973, S. 14-29

MEYER-FUJARA, JOSEF HEINRICH; HANNES RIESER (1998): Zur Semiotik von Repräsentationsrelationen. Eine Fallstudie. In: SACHS-HOMBACH; REHKÄMPER 1998b, S. 131-142

MITCHELL, WILLIAM JOHN (1992): The Reconfigured Eye. Visual Truth in the Post-Photographic Era. Cambridge, MA [MIT Press], zit. nach der Paperback-Ausgabe von 1994

MITCHELL, W. J. THOMAS (1986a): Was ist ein Bild? In: BOHN 1986, S. 17-68

MITCHELL, W. J. THOMAS (1986b): *Iconology. Image, Text, Ideology*. Chicago/London [University of Chicago Press]

MITCHELL, W. J. THOMAS (1992a): The Pictorial Turn. In: *Art Forum*, March, S. 89-95

MITCHELL, W. J. THOMAS (1992b): *Picture Theory*. Chicago/London [University of Chicago Press]

MORRIS, CHARLES W. (1938): Foundations of the Theory of Signs. Chicago, Illinois [University of Chicago Press], zit. nach der deutschen Ausgabe: Grundlagen der Zeichentheorie. In: *Grundlagen der Zeichentheorie. Ästhetik und Zeichentheorie*. Aus dem Amerikanischen von Roland Posner. Frankfurt/M. [Fischer] 1988, S. 15-88

MORRIS, CHARLES W. (1946): Signs, Language, and Behavior, Englewood Cliffs, NJ [Prentice-Hall], zit. nach dem Wiederabdruck in: *Writings on the General Theory of Signs*. The Hague [Mouton] 1971

MOSBACH, DORIS (1999): *Bildermenschen – Menschenbilder. Exotische Menschen als Zeichen in der neueren deutschen Printwerbung*. Berlin [Verlag Arno Spitz]

MUCKENHAUPT, MANFRED (1986): *Text und Bild: Grundfragen der Beschreibung von Text-Bild-Kommunikationen aus sprachwissenschaftlicher Sicht*. Tübingen [Narr]

MÜLLER, AXEL (1997): *Die ikonische Differenz. Das Kunstwerk als Augenblick*. München [Fink]

MÜLLER, WOLFGANG G. (1981): *Topik des Stilbegriffs. Zur Geschichte des Stilverständnisses von der Antike bis zur Gegenwart*. Darmstadt [WBG]

NEURATH, OTTO (1991): *Gesammelte bildpädagogische Schriften*, hrsg. von R. Haller & R. Kinross. Wien [Hölder-Pichler-Tempsky]

NÖTH, WINFRIED (1998): Kartosemiotik und das kartographische Zeichen. In: SCHMAUKS; NÖTH 1998, S. 25-39

NÖTH, WINFRIED (2000): *Handbuch der Semiotik*. 2., vollständig neu bearbeitete und erweiterte Auflage. Stuttgart/Weimar [Metzler]

OESTERMEIER, UWE (1998): *Bildliches und logisches Denken. Eine Kritik der Computertheorie des Geistes*. Wiesbaden [DUV]

OESTERMEIER, UWE; PETRA REINHARD-HAUCK; STEFFEN-PETER BALLSTAEDT (2001): Gelten die Griceschen Maximen auch für visuelle Argumente? In: SACHS-HOMBACH 2001b, S. 207-222

PAIVIO, ALAN (1971): *Imagery and Verbal Process*. New York [Holt, Rinehart and Winston]

PAIVIO, ALAN (1986): *Mental Representations. A Dual Coding Approach*. New York [Oxford University Press]

PALMER, STEPHEN E. (1978): Fundamental Aspects of Cognitive Representation. In: ROSCH; LLOYD 1978, S. 259-303

PANOFSKY, ERWIN (1927): Die Perspektive als ›symbolische Form‹. In: Vorträge der Bibliothek Warburg, 1924/25, Leipzig/Berlin, S. 285-330, zit. nach der Ausgabe: *Aufsätze zu Grundfragen der Kunstwissenschaft*, hrsg. von Hariolf Oberer und Egon Verheyen, Berlin [Wissenschaftsverlag Volker Spiess] 1998, S. 99-167

PANOFSKY, ERWIN (1932): Zum Problem der Beschreibung und Inhaltsdeutung von Werken der bildenden Kunst. In: *Logos*, 21, 103-119, zit. nach der Ausgabe in: KAEMMERLING, EKKEHARD (Hrsg.): *Ikonographie und Ikonologie. Theorien – Entwicklungen – Probleme*. Bd. 1: Bildende Kunst als Zeichensystem, 6., überarbeitete Auflage. Köln [DuMont] 1994, S. 185-206

PANOFSKY, ERWIN (1939): Studies in Iconology: Humanistic Themes in the Art of Renaissance. New York, zit. nach der deutschen Ausgabe: Ikonographie und Ikonologie. In: KAEMMERLING, EKKEHARD (Hrsg.): *Ikonographie und Ikonologie. Theorien – Entwicklungen – Probleme.* Bd. 1: Bildende Kunst als Zeichensystem, 6., überarbeitete Auflage. Köln [DuMont] 1994, S. 207-225

PANOFSKY, ERWIN (1955): Meaning in the Visual Arts, New York [Doubleday & Company], zit. nach der deutschen Ausgabe: *Sinn und Deutung in der bildenden Kunst*. Köln [DuMont] 2002

PEACOCKE, CHRISTOPHER (1987): Depiction. In: *Philosophical Review,* 96, S. 383-410

PHILLIPS, ANTONIA; RICHARD WOLLHEIM (1996): Representation. In: TURNER, JANE (Hrsg.): *The Dictionary of Art.* Vol. 26. New York [Grove], S. 221-226

PIRENNE, M. HENRI (1970): *Optics, Painting and Photography*. Cambridge, MA [Cambridge University Press]

PLATON (1957 ff.): *Sämtliche Werke*. Nach der Übersetzung von Friedrich Schleiermacher und Hieronymus Müller mit der Stephanus-Numerierung. Hamburg [Rowohlt]

PLINIUS SECUNDUS D. Ä. (1977): *Naturkunde* (Naturalis Historiae). Lat.-dt., Buch XXXV: Farben, Malerei, Plastik, hrsg. und übersetzt von Roderich König in Zusammenarbeit mit Gerhard Winkler, 2., überarbeitete Auflage, Düsseldorf/Zürich [Artemis und Winkler]

PLÜMACHER, MARTINA (1999): Wohlgeformtheitsbedingungen für Bilder. In: SACHS-HOMBACH; REHKÄMPER 1999, S. 47-56

POLANYI, MICHAEL (1994): Was ist ein Bild? In: BOEHM 1994b, S. 148-162

PÖLTNER, GÜNTHER (1991): Der Begriff des Bildes bei Thomas von Aquin. In: HEINRICH; VETTER 1991, S. 176-199

PÖRKSEN, UWE (1997): *Weltmarkt der Bilder. Eine Philosophie der Visiotype.* Stuttgart [Klett-Cotta]

POSER, HANS (2001): *Wissenschaftstheorie. Eine philosophische Einführung.* Stuttgart [Reclam]

POSNER, ROLAND (1986a): Zur Systematik der Beschreibung verbaler und nonverbaler Kommunikation. In: BOSSHARDT, HANS-GEORG (Hrsg): *Perspektiven auf Sprache. Interdisziplinäre Beiträge zum Gedenken an Hans Hörmann.* Berlin/New York [de Gruyter], S. 267-313

POSNER, ROLAND (1986b): Syntactics. In: SEBEOK, THOMAS A. (Hrsg.): *Encyclopedic Dictionary of Semiotics*. Berlin/New York/Amsterdam [Mouton de Gruyter], S. 1042 - 1061

POSNER, ROLAND (1997a): Semiotics and its presentation in this Handbook. In: POSNER; ROBERING; SEBEOK 1997, S. 1 - 13

POSNER, ROLAND (1997b): Pragmatics. In: POSNER; ROBERING; SEBEOK 1997, S. 219 - 246

POSNER, ROLAND; KLAUS ROBERING (1997): Syntactics. In: POSNER; ROBERING; SEBEOK 1997, S. 14 - 83

POSNER, ROLAND; KLAUS ROBERING; THOMAS S. SEBEOK (1997) (Hrsg.): *Semiotik/Semiotics. Ein Handbuch zu den zeichentheoretischen Grundlagen von Natur und Kultur/A Handbook on the Sign – Theoretic Foundations of Nature and Culture*. 1. Teilband, Berlin/New York [de Gruyter]

POSTMAN, NEIL (1985): Amusing Ourselves to Death. Public Discourse in the Age of Show Business. New York [Viking-Penguin], zit. nach der deutschen Ausgabe: *Wir amüsieren uns zu Tode. Urteilsbildung im Zeitalter der Unterhaltungsindustrie*. Frankfurt/M. [Fischer] 1988

POSTMAN, NEIL; OLIVIERO TOSCANI (1992): *»Darf man mit diesem Photo für Pullover werben?«* Diskussion im Süddeutsche Zeitung Magazin, vom 9. 10. 1992, S. 39 - 44

PREIM, BERNHARD (1999): *Entwicklung interaktiver Systeme. Grundlagen, Fallbeispiele und innovative Anwendungsfelder*. Berlin/Heidelberg/New York [Springer]

PROSS, HARRY (1972): *Medienforschung. Film, Funk, Presse, Fernsehen*. Darmstadt [Habel]

PUDOWKIN, WSEWOLOD I. (1940): Über die Montage, aus dem Russischen von Hartmut Jaene. In: ALBERSMEIER 1979, S. 77 - 99

PYLYSHYN, ZENON W. (1973): What the Mind's Eye Tells the Mind's Brain: A Critique of Mental Imagery. In: *Psychological Bulletin*, 80, S. 1 - 24

PYLYSHYN, ZENON W. (1981): The Imagery-Debate: Analogue Media versus Tacit Knowledge. In: *Psychological Review*, 87, S. 16 - 45

RECKI, BIRGIT; LAMBERT WIESING (1997) (Hrsg.): *Bild und Reflexion. Paradigmen und Perspektiven der gegenwärtigen Ästhetik*. München [Fink]

REHKÄMPER, KLAUS (1991): *Sind mentale ›Bilder‹ bildhaft?* (Diss.) Hamburg

REHKÄMPER, KLAUS (1995a): Analoge Repräsentationen. In: SACHS-HOMBACH 1995c, S. 63 - 105

REHKÄMPER, KLAUS (1995b): »Perspektive ist des Malers beste Kunst«. Einige Bemerkungen zur Theorie der Perspektive kritisch betrachtet. In: *Logos*, Neue Folge Band 2 (2) (1995), S. 122-146

REHKÄMPER, KLAUS (1998): Der Ähnlichkeit auf der Spur. In: DÖLLING, EVELYN (Hrsg.): *Repräsentation und Interpretation*. Arbeitspapiere zur Linguistik 35, Berlin [Institut für Linguistik], S. 81-97

REHKÄMPER, KLAUS (2002): *Bilder, Ähnlichkeit und Perspektive. Auf dem Weg zu einer neuen Theorie der bildhaften Repräsentation* (Reihe Bildwissenschaft, Bd. 9). Wiesbaden [Deutscher Universitätsverlag]

ROBERING, KLAUS (1997): Semantics. In: POSNER; ROBERING; SEBEOK 1997, S. 83-219

ROBIN, HARRY (1992): The Scientific Image: From Cave to Computer. New York [Harry N. Abrams], zit. nach der deutschen Ausgabe: *Die wissenschaftliche Illustration. Von der Höhlenmalerei zur Computergraphik*. Basel [Birkhäuser] 1992

RÖHL, KLAUS F.; STEFAN ULBRICH (2000): Visuelle Rechtskommunikation. In: *Zeitschrift für Rechtssoziologie*, 21 (2), S. 335-385

ROLLINS, MARK (1989): *Mental Imagery. On the Limits of Cognitive Psychology*. New Haven/London [Yale University Press]

ROS, ARNO (1990): *Begründung und Begriff. Wandlungen des Verständnisses begrifflicher Argumentationen*. 3 Bände, Hamburg [Meiner]

ROS, ARNO (1991): Kants Begriff der synthetischen Urteile a priori. In: *Kantstudien*, 82, S. 147-172

ROS, ARNO (1999): Was ist Philosophie? In: RAATZSCH, RICHARD (Hrsg.): *Philosophieren über Philosophie*. Leipzig [Leipziger Universitätsverlag], S. 36-58

ROSCH, ELEANOR (1978): Principles of Categorization. In: ROSCH; LLOYD 1978, S. 27-48

ROSCH, ELEANOR; BARBARA B. LLOYD (1978) (Hrsg.): *Cognition and Categorization*. Hillsdale, NJ [Erlbaum]

ROSENBERG, JAY (1984): The Practice of Philosophy. A Handbook for Beginners. Englewood Cliffs, NJ [Prentice Hall], zit. nach der deutschen Ausgabe: *Philosophieren. Ein Handbuch für Anfänger*. 4. Auflage. Frankfurt/M. [Klostermann] 1997

RUCH, FLOYD L.; PHILIP G. ZIMBARDO (1971): Psychology and Life. Glenview, Illinois [Scott, Foresman and Company], zit. nach der deutschen Ausgabe: *Lehrbuch der Psychologie*. Berlin/Heidelberg/New York [Springer Verlag] 1975

RYLE, GILBERT (1949): The Concept of Mind. London [Hutchinson], zit. nach der deutschen Ausgabe: *Der Begriff des Geistes*. Stuttgart [Reclam] 1969

SACHS-HOMBACH, KLAUS (1993): *Philosophische Psychologie im 19. Jahrhundert. Ihre Entstehung und Problemgeschichte*. Freiburg/München [Alber]

SACHS-HOMBACH, KLAUS (1995a): Die Bildhaftigkeit des Kognitiven. In: KÄMPF; SCHOTT 1995, S. 114-126

SACHS-HOMBACH, KLAUS (1995b): Die Bilddiskussion. Eine historische Einführung. In: SACHS-HOMBACH 1995c, S. 7-18

SACHS-HOMBACH, KLAUS (1995c) (Hrsg.): *Bilder im Geiste. Zur kognitiven und erkenntnistheoretischen Funktion piktorialer Repräsentationen*. Amsterdam [Rodopi]

SACHS-HOMBACH, KLAUS (1998a): Illusion und Repräsentation. Bausteine zu einer Theorie bildlicher Kommunikation. In: DÖLLING, EVELYN (Hrsg.): *Repräsentation und Interpretation* (Arbeitspapiere zur Linguistik, Bd. 35). Berlin [Institut für Linguistik], S. 125-145

SACHS-HOMBACH, KLAUS (1998b): Die Macht der Bilder. In: *Zeitschrift für Ästhetik und Allgemeine Kunstwissenschaft*, 43 (2), S. 175-189

SACHS-HOMBACH, KLAUS (1999): Bilder als wahrnehmungsnahe Zeichen. In: MITTELSTRASS, JÜRGEN (Hrsg.): *Die Zukunft des Wissens*. Konstanz [Universitätsverlag Konstanz], S. 1351-1358

SACHS-HOMBACH, KLAUS (2000): Ähnlichkeit als kulturelles Phänomen. In: SACHS-HOMBACH; REHKÄMPER 2000, S. 89-106

SACHS-HOMBACH, KLAUS (2001a): *Bildbegriff und Bildwissenschaft* (kunst – gestaltung – design, Heft 8, hrsg. von Dietfried Gerhardus und Sigurd Rompza). Saarbrücken [Verlag St. Johann]

SACHS-HOMBACH, KLAUS (2001b) (Hrsg.): *Bildhandeln. Interdisziplinäre Forschungen zur Pragmatik bildhafter Darstellungsformen* (Reihe Bildwissenschaft, Bd. 3). Magdeburg [Scriptum Verlag]

SACHS-HOMBACH, KLAUS (2003) (Hrsg.): *Was ist Bildkompetenz? Interdisziplinäre Beiträge zur Fundierung einer allgemeinen Bildwissenschaft* (Reihe Bildwissenschaft, Bd. 10). Wiesbaden [Deutscher Universitätsverlag]

SACHS-HOMBACH, KLAUS (2005a): Über Sinn und Reichweite der Ähnlichkeitstheorie. In: STEINBRENNER, JAKOB; OLIVER SCHOLZ; GERHARD ERNST (Hrsg.): *Symbole, Systeme, Welten. Studien zur Philosophie Nelson Goodmans*. Heidelberg [Synchron Wissenschaftsverlag der Autoren], S. 203-225

SACHS-HOMBACH, KLAUS (2005b) (Hrsg.): *Bildwissenschaften. Disziplinen, Themen, Methoden*. Frankfurt/M. [Suhrkamp]

SACHS-HOMBACH, KLAUS (2005c) (Hrsg.): *Bildwissenschaft zwischen Reflexion und Anwendung*. Köln [Herbert von Halem]

SACHS-HOMBACH, KLAUS (2006): Elemente einer philosophischen Bildtheorie des Films. In: KOEBNER, THOMAS; THOMAS MEDER (in Verbindung mit Fabienne Liptay) (Hrsg.): *Bildtheorie und Film*. München [edition text und kritik], S. 158-175

SACHS-HOMBACH, KLAUS (2009) (Hrsg.): *Bildtheorien. Anthropologische und kulturelle Grundlagen des Visualistic Turn*. Frankfurt/M. [Suhrkamp]

SACHS-HOMBACH, KLAUS (2011a): Bildakttheorie. Antworten auf die Differenz von Präsenz und Entzug. In: STOELLGER, PHILIPP; THOMAS KLIE (Hrsg.): *Präsenz im Entzug*. Tübingen [Mohr Siebeck], S. 57-82

SACHS-HOMBACH, KLAUS (2011b): Bild und Ideal. In: *figurationen* 12(1): Masochismus/Masochism. Hrsg. von Frauke Berndt. Köln/Weimar/Wien [Böhlau], S. 31-45

SACHS-HOMBACH, KLAUS (2012): Mystik und Religion im Medium des Bildes. In: ERNE, THOMAS; PETER SCHÜZ (Hrsg.): *Der religiöse Charme der Kunst*. Paderborn [Schöningh], S. 68-86

SACHS-HOMBACH, KLAUS; KLAUS REHKÄMPER (1998a): Thesen zu einer Theorie bildhafter Darstellung. In: SACHS-HOMBACH; REHKÄMPER 1998b, S. 119-125

SACHS-HOMBACH, KLAUS; KLAUS REHKÄMPER (1998b) (Hrsg.): *Bild – Bildwahrnehmung – Bildverarbeitung. Interdisziplinäre Beiträge zur Bildwissenschaft* (Neuausgabe 2000). Wiesbaden [Deutscher Universitätsverlag]

SACHS-HOMBACH, KLAUS; KLAUS REHKÄMPER (1999) (Hrsg.): *Bildgrammatik. Interdisziplinäre Forschungen zur Syntax bildhafter Darstellungsformen* (Reihe Bildwissenschaft, Bd. 1). Magdeburg [Scriptum Verlag]

SACHS-HOMBACH, KLAUS; KLAUS REHKÄMPER (2000) (Hrsg.): *Vom Realismus der Bilder. Interdisziplinäre Forschungen zur Semantik bildhafter Darstellungsformen* (Reihe Bildwissenschaft, Bd. 2). Magdeburg [Scriptum Verlag]

SACHS-HOMBACH, KLAUS; JÖRG R. J. SCHIRRA (1999): Zur politischen Instrumentalisierbarkeit bildhafter Repräsentationen. Philosophische und psychologische Aspekte der Bildkommunikation. In: HOFMANN 1999, S. 28-39

SACHS-HOMBACH, KLAUS; JÖRG R. J. SCHIRRA (2000): Von der Bildwissenschaft zur Computervisualistik. In: BERNHARD, JEFF; GLORIA

WITHALM (Hrsg.): *Ikonische Zeichen. Auswahlakten zweier Konferenzen* (Semiotische Berichte Jg. 24, 1-4), S. 287-304

SACHS-HOMBACH, KLAUS; JÖRG R. J. SCHIRRA (2002a): Selecting Styles for Tele-Rendering. Toward a Rhetoric in Computational Visualistics. In: *2nd International Symposium on Smart Graphics*, Hawthorne (NY), USA, June 11-13, 2002, S. 102-106

SACHS-HOMBACH, KLAUS; JÖRG R. J. SCHIRRA (2002b): Von der interdisziplinären Grundlagenforschung zur computervisualistischen Anwendung. Die Magdeburger Bemühungen um eine allgemeine Wissenschaft vom Bild. In: *Magdeburger Wissenschaftsjournal,* 1/2002, Magdeburg, S. 27-38

SACHS-HOMBACH KLAUS; JÖRG R. J. SCHIRRA (2009): Medientheorie, visuelle Kultur und Bildanthropologie. In: SACHS-HOMBACH 2009, S. 393-426

SACHS-HOMBACH, KLAUS; JÖRG R. J. SCHIRRA (2011): Prädikative und modale Bildtheorie. In: DIEKMANNSHENKE, HAJO; MICHAEL KLEMM; HARTMUT STÖCKL (Hrsg.): *Bildlinguistik. Theorien – Methoden – Fallbeispiele.* Berlin [Erich Schmidt Verlag], S. 95-119

SACHS-HOMBACH KLAUS; JÖRG R. J. SCHIRRA (2013) (Hrsg.): *Origins of Pictures. Anthropological Discourses in Image Science.* Köln [Herbert von Halem]

SACHS-HOMBACH, KLAUS; RAINER TOTZKE (2011) (Hrsg.): *Bilder – Sehen – Denken. Zum Verhältnis von begrifflich-philosophischen und empirisch-psychologischen Ansätzen in der bildwissenschaftlichen Forschung.* Köln [Herbert von Halem]

SACHS-HOMBACH, KLAUS; HANS JÜRGEN WULFF (2005) (Hrsg.): Die schräge Kamera. Formen und Funktionen ungewöhnlicher Kameraperspektiven in Film und Fernsehen. In: *Image*, 1: Themenbeiheft. Köln [Herbert von Halem]

SAINT-EXUPÉRY, ANTOINE DE (1942): Le petit prince. Paris [Gallimard], zit. nach der deutschen Ausgabe: *Der kleine Prinz.* Übersetzt von Grete und Josef Leitgeb, mit Zeichnungen des Verfassers. Düsseldorf [Karl Rauch Verlag] 1997

SAINT-MARTIN, FERNANDE (1987): Sémiologie du Langage Visuel, Québec: Presses de l'Université du Québec, zit. nach der englischen Ausgabe: *Semiotics of Visual Language.* Bloomington/Indianapolis [Indiana University Press] 1990 (= Erscheinungsjahr der engl. Ausgabe)

SANDBOTHE, MIKE (2001): *Pragmatische Medienphilosophie. Grundlegung einer neuen Disziplin im Zeitalter des Internet*. Weilerswist [Velbrück Wissenschaft]

SARTRE, JEAN-PAUL (1940): L'Imaginaire. Psychologie phénoménologique de l'imagination. Paris [Gallimard], zit. nach der deutschen Ausgabe: *Das Imaginäre. Phänomenologische Psychologie der Einbildungskraft*. Deutsch von Hans Schöneberg. Reinbek b. Hamburg [Rowohlt] 1971

SAUSSURE, FERDINAND DE (1916): Cours de linguistique générale, hrsg. von Charles Bally und Albert Sechehaye. Paris [Bayot], zit. nach der von Herman Lommel übersetzten Ausgabe: *Grundfragen der allgemeinen Sprachwissenschaft*. 2. Auflage. Berlin [de Gruyter] 1967

SCHANTZ, RICHARD (1999): Die Ordnung der Bilder. Nelson Goodmans syntaktische Explikation der Bildhaftigkeit. In: SACHS-HOMBACH; REHKÄMPER 1999, S. 94-102

SCHAPIRO, MEYER (1994): Über einige Probleme in der Semiotik der visuellen Kunst: Feld und Medium beim Bild-Zeichen. In: BOEHM 1994, S. 253-274

SCHELSKE, ANDREAS (1997): *Die kulturelle Bedeutung von Bildern. Soziologische und semiotische Überlegungen zur visuellen Kommunikation*. Wiesbaden [Deutscher Universitätsverlag]

SCHIER, FLINT (1986): *Deeper into Pictures. An Essay on Pictorial Representation*. Cambridge [Cambridge University Press] 1986

SCHIRRA, JÖRG R. J. (1994): *Bildbeschreibung als Verbindung von visuellem und sprachlichem Raum*. St. Augustin [Infix]

SCHIRRA, JÖRG R. J. (1999): Syntaktische Dichte oder Kontinuität – Ein mathematischer Aspekt der Visualistik. In: SACHS-HOMBACH; REHKÄMPER 1999, S. 103-119

SCHIRRA, JÖRG R. J. (2000): Täuschung, Ähnlichkeit und Immersion: Die Vögel des Zeuxis. In: SACHS-HOMBACH; REHKÄMPER 2000, S. 119-135

SCHIRRA, JÖRG R. J. (2001): Bilder – Kontextbilder. In: SACHS-HOMBACH 2001b, S. 77-100

SCHIRRA, JÖRG R. J. (2005): *The Foundation of Computational Visualistics* (Reihe Bildwissenschaft, 14). Wiesbaden [Deutscher Universitätsverlag]

SCHIRRA, JÖRG R. J.; KLAUS SACHS-HOMBACH (1998): Von Bildern und neuen Ingenieuren. Computervisualistik als Studienfach. In: REINHARD, ULRIKE; ULRICH SCHMID (Hrsg.): *Who is Who in Multimedia*

Bildung 98. Heidelberg [Whois Verlags- & Vertriebsgesellschaft], S. 226-231

SCHIRRA, JÖRG R. J.; KLAUS SACHS-HOMBACH (2007): To show and to say: Comparing the Uses of Pictures and Language. In: *Studies in Communication Science*, Vol. 7 (2). S. 35-62

SCHIRRA, JÖRG R. J.; KLAUS SACHS-HOMBACH (2011): Homo Pictor and the Linguistic Turn. Revisting Hans Jonas' Picture Anthropology. In: SACHS-HOMBACH/TOTZKE 2011, S. 144-180

SCHIRRA, JÖRG R. J.; MARTIN SCHOLZ (1998a): Abstraction versus Realism: Not the Real Question. In: STROTHOTTE 1998, S. 379-401

SCHIRRA, JÖRG R. J.; MARTIN SCHOLZ (1998b): Zwei Skizzen zum Begriff ›Photorealismus‹ in der Computergraphik. In: SACHS-HOMBACH; REHKÄMPER 1998b, S. 69-79

SCHLECHTWEG, STEFAN (1999): *Interaktives wissenschaftliches Illustrieren von Texten*. Aachen [Shaker Verlag]

SCHMAUKS, DAGMAR (1998): Die Rolle von Bildern in der internationalen Kommunikation. In: SACHS-HOMBACH; REHKÄMPER 1998b, S. 81-88

SCHMAUKS, DAGMAR; WINFRIED NÖTH (1998) (Hrsg.): *Landkarten als synoptisches Medium*, Zeitschrift für Semiotik, Bd. 20 (1-2), Tübingen [Stauffenburg]

SCHNÄDELBACH, HERBERT (1983): *Philosophie in Deutschland 1831-1933*. Frankfurt/M. [Suhrkamp]

SCHNEIDER, JULIUS (1975): *Pragmatik als Basis von Semantik und Syntax*. Frankfurt/M. [Suhrkamp]

SCHNOTZ, WOLFGANG (1994): *Wissenserwerb mit logischen Bildern*. In: Weidenmann 1994b, S. 95-147

SCHNOTZ, WOLFGANG (1995): Wissenserwerb mit Diagrammen und Texten. In: ISSING; KLIMSA 1995, S. 85-105

SCHNOTZ, WOLFGANG; RAYMOND W. KULHAVY (1994): *Comprehension of Graphics*. Amsterdam [Elsevier Publishers]

SCHOFIELD, SIMON (1994): *Non-photorealistic rendering: A critical examination and proposed system*. PhD theses, School of Art and Design, Middlesex University

SCHOLZ, MARTIN (2000): *Technologische Bilder. Aspekte visueller Argumentation*. Weimar [VDG]

SCHOLZ, OLIVER R. (1991): *Bild, Darstellung, Zeichen. Philosophische Theorien bildhafter Darstellung*. 2., vollständig überarbeitete Auflage. Frankfurt/M. [Klostermann]

SCHOLZ, OLIVER R. (1995): *Bilder im Geiste? – Das Standardmodell, sein Scheitern und ein Gegenvorschlag*. In: SACHS-HOMBACH 1995c, S. 39 - 61

SCHOLZ, OLIVER R. (1998a): Symbol II: 19. und 20. Jahrhundert. In: RITTER, JOACHIM; KARLFRIED GRÜNDER (Hrsg.): *Historisches Wörterbuch der Philosophie* (Bd. 10). Basel [Schwabe und Co Verlag], S. 723 - 738

SCHOLZ, OLIVER R. (1998b): *Was heißt es, ein Bild zu verstehen?* In: SACHS-HOMBACH; REHKÄMPER 1998b, S. 105 - 117

SCHOLZ, OLIVER R. (1999a): »Mein teurer Freund, ich rat' Euch drum/ Zuerst Collegium Syntacticum« – Das Meisterargument in der Bildtheorie. In: SACHS-HOMBACH; REHKÄMPER 1999, S. 33 - 45

SCHOLZ, OLIVER R. (1999b): *Verstehen und Rationalität. Untersuchungen zu den Grundlagen von Hermeneutik und Sprachphilosophie*. Frankfurt/M. [Klostermann]

SCHOLZ, OLIVER R. (2000): Bild. In: BARCK, KARLHEINZ u. a. (Hrsg.): *Ästhetische Grundbegriffe. Historisches Wörterbuch in sieben Bänden*, Bd. 1. Stuttgart [Metzler], S. 618 - 669

SCHREIBER, PETER (2002): Generalized Descriptive Geometry. In: *Journal for Geometry and Graphics*, 6 (1), S. 37 - 59

SCHUCK-WERSIG, PETRA (1993): *Expeditionen zum Bild. Beiträge zum kulturellen Stellenwert von Bildern*. Frankfurt/M. [Lang]

SCHUMANN, J.; T. STROTHOTTE; A. RAAB; S. LASER (1996): Assessing the Effect of Non-Photorealistic Images in Computer-Aided Design. In: *Proc.* sigchi *'96, Human Factors in Computing Systems*. Vancouver, S. 35 - 41

SCHWAN, STEPHAN (2001): *Filmverstehen und Alltagserfahrung*. Wiesbaden [Deutscher Universitätsverlag]

SEARLE, JOHN R. (1969): Speech Acts. Cambrigde [Cambridge University Press], zit. nach der deutschen Ausgabe: *Sprechakte. Ein sprachphilosophischer Essay*. Übersetzt von R. und R. Wiggershaus, 6. Auflage. Frankfurt/M. [Suhrkamp] 1994

SEBEOK, THOMAS A.; JEAN UMIKER-SEBEOK (1995) (Hrsg.): *Advances in Visual Semiotics: The Semiotic Web 1992 - 93*. Berlin [Mouton de Gruyter]

SEDLMAYR, HANS (1957): Pieter Bruegel: Der Sturz der Blinden. Paradigma einer Strukturanalyse. In: *Hefte des kunsthistorischen Seminars der Universität München*, hrsg. von H. Sedlmayr, Heft 2, München, S. 1 - 49

SEEL, MARTIN (1991): Kunst, Wahrheit, Welterschließung. In: KOPPE 1991, S. 36 - 80

SEEL, MARTIN (1995): Fotografien sind wie Namen. In: *Deutsche Zeitschrift für Philosophie*, 3, S. 465 - 478

SEEL, MARTIN (1997): Ästhetik und Aisthetik. Über einige Besonderheiten ästhetischer Wahrnehmung. In: RECKI; WIESING 1997, S. 17-38

SHEPARD, ROGER N.; SUSAN F. CHIPMAN (1970): Second-order Isomorphism of Internal Representations. Shapes of State. In: *Cognitve Psychology*, 1, S. 1-17

SHEPARD, ROGER N.; LYNN A. COOPER (1982): *Mental Images and Their Transformations*. Cambridge, MA [MIT Press]

SNOW, CHARLES P. (1959): Die zwei Kulturen. Rede Lecture, abgedruckt in: Die zwei Kulturen. Literarische und naturwissenschaftliche Intelligenz. C. P. Snows These in der Diskussion, hrsg. von Helmut Kreuzer, Stuttgart/München [dtv] 1987

SONESSON, GÖRAN (1989): *Pictorial Concepts. Inquiries into the Semiotic Heritage and its Relevance for the Analyses of the Visual World*. Lund [Lund University Press]

SONESSON, GÖRAN (1993): Die Semiotik des Bildes. Zum Forschungsstand am Anfang der 90er Jahre. In: *Zeitschrift für Semiotik*, 15 (1-2), S. 127-160

SONESSON, GÖRAN (1994): Pictorial Semiotics, Gestalt Theory, and the Ecology of Perception. In: *Semiotica*, 99 (3-4), S. 319-401

SONTAG, SUSAN (1977): On Photography. New York [Farrar, Straus and Giroux], zit. nach der deutschen Ausgabe: *Über Fotografie*. Frankfurt/M. [Fischer] 1993

SPENCER-BROWN, GEORGE (1979): Laws of Form. New York [Dutton], zit. nach der deutschen Ausgabe: *Gesetze der Form*. Übersetzt von Thomas Wolf. Lübeck [Bohmeier] 1997

SPERBER, DAN; DEIRDRE WILSON (1986): *Relevance. Communication and Cognition*. Oxford [Blackwell], zit. nach der 2. Auflage von 1995

SPERLING, GEORGE (1960): *The Information Available in Brief Visual Presentations* (Psychological Monographs 498). Washington [American Psychological Association]

STACHOWIAK, HERBERT (1983) (Hrsg.): *Modell – Konstruktion der Wirklichkeit*. München [Fink]

STADLER, WOLF (1994) (Hrsg.): *Lexikon der Kunst. Malerei, Architektur, Bildhauerkunst*, in zwölf Bänden. Erlangen [Karl Müller Verlag]

STEGMÜLLER, WOLFGANG (1966): Eine modelltheoretische Präzisierung der Wittgensteinschen Bildtheorie. In: *Notre Dame Journal of Formal Logic*, 7 (2), S. 181-185 (Nachdruck in: STEGMÜLLER, WOLFGANG: Aufsätze zu Kant und Wittgenstein. Darmstadt [Wissenschaftliche Buchgesellschaft] 1970)

STEINBRENNER, JAKOB (1996): *Kognitivismus in der Ästhetik*. Würzburg [Königshausen und Neumann]

STEINBRENNER, JAKOB (1997): Doppelbilder: Manet und Imdahl. In: STEINBRENNER; WINKO 1997b, S. 73-97

STEINBRENNER, JAKOB (1999): Beschreibung und Darstellung. In: MITTELSTRASS, JÜRGEN (Hrsg.): *Die Zukunft des Wissens*. Konstanz [Universitätsverlag Konstanz], S. 589-596

STEINBRENNER, JAKOB (2000): Abbildungen, Darstellungen und Teile. In: SACHS-HOMBACH; REHKÄMPER 2000, S. 41-53

STEINBRENNER, JAKOB; ULRICH WINKO (1997a): Die Philosophie der Bilder. In: STEINBRENNER; WINKO 1997b, S. 13-40

STEINBRENNER, JAKOB; ULRICH WINKO (1997b) (Hrsg.): *Bilder in der Philosophie & in anderen Künsten & Wissenschaften*. Paderborn [Schöningh]

STEINER, GERHARD (1980): *Visuelle Vorstellungen beim Lösen von elementaren Problemen. Über die Wirkung visueller Vorstellungen und ihr Verhältnis zum visuellen Wahrnehmen*. Stuttgart [Klett-Cotta]

STEPHAN, ACHIM (1995): Katathyme Bilder. Über die Wirksamkeit von Imaginationen in der Psychotherapie. In: SACHS-HOMBACH 1995c, S. 293-305

STERELNY, KIM (1986): The Imagery Debate. In: *Philosophy of Science*, 53, S. 560-583

STRASSNER, ERICH (2002): *Text-Bild-Kommunikation. Bild-Text-Kommunikation*. Tübingen [Niemeyer]

STRAWSON, PETER F. (1992): *Analysis and Metaphysics: An Introduction to Philosophy*. Oxford [Oxford University Press]

STROTHOTTE, CHRISTINE; THOMAS STROTHOTTE (1997): *Seeing Between the Pixels: Pictures in Interactive Systems*. Berlin/Heidelberg/New York [Springer]

STROTHOTTE, THOMAS (1998): *Computational Visualization. Graphics, Abstraction and Interactivity*. Berlin/Heidelberg/New York [Springer]

STROTHOTTE, THOMAS; STEFAN SCHLECHTWEG (2002): *Non-Photorealistic Computer Graphics: Modeling, Rendering and Animation*. San Francisco [Morgan Kaufmann]

STURM, HERTHA (1984): Wahrnehmung und Fernsehen: Die fehlende Halbsekunde. In: *Medienperspektiven*, 8, S. 58-65

THÜRLEMANN, FELIX (1990): *Vom Bild zum Raum. Beiträge zu einer semiotischen Kunstwissenschaft*. Köln [DuMont]

TINBERGEN, NIKOLAAS (1951): *The Study of Instinct*. Oxford [Clarendon Press], zit. nach der 1989 von der Oxford University Press neu herausgegebenen Ausgabe

TUFTE, EDWARD R. (1983): *The Visual Display of Quantitative Information*. Cheshire, Connecticut [Graphics Press]

TUFTE, EDWARD R. (1997): *Visual Explanations. Images and Quantities, Evidence and Narrative*. Cheshire, Connecticut [Graphics Press]

TUGENDHAT, ERNST (1976): *Vorlesungen zur Einführung in die sprachanalytische Philosophie*. Frankfurt/M. [Suhrkamp]

TYE, MICHAEL (1991): *The Imagery Debate*. Cambridge, MA [MIT Press]

VARELA, FRANCISCO (1990): *Kognitionswissenschaft – Kognitionstechnik. Eine Skizze aktueller Perspektiven*. Frankfurt/M. [Suhrkamp]

VOGEL, MATTHIAS (2001): *Medien der Vernunft. Studien zu einer Theorie des Geistes und der Rationalität auf Grundlage einer Theorie der Medien*. Frankfurt/M. [Suhrkamp]

VOIGT, ULRICH (2001): *Esels Welt. Mnemotechnik zwischen Simonides und Harry Lorayne*. Hamburg [Likanas Verlag]

VRHUNC, MIRJANA (2002): *Bild und Wirklichkeit. Zur Philosophie Henri Bergsons*. München [Fink]

WALDENFELS, BERNHARD (1994): Ordnungen des Sichtbaren. Zum Gedenken an Max Imdahl. In: BOEHM 1994b, S. 233-252

WALTON, KENDALL L. (1984): Transparent Pictures. In: *Critical Inquiry*, 11, S. 246-277

WARNKE, MARTIN (1973) (Hrsg.): *Bildersturm. Die Zerstörung des Kunstwerks*. München [Hanser]

WARNKE, MARTIN (1987): Das Bild als Bestätigung. In: BUSCH 1987, S. 483-506

WEIDENMANN, BERND (1991): *Lernen mit Bildmedien. Psychologische und didaktische Grundlagen*. Weinheim [Beltz]

WEIDENMANN, BERND (1994a): Informierende Bilder. In: WEIDENMANN 1994b, S. 9-58

WEIDENMANN, BERND (1994b) (Hrsg.): Wissenserwerb mit Bildern. Instruktionale Bilder in Printmedien, Film/Video und Computerprogrammen. Bern [Huber]

WEIDENMANN, BERND (1998): Psychologische Ansätze zur Optimierung des Wissenserwerbs mit Bildern. In: SACHS-HOMBACH; REHKÄMPER 1998b, S. 243-253

WELSCH, WOLFGANG (1995): *Vernunft. Die zeitgenössische Vernunftkritik und das Konzept der transversalen Vernunft.* Frankfurt/M. [Suhrkamp]

WELSCH, WOLFGANG (1997): Erweiterungen der Ästhetik. Eine Replik. In: RECKI; WIESING 1997, S. 39-67

WHITE, ALAN R. (1990): *The Language of Imagination*. Oxford [Basil Blackwell]

WIESING, LAMBERT (1991): *Stil statt Wahrheit. Kurt Schwitters und Ludwig Wittgenstein über ästhetische Lebensformen*. München [Fink]

WIESING, LAMBERT (1997): *Die Sichtbarkeit des Bildes. Geschichte und Perspektiven der formalen Ästhetik.* Reinbek b. Hamburg [Rowohlt]

WIESING, LAMBERT (1998): Sind Bilder Zeichen? In: SACHS-HOMBACH; REHKÄMPER 1998b, S. 95-101

WIESING, LAMBERT (2000): *Phänomene im Bild*. München [Fink]

WIESING, LAMBERT (2001): Platons Mimesis-Begriff und sein verborgener Kanon. In: KAISER, GERHARD R.; STEFAN MATUSCHEK (Hrsg.): *Begründung und Funktion des Kanons. Beiträge aus der Literaturwissenschaft, Kunstgeschichte, Philosophie und Theologie.* Heidelberg [Universitätsverlag C. Winter], S. 21-41

WILLOWS, DALE M.; HARVEY A. HOUGHTON (1987) (Hrsg.): *The Psychology of Illustration*, Vol. 1.: Basic Research. Berlin/Heidelberg/New York [Springer]

WINOGRAD, TERRY; FERNANDO FLORES (1987): Understanding Computers and Cognition. A New Foundation for Design, Reading (MA): [Addison-Wesley], zit. nach der deutschen Ausgabe: *Erkenntnis, Maschinen, Verstehen. Zur Neugestaltung von Computersystemen.* Berlin [Rotbuch Verlag] 1989

WIPPICH, WERNER (1984): *Lehrbuch der angewandten Gedächtnispsychologie*, Bd. 1. Stuttgart [Kohlhammer]

WITTGENSTEIN, LUDWIG (1921): *Tractatus logico-philosophicus*, Bd. 1 der Werkausgabe in 8 Bänden. Frankfurt/M. [Suhrkamp] 1984

WITTGENSTEIN, LUDWIG (1953): *Philosophische Untersuchungen*, Bd. 1 der Werkausgabe in 8 Bänden. Frankfurt/M. [Suhrkamp] 1984

WITTGENSTEIN, LUDWIG (1934/35): *Eine philosophische Betrachtung* (Das Braune Buch), Bd. 5 der Werkausgabe in 8 Bänden. Frankfurt/M. [Suhrkamp] 1984

WOLLHEIM, RICHARD (1980): Art and its Objects, 2nd edition with six supplementary essays. Cambridge [Cambridge University Press], zit.

nach der deutschen Ausgabe: *Objekte der Kunst*. Frankfurt/M. [Suhrkamp] 1982

WOLLHEIM, RICHARD (1987): *Painting as an Art*. London [Thames and Hudson]

WULFF, HANS (1993): Bilder und imaginative Akte. In: *Zeitschrift für Ästhetik und allgemeine Kunstwissenschaft*, 38, S. 185-205

WULFF, HANS J. (1999): *Darstellen und Mitteilen. Elemente der Pragmasemiotik des Films*. Tübingen [Narr]

WULFF, HANS J. (2001): Konstellationen, Kontrakte und Vertrauen. Pragmatische Grundlagen der Dramaturgie. In: *montage/av*, 10 (2), S. 131-154

WUSS, PETER (1993): *Filmanalyse und Psychologie. Strukturen des Films im Wahrnehmungsprozeß*. Berlin [Ed Sigma]

ZAUZICH, KARL-THEODOR (1980): Hieroglyphen ohne Geheimnis. Eine Einführung in die altägyptische Schrift. Mainz [von Zabern], zit. nach der englischen Ausgabe: *Hieroglyphs without Mystery*. Austin [University of Texas Press] 1992

ZELAZNY, GENE (1986): *Wie aus Zahlen Bilder werden*. Wiesbaden [Gabler]

Personen- und Sachverzeichnis

A

Abbild 32, 41, 48, 53
Abbildtheorie 47
Ähnlichkeit 53, 107, 136, 141ff., 146, 147f., 150ff., 161ff., 185, 188, 190, 192, 301, 303, 305
- formale 51
- Formen der 150, 161, 212
- internalisierte 136, 146, 153
- perzeptuelle 189, 210, 212, 214, 217f., 226
- phänomenale 158
- repräsentationsabhängige 156f., 161
- repräsentationsrelevante 154
- repräsentationsunabhängige 156ff., 161
- visuelle 98

Ähnlichkeitstheorie 39, 63, 136, 140ff., 150, 152, 156f., 159, 161ff., 174, 186, 188, 191f., 305
Akteur-Medien-Theorie 19
Alberti, Leone Battista 158, 160, 225
Allgemeinbilder 140, 190, 197
Ambivalenz der Bilder 323, 325
Analogiemodell 289f.
Anderson, John R. 273
Animation 244, 247, 249
Anschauungsformen 221f.
Ansicht 180, 184, 244ff., 249, 284
Anzeichen 58, 92, 233
Argument zum geistigen Auge 266
Arnheim, Rudolf 128, 235, 237, 240
Arriens, Klaus 242
Art Concret 223f.
Austin, John L. 172
Austin, John Langshaw 19

B

Baatz, Willfried 280
Bach, Kent 62, 119
Balázs, Béla 238
Barthes, Roland 19, 116, 126f., 235, 323f.
Bateman, John 19
Bauch, Kurt 48
Baumgarten, Alexander G. 58
Bedeutung
- deskriptive 137ff., 166ff., 186
- lexikalische 137, 172
- situative 137

Begriffsexplikation 68f., 79
Begriffsfeld 42, 68, 71ff., 76, 78
begriffsfeldexterne Bestimmungen 71f.
begriffsfeldinterne Bestimmungen 71f., 74
Begriffskartografie 68, 74, 76ff., 80
Belting, Hans 33f., 47, 51, 285
Benjamin, Walter 9, 288, 318, 319
Berger, John 205
Bernhard, Jeff 123
Bezugnahme 60ff., 141, 144, 189f., 228, 282
Bezugnahmefeld 60
Bild
abstraktes 218, 253
als Erkenntnis 285
als genereller Terminus 179, 182f.
als individuelles Zeichen 118, 120f.
als Satz 54, 126, 167, 178f.
als singulärer Terminus 179
als wahrnehmungsnahes Zeichen 101, 111, 237
artifizielles 105
darstellendes 31, 178, 185, 202f., 210, 212, 214f., 218f., 226, 236
digitales/elektronisches 243f., 246, 250, 252
ethisch-normatives 31
fiktionales 63, 142, 163
illusionistisches 31, 204f.
informatisches 31
materielles oder externes 31f., 34, 52, 55, 253ff., 259ff., 274, 277, 278, 284
mentales oder internes 31, 46, 52ff., 58, 64
natürliches 47, 66f., 104f., 140
normatives 31, 273
ontisches 31
projektives 105
reflexives 31, 164, 202f., 218ff., 225ff.
sprachliches 31, 88, 289
ungegenständliches 32, 70, 161ff., 218f., 222, 228f.
unlogisches 190
Bildakt 19, 20
Bildalphabet 117f., 122, 124, 127
Bildbegriff 32, 34, 37, 39, 42, 46, 48, 53f., 64, 67, 69ff., 74, 78ff., 87f., 91f., 95, 99f., 109, 113, 119f., 136, 143, 150f., 154, 162, 165f., 169, 196, 200, 226, 237, 254, 259, 268f., 297, 300, 316
ähnlichkeitstheoretischer 70
allgemeiner 32, 46, 53, 64, 71, 254
ästhetischer 31
enger 67, 81, 88, 90
ethischer 31
funktionaler 262
illusionistischer 71
informationstechnischer 31
kognitionswissenschaftlicher 31
metaphysischer 31
nach Goodman 47
ontologischer 32
phämenologischer 37
platonischer 48
prädikativer 43
repräsentationalistischer 46, 53, 65f., 71
semiotischer 87
spezieller 32, 37, 71, 253f.
wahrnehmungstheoretischer 100
Bildbereiche 38, 132, 134
Bildbotschaft 170, 299, 328
Bilddidaktik 17
Bildelemente 43, 115, 122ff., 129, 131, 134, 156, 157, 161, 167, 187, 192, 327f.
Bilderreihen 126
Bilderstreit 12, 48, 51, 286, 316ff., 320, 323, 332
Bildersturm 12, 48f., 316ff., 321ff.
Bilderverbot 49, 286

Bildforschung 16, 18f.
Bildfunktionen 34, 44, 71, 99, 127, 170, 173ff., 180, 194ff., 199f., 228, 271ff., 277f., 286ff., 290ff., 300, 323, 327f.
Bildhaftigkeitseffekt 274, 277f.
Bildhandeln 19, 95, 170, 176, 196, 199, 296
Bildinhalt 94, 96, 100, 107, 130, 134, 136, 140, 150, 154, 155, 161, 164ff., 168, 170, 174, 181, 185, 188ff., 198f., 202, 208ff., 218, 221, 226, 229, 236, 239, 241f., 250, 259f., 276, 299f., 305, 328f.
Bildkomposition 124
Bildmagie 84
Bildmanipulation 330
Bildmedien 34f., 43, 86, 171, 173, 200f., 230f., 243, 249f., 271, 290, 293, 316, 323f., 329, 332
Bildpragmatik 43, 97, 166, 168ff., 175, 185, 189, 199f., 202, 226, 271, 293
Bildpraktik 20
Bildreferent 47, 94, 140, 181
Bildrhetorik 317, 326ff.
Bildsein 19
Bildsemantik 43, 135f., 138, 140f., 165ff., 174f., 180, 199
Bildsemiotik 34f.
Bildsprache 58, 122ff.
Bildsymbole 193f.
Bildsyntax 43, 113, 115ff., 122ff., 130, 134f.
  kombinatorische 116f., 122, 124f., 130
  morphologische 115, 124, 128, 131f.
Bildtheorie 9, 17, 30, 32, 37, 39f., 42f., 46ff., 50, 59, 80, 82, 92, 99f., 106ff., 137, 139ff., 147, 154, 156ff., 160, 162, 165, 170, 174, 199, 205, 254, 301f., 305, 316, 332
  illusionistische 107, 205
  kausale 32, 39, 140
  konventionalistische 146
  konventionelle 89
  magische 51
  metaphysisch-ontologische 48
  perzeptuelle 107
  phänomenologische 98
  philosophische 12, 46, 156
  platonische 47
  pragmatische 19f.
  religiöse 51
  repräsentationalistische 51
  semiotische 11
  wahrnehmungstheoretische 101
  zeichentheoretische oder semiotische 91, 96ff., 106, 116, 173, 234
Bildträger 94, 98, 100, 102, 112, 118ff., 136, 141, 155, 173, 223f., 230, 249, 251f., 259f., 281, 297, 301
Bildtypen 31, 43f., 61, 83, 84, 88, 108, 117, 124, 149f., 152, 155, 157, 166, 171, 173ff., 180, 200ff., 209, 220, 226, 230f., 234, 249f., 253, 255, 261f., 271, 300, 329
Bildtypologie 226
Bildunterschrift 177, 184, 189, 197, 271, 281, 328
Bildverstehen 44, 70, 136, 201, 274, 293, 295, 297f., 300, 306, 310f., 315
Bildverwendung
  elementare 177
  nominatorische 170, 189
  prädikative 281
Bildwahrnehmung 104ff., 129, 135, 148, 155, 164, 186f., 206, 248ff., 252, 298, 304, 325
Bildwerke 66, 106
Bildwissenschaft, Allgemeine Bildwissenschaft 10ff., 30, 33ff., 46, 64, 68, 78, 80ff., 88, 90ff., 112f., 116, 202, 332, 333
Bildwissenschaften 10, 33, 35, 36, 81, 83ff., 89
Bildwörterbuch 169, 173, 179, 191, 272
Bildzeigeakt 176, 184, 194f.

Bisanz, Elize 35
Bischoff, Michael 222, 329
Black, Max 141
Blanke, Börries 34, 97, 101, 135, 188, 197f., 201, 303, 308
Bliss, Charles K. 123
Block, Ned 33, 55, 56, 261f., 266, 275
Blumenberg, Hans 289
Blum, Gerd 287
Boehm, Gottfried 9, 34, 37, 41, 205, 250, 321
Böhme, Gernot 33, 96f.
Böhme, Hartmut 12
Bordwell, David 240f.
Brandt, Reinhard 33, 103, 105, 223, 225
Bredekamp, Horst 251
Brock, Bazon 51
Brumlik, Micha 49, 286
Bruno, Giordano 255
Buchholz, Kai 248
Buddemeier, Heinz 232, 234, 277
Buñuel, Luis 225
Burkart, Roland 109f.

C

Cadoz, Claude 247
Campenhausen, Christoph von 103
Casetti, Francesco 242
Cassirer, Ernst 57f.
Champoux, Bernard 123
Charaktere 60ff., 118f., 123
Charts 216
Chipman, Susan F. 212
Chomsky, Noam 114, 133
Close, Chuck 221
Collingwood, Robin G. 312
Computergrafik 128, 244ff.
Computermodell des Geistes 264ff.
Computervisualistik 9, 33, 35f., 85, 244
Concetto spaziale 223
Cooper, Lynn A. 54, 256
Crick, Francis 289
Curtius, Ernst Robert 40

D

Darstellungscode 274
Darstellungsstil 149f., 180, 209, 244, 249
Davidson, David 312
Davis, Steven 172
Delacroix, Eugène 287
Dennett, Daniel C. 258, 260f.
Denotation 60, 62f., 228
Descartes, René 255
Deskriptionalisten 54, 262, 269
Determinismusargument 260, 262f., 266
Deussen, Oliver 246
Diagramm 31, 44, 107, 111, 152, 157, 212f., 217f., 272
Dichte 62, 65, 99, 114, 116, 118ff., 122f., 132, 144, 237
Diers, Michael 34, 323, 326
Differenziertheit 61
Dilthey, Wilhelm 296
Disjunktheit 61
Doelker, Christian 33, 272, 329
Dokumentarfilm 241ff.
Dölling, Evelyn 129
Dreyfus, Hubert L. 269
Drudel 197f.
Duale Kodierungstheorie 56, 274
Dubuffet, Jean 222

E

Echnaton 49
Eco, Umberto 82, 93f., 116

Edeline, Francis 101
Ehrenspeck, Yvonne 33
Eigenname 121, 138, 166f., 180f., 190, 214, 216, 280
Einbildungskraft 54
Elgin, Catherine Z. 144
Engelkamp, Johannes 56, 258, 274
Enzensberger, Hans Magnus 320
Eribon, Didier 147
Ernst, Gerhard 74
Exemplifikation 60f., 164, 203, 226, 228f., 299

F

Fälschungen 120, 324
Familienähnlichkeit 69, 163, 302
Fassmann, Kurt 206
Faulstich, Werner 231, 237
Fellmann, Ferdinand 9, 54, 145, 180, 254f., 289, 295, 319
Fellner, Wolf-Dietrich 244
Fernsehen 9, 276, 318, 320, 328
Fiedler, Konrad 221, 287
Figur-Hintergrund 117
Film 9, 35, 67, 110, 112, 175, 186, 225, 231, 236ff., 247, 276f., 288, 318, 323
filmische Referenz 241
filmischer Realismus 239f., 242f.
Finke, Roland A. 257, 265
Fläche 106, 128f., 211, 214, 224
Flores, Fernando 269
Flusser, Vilém 9, 35, 234
Fodor, Jerry 80, 260f., 267, 279
Foley, James D. 244
Fontana, Lucio 223f.
Forceville, Charles 18, 329
Fotografie 9, 44, 107, 127, 169, 179, 181, 191f., 220f., 230ff., 240ff., 249, 253, 272, 280, 282, 287f., 291, 318, 320ff., 326
fotografische Abzüge 190f.
Fotorealismus 192, 220f.
Frege, Gottlob 57, 180, 182f.
Frey, Siegfried 327
Frizot, Michel 234
Fuhrer, Urs 278
Fülle 41, 62, 65, 99, 152

G

Gebrauchsbilder 32, 88, 122, 306
Gebrauchstheorie des Bildes 173f.
Gegenstandsbereich der Bildtheorie 10, 32, 89, 145
Geimer, Peter 232, 234
Gerhardus, Dietfried 58, 228f.
Geschichtswissenschaft 16
Gestaltgesetze 187f., 275, 314
Gestaltpsychologe 129
Gestaltpsychologie 101, 129, 186
Gibson, James J. 101
Goldman, Alvin I. 312, 314
Gold, Peter 177
Goldstein, E. Bruce 102
Gombrich, Ernst H. 34, 37, 63, 66, 106, 147ff., 205, 239, 277, 287
Goodman, Nelson 37, 39, 46, 47, 59ff., 106f., 116ff., 132, 137, 140ff., 152, 164, 189, 203, 228f., 287
Gordon, Robert M. 312ff.
Gottesebenbildlichkeit 48
Grafik 128, 272, 287
Grammatik 42f., 99, 113f., 116, 118, 123, 125
Grandy, Richard E. 312
Graph 31, 216ff.

Graphem 126
Greenberg, Clement 235
Gregor, Ulrich 240
Gregory, Richard L. 191
Greimas, Algirdas Julien 93
Grice, Herbart Paul 172, 284, 306f., 309
Groebel, Jo 34
Großaufnahmen 276
Größenkonstanz 149
Groupe μ 303
Gumbrecht, Hans Ulrich 229
Günter, Roland 235

H

Habermas, Jürgen 19
Handlungstheorie 19
Harms, Wolfgang 327
Harrison, Andrew 117
Harth, Manfred 181
Heidegger, Martin 269
Heitmann, Annegret 327
Herrscherbildnis 52, 286, 322f.
Hickethier, Knut 240
Hiebler, Hans H. 231
Hiebler, Heinz 231
Hieroglyphen 207f.
Hjelmslev, Louis 93
Hofmann, Wilhelm 33
Hogrebe, Wolfram 53
Höhlenmalerei 47, 174
Holert, Tom 330
Hopkins, Robert 33, 66, 101, 106, 145, 158
Hörbilder 66, 111
Hörmann, Hans 111
Horton, William 123
Huber, Hans Dieter 33, 104, 126, 231
Husserl, Edmund 94
Huth, Lutz 272
Huxley, Aldous 104, 320
Hyman, John 158

I

Icon 208, 210, 212
iconic turn 9, 14, 16, 86
Idealbild 52, 66, 285
Ideogramm 203, 207, 209, 212
Ikonen 51, 286f.
Ikonizität 35, 101, 231, 233f.
Ikonodulen 9, 51
Ikonoklasten 9, 51
illokutionäre Kraft 137, 170
illokutionärer Akt 195, 243
illokutionäre Rolle / (Bild-)Funktion 43, 91, 170, 176, 178, 184f., 192, 194, 196, 198f., 215, 242
Illusion 106, 148, 205, 239, 252
Illusionstheorie 106, 140, 147f.
Illustration 169, 179, 196f., 200, 274, 284, 288, 327f.
imagic turn 9
imaginative Identifikation 313f.
imago 48
Imdahl, Max 97, 138, 219
Immersion 52
Implikatur 195, 199, 201, 306f., 309
Index 58f.
indexikalische Funktion 214f.
Inskription 122
Instrumentalisierung von Bildern 44, 317f., 322f., 325
Intention 93, 97, 104f., 152, 155, 166, 174, 199, 211, 215, 224, 229, 296, 300, 307, 309f., 328
Interaktivität 243, 249

Interpretation 34, 41, 49, 52, 55, 92, 102, 128, 130, 133ff., 139, 145, 154ff., 162, 165, 167, 170, 174, 183, 186f., 198f., 203, 209f., 212, 217, 220, 222, 225f., 230, 232f., 249f., 262f., 271, 279f., 285, 290f., 305, 309, 314, 325, 329f.
Isomorphie 54f., 212f., 218, 314

J

Janke, Wolfgang 54
Johannes von Damaskus 51
Jonas, Hans 121, 254, 269
Jünger, Ernst 319f.

K

Kahnweiler, Daniel-Henry 222
Kameraperspektive 237, 240, 243
Kandinsky, Wassily 124, 127ff., 132, 222
Kant, Immanuel 53f., 73
Karl d. Große 49, 286
Karten 212ff., 253, 313
Kategoriensystem 128, 302
Katz, Jerrold J. 138
Kausaltheorie des Bildes 140
Keates, John S. 214f.
Keilhauer, Anneliese u. Peter 286
Keller, Rudi 97
Kemp, Wolfgang 233, 288
Kennedy, John M. 329
Kennzeichnung 177, 180f.
Kepplinger, Hans Mathias 35, 276, 329
Kerlow, Issac Victor 247
Kibédi Varga, Aron 126, 283, 327
Kinderzeichnung 132, 211
Kippbilder 105, 186
Kjørup, Søren 176, 203
Klages, Ludwig 54, 58
Klassifikationsschema 99, 107
Klee, Paul 124, 128f.
Kleiber, Georges 152, 301f.
Klein, Yves 223
Knape, Joachim 193, 326
Knieper, Thomas 33, 276, 327
Kognitionswissenschaft 10, 33f., 54, 56, 80, 82, 84, 255f., 259, 265ff.
kognitive Durchdringbarkeit 263, 265
Kommunikation 92f.3, 95f., 108ff., 123, 167, 195, 199, 201, 208, 228f., 251f., 281, 296, 300, 306f., 310, 326ff.
Kommunikationsform 110, 310
Kommunikationswissenschaft 16
kommunikativer Gehalt 168, 170, 177, 188, 194, 198ff., 210, 229f., 305, 307, 310, 329
Kompositionalität 130, 166f.
Konnektionismus 57, 80, 268ff.
Kontext 41, 50, 59, 70, 88, 91, 120, 127, 131, 152, 155, 170, 172, 177ff., 187ff., 192, 199, 201, 224, 226, 228, 251f., 271f., 278, 282f., 291, 303, 307, 309f., 327ff., 333
Konversationsmaxime 284, 306f.
Kopie 53, 120ff., 204, 260
Koschatzky, Walter 121, 233
Kosslyn, Steven M. 55f., 256ff., 262
Kracauer, Siegfried 237ff.
Kroeber-Riel, Werner 35, 276
Kuhn, Thomas 90, 288
Kulhavy, Raymond W. 33
Künne, Wolfgang 297
künstliche Intelligenz 258, 268ff.
Kutschera, Franz von 295

L

Lakoff, George 301
Landkarten 77, 212, 218, 332
  kognitive 274
Langer, Susanne 59
Latour, Bruno 19
Leibniz, Gottfried Wilhelm 255
Leitbild 31, 285
Lem, Stanislaw 248
Leonardo da Vinci 104
Leroi-Gourhan, André 208
Leuner, Hanscarl 278
Levie, W. Howard 276
Levinson, Stephen C. 172
linguistic turn 19
Linguistic Turn 10, 86, 112, 333
Linie 64, 73, 77, 87, 96, 98, 105, 128f., 132, 152, 155ff., 165, 174, 191, 214ff., 248, 262, 268, 299, 320
Lippold, Lutz 286
Lloyd, Barbara B. 301
Lockemann, Bettina 33
Lopes, Dominic 33, 59, 64, 66, 106f., 146, 149, 156ff.
Lucie-Smith, Edward 221, 224
Lumière, Louis Jean 239

M

Maffei, Francesco 194
Majetschak, Stefan 33
Marke 61f.
Matussek, Peter 12
McCloud, Scott 126, 238
McLuhan, Marshall 112, 320
Medien
  körpergebundene 110, 111
  körperunabhängige 110
  primäre 110
  sekundäre 110
  tertiäre 110
  zweistufige 237f.
Medienpsychologie 34
Meggle, Georg 96, 296
Meibauer, Jörg 172
Meili-Schneebeli, Erika 211
Meisel, Louis K. 220f.
mentales Modell 258, 274, 277
Messaris, Paul 330
Metz, Christian 49, 237
Metzler, Dieter 49, 256, 259
Meyer-Fujara, Josef Heinrich 123
Mimesis 40, 331
mimetisches Erzählen 239f., 243
Minimal Art 223f.
Mitchell, W. J. Thomas 9, 31, 330
Mondrian, Piet 223
Montage 240f., 243, 245
Morris, Charles W. 57, 59, 93, 101, 171f.
Mosbach, Doris 35
Muckenhaupt, Manfred 41
Müller, Axel 205
Müller, Lothar 12
Müller, Marion G. 33, 276, 327
Müller, Wolfgang G. 227
Multimodalitätsforschung 18, 27
Muybridge, Eadweard 280
Mythogramm 208

N

natürliche Generativität 142, 163
Neurath, Otto 58, 123
Nominator 180, 281
Notation, Notationssystem 61
Nöth, Winfried 58, 213f., 234

O

Oestermeier, Uwe 281, 284
Ogden, Charles Kay 93
Orientierung 37, 40, 92, 214, 216, 253, 304, 319, 332f.
Original 120ff.

P

Paivio, Alan 34, 56, 274
Palmer, Stephen E. 213
Panofsky, Erwin 34, 64, 138, 194, 237
Paradigma 35, 38, 57, 68, 80, 82, 90, 139, 256, 268, 270
Parrhasios 40, 203f.
Passfoto 127, 183, 189f.
Patalas, Enno 240
Peacocke, Christopher 146, 157f.
Pechmann, Thomas 258
Peirce, Charles Sander 57ff., 63f., 93, 99, 101
Perspektive 64, 152, 155, 158f., 180, 190, 207, 220, 234f., 239f., 279, 289, 313ff., 329
Perspektiventheorie 64, 145f., 158
Pfeiffer, K. Ludwig 229
phänomenales Bewusstsein 275f.
Phantombild 189f.
Phillips, Antonia 205
pictorial turn 9, 16, 86
Piktogramm 187, 209f.
Piktorialismus 234, 258, 263
Piktorialisten 54ff., 258, 264, 266, 268f.
Pirenne, M. Henri 207
Pixel 128
Pixelbilder 244f.
Pixelmatrix 128, 243ff.
Pixelpunkte 128, 221
Pläne 215f.
Platon 32, 46ff., 71, 97, 178, 321, 324
Plinius Secundus d.Ä. 40, 47, 50, 95, 203f.
Plümacher, Martina 117
Polanyi, Michael 206
Pöltner, Günther 48
Pomerantz, James R. 258
Pörksen, Uwe 326
Poser, Hans 70
Posner, Roland 109, 111, 115, 137, 171
Postman, Neil 320
Pozzo, Andrea 206
prä-attentative Rezeption 275f.
Prädikation 62f., 167, 170, 175, 179, 182, 184, 228
Prädikator 182, 281
Pragmatik 39, 87, 113f., 165ff., 169ff., 199, 202, 271
Preim, Bernhard 246
Primitiver Prozessor 266
Pross, Harry 110
Prototyp 298, 301ff., 321
Pudowkin, Wsewolod I. 238
Punkt 128f., 131, 134, 214
Pylyshyn, Zenon W. 56, 258, 263ff., 267

Q

Quine, Willard v. O. 312

R

Referenzfunktion 192, 197, 241
Rehkämper, Klaus 33, 64, 142f., 145, 158, 213, 257, 278
Relevanz 44, 106f., 150, 154, 231, 294, 300, 303ff., 308, 309
Renderer 245ff.
Repräsentationsabhängigkeit 156
Repräsentationsformate 56, 258, 268

Reproduktion 121, 249, 275, 279, 318
Restaurierung 120f.
Rezeptionsmodi 252
Richards, Ivor Armstrong 93
Riegl, Alois 128, 330
Rieser, Hannes 123
Robering, Klaus 115, 137, 171
Robin, Harry 288
Röhl, Klaus F. 33
Rollins, Mark 56
Ros, Arno 71ff.
Rosch, Eleanor 301f., 304
Rosenberg, Jay 77
Rothko, Mark 223
Ruch, Floyd L. 104
Rutherford, Ernest 289
Ryle, Gilbert 76, 258

S

Sachs-Hombach 10, 12
Sachs-Hombach, Klaus 13, 15, 21, 32f., 36, 40, 42, 54, 75, 84, 97, 101, 145, 176, 179, 182, 206, 230, 237, 244, 269, 276, 278, 285ff., 324
Saint-Exupéry, Antoine de 311
Saint-Martin, Fernande 101, 129f.
Sandbothe, Mike 109
Sartre, Jean-Paul 94
Saussure, Ferdinand de 11, 93
Schäffer, Burkhard 33
Schantz, Richard 119
Schapiro, Meyer 105
Schattenbilder 47
Scheibel, Michael 33
Schelske, Andreas 33, 227
Schematismus 53
Schiedermair, Joachim 327
Schier, Flint 64, 101, 116, 130, 133, 141f., 281
Schirra, Jörg R. J. 33, 35, 73, 127, 176, 179, 182, 192, 230, 244, 247f., 250, 252, 269, 276, 287, 325, 333
Schlechtweg, Stefan 35
Schmauks, Dagmar 123, 213
Schnädelbach, Herbert 75
Schnappschuss 235
Schneider, Julius 114, 133, 138, 166
Schnittbilder 223f.
Schnotz, Wolfgang 33, 212, 216, 217
Schofield, Simon 124
Scholz, Martin 284
Scholz, Oliver 19
Scholz, Oliver R. 33, 41f., 48, 51, 59, 63f., 116, 127, 139f., 146, 162, 173, 179, 192, 247, 259, 297, 312
Schönheit 48
Schreiber, Peter 281
Schwan, Stefan 34, 239
Searle, John 19
Searle, John R. 172, 182
Sebeok, Thomas A. 33
Sedlmayr, Hans 132
Seel, Martin 127, 181, 219, 222
Sehen-in (Seeing-in) 66, 106
Seja, Silvia 19
Selbstbild 287
Semantik 39, 87, 113f., 131, 134, 137ff., 157, 165f., 170ff., 199, 202, 306, 310
  interpretative 138
semiotic turn 111, 112, 333
Semiotisches Dreieck 94
Shepard, Roger N. 54, 212, 256, 259
Simulation 312ff.
Simulationstheorie 311ff.
Skizze 42, 46, 65, 209, 215, 290
Snow, Charles P. 12, 333

Soldati, Atanasio 223
Sonessen, Göran 35, 324
Sonntag, Susan 21
Sontag, Susan 321f.
Spencer-Brown, George 281
Sperber, Dan u. Deirdre Wilson 201, 306ff.
Sperling, George 275
Spiegelbild 104, 105
Sprechakt 176
Sprechakttheorie 91, 126, 138, 166, 172, 176, 182, 194, 199, 242
Spur 48, 92
Stachowiak, Herbert 289
Stadler, Wolf 121, 204
Stadtpläne 215
Stegmüller, Wolfgang 54
Steinbrenner, Jakob 31, 59, 97, 107, 146, 227f., 287
Steiner, Gerhard 256
Stephan, Achim 278
Sterelny, Kim 258
Steuerungscode 274
Stil 192, 220, 227, 229
Stone, Tony 312
Straßner, Erich 328
Strawson, Peter F. 72
Strichzeichnung 187
Strothotte, Thomas 35, 41, 246, 274
Strothotte, Thomas u. Christine 33, 208f.
Struch, Matthias 222
Sturm, Hertha 276
Symbol 58f., 62, 181, 193
Symbolschema 60ff., 119
Symboltheorie 140, 332
Syntax 39, 41, 43, 87, 113ff., 124, 131ff., 137, 170f., 202

T

Tacit-Knowledge-Argument 267
Teil-Ganzes 50, 117, 130, 133, 211
Tele-Rendering 246f.
Text-Bild-Beziehung 214
Theorierahmen 10f., 31, 42f., 47, 64, 68, 73, 78ff., 86ff., 92, 98f., 102, 108, 113, 200, 202, 219, 253f., 292, 316f., 325, 332
Thomas von Aquin 48
Thürlemann, Felix 33
Tiefenraum 240f., 243
Tinbergen, Nikolaas 277
Tinguely, Jean 223
Toscani, Oliviero 320
Toulouse-Lautrec, Henri de 121
Trompe-l'œil 64, 203, 207, 209, 212
Tufte, Edward R. 212, 283
Tugendhat, Ernst 177
Twofoldness-Bedingung 106
Twombly, Cy 223
Tye, Michael 55, 265
Typikalität 152, 187f.

U

U-Bahn-Pläne 216
Ulbrich, Stefan 33
Umiker-Sebeok, Jean 33
Undarstellbarkeit 49, 286
Unhintergehbarkeit 10, 57, 86, 333
Urbild 32, 48, 53, 128, 254

V

Varela, Francisco 57
Velázquez, Diego 60
Veranschaulichung 70, 88, 90, 101, 149, 170, 177,

181ff., 191, 195ff., 199, 203, 215, 228, 230, 282, 285f., 289, 291, 299
Verdrängung 276, 277
Verkörperung 47, 49ff.
Verstehen 96, 111, 271, 294ff., 299f., 306, 310ff., 315
kommunikatives 294
perzeptives 297, 300
simulatives 313
Verweisung, Verweisungscharakter von Bildern 47, 93, 98, 108
Virtuelle Realität (VR) 205, 246, 248f.
Visual Culture Studies 15, 17
visualistic turn 10, 16, 86, 111f., 333
visual literacy 330
visual turn 14
Visuelle Argumente 283, 285
Visuelle Charakterisierung 170, 177, 184, 194f., 223, 282, 299
Visueller Arbeitsspeicher 257, 259
Visuelles Feld 158
visuelle Stereotypen 20
Vogel, Matthias 109
Voigt, Ulrich 273
Vorstellung, anschauliche 31, 55, 258, 260
Vrhunc, Mirjana 54

W

Wahrheitswert bei Bildern 279, 281, 285
Wahrnehmungskompetenz 39, 70, 92, 101ff., 107f., 112, 130, 133, 139, 142, 150, 159ff., 174, 187, 199, 207, 209ff., 215, 218f., 225f., 228, 236, 250, 262, 271, 287, 289f., 293f., 297, 300f., 330
Wahrnehmungsmodalitäten 103, 110, 304
Wahrnehmungsnähe 101ff., 106, 108, 164, 169, 174, 203, 212, 218, 220, 232, 238, 250, 254, 279, 291f., 297, 317, 325f.
Wahrnehmungspsychologie 34, 36, 103
Waldenfels, Bernhard 97, 220, 287
Walton, Kendall L. 235
Warburg, Aby 138, 326
Warhol, Andy 287
Warnke, Martin 286, 322
Watson, James 289
Weidenmann, Bernd 33f., 274f., 278, 283
Welsch, Wolfgang 82, 219
Weltbild 67, 285, 287
Werbung 35, 85, 126, 276, 320f., 324, 328
White, Alan R. 255
Wiedererkennen 147, 148
Wiesing, Lambert 19, 33, 37, 48, 98, 124, 128, 221, 227, 287, 330
Winko, Ulrich 31
Winograd, Terry 269
Winterhoff-Spurk, Peter 34
Wippich, Werner 274
Wittgenstein, Ludwig 30, 41, 54, 57, 69, 289, 302
Witthalm, Gloria 123
Wölfflin, Heinrich 128, 221, 287
Wolkenbilder 66, 135, 298
Wollheim, Richard 66, 101, 105ff., 185, 205
Wulff, Hans Jürgen 98, 242, 329
Wuss, Peter 239

Z

Zauzich, Karl-Theodor 208
Zeichen 11, 34ff., 39, 43, 57ff., 81f., 87, 91ff., 102ff., 108f., 111ff., 115ff., 125, 127, 129, 130f., 136f., 139, 143, 144, 148, 151ff., 163, 165, 171, 173, 176, 192, 202f., 207f., 214, 217, 226, 234, 242, 251f., 271, 281, 296ff., 305f., 310, 319, 324, 328, 331
arbiträre 102, 109, 111

atomare und komplexe 61
ikonische 58, 63, 234
indexikalische 58, 280
wahrnehmungsnahe 10, 36, 43f., 66, 81f., 84, 87ff., 92, 100ff., 107f., 110ff., 129, 131, 161f., 164, 203, 218f., 226, 235, 237f., 271, 285, 289f.
Zeichenkompetenz 102, 142, 227, 301, 329
Zeichenträger 52, 58, 60, 100, 104, 109, 110, 112, 153ff., 170f., 173, 180, 238, 241, 281, 297f., 310f.
Zelazny, Gene 217
Zimbardo, Philip G. 104
Zoom 244, 247
Zugriffsbewusstsein 275

Visuelle Kultur

JÖRG HELBIG / ARNO RUSSEGGER / RAINER WINTER (Hrsg.)

Visuelle Medien

Klagenfurter Beiträge zur Visuellen Kultur, 1
2014, 260 S., 25 Abb., 1 Tab., Broschur
ISBN 978-3-86962-060-2

JÖRG HELBIG / ARNO RUSSEGGER / RAINER WINTER (Hrsg.)

Visualität, Kultur und Gesellschaft

Klagenfurter Beiträge zur Visuellen Kultur, 2
2014, 212 S., 71 Abb., Broschur
ISBN 978-3-86962-093-0

ALICE PECHRIGGL / ANNA SCHOBER (Hrsg.)

Hegemonie und die Kraft der Bilder

Klagenfurter Beiträge zur Visuellen Kultur, 3
2013, 264 S., 52 Abb., Broschur
ISBN 978-3-86962-072-5

OLAF SANDERS / RAINER WINTER (Hrsg.)

Bewegungsbilder nach Deleuze

Klagenfurter Beiträge zur Visuellen Kultur, 4
2015, 288 S., Broschur
ISBN 978-3-86962-094-7

JÖRG HELBIG / RENÉ SCHALLEGGER (Hrsg.)

Digitale Spiele

Klagenfurter Beiträge zur Visuellen Kultur, 5
2016, 320 S., 10 Abb., 3 Tab., Broschur
ISBN 978-3-86962-158-6

UTE HOLFELDER / KLAUS SCHÖNBERGER (Hrsg.)

Bewegtbilder und Alltagskultur(en). Von Super 8 über Video zum Handyfilm. Praktiken von Amateuren im Prozess der gesellschaftlichen Ästhetisierung

Klagenfurter Beiträge zur Visuellen Kultur, 6
2017, 324 S., 37 Abb., Broschur
ISBN 978-3-86962-241-5

ANNA SCHOBER / BRIGITTE HIPFL (Hrsg.)

Wir und die Anderen. Visuelle Kultur zwischen Aneignung und Ausgrenzung

Klagenfurter Beiträge zur Visuellen Kultur, 7
2021, 288 S., 57 Abb., Broschur
ISBN 978-3-86962-395-5

DIRK HOMMRICH

Theatrum cerebri. Studien zur visuellen Kultur der populären Hirnforschung

Klagenfurter Beiträge zur Visuellen Kultur, 8
2019, 568 S., 46 Abb., 10 Tab., Broschur
ISBN 978-3-86962-434-1

ZEIGAM AZIZOV

The Time of the Image. A Philosophical Exploration of the Image in the Work of Bernard Stiegler

Klagenfurter Beiträge zur Visuellen Kultur, 9
2020, 216 S., Broschur
ISBN 978-3-86962-516-4

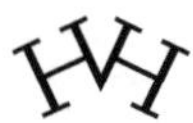